Gerhard Roth

Warum es so schwierig ist, sich und andere zu ändern

Persönlichkeit, Entscheidung und Verhalten

Unter Mitarbeit von Sebastian Herbst
Völlig überarbeitete und aktualisierte Auflage

Klett-Cotta

Die 1. bis 13. Auflage sind unter dem Titel *Persönlichkeit, Entscheidung und Verhalten. Warum es so schwierig ist, sich und andere zu ändern* von 2007 bis 2019 im Verlag Klett-Cotta erschienen. Das vorliegende Buch ist eine völlig überarbeitete und aktualisierte Ausgabe des Titels.

Klett-Cotta
www.klett-cotta.de
© 2007/2019 by J. G. Cotta'sche Buchhandlung
Nachfolger GmbH, gegr. 1659, Stuttgart
Alle Rechte vorbehalten
Printed in Germany
Lektorat: Ulf Müller, Köln
Cover: Rothfos & Gabler, Hamburg
Gesetzt von Dörlemann Satz, Lemförde
Gedruckt und gebunden von GGP Media GmbH, Pößneck
ISBN 978-3-608-96456-1

Bibliografische Information der Deutschen Nationalbibliothek
Die Deutsche Nationalbibliothek verzeichnet diese Publikation in der Deutschen Nationalbibliografie; detaillierte bibliografische Daten sind im Internet über http://dnb.d-nb.de abrufbar.

Inhalt

Vorwort 11

Einleitung 13

1 Ein Blick in das menschliche Gehirn 25
   Die Großhirnrinde 27
   Subcorticale limbische Zentren 39
   Die Bausteine des Gehirns 47
   Vorgänge an den Synapsen 48
   Die Grundlagen von Veränderung und Lernen 52
   Die Synapsen als Orte des Lernens 55
   Lernen und Gedächtnisbildung 57

Exkurs 1: Methoden der Hirnforschung 60

2 Psychologie der Persönlichkeit 67
   Wie erfasst man »Persönlichkeit«? 67
   Der Big-Five-Persönlichkeitstest 70
   Kritik an den »Big Five«, Ergänzungen und Alternativen 72
   Temperament 76
      Temperament-Merkmale und ihre Stabilität 78
   Die Bedeutung frühkindlicher Einflüsse und der
   Bindungserfahrung 80

3 Die Verankerung der Persönlichkeit im Gehirn 87
   Das Vier-Ebenen-Modell der Persönlichkeit 89
   Die sechs psychoneuralen Grundsysteme 92
   Ein neurobiologisch basiertes dynamisches Persönlichkeit-
   modell 98
   Zusammenfassung: Gehirn und Persönlichkeit 103

Exkurs 2: Verstand oder Gefühle – ein kleiner Blick in
die Kulturgeschichte 106

4 Intelligenz und ihre neurobiologischen Grundlagen 112
Was versteht man unter Intelligenz? 113
Sind alle Kinder tatsächlich »hochbegabt«? 116
Ist Intelligenz angeboren oder erworben? 122
Sind Jungen intelligenter als Mädchen? 130
Ist Intelligenz trainierbar? 131
Welche neurobiologischen Grundlagen hat die allgemeine Intelligenz? 133
Was sagt uns das? 136

5 Bewusstsein und das Unbewusste 138
Das Unbewusste 139
Bewusstsein 145
    Wozu haben wir Bewusstsein? 147
    Was läuft im Gehirn bei Bewusstseinszuständen ab? ... 147
Das Vorbewusste 155
Was sagt uns das? 156

6 Gefühle und Gehirn 159
Was sind Emotionen und Gefühle? 159
Unbewusste Emotionen und bewusste Gefühle 164
Die neurobiologischen Grundlagen der Emotionen 168
Belohnungs- und Bestrafungserwartungen.................. 172
Die Chemie der Gefühle 174
Zusammenfassung: Welche Funktion haben Gefühle? 176

7 Verstand, Vernunft und Gehirn 178
Entscheidungsheuristiken 189
Der Umgang mit der Komplexität 193
Bauchentscheidungen, Kopfentscheidungen – oder etwas Drittes? 198
Was läuft bei rationalen und vernünftigen Entscheidungen im Gehirn ab? 201

8 Motivation und Gehirn 207
Psychologische Motivationsmodelle 208
Kongruenz und Inkongruenz von Motiven und Zielen 211
Die neurobiologischen Grundlagen von Motiven und Zielen 213
Was sagt uns das? 219

**9 Was uns Handlungspsychologie und Neurobiologie
über die Steuerung von Willenshandlungen sagen** 221
    Das Rubikon-Modell der Handlungspsychologen 225
    Was passiert im Gehirn bei Willenshandlungen? 229
    Woher weiß das limbische System, was zu tun ist? 237
    Das Libet-Experiment und welche Einsichten daraus folgen   241

10 Welches ist die beste Entscheidungsstrategie? 247
    Automatisierte Entscheidungen 248
    Bauchentscheidungen 250
    Emotionale Entscheidungen ohne Zeitdruck 255
    Reflektierte, rationale Entscheidungen 257
    Aufgeschobene intuitive Entscheidungen 259
    Was sagt uns das? 262

**Exkurs 3: Wie veränderbar ist der Mensch?
Ein zweiter Blick in die Kulturgeschichte** 265
    Erziehungsoptimismus als »Staatsreligion« 274

11 Veränderung und Stabilität 279
    Stabilität der Persönlichkeitsmerkmale 279
    Lebensläufe – wissenschaftlich untersucht 283
    Wovon hängt die Zufriedenheit ab und wie beständig
    ist sie? 287
    Fazit: Bereiche der Veränderbarkeit des Menschen 294

12 Was können wir tun, um andere zu ändern? 298
    Irritierende Einsichten beim Versuch, Mitmenschen
    zu ändern 299
    Was kann man überhaupt tun, um Veränderungen
    zu erreichen? 303
        Erste Strategie: Der Befehl von oben 303
        Zweite Strategie: Der Appell an die Einsicht 305
        Dritte Strategie: Orientierung an der Persönlichkeit 306
    Wie motiviere ich meine Mitarbeiter? 307
        Bestrafung 308
        Vermeidungslernen oder »negative Konditionierung« .. 309
        Belohnungsentzug 309
        Belohnung 310

Das Beharrungsvermögen 314
Was sagt uns das? 317

13 Wie kann ich andere Menschen verstehen? 319
Wer gibt Auskunft, wenn wir jemanden befragen? 324
Wonach sollen wir fragen? 329
Aufbau des diagnostischen Interviews 331
    Die momentane Befindlichkeit,
    das Eigenerleben der jetzigen Situation 332
    Die Beziehungsebene 333
    Die Konfliktebene 333
Was sagt uns das? 334

14 Über die Möglichkeit, sich selbst zu verstehen und zu verändern 337
Ich-Zustände 338
Was ist an der Selbsterkenntnis so schwierig? 343
Selbsttäuschungen 346
Was kann man bei der Selbsterforschung dennoch erreichen? 349
Möglichkeiten und Grenzen der Selbstveränderung 351
Tiefgreifende Persönlichkeitsveränderungen und ihre Ursachen 352
Letzte Rettung: Selbstmotivation 357
Fazit 361

15 Führung und Persönlichkeit 363
Die Rolle der Führungskraft 366
Die Aufgaben einer Führungskraft 367
Was macht eine gute Führungskraft aus? 370
    Die Kompetenzen einer Führungskraft 371
    Die Persönlichkeitsmerkmale erfolgreicher
    Führungskräfte 374
Passung von Persönlichkeit und Stelle – das »Kontext-Theorem« 378
Die Persönlichkeitstypologien 379
Persönlichkeitsdiagnostik –
die Auswahl der richtigen Führungskraft 381

16 Change-Management und Persönlichkeit 384
  Warum Change-Projekte scheitern 385
    Hürden, Hemmnisse und Widerstände 386
    Change-Entscheidungen anders treffen 393
    Umgang mit Widerständen 399
  Aktuelle Praxis und ihre Probleme 403
    Modelle und Vorgehensweisen 404
    Das Konzept »People-Change« und sein Fokus 410
    Integration des People-Change in das Change-
    Management 413
  Abschlussbemerkung 424

17 Zusammenfassung und abschließende Bemerkungen 426

Literatur 437

Personenregister 452

Sachregister 454

Die Autoren 462

Vorwort

Das vorliegende Buch erschien zuerst im Jahr 2007 und wurde in den zahlreichen Neuauflagen nur stellenweise überarbeitet. Seither sind viele neue und sogar neuartige Erkenntnisse in Hinblick auf die Grundlagen und die Entwicklung der menschlichen Persönlichkeit und damit auf die Veränderbarkeit des Menschen und sein Entscheidungsverhalten hinzugekommen, die einer Berücksichtigung bedürfen. Auch hat sich das Thema »Veränderungen« dramatisch in den Vordergrund der öffentlichen, politischen und wirtschaftlichen Diskussion geschoben – mit deutlichen Auswirkungen auf unser berufliches und privates Leben. Jeden Tag müssen wir uns fragen, wie wir die Veränderungen meistern können, die unabweisbar anstehen. Dabei geht es erstens darum zu fragen, ob überhaupt sinnvolle Wege erkennbar sind, die Veränderungen zu bewältigen, zweitens, ob Menschen diese Wege gehen können, und drittens, ob sie auch bereit sind, dies zu tun, oder wie sie darauf vorbereitet werden können.

Angesichts der unleugbaren Verschärfung dieser Fragestellungen haben sich Autor und Verlag zu einer grundlegenden Überarbeitung des sehr erfolgreichen Buches entschlossen. Die Veränderung im Buchtitel zeigt an, dass der Hauptakzent deutlicher als bisher auf den Möglichkeiten und Grenzen der Versuche liegt, den Menschen zu verändern, denn hier herrscht nach wie vor die größte Uneinigkeit. Die zentrale Frage lautet weiterhin: Was folgt aus den Erkenntnissen der Kognitions- und Neurowissenschaften zu dieser Thematik für die beruflich-gesellschaftliche Praxis und natürlich auch für unser Selbstbild?

Einige Kapitel sind neu hinzugekommen, andere wurden gestrichen, die meisten verbliebenen wurden gründlich überarbeitet und auf den aktuellen wissenschaftlichen Stand gebracht. Unter den neu hinzugekommenen Kapiteln befindet sich eines über das Thema »Führung und Persönlichkeit«, das Sebastian Herbst zusammen mit dem Autor dieses Buchs geschrieben hat, und das Kapitel »Change Management«, das Sebastian Herbst allein verfasst hat. Damit soll deutlicher als bisher eine Brücke zur beruflichen Praxis geschlagen werden.

Lilienthal und Bremen, Juli 2019.

Einleitung

Kaum etwas erregt die öffentliche Diskussion in unserer Gesellschaft derzeit so sehr wie die tatsächlich oder vermeintlich anstehenden großen Veränderungen. Die Bedrohung unserer Lebenswelt, etwa in Form des Klimawandels und des Artensterbens, nimmt offenbar dramatisch zu. Die Arbeitswelt scheint sich aufgrund des demographischen Wandels, der Globalisierung, der Beschleunigung, Automatisierung und Digitalisierung stark zu verändern, die politische Gesamtlage ist deutlich unübersichtlicher geworden, und auch in der Art, wie wir leben, unsere Kinder erziehen, kommunizieren, uns von A nach B bewegen oder mit unserer Umwelt umgehen, finden viele Umbrüche statt.

Auf der einen Seite werden die anstehenden Veränderungen lautstark gepriesen, auf der anderen wird ebenso lautstark vor ihnen gewarnt. Das war aber schon immer so seit der Einführung des Rades oder des Eisenpfluges: Die einen, die »Veränderungssüchtigen«, begrüßen jeden Wandel, denn alles kann nur besser werden, die anderen, die »Veränderungsvermeider«, haben große Angst davor, denn jeder Wandel kann Unheil bringen. Die meisten Menschen stehen irgendwie dazwischen, d. h., sie fühlen sich in einigen Bereichen sicher, in anderen aber durch Veränderungen bedroht.

Interessanterweise ist nach neueren Untersuchungen (Lengfeld und Ordemann, 2016) die Angst vor dem gesellschaftlichen und ökonomischen Absturz in der »mittleren Mittelschicht«, d. h. bei beruflich qualifizierten Menschen mit gehobenen Routineaufgaben im Dienstleistungsbereich, zur Zeit stärker als bei denjenigen mit einem höheren sozioökonomischen Status mit Führungsaufgaben, aber auch im Vergleich zu jenen mit einem deutlich niedrigeren Status mit starker beruflicher Abhängigkeit. Es fühlen sich offenbar genau diejenigen bedroht, die in den langen Jahren vorher einen Statusgewinn erlebt haben. Dies zeigt, dass es nicht ein faktischer Statusverlust, sondern die *Angst davor* ist, die viele Angehörige der Mittelschicht umtreibt, also diejenigen, welche die wichtigste Mitarbeiterschicht in den Betrieben und Verwaltungen direkt unterhalb der Führungsebene bilden.

In den vergangenen Jahren haben Sozialpsychologen untersucht, was denn das ist, das diese Menschen beunruhigt und ihre Lebenszufriedenheit beeinträchtigt. Ganz allgemein ist es das spannungsvolle Verhältnis zwischen den privaten Bedürfnissen, Wünschen und Zielen einerseits und den Arbeitsbedingungen andererseits. Es zeigt sich, dass beide Bereiche viel stärker ineinandergreifen als bisher gedacht. Wurde lange die Vorstellung gehegt: Hier die Maloche, dort das private Vergnügen, so beeinflusst die berufliche Tätigkeit durch starke Veränderungen in den Arbeitsbedingungen heutzutage das Privatleben immer stärker. Zwei Drittel der 2018 Befragten geben an, sich in der Freizeit mit Tätigkeiten zu beschäftigen, die eigentlich ihrer regulären Arbeitszeit zuzurechnen sind. Dies steht der überall propagierten »Work-Life Balance« diametral entgegen.

Viele derzeit hochgepriesene Veränderungen der Arbeitswelt im Zusammenhang mit »Arbeit 4.0« oder dem »agilen Arbeiten« zeitigen neben eindeutigen Vorteilen auch schon jetzt erhebliche Probleme, und das macht eine sachliche Beurteilung der anstehenden Entwicklung so schwierig, wie kürzlich festgestellt (vgl. Bonin und Heßler, 2019). Überall ist Hilflosigkeit hinsichtlich der Frage anzutreffen, was genau denn zu tun sei. So schätzen manche Experten, dass rund 80 % der kürzlich stattgefundenen Veränderungsprozesse in der Wirtschaft und Verwaltung schiefgelaufen sind. Falls dies zutrifft, fragt es sich, was wurde da falsch gemacht?

Die 2018 erschienene Gallup-Studie (»Gallup Engagement Index 2018«), die großes Aufsehen erregte, beschäftigte sich mit einem zentralen Punkt der Arbeitswelt, nämlich dem Verhältnis von Führungskräften und Arbeitnehmern, und kam zu einem denkbar schlechten Ergebnis: Nur jeder fünfte Arbeitnehmer sagte aus, die Führung, die er im Beruf erlebe, motiviere ihn, hervorragende Arbeit zu leisten. Dies bedeutet: Die Menschen werden schlecht geführt. Im Anschluss an die genannte Gallup-Studie war denn auch der Sündenbock für die tatsächlich schlechte Arbeitsmoral in vielen deutschen Betrieben sofort ausgemacht, nämlich die inkompetente Führungskraft.

Dies heißt im Klartext: Viele Veränderungen scheitern an einem mangelhaften Verhältnis zwischen Führungskräften und Mitarbeitern, und dafür kann es die verschiedensten Gründe geben. Meist heißt es von Seiten der Mitarbeiter, die Führungskraft unterstütze sie nicht genug. Nur die Hälfte führte mit ihnen ein längeres Mitarbeitergespräch und dies auch nur einmal im Jahr. Sie würden entweder vorwiegend Veränderungen anordnen, anstatt vorzubereiten oder zu überzeugen, oder sie wälzten die Durchführung der Veränderungen und die Verantwortung dafür auf die Mitarbeiter ab. Oft zeigten sie sich mit den Inhalten der Veränderungen unvertraut (etwa im IT-Bereich) und wirkten überhaupt nicht glaubhaft usw.

Dass die *Persönlichkeit* des Mitarbeiters mehr als bisher im Zentrum der Veränderungen stehen muss, hat sich bereits herumgesprochen, aber was dies genau bedeutet, d. h., was mit »Persönlichkeit« überhaupt gemeint ist, wie man diese erkennt und auf sie Einfluss nimmt, ist kaum bekannt und wird, so denn bekannt, kaum in die Tat umgesetzt. Bei der Frage, wie man Mitarbeiter motiviert, verhält es sich genauso. Und es wird nicht gesehen, dass die Persönlichkeit der Führungskraft genauso im Zentrum der Veränderungen stehen muss: Wie können Veränderungen erfolgreich sein, wenn nicht die Frage beantwortet wird, welche Eigenschaften eine erfolgreiche Führungskraft ausmachen soll.

Es gibt zwar viele Darstellungen »unerlässlicher« Eigenschaften von Führungskräften, die man inzwischen in jeder Bahnhofsbuchhandlung finden kann, oft mit dem Attribut »Neuro« versehen. Die allermeisten Autoren solcher Ratgeber sind indes keine professionellen Psychologen und erst recht keine Neurowissenschaftler, und das darin eventuell enthaltene neurobiologische Wissen ist meist veraltetes bzw. missverstandenes und für die anstehenden Probleme irrelevantes Lehrbuchwissen. Entsprechend werden Führungskräfte zu wahren Lichtgestalten stilisiert, anstatt ein realistisches Anforderungsprofil zu entwickeln.

Wir müssen also zwei Dinge leisten, nämlich zum einen die aktuellen und gesicherten Erkenntnisse über die psychologischen und neurowissenschaftlichen Grundlagen menschlichen Fühlens, Denkens und Handelns zusammentragen und zweitens daraus diejenigen Schlüsse ziehen, die für die Praxis der Veränderung wichtig sind. Beides soll in diesem Buch getan werden.

Wir werden uns in Kapitel 1 mit dem Aufbau und den Hauptfunktionen des menschlichen Gehirns beschäftigen. Die Hirnforschung geht davon aus, dass sich die Persönlichkeit und die Psyche eines Menschen in unauflöslicher Einheit zusammen mit dem Gehirn entwickeln, genauso wie dies für den Bereich der

Wahrnehmung, der kognitiven Leistungen wie Denken, Vorstellen und Erinnern, der sprachlichen und nichtsprachlichen Kommunikation, der Motorik und Verhaltenssteuerung zutrifft. Diese Zustände und Vorgänge werden durch Aktivitäten in kleineren und größeren Netzwerken im Gehirn hervorgebracht, die – wenn entwickelt – auf diese Netzwerke zurückwirken und sich möglicherweise längerfristig verändern.

Für die Thematik des Buches ist hierbei das sogenannte limbische System wichtig, dessen Zentren für unbewusste und bewusste Emotionen, für die sich daraus entwickelnden Motivationszustände und schließlich für die emotional-motivationale Verhaltenssteuerung zuständig sind. Wir werden sehen, in welchem Maße hierbei genetische, epigenetische und vorgeburtlich sowie nachgeburtlich einwirkende Umwelteinflüsse eine Rolle spielen und die Persönlichkeit eines Menschen gestalten. Im Anschluss daran werden wir auch die »Bausteine« der neuronalen Erregungsverarbeitung, die Mechanismen des Lernens sowie der Gedächtnisbildung und damit die Prinzipien der Veränderungen im Gehirn kennenlernen.

In Kapitel 2 werden wir uns mit den gängigen psychologischen Persönlichkeitsmodellen beschäftigen, insbesondere mit der Frage, wie aus psychologischer Sicht die wichtigen Merkmale einer Persönlichkeit bestimmt werden können. Wir werden erkennen, dass diese Modelle, auch das am weitesten verbreitete »Big-Five-Modell«, Defizite aufweisen, zum Beispiel hinsichtlich der Frage, warum es genau die Grundmerkmale sind, die vom »Big-Five-Modell« propagiert werden. Weiterhin bleibt unklar, wie sich diese Merkmale entwickeln, warum jemand in seiner Persönlichkeit so ist, wie er ist, und ob und gegebenenfalls wie man ihn hierin ändern kann.

Viele Kritiker des »Big-Five-Modells« haben darauf hingewiesen, dass dieses von der Alltagspsychologie ausgehende Konzept »in der Luft hängt«, d. h. keine neurowissenschaftliche Grundlegung besitzt, wie sie in den Bereichen der Wahrnehmung, der kognitiven Leistungen und der Sprache auch von Psychologen als selbstverständlich angesehen wird (vgl. Myers, 2014).

Deshalb wollen wir in Kapitel 3 die neueren Erkenntnisse der Hirnforschung hinsichtlich der Verankerung der Persönlichkeit und Psyche im Gehirn, insbesondere im limbischen System betrachten. Dabei werden wir das Modell der »vier Ebenen der Persönlichkeit« (dreier limbischer Ebenen und einer kognitiven Ebene) und das Modell der sechs psychoneuralen Grundmechanismen des Psychischen kennenlernen, die zur Grundlage der in den weiteren Kapiteln behandelten Themen werden. Hier werden wir auch diejenigen Faktoren herausarbeiten, welche die Stabilität und Veränderbarkeit der Persönlichkeit bestimmen. Ebenso gelangen wir auf dieser Grundlage zu einer Persönlichkeitstypologie, die aus neurowissenschaftlicher Sicht fundierter ist als die Big-Five-Typologie, weil sie »normale« und »abweichende« Entwicklungen der Persönlichkeit erklären kann, was für die Praxis der Personalauswahl und -führung von großer Bedeutung ist.

In Kapitel 4 werden wir uns mit einem ganz besonderen Persönlichkeitsmerkmal befassen, nämlich der Intelligenz. Kaum ein Persönlichkeitsmerkmal ist so von Vor- und Fehlurteilen bestimmt wie Intelligenz, insbesondere hinsichtlich der Frage, was dieser Begriff eigentlich meint, was an ihr »angeboren« und was erlernt bzw. umweltabhängig ist. Wir werden fragen, welche Hirnzentren an Intelligenzleistungen beteiligt sind und welches die neuronalen Grundlagen der unterschiedlichen Ausmaße von Intelligenz sind.

Kapitel 5 behandelt vertieft die im zweiten Kapitel bereits genannte Tatsache, dass aus neurowissenschaftlicher Sicht große Teile unserer Persönlichkeit dem Bewusstsein nicht zugänglich sind, weil sie nicht in einem »bewusstseinsfähigen Format« vorliegen. Dies gilt für alle Prozesse in »subcorticalen« Zentren außerhalb der Großhirnrinde (Cortex), aber auch für schnelle Vorgänge in Teilen der Großhirnrinde. Viele Konzepte der Psychotherapie und des Coachings bauen – aus neurowissenschaftlicher Sicht völlig zu Recht – darauf auf, dass Inhalte des Unbewussten entscheidend unser Fühlen, Denken und Handeln beeinflussen. Zugleich gehen sie fälschlicherweise davon aus, dass diese Inhalte präzise erkennbar sind (zum Beispiel über eine gründliche Befragung oder Traumdeutung). Es erhebt sich die wichtige Frage, ob das Unbewusste uns *generell* verschlossen ist oder ob es doch irgendwelche indirekten Zugänge zu ihm gibt, und die andere Frage, was das Bewusstsein denn für eine Rolle spielt, wenn doch das Unbewusste so »mächtig« ist.

In Kapitel 6 geht es um Gefühle, ihr Entstehen und ihren Sitz im Gehirn sowie ihre Funktionen. Warum beherrschen sie uns so stark? Auf welche Weise bestimmen sie unser Verhalten? Gibt es Unterschiede in der Wirkung unbewusster und bewusster Gefühle, »Empfindungen« genannt?

Kapitel 7 befasst sich mit dem tatsächlichen oder scheinbaren Gegensatz zu den Gefühlen, nämlich den Verstandesfunktionen, von denen wir bereits die Intelligenz kennengelernt haben. Seit dem Altertum heißt es: »Lass bei allem, was du tust, den Verstand dein Lenker sein!« Auch wenn jeder Mensch die Erfahrung macht, dass dies oft nicht der Fall ist, so *sollte* man doch nach dieser Maxime handeln – einfach weil verstandesmäßiges Handeln das beste ist! Entsprechend ist die nach wie vor in den Sozial- und Wirtschaftswissenschaften am weitesten verbreitete Lehrmeinung diejenige des »rationalen Entscheidens und Handelns«, obwohl seit langem Psychologen an diesem Modell zweifeln. Wie wir sehen werden, stützen neurowissenschaftliche Erkenntnisse diese Zweifel. Rationalität – so werden wir hören – ist nur ein Ratgeber, die Entscheidungen treffen letztendlich andere Instanzen, vor allem Emotionen und Intuition.

Kapitel 8 dreht sich um die Frage, wie aus Emotionen und Intuition diejenigen Beweggründe unseres Handelns entstehen, die wir *Motive* (wenn unbewusst) und *Ziele* (wenn bewusst) nennen. Wir lernen dabei eines der wichtigsten Systeme in unserem Gehirn kennen, nämlich das kognitiv-limbische Bewertungssystem, das zuerst unbewusst und dann bewusst alles, was wir tun oder erleben, danach klassifiziert, ob es gut oder schlecht für unser biologisches, psychisches und soziales Leben und Überleben war, dies abspeichert und für das zukünftige Tun und Erleben nutzbar macht. Dies legt fest, dass wir uns den als positiv bewerteten Dingen nähern bzw. sie wiederholen und den als negativ eingestuften Dingen aus dem Weg gehen oder sie beenden. Von besonderer Bedeutung ist hierbei die Frage, ob sich beim Tun und Erleben unsere positiven und negativen Erwartungen erfüllen, oder ob es positive oder negative *Abweichungen* davon gibt, die zu Korrekturen in unseren Erwartungen Anlass geben. Wir werden erfahren, dass die Stärke der Motivation zu einem bestimmten Tun von der Stärke dieser Abweichungen und damit von den Belohnungserwartungen abhängt. Diese Erkenntnisse sind – wie wir dann später sehen werden – wichtig für jegliche Maßnahmen der Verhaltensänderung.

Kapitel 9 schließt die Erörterung der psychologischen und neurobiologischen Grundlagen unserer Persönlichkeit und unseres Fühlens, Denkens und Handels ab. Wir werden untersuchen, wie sich im Gehirn unbewusste Motive zu bewussten Zielen verhalten – ob zwischen ihnen eine Übereinstimmung

(»Konsistenz«) oder ein Konflikt herrscht und wie im Falle einer hinreichenden Übereinstimmung Prozesse der konkreten Handlungsplanung und Handlungsvorbereitung ablaufen, bis schließlich etwas in einer bestimmten Weise getan wird. Dies kann reflektorisch, automatisiert oder willentlich geschehen. Wir werden uns dabei mit dem immer noch populären psychologischen Handlungs-Entscheidungs-Modell, dem »Rubikon-Modell«, auseinandersetzen und feststellen, dass dieses bejahrte Konzept aus neurobiologischer Sicht schwere Mängel aufweist, indem es etwa eine explizit gewollte Handlung zum Normaltyp der Entscheidung macht und die allermeisten Entscheidungsweisen in unserem Alltag, die wir mehr oder weniger automatisiert ausführen, außer Acht lässt.

In Kapitel 10 wenden wir uns dem Alltag zu und fragen uns, was aus Sicht der bisher vorgetragenen Erkenntnisse die beste Art zu entscheiden ist. Wir werden sehen, dass es eine generell beste Entscheidung gar nicht gibt, sondern nur den jeweiligen Umständen entsprechende automatisierte, rein emotionale, rationale und aufgeschobene intuitive Entscheidungen, je nachdem, ob eine Standardsituation vorliegt, ob die anstehenden Probleme einfach oder komplex sind und ob Zeitdruck herrscht. Wir werden aber erkennen, dass es eine Art der Entscheidung gibt, die fast immer falsch ist, nämlich die affektive Entscheidung unter Zeitdruck, und auch verstehen, warum sie es ist.

Kapitel 11 fragt anhand sozialpsychologischer Untersuchungen über die Lebensspanne von Menschen nach der Stabilität und Variabilität der individuellen Befindlichkeit, insbesondere der Lebenszufriedenheit. Wovon hängt diese Lebenszufriedenheit ab? Was macht denn einen Menschen *langfristig* zufrieden oder gar glücklich? Sind Zufriedenheit und Glück eher intrinsisch bedingt, etwa durch die Gene bzw. Epigene und frühkindlichen Prägungen, oder sind sie eher von späteren Umweltbedingungen abhängig, sei es von sozioökonomischen Faktoren, dem beruflichen Erfolg oder den privaten Verhältnissen? Und wie verschieden sind die Motive und Ziele, die bei den einzelnen Menschen zu Zufriedenheit und Glück führen? Wenn alle letztendlich nach denselben Zielen streben, wäre das für diejenigen, die sich um das Wohl der Menschen kümmern (oder dies vorgeben) sehr bequem. Wenn aber Menschen ganz verschiedene Lebensziele anstreben, dann muss man diese Ziele – und die darunter liegenden Motive – erst einmal identifizieren und dann bei Veränderungsmaßnahmen in Rechnung stellen.

In Kapitel 12 stellt sich konkret die Frage, wie man Menschen, zum Beispiel Mitarbeiter, so ändert, dass sie *langfristig* und *mit Überzeugung* das tun, was wir von ihnen verlangen. Wir haben bereits gehört, dass dies viel schwieriger ist, als üblicherweise angenommen und vollmundig behauptet wird, und dass sehr viele Veränderungsmaßnahmen scheitern – oft verbunden mit enormen Kosten und tiefen Enttäuschungen, dem berühmten »Tal der Tränen«. Aber warum ist das so? Warum genügt es nicht, den Adressaten unseres Veränderungswunsches klar und deutlich zu sagen, worum es geht und was jeder zu machen hat?

Hierbei kommen sehr unangenehme Fragen auf, nämlich erstens »*Können* die Menschen das überhaupt?« und zweitens »*Wollen* sie diese Veränderungen auch?« bzw. »Sind sie dazu *bereit*?« Diese Fragen treffen ins Zentrum aller Veränderungsbemühungen im beruflichen Bereich – aber auch im Privatleben. Wir werden uns also mit den Widerständen befassen müssen und fragen, ob und auf welche Weise wir diese schließlich überwinden können.

Kapitel 13 befasst sich detailliert mit einer Grundvoraussetzung für alle Veränderungsmaßnahmen, nämlich dem Erfassen der Persönlichkeit der zu verändernden Person, ihren unbewussten Motiven und ihren bewussten Zielen und – ganz entscheidend – mit der Passung zwischen diesen Faktoren und den Anforderungen einer Tätigkeit oder Position. Wir werden sehen, dass auch dies viel schwerer ist, als es die Populärliteratur, aber auch die gängigen psychodiagnostischen Verfahren uns vorgaukeln, die generell auf Selbstauskunft von Personen beruhen. Zugleich erklären uns führende Persönlichkeitspsychologen, dass Selbstauskunft ein höchst unzuverlässiges Verfahren zur Feststellung von Persönlichkeitseigenschaften und Eignungsprofilen ist – und die Neurowissenschaften bestätigen dies. Um aber diese Sache noch schwieriger zu machen, geht es ja nicht nur um die Auskunft über Dinge, die ein Befragter, sofern er dazu bereit ist, zumindest im Prinzip korrekt und ehrlich beantworten kann, sondern es geht um seine unbewussten Eigenschaften und Motive, wovon er selbst keinerlei Ahnung hat – und sich dieses Umstands oft auch gar nicht bewusst ist (»Ich bin doch so, wie ich mich empfinde!«). Diesen Umstand haben wir bereits im fünften Kapitel angesprochen, und nun werden wir sehen müssen, ob und wie es uns gelingt, zu diesen unbewussten Inhalten vorzudringen. Nur dann werden wir bei Veränderungsmaßnahmen die richtigen Dinge tun.

Kapitel 14 lenkt den Blick auf uns selbst. Viele Menschen glauben, man könne sich selbst am besten erkennen, da man sich schließlich am nächsten stehe (»Nichts trennt ja mich von meinem Ich!«), und man könne sich aufgrund dieser Selbsterkenntnis gezielt verändern. Der Aufruf zur Selbsterforschung und zur entsprechenden Änderung der Lebensführung ist klassisch für die Philosophie der westlichen Welt. Psychologen und Neurowissenschaftler halten diese Maxime aber für eine Illusion: Außenstehende können, sofern sie dies gelernt haben, uns besser einschätzen und besser verändern als wir uns selbst. Aber was können wir trotz dieser Tatsache tun? Ist der kritische Blick auf uns selbst tatsächlich immer vergebens? Und können wir uns denn gar nicht aus eigenem Antrieb ändern?

In Kapitel 15, das von Sebastian Herbst und Gerhard Roth geschrieben wurde, geht es um die Frage, was auf der Grundlage des bisher Gesagten eine gute Führungskraft ausmacht, welche grundlegenden Persönlichkeitseigenschaften und welche Fach- und Methodenkompetenzen sie haben soll. Diese Frage stellt sich unabweisbar angesichts der zu Beginn genannten Ergebnisse der Gallup-Umfrage 2018, die das gegenwärtige Verhältnis zwischen Führungskräften und Arbeitnehmern in ein sehr schlechtes Licht gesetzt hat.

Das 16. Kapitel, geschrieben von Sebastian Herbst, ist der zentralen Frage gewidmet, warum aus Sicht der Change-Management-Praxis die große Mehrheit der bisherigen Veränderungsmaßnahmen in Wirtschaft und Gesellschaft gescheitert ist, welche spezifischen Hürden, Hemmnisse und Widerstände existieren und wie durch die in diesem Buch vorgestellten wissenschaftlichen Erkenntnisse Veränderungsprozesse offener und strukturierter angegangen werden können. Es wird hierbei das »People-Change-Management«-Modell vorgestellt, das auf die konkrete Arbeit mit Führungskräften und Mitarbeitern abzielt. Es folgt eine Zusammenfassung und Abschlussbemerkung.

KAPITEL 1

Ein Blick in das menschliche Gehirn

Die Mehrzahl der Hirnforscher und mit ihnen viele Psychologen sind der Ansicht, dass dasjenige, was Menschen fühlen, denken und tun, untrennbar mit den Strukturen und Funktionen unseres Gehirns verbunden ist, und dies gilt natürlich auch für die Persönlichkeit und die aus ihr sich ergebenden Entscheidungs- und Handlungsweisen eines Menschen. Wollen wir all dies hinreichend verstehen, so müssen wir uns mit dem Gehirn befassen. Dabei wollen wir so einfach wie möglich vorgehen. Das Standardlehrbuch zu dem Thema ist nach wie vor das Werk von Nieuwenhuys et al. (1978 ff.)

Das menschliche Gehirn, wie in Abbildung 1a und b dargestellt, ist im Vergleich zu unserem Körper ziemlich groß und füllt den oberen Teil unseres Kopfes vollkommen aus. Es hat ein Volumen von rund 1300 Kubikzentimetern bzw. ein Gewicht von 1,3 Kilogramm. Allerdings ist es – anders als man häufig liest – bei weitem nicht das größte Gehirn im Tierreich. Es gibt einige Tiere, wie Wale, Delfine und Elefanten, deren Gehirne bis zu 10 Kilogramm wiegen. Der Grund hierfür liegt überwiegend darin, dass diese Tiere im Vergleich zum Menschen riesige Körper haben und die Gehirngröße wesentlich von der Körpergröße bestimmt wird. Allerdings hat der Mensch im Vergleich zu seiner Körpergröße ein überproportional großes Gehirn, das rund 2 % des Körpervolumens ausmacht. Beim Blauwal sind es 0,05 % – ein ziemlicher Unterschied!

Das menschliche Gehirn zeigt den typischen Aufbau eines

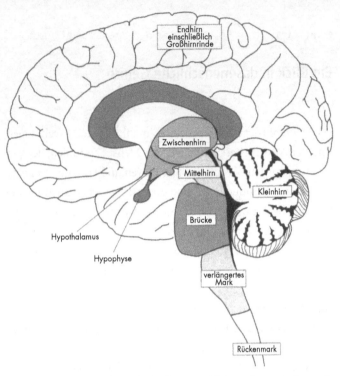

Abbildung 1a: Längsschnitt durch das menschliche Gehirn mit den sechs Hauptteilen (plus Rückenmark). Weitere Erläuterungen im Text. (Nach Eliot, 2001, verändert.)

Säugetiergehirns und besteht, vom Rückenmark ausgehend (s. Abbildung 1a), aus sechs Teilen: dem verlängerten Mark (*Medulla oblongata*), der Brücke (*Pons*), dem Kleinhirn (*Cerebellum*), dem Mittelhirn (*Mesencephalon*), dem Zwischenhirn (*Diencephalon*) und dem End- oder Großhirn (*Telencephalon*). Mittelhirn, Brücke und verlängertes Mark werden zusammen als *Hirnstamm* bezeichnet. Während diese sechs Teile bei kleinen Säugetieren mit entsprechend kleinen Gehirnen mehr oder weniger hintereinander angeordnet sind, haben sich bei Tieren mit großen Gehirnen, zum Beispiel bei den genannten Walen, Delfinen, Elefanten und allen Menschenaffen einschließlich des Menschen, diese Teile in komplizierter Weise ineinandergeschoben, und einige Teile wie das Endhirn und davon wiederum bestimmte Teile wie die Hirnrinde sind sehr groß geworden und haben fast alle anderen Teile überdeckt. Es kostet also etwas Mühe, im menschlichen Gehirn diese sechs Teile zu erkennen.

Das gesamte Gehirn des Menschen besteht aus rund 85 Milliarden Nervenzellen, und das ist mehr als bei allen anderen Tieren – auch bei denen, die ein viel größeres Gehirn besitzen. Hinzu kommen mindestens noch einmal so viele sogenannte Gliazellen, die Stütz- und Nährfunktionen haben und bei der Erregungsverarbeitung im Gehirn eine wichtige Funktion einnehmen. Was an unserem Gehirn besonders ins Auge sticht, ist die vielgewundene Hirnrinde, lateinisch *Cortex cerebri*, die den größten Teil des Gehirns umgibt (wie in Abbildung 1b ersichtlich) – aber das ist bei allen großen Gehirnen so! Ein weiteres recht großes Gebilde, dessen Oberfläche ebenfalls stark eingefaltet ist, ist das Kleinhirn, lateinisch *Cerebellum*. Vom Rest des Gehirns, so wichtig er ist, sieht man erst einmal kaum etwas, außer dem »Stiel« des verlängerten Marks. Beschäftigen wir uns also zuerst mit der Großhirnrinde!

Die Großhirnrinde

Die Großhirnrinde, der *Cortex*, umfasst auseinandergefaltet eine Fläche von einem Viertel Quadratmeter, ist aber gleichzeitig ziemlich dünn, nämlich nur 2–5 Millimeter dick (Creutzfeldt, 1983). In dieser dünnen Schicht sind rund 15 Milliarden Nervenzellen, überwiegend sogenannte Pyramidenzellen, un-

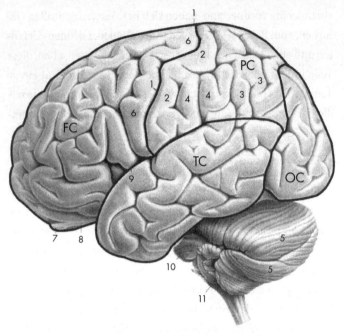

Abbildung 1b: Seitenansicht des menschlichen Gehirns. Sichtbar ist die Großhirnrinde mit ihren Windungen (Gyrus/Gyri) und Furchen (Sulcus/Sulci) und das ebenfalls stark gefurchte Kleinhirn. Abkürzungen: FC Stirnlappen; OC Hinterhauptslappen; PC Scheitellappen; TC Schläfenlappen; 1 Zentralfurche (Sulcus centralis); 2 Gyrus postcentralis; 3 Gyrus angularis; 4 Gyrus supramarginalis; 5 Kleinhirn-Hemisphären; 6 Gyrus praecentralis; 7 Riechkolben; 8 olfaktorischer Trakt; 9 Sulcus lateralis; 10 Brücke; 11 verlängertes Mark. (Nach Nieuwenhuys et al., 1978 ff., verändert.)

tergebracht, die über rund 300 Milliarden Kontaktpunkte miteinander verbunden sind (vgl. Roth und Dicke, 2017). Diese Kontaktpunkte werden *Synapsen* genannt, und über ihre Eigenschaften wird noch zu sprechen sein. Das Ganze bildet ein Netzwerk von ungeheurer Komplexität. Es ist in zahllose Unternetzwerke gegliedert, die jeweils bestimmte Eingänge und Ausgänge haben und in ganz bestimmter Weise miteinander verknüpft sind. Eingang, Verknüpfungsstruktur und Ausgang bestimmen die *Funktion* dieser einzelnen Netzwerke.

Der Cortex wird in vier große Bereiche oder »Lappen« eingeteilt, nämlich einen Stirnlappen (*Frontalcortex*), einen Scheitellappen (*Parietalcortex*), einen Schläfenlappen (*Temporalcortex*) und einen Hinterhauptslappen (*Okzipitalcortex*) (Abbildungen 1b, 2 und 3). Da das Endhirn aus zwei Hälften, den *Hemisphären* besteht (vgl. Abbildung 4), hat es nicht nur zwei Außen-, sondern auch zwei Innenseiten, jeweils eine linke und eine rechte. Hinzu kommt auf jeder Seite ein tief eingesenkter Bereich, der *insuläre Cortex*. Die Großhirnrinde wird klassischerweise in anatomische Felder oder Areale (sogenannte Brodmann-Areale, abgekürzt BA, benannt nach dem bedeutenden deutschen Neuroanatomen Korbinian Brodmann) eingeteilt. Inzwischen gibt es eine Reihe anderer oder zusätzlicher Unterteilungen, aber die sind für den gegenwärtigen Zusammenhang weniger von Bedeutung.

Funktionell gesehen unterscheiden wir in der Großhirnrinde erstens *sensorische* Felder, die mit der Verarbeitung von Informationen des Sehens (visuelles System), des Hörens (auditorisches System), der Körperempfindungen (somatosensorisches System), des Geschmacks (gustatorisches System) und des Gleichgewichts (Vestibularsystem) zu tun haben. Das visuelle System befindet sich überwiegend im Hinterhauptslappen, das Hörsystem am oberen vorderen Rand des Schläfenlappens, das somatosensorische System und das Vestibularsystem am Vorderrand des Scheitellappens. Die Geschmacksinformationen sind in dem bereits erwähnten insulären Cortex angesiedelt. Dieser insuläre Cortex ist auch der Verarbeitungsort des Körpergefühls, der Eingeweidewahrnehmung (»Bauchgefühl«) und der Schmerzempfindung. Er hat weitere wichtige Funktionen, von denen

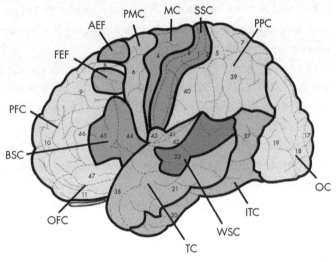

Abbildung 2: Anatomisch-funktionelle Gliederung der Hirnrinde, von der Seite aus gesehen. Die Zahlen geben die Einteilung in cytoarchitektonische Felder nach K. Brodmann an. Abkürzungen: AEF vorderes Augenfeld; BSC Broca Sprachzentrum; FEF frontales Augenfeld; ITC inferotemporaler Cortex; MC motorischer Cortex; OC occipitaler Cortex (Hinterhauptslappen); OFC orbitofrontaler Cortex; PFC präfrontaler Cortex (Stirnlappen); PMC prämotorischer Cortex; PPC posteriorer parietaler Cortex; SSC somatosensorischer Cortex; TC temporaler Cortex (Schläfenlappen); WSC Wernicke-Sprachzentrum. (Nach Nieuwenhuys et al., 1978 ff., verändert.)

wir noch hören werden. Riechinformationen werden in einem stammesgeschichtlich älteren Teil der Hirnrinde, dem olfaktorischen Cortex verarbeitet.

Zum zweiten gibt es *motorische* Hirnrindenfelder, nämlich das primäre motorische, das prämotorische und das supplementärmotorische Feld, die alle im hinteren außen befindlichen Bereich des Frontallappens liegen (vgl. Abbildungen 2 und 3). Das primäre motorische Feld ist vornehmlich mit der Steuerung ein-

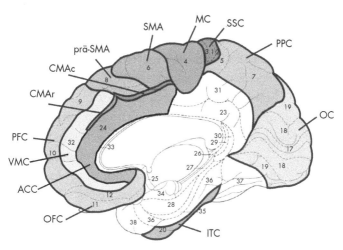

Abbildung 3: Anatomisch-funktionelle Gliederung der Hirnrinde, von der Mittellinie aus gesehen. Die Zahlen geben die Einteilung in cytoarchitektonische Felder nach K. Brodmann an. Abkürzungen: ACC anteriorer cingulärer Cortex (Gyrus cinguli); CMAc caudales cinguläres motorisches Areal; CMAr rostrales cinguläres motorisches Areal; ITC inferotemporaler Cortex; MC motorischer Cortex; OC occipitaler Cortex; OFC orbitofrontaler Cortex; prä-SMA präsupplementär-motorisches Areal; PFC präfrontaler Cortex; PPC posteriorer parietaler Cortex; SMA supplementär-motorisches Areal; SSC somatosensorischer Cortex; VMC ventromedialer (präfrontaler) Cortex. (Nach Nieuwenhuys et al., 1978 ff., verändert.)

zelner Muskeln und hierüber mit der Kontrolle von Feinbewegungen, etwa der Finger oder Lippen befasst. Das prämotorische Feld sowie das supplementärmotorische Feld sind an der Planung und Steuerung von größeren Bewegungsabläufen beteiligt. Hinzu kommt das prä-supplementärmotorische Feld, das auf der oberen Innenseite des Frontallappens liegt. Es ist immer aktiv, wenn wir etwas bewusst wollen und interessanterweise auch dann, wenn wir uns nur *vorstellen*, wir würden etwas tun.

Alle anderen Hirnrindenfelder bezeichnet man als *assoziative* Areale, da sie keine primären sensorischen oder motorischen Informationen verarbeiten, sondern derartige Informationen miteinander verknüpfen (»assoziieren«) und in Verbindung mit Gedächtnisinhalten hierdurch komplexere, bedeutungshafte Informationen erzeugen. Die verarbeiteten Informationen können *kognitive* Inhalte des bewussten Wahrnehmens, des Denkens, Vorstellens, Erinnerns und der Handlungsplanung betreffen oder mit Affekten und Emotionen zu tun haben, die man zu den *limbischen* Vorgängen rechnet. Es gibt aber auch Cortexareale, die gemischt kognitive und limbische Funktionen haben.

Betrachten wir zuerst die Funktionen der kognitiven Areale in der Großhirnrinde. Der *Scheitellappen* hat beidseitig mit der Repräsentation unseres Körpers und seiner Verortung im Raum zu tun sowie mit der Steuerung räumlicher Aufmerksamkeit; auch trägt er zur Planung, Vorbereitung und Steuerung von Greif- und Augenbewegungen bei. Hier befindet sich auch der hintere Teil des sogenannten Arbeitsgedächtnisses, von dem wir noch ausführlicher hören werden. Linksseitig ist er mit symbolisch-analytischer Informationsverarbeitung befasst (Mathematik, Sprache, Schrift und allgemein der Bedeutung von Zeichnungen und Symbolen); der rechtsseitige hintere Scheitellappen hat mit realer und vorgestellter räumlicher Orientierung zu tun. Der obere und mittlere *Schläfenlappen* umfasst komplexe auditorische Wahrnehmung wie Sprachlaute und Musik. Hier ist linksseitig das hintere Sprachzentrum, das sogenannte Wernicke-Areal, lokalisiert, das für Wortverständnis zuständig ist. Der untere Schläfenlappen und der Übergang zwischen Scheitel-, Schläfen- und Hinterhauptslappen sind wichtig für komplexe visuelle Informationsverarbeitung nichträumlicher Art, für das Erfassen der Bedeutung und korrekten Interpretation von Objekten, Gesichtern und Gesten sowie von ganzen Szenen.

Der *präfrontale Cortex* (PFC, Abbildung 2, S. 30), also das vordere Stirnhirn, ist in seinem außenliegenden oberen, *dorsolateralen* Teil (dlPFC) ausgerichtet auf das Erfassen von Ereignissen und Problemen in der Außenwelt, insbesondere hinsichtlich deren zeitlicher Reihenfolge und ihrer Bedeutung bzw. Lösung. Dort befindet sich auch der vordere Teil des Arbeitsgedächtnisses. Der mittlere Teil des außenliegenden Stirnhirns, der *ventrolaterale* präfrontale Cortex, ist an der Integration sensorischer und assoziativer Informationen aus dem Scheitel-, Schläfen- und Hinterhauptslappen im Zusammenhang mit der kognitiven Bedeutungserfassung und Handlungsplanung beteiligt. Hier liegt, wiederum auf der linken Seite, das vordere Sprachzentrum, das Broca-Areal, dessen Aktivität die Grundlage für Grammatik und Syntax der menschlichen Sprache ist, aber auch bei der sprachlichen Artikulation eine wichtige Rolle spielt.

Diese genannten Gebiete des Cortex sind wichtig für die anfänglich unbewusste und später bewusste Verarbeitung von Details dessen, was wir sehen, hören und ertasten, aber auch für das, was wir uns bewusst vorstellen, was wir erinnern, denken und planen, sowie für Informationen darüber, wer oder was wir sind und wo wir uns befinden. Sie sind auch die Orte der jeweiligen Gedächtnisse für *berichtbare* Geschehnisse und Details, die unser *deklaratives Gedächtnis* ausmachen. Von besonderer Bedeutung ist hierbei zum einen die Verbindung zwischen dem lateralen präfrontalen und dem hinteren parietalen Cortex, *frontoparietales System* genannt, das die Grundlage unserer kognitiven Leistungen bildet, und zum anderen die Verbindung zwischen dem Wernicke-Areal und dem Broca-Areal, welches die Grundlage unserer sprachlichen Kommunikation bildet (Friederici,

2017). Zwischen beiden Systemen gibt es einen engen Zusammenhang.

Diesen kognitiven Gebieten der Großhirnrinde stehen die *limbischen* Areale gegenüber, die mit unbewussten und bewussten Bewertungs- und Entscheidungsprozessen zu tun haben sowie mit Wünschen, Motiven und Zielen. Auf dieser Grundlage beeinflussen sie entscheidend unser Verhalten. Die wichtigsten Gebiete des limbischen Cortex sind der orbitofrontale Cortex, der ventromediale und cinguläre präfrontale Cortex sowie der insuläre Cortex.

Der *orbitofrontale Cortex* (OFC) liegt in dem über den Augenhöhlen, den Orbita, angeordneten Stirnhirn (Abbildungen 2 und 3, S. 30/31). Er hat mit der Integration von Prozessen zu tun, die in anderen limbischen Cortexarealen sowie außerhalb der Großhirnrinde im Zwischenhirn und im Hirnstamm und damit unbewusst ablaufen. Diese umfassen die bewusste *Bewertung* von Erlebnissen und Zuständen als »angenehm« und »unangenehm« sowie die emotionalen und motivationalen Aspekte der Verhaltensplanung, insbesondere auch unter Bedingungen von Ungewissheit und hohen Risiken. Der OFC befasst sich insbesondere mit der Frage, ob die erwogenen oder geplanten Handlungen hinsichtlich unseres gesellschaftlichen Lebens positive oder negative Konsequenzen nach sich ziehen könnten, also »gut« oder »böse« sind – er ist also so etwas wie der Sitz des Gewissens bzw. des Freud'schen »Über-Ich«.

Auf der Innenseite des Stirnhirns liegen der cinguläre und der ventromediale präfrontale Cortex (Abbildung 3, S. 31). Letzterer hat ähnliche Funktionen wie der OFC und bildet eine Übergangszone zum *cingulären Cortex* (*Gyrus cinguli*). Dieser erstreckt sich gürtelförmig (»cingulär«) um den vorderen Teil des Balkens (*Corpus callosum* – der Verbindung zwischen den beiden Großhirn-Hemisphären, vgl. Abbildung 4, S. 36) und dann oberhalb von ihm nach hinten. Er besteht aus einem vorderen, mittleren und hinteren Teil, *anteriorer, medialer* und *posteriorer* Gyrus cinguli genannt. Der anteriore cinguläre Cortex, abgekürzt ACC, hat wichtige emotionale und affektive Funktionen, ist aber auch in seinem oberen (dorsalen) Teil, der sich an den außenliegenden dlPFC anschließt, an *kognitiven* Funktionen wie der Steuerung unserer Aufmerksamkeit, der Überwachung unseres Verhaltens und in diesem Zusammenhang an dem »Melden« von Fehlern und Abweichungen beteiligt. Dabei geht es etwa um die Frage, ob bestimmte Handlungen wie geplant ausgeführt, bestimmte Ziele erreicht, bestimmte Erwartungen erfüllt wurden. Die um das vordere »Knie« des Corpus callosum gelagerten Anteile sowie ventrale Anteile des sich nach hinten erstreckenden cingulären Cortex haben hingegen *limbische* Funktionen, zu denen die affektiven Komponenten der Schmerzwahrnehmung (zum Beispiel Schmerz als Warnsignal: Rainville et al., 1997, 2002; Misra und Coombes, 2015) und – wie auch im OFC – das Abschätzen von Risiken gehören. Im mittleren Teil des cingulären Cortex befinden sich Areale, die mit emotionaler Kommunikation zu tun haben, wie Mimik, Gestik, Körperhaltung, Stimmführung, sowie mit affektiven Lautäußerungen, wie etwa Schreien, Stöhnen, Lachen, Jubeln usw. Diese sind typischerweise unwillkürlich, im Gegensatz zu willentlichen, sprachlichen Lautäußerungen, die von den außenliegenden Sprachzentren (Wernicke- und Broca-Areal) gesteuert werden. Der hintere Teil des cingulären Cortex hat mit Wachheit und autobiographischem Gedächtnis zu tun.

Im gesamten orbitofrontalen, ventromedialen und cingulären präfrontalen Cortex einschließlich des ACC findet die *bewusste* Verarbeitung von Informationen über die Art und Größe einer

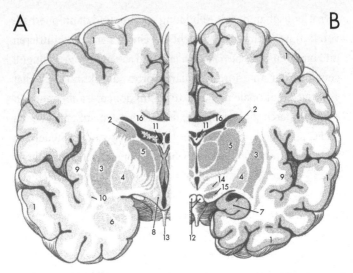

Abbildung 4: Querschnitte durch das menschliche Gehirn: (A) Querschnitt auf Höhe des Hypothalamus, der Amygdala und des Striato-Pallidum; (B) Querschnitt auf Höhe des Thalamus und des Hippocampus. 1 Neocortex; 2 Nucleus caudatus; 3 Putamen; 4 Globus pallidus; 5 Thalamus; 6 Amygdala; 7 Hippocampus; 8 Hypothalamus; 9 insulärer Cortex; 10 Claustrum; 11 Fornix (Faserbündel); 12 Mammillarkörper (Teil des Hypothalamus); 13 Infundibulum (Hypophysenstiel); 14 Nucleus subthalamicus; 15 Substantia nigra; 16 Balken (Corpus callosum). (Nach Kahle, 1976, verändert.)

Belohnung bzw. Bestrafung statt, die aus *unbewusst* arbeitenden Zentren außerhalb der Großhirnrinde wie Amygdala, Nucleus accumbens und dem VTA kommen. Sie werden zusammen mit Informationen aus dem Hippocampus (s. unten) in einen raumzeitlichen Kontext und in das Selbsterleben als Teil des Arbeitsgedächtnisses eingebettet.

Der *insuläre Cortex* umfasst einen tief eingesenkten Teil der Großhirnrinde, verdeckt hinter einer Öffnung zwischen dem Frontal-, Parietal- und Temporalcortex (Abbildung 4). Er empfängt in seinem hinteren Teil sensorische Meldungen über den Geschmack und die Körperposition sowie über die Eingeweide und integriert in seinem vorderen Teil Informationen über den eigenen inneren Zustand. Dazu gehören eine Rückmeldung über die physiologische Befindlichkeit (zum Beispiel Schmerz oder Aufregung) durch Eingänge von der Amygdala und vom sympathischen Nervensystem ebenso wie Erinnerungen und die beschriebenen Erwartungen von Belohnung und Bestrafung, die dem medialen PFC von Strukturen wie dem Hippocampus oder dem mesolimbischen System zugetragen werden (s. unten). Informationen über die körperliche Erregung und Eigenschaften der Situation, in der die Erregung auftritt, werden so zusammengeführt und bilden als »somatische Markierungen« (Damasio, 1994, 2000) eine wichtige Grundlage für zukünftige Bewertungen ähnlicher Situationen. Der insuläre Cortex ist zudem Teil des »Empathie-Netzwerkes«. Hier finden sich auch entsprechende Neurone, die fälschlicherweise »Spiegelneurone« genannt werden. Sie haben allerdings nichts mit den bei Makakenaffen entdeckten Spiegelneuronen zu tun – Makaken besitzen keine dem Menschen vergleichbare Empathie!

Der gesamte mediale Teil des PFC ist zentraler Bestandteil eines Netzwerkes von Hirnregionen, das aktiv ist, wenn das Gehirn keine auffälligen Reize aus der Außenwelt und dem eigenen Körper erhält (*resting state network*). Ist das Gehirn nicht mit externen Reizen befasst, so beschäftigt es sich mit internen Prozessen, zum Beispiel selbstreflexiven Gedanken und autobiographischen Erinnerungen. Dies spielt sich vornehmlich im hinteren cingulären Cortex und den ihn umgebenden Rindenfeldern ab. Eine Fokussierung auf kognitive Aufgaben geht dagegen mit einer Deaktivierung dieses Bereichs und einer Aktivierung der sensorischen und kognitiven Cortexareale einher. Eine Beschäftigung mit sich selbst und der eigenen Befindlichkeit kann exzessiv werden, wie dies bei Depression zu beobachten ist. Solche Patienten verlieren entsprechend jedes Interesse an Vorgängen in ihrer Umwelt und konzentrieren sich auf ihr Leiden.

Eine Struktur, die im weiteren Sinne zur Hirnrinde gehört, ist der Hippocampus, der nach innen am unteren Rand des Schlä-

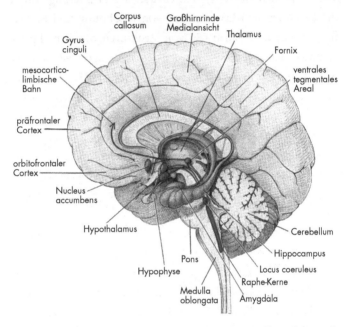

Abbildung 5: Medianansicht (Längsschnitt entlang der Mittellinie) des menschlichen Gehirns mit den wichtigsten limbischen Zentren. Diese Zentren sind Orte der Entstehung von bewussten Gefühlen (orbitofrontaler Cortex, Gyrus cinguli/anteriorer cingulärer Cortex) und unbewussten positiven (Nucleus accumbens, ventrales tegmentales Areal) und negativen Gefühlen (Amygdala), der Gedächtnisorganisation (Hippocampus), der Aufmerksamkeits- und Bewusstseinssteuerung (Gyrus cinguli, basales Vorderhirn, Thalamus, Locus coeruleus, Raphe-Kerne) und der Kontrolle vegetativer Funktionen (Hypothalamus, Hypophyse). (Nach Spektrum/Scientific American, 1994, verändert.)

fenlappens liegt (vgl. Abbildungen 4 B, 5). Er bildet einen wichtigen Schnittpunkt zwischen den eher kognitiven und den eher emotional-motivationalen Teilen des Gehirns. Seinen eigentümlichen Namen verdankt er der Tatsache, dass er im Querschnitt einem Seepferdchen (griechisch-lateinisch *Hippocampus*) ähnelt. Er ist der »Organisator« des bewusstseinsfähigen und sprachlich formulierbaren *deklarativen* Gedächtnisses. In ihm werden alle im Kurzzeit- bzw. Arbeitsgedächtnis momentan und bewusst bearbeiteten Informationen unbewusst verarbeitet und mit emotionalen Signalen aus dem limbischen System verbunden. Der Hippocampus übt also die Funktion eines Zwischengedächtnisses aus (s. unten). Die rearrangierten Informationen werden dann hauptsächlich während des Schlafes in das corticale Langzeitgedächtnis eingespeist.

Subcorticale limbische Zentren

Während unser bewusstes Erleben an Vorgänge in den assoziativen sensorischen, motorischen, kognitiven und limbischen Arealen gebunden ist, umfassen unbewusste Prozesse den weitaus größten Teil der Aktivitäten unseres Gehirns. Dies betrifft neben Vorgängen in den primären und sekundären Cortexarealen solche in Zentren, die außerhalb bzw. »unterhalb« der Großhirnrinde liegen und deshalb als *subcortical* bezeichnet werden. Hierzu gehören Zentren, die im Hirnstamm (Mittelhirn, Brücke und verlängertes Mark) liegen und allgemein den Grad unserer Wachheit und Bewusstheit steuern; man bezeichnet sie als »retikuläre Formation« (dies bedeutet »netzartiges Gebilde«). Hinzu kommen solche Zentren, die über Botenstoffe (Transmitter) wie Adrenalin und Noradrenalin für »Aufregung« in unserem Gehirn sorgen. Noradrenalin wird in einem kleinen Bereich des

Hirnstamms, dem Locus coeruleus, produziert und ausgeschüttet, wenn wir in bedrohliche oder sonst wie aufregende Situationen geraten. Als Gegenspieler fungieren im Hirnstamm andere kleine Gebiete wie die vorderen Raphe-Kerne, die den beruhigenden Botenstoff Serotonin ausschütten.

Wir wollen im Folgenden von den anderen subcorticalen Zentren unseres Gehirns ausführlicher nur den Hypothalamus, die Amygdala, das mesolimbische System und das Corpus striatum besprechen.

Der *Hypothalamus* befindet sich im unteren Teil des Zwischenhirns direkt über der gut erkennbaren Hirnanhangsdrüse, der *Hypophyse* (vgl. Abbildungen 4 A, B; 5, S. 36/38). Er ist in unserem Gehirn das wichtigste Kontrollzentrum für biologische Grundfunktionen wie Nahrungs- und Flüssigkeitsaufnahme, Schlaf- und Wachzustand, Temperatur- und Kreislaufregulation, Angriffs- und Verteidigungs- sowie Sexualverhalten. Die Kontrolle geschieht meist über die Ausschüttung von Signalstoffen, sogenannten Neuropeptiden, die entweder direkt im Hirngewebe wirken und die Aktivität von Synapsen beeinflussen (»modulieren«; s. unten) oder als Neurohormone oder deren Vorstufen (sogenannten Ausschüttungsfaktoren) über die Hypophyse ins Blut abgegeben und hierüber zu bestimmten Zielorten transportiert werden.

In diesem Zusammenhang ist der Hypothalamus auch der Entstehungsort der damit verbundenen Trieb- und Affektzustände. In Entsprechung mit diesen lebens- und überlebenswichtigen Funktionen ist der Hypothalamus mit nahezu allen verhaltensrelevanten Teilen des übrigen Gehirns verbunden, besonders mit der Amygdala, dem zentralen Höhlengrau im Mittelhirn und den vegetativen Zentren des Hirnstamms, die ihrerseits mit dem sogenannten peripheren Nervensystem eng verknüpft sind. Dieses wiederum beeinflusst über das sympathische und parasympathische System unsere Organe und deren Funktionen, die dann Rückmeldungen an das Gehirn geben und – wie erwähnt – vornehmlich im insulären Cortex bewusst erlebt werden. Vor allem auf diese Weise kommt die enge Verbindung von Körper und Gehirn zustande, die wir bei starken Affekten empfinden: Wir erleben große Furcht, das Herz schlägt uns ihm Halse und wir atmen schneller. Umgekehrt können ein krankhaftes schnelleres Schlagen des Herzens oder eine Atemnot in uns Angst und Panik erzeugen. Die Arbeitsweise der Hypophyse und des peripheren Nervensystems spielen bei Stress und der Stressbewältigung eine wichtige Rolle – hier ist der Körper elementar beteiligt, auch wenn Stress bekanntlich »im Kopf« entsteht.

Das unbewusste Entstehen von Emotionen ist neben dem Hypothalamus vornehmlich Sache der *Amygdala* und des *mesolimbischen Systems*. Die *Amygdala*, der »Mandelkern«, findet sich am inneren unteren Rand des Temporallappens in Nähe des Hippocampus, mit dem sie eng verbunden ist (Abbildung 4 A, S. 36). Sie nimmt bei Tieren und beim Menschen eine zentrale Rolle beim Registrieren von unerwarteten und auffälligen Ereignissen ein. Lange Zeit nahm man an, die Aktivität der Amygdala sei auf das Erkennen und Verarbeiten negativer bzw. bedrohlicher Ereignisse beschränkt, insbesondere im Zusammenhang mit dem Entstehen von Furcht und Angst sowie von psychischen Belastungen (Stress). Inzwischen hat sich aber herausgestellt, dass die Amygdala zumindest bei Primaten einschließlich des Menschen auch auf positive Ereignisse reagiert, wenn sie unerwartet sind, zum Beispiel eine unerwartete oder unerwartet starke Belohnung. Da aber negative Ereignisse für das Überleben wichtiger sind als positive Ereignisse, steht meist die Beteiligung der

Amygdala bei der *furcht- und angstgeleiteten Verhaltensbewertung* im Vordergrund vieler Untersuchungen (vgl. Kapitel 6). Verletzungen und Erkrankungen der Amygdala führen zum Fortfall der Furcht- oder Angstkomponente von Geschehnissen, d. h., Menschen ohne Amygdala gehen offensichtlichen Gefahrensituationen nicht aus dem Weg, auch wenn sie diese rein kognitiv als solche erkennen. Bei starker psychischer Belastung, die im chronischen Fall zu einer Traumatisierung führen kann, tritt eine stark erhöhte Aktivität der Amygdala auf.

Die Amygdala besteht aus vielen verschiedenen Teilen, zum Beispiel aus der *cortico-medialen* Amygdala, die mit der Verarbeitung geruchlicher Informationen einschließlich sozial wirkender Gerüche (*Pheromone* genannt) zu tun hat, ferner aus der *zentralen* Amygdala, die bei Affekten und Stress eng mit dem Hypothalamus zusammenarbeitet, und aus dem großen Komplex der *basolateralen* Amygdala, der mit emotionaler Konditionierung zu tun hat. Die basolaterale Amygdala unterhält enge Verbindungen mit subcorticalen und corticalen sensorischen Systemen und bewertet auf schnelle und unbewusste Weise die Bedeutung von Sinnesinformationen. In enger Zusammenarbeit mit dem Hippocampus übt sie eine wichtige Funktion auf die Verankerung von Inhalten im Langzeitgedächtnis aus.

Ein Gegenspieler, zumindest was Furcht, Angst und Stress betrifft, aber auch ein Kooperationspartner der Amygdala bei der Bewertung von Sinnesinformationen ist das *mesolimbische System*. Dieses System besteht aus dem ventralen tegmentalen Areal (VTA) und der Substantia nigra, die sich beide im Mittelhirnboden befinden, und dem Nucleus accumbens, der einen Teil des Striato-Pallidum im Endhirn bildet (Abbildung 4A, S. 36). Eng mit dem Nucleus accumbens hängt das ventrale Pallidum zusammen, das ebenfalls ein Teil des Striato-Pallidum ist.

Das mesolimbische System hat drei Funktionen. Zum einen stellt es das *Belohnungssystem* des Gehirns dar, denn hier werden in Vorstufen im Hypothalamus produzierte Stoffe (hirneigene Opioide und Endocannabinoide) unbewusst wirksam, die zu positiven Empfindungen bis hin zu Euphorie und Ekstase führen, wenn die Erregung in corticale Areale dringt. Zum zweiten ist es das System, das positive Konsequenzen von Ereignissen oder des eigenen Handelns einschließlich des Vermeidens negativer Konsequenzen *registriert* und dies zur Grundlage der dritten Funktion macht, nämlich uns anzutreiben, also zu *motivieren*, damit wir dasjenige wiederholen, das zuvor zu einem positiven Zustand geführt hat. Dies geschieht über die Ausschüttung des Botenstoffs Dopamin. Entgegen früheren Anschauungen sind das VTA, der Nucleus accumbens und das ventrale Pallidum auch in die Registrierung negativer Ereignisse involviert. Wie all dies genauer passiert, werden wir im sechsten und achten Kapitel erfahren.

Ziemlich vorn im Endhirn, direkt an der Scheidewand (»Septum«), welche den linken und rechten Endhirnventrikel trennt, befinden sich kleine, aber wichtige limbische Strukturen, die zur septalen Region, oft einfach »Septum« genannt, zusammengefasst werden. Zusammen mit einer benachbarten weiteren Struktur, dem »basalen Vorderhirn«, erfüllt das Septum Funktionen bei der Steuerung der Aufmerksamkeit und der Gedächtnisbildung, arbeitet aber auch eng mit dem subcorticalen Bewertungssystem bestehend aus der Amygdala und dem mesolimbischen System sowie der lateralen Habenula zusammen. Sie sind durch den Neurotransmitter/Neuromodulator Acetylcholin gekennzeichnet.

Neben der Großhirnrinde, der Amygdala und dem Hippocampus wird das Endhirn von einer großen Struktur ausgefüllt, dem *Striato-Pallidum*, das zu den Basalganglien gehört. Es setzt sich aus dem »Streifenkörper«, lateinisch *Corpus striatum* oder einfach *Striatum* genannt, und der »bleichen Kugel«, lateinisch *Globus pallidus* oder einfach *Pallidum*, zusammen, die sich im Innern des Endhirns befinden (Abbildung 4 A, S. 36). Das Striatum ist seinerseits aus dem *Putamen* (lateinisch für »Schalenkörper«) und dem *Nucleus caudatus* (lateinisch für »geschweifter Kern«) zusammengesetzt, die aber im Prinzip denselben Aufbau und dieselbe Funktion haben.

Beide Strukturen, das Striatum und das Pallidum, gliedern sich in einen größeren oberen (dorsalen) und einen kleineren unteren (ventralen) Teil. Der jeweilige obere Teil hat mit Handlungssteuerung und der Ausbildung von Gewohnheiten und Automatismen zu tun und ist in diesem Zusammenhang der Sitz des sogenannten prozeduralen Gedächtnisses, das wir in diesem Kapitel weiter unten und in Kapitel 9 besprechen werden. Der jeweilige untere Teil umfasst den Nucleus accumbens und das ventrale Pallidum, welche die bereits besprochenen limbischen Funktionen der Registrierung von Belohnung und Bestrafung und dem Entstehen von Belohnungserwartungen und Handlungsmotiven besitzen (vgl. Kapitel 6 und 8).

Verlassen wir nun das Endhirn und gehen zum Zwischenhirn über, das bei den meisten Säugern tatsächlich zwischen Endhirn und Mittelhirn liegt, sich aber bei den großen Säugern und dem Menschen in die Tiefe des Endhirns hineingeschoben hat. Das Zwischenhirn enthält den bereits vorgestellten Hypothalamus und die Hypophyse sowie den *Thalamus*. Dieser ist ein Komplex aus funktional sehr unterschiedlichen Gebieten eng gepackter Nervenzellen (allgemein Kerne, lateinisch *Nuclei*, genannt) (Abbildung 4 B, S. 36). Er ist mit der Hirnrinde über Milliarden auf- und absteigende Fasern verbunden, die das *thalamo-corticale Sys-*

tem bilden. In den Kernen des dorsalen Thalamus enden die vom Auge, vom Ohr, vom Gleichgewichtsorgan sowie von der Haut und den Muskeln kommenden sensorischen Informationsbahnen, und diese werden auf Bahnen zur Hirnrinde umgeschaltet. Ebenso enden dort absteigende motorische Bahnen von der Hirnrinde, die dann ihren Weg zum verlängerten Mark und Rückenmark nehmen, welche den Bewegungsapparat steuern. Einige Bereiche des dorsalen Thalamus, zum Beispiel der mediodorsale thalamische Kern, haben wichtige Umschaltfunktionen zwischen subcorticalen und corticalen Teilen des limbischen Systems.

Der obere (dorsale) Teil des Zwischenhirns enthält eine kleine Struktur, die sogenannten Habenula-Kerne, oft einfach »Habenula« genannt. Ihr seitlicher Teil, die *laterale Habenula*, bildet eine wichtige limbische Schaltstelle. Sie erhält von der Amygdala Signale über die positive und insbesondere negative Bewertung von Vorgängen und schickt hemmende Bahnen zum mesolimbischen System. Dies ist für die Ausbildung negativer Motivation, d. h. Vermeidungsverhalten, wichtig (s. Kapitel 8).

Zusammengefasst erfüllt das Gehirn *sechs Hauptfunktionen*. Die erste und wichtigste Hauptfunktion des Gehirns besteht darin, den Körper und damit sich selbst (das Gehirn ist ja ein Organ des Körpers) am Leben zu erhalten, d. h. die lebenswichtigen Organe und Funktionen zu steuern (die zum Teil aber auch selbsttätig, »autonom«, ablaufen können), nämlich den Körper zu bewegen und ihn so mit Nahrung zu versorgen und vor Feinden und sonstigen Gefahren zu schützen. Dies wird von Teilen des limbischen Systems (vornehmlich vom Hypothalamus sowie von Teilen der Amygdala, der retikulären Formation und der vegetativen Zentren des Hirnstamms) geleistet.

Die beiden mit dieser Lebenserhaltung eng verbundenen weiteren Funktionen sind die Wahrnehmung (Sensorik) und die Bewegungssteuerung (Motorik), die in den sensorischen bzw. motorischen Gebieten des Gehirns einschließlich der entsprechenden Cortexareale ablaufen. Eine vierte Funktion ist die emotionale Bewertung und Verhaltenssteuerung, die das limbische System mit seinen subcorticalen und corticalen Anteilen (Hypothalamus, Septum, Amygdala, mesolimbisches System, orbitofrontaler, ventromedialer, anteriorer cingulärer und insulärer Cortex sowie Hippocampus) leistet. Hier wird überprüft, welche Konsequenzen die Sinneswahrnehmungen und Verhaltensweisen hatten, d. h., was davon positiv und was negativ war und entsprechend *wiederholt* oder *vermieden* werden soll. Die fünfte Funktion ist die kognitive Bewertung im Denken und Vorstellen, in Gedächtnisbildung und Erinnern und der entsprechenden Verhaltenssteuerung sowie der Kommunikation, d. h. der Sprache. Diese Funktionen laufen überwiegend in der assoziativen Großhirnrinde in Zusammenarbeit mit dem Hippocampus und mit Teilen des Thalamus ab. Die sechste Funktion besteht in der Handlungsplanung und -vorbereitung, d. h. im sogenannten *exekutiven* System, das Teile des hinteren parietalen, präfrontalen und prä-supplementärmotorischen Cortex, die Basalganglien und das Kleinhirn umfasst.

Diese sechs Teile sind aufs Engste miteinander verbunden: Prozesse der Wahrnehmung werden parallel vom kognitiven und vom limbischen System verarbeitet, und zwar unter intensiver Nutzung von Inhalten des kognitiven und emotionalen Gedächtnisses. Die Resultate dieser Verarbeitung werden zum einen im Gedächtnis neu abgelegt und zum anderen in das exekutive und das motorische System geleitet, das dann die eigentlichen Verhaltensweisen steuert. Dies wiederum führt zu neuen Wahrnehmungen und neuen kognitiven und emotionalen Bewertungen, zu neuen Gedächtnisinhalten und zu neuem Verhalten und so fort. Dies alles hat erst einmal den Zweck, dass wir am Leben bleiben, und dann den Zweck, dass wir in die Lage versetzt werden, uns fortzupflanzen, damit Menschen geboren werden, die dasselbe tun. Welche phantastischen Dinge die Menschen auch immer tun, sie sind alle direkt oder indirekt in diesen Kreislauf eingebettet.

Die Bausteine des Gehirns

Das Gehirn enthält wie bereits erwähnt rund 85 Milliarden Nervenzellen (Neurone). Nervenzellen sind umgewandelte Körperzellen, die spezielle Eigenschaften im Dienst der Verarbeitung hirneigener elektrischer und chemischer Signale haben. Erregungen in Form von Nervenimpulsen (sogenannten *Aktionspotenzialen*) erhalten die Nervenzellen über Sinnesorgane (Auge, Ohr, Haut usw.), aber auch über Körperorgane. Sie geben Erregungen über Muskeln, Haut und Drüsen wieder ab, und zwar als Bewegungsimpulse oder externe Körpersignale, aber auch als Veränderungen von körperinternen Funktionen. Zu diesem Zweck sind die Nervenzellen eine Art von Minibatterien und Schaltkreisen, die elektrische Signale aufnehmen, verändern und wieder abgeben. Sie sind aber auch Empfänger, Produzenten und »Ausschütter« von chemischen Kommunikationssignalen, *Neurotransmitter*, *Neuropeptide* und (wenn ins Blut abgegeben) *Neurohormone* genannt. Das Gehirn ist also ein System der miteinander verwobenen elektrischen und chemischen Informationsverarbeitung (vgl. Kandel et al., 1996).

Nervenzellen besitzen Eingangsstrukturen, die *Dendriten*, über die sie Erregungen von anderen Neuronen aufnehmen, und Ausgangsstrukturen, die aus unterschiedlich langen Nervenfasern, *Axone* genannt, bestehen. Kontakte zwischen Nervenzellen finden über *Synapsen* statt (Abbildung 6). Diese sind meist winzig kleine Endverdickungen der Axone und setzen an den Dendriten und Zellkörpern, gelegentlich auch an den Axonen anderer Nervenzellen an. Jede Nervenzelle – im Cortex handelt es sich meist um sogenannte Pyramidenzellen (Abbildung 6) – ist über Synapsen mit Tausenden anderer Nervenzellen verbunden – in der Großhirnrinde sind es schätzungsweise zwanzigtausend. Es gibt aber auch zahlreiche Nervenzellen im Gehirn, Interneurone genannt, die nur über kurze Axone verfügen und über teilweise hunderttausend Synapsen zwischen benachbarten Pyramidenzellen Erregungen oder Hemmungen vermitteln und so die lokale Erregungsverarbeitung mitbestimmen.

Vorgänge an den Synapsen

Synapsen können entweder rein elektrisch oder kombiniert elektrisch-chemisch funktionieren. Im einfachsten Fall der elektrischen Synapsen geben sie ein von einer Zelle kommendes elektrisches Signal mehr oder weniger unverändert an die nachgeordneten Zellen weiter. Die elektrisch-chemischen Synapsen hingegen sind die Grundlage der komplexen Erregungs- bzw. Informationsverarbeitung im Gehirn (Abbildung 6). An einer chemischen Synapse werden auf der präsynaptischen Seite ein einlaufendes elektrisches Signal, das *Aktionspotenzial*, oder eine ganze Salve davon in ein chemisches Signal umgewandelt, das in der Ausschüttung eines Molekülpakets von Übertragungsstoffen, den *Transmittern*, besteht, welches dann durch einen winzigen Spalt hin zum nachgeschalteten Neuron wandert, der sogenannten Postsynapse. Das Transmitterpaket erregt auf chemische Weise dieses nachgeschaltete Neuron spezifisch, weil es an ganz

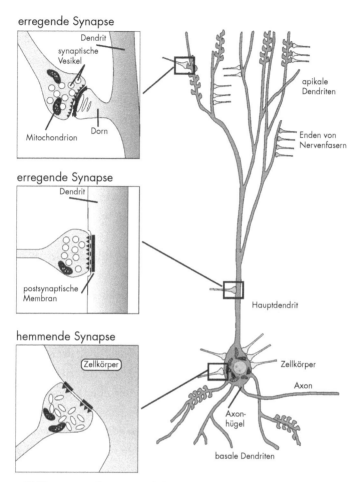

Abbildung 6: Aufbau einer idealisierten Nervenzelle (Pyramidenzelle der Großhirnrinde). Die apikalen und basalen Dendriten dienen der Erregungsaufnahme, das Axon ist mit der Erregungsweitergabe an andere Zellen (Nervenzellen, Muskelzellen usw.) befasst. Links vergrößert drei verschiedene Synapsentypen: oben eine erregende Synapse, die an einem »Dorn« eines Dendriten ansetzt (»Dornsynapse«); in der Mitte eine erregende Synapse, die direkt am Hauptdendriten ansetzt; unten eine hemmende Synapse, die am Zellkörper ansetzt. Aus Roth, 2003.

bestimmten Orten, den *Rezeptoren*, andockt. Dies löst dann eine Veränderung der Membran der nachgeschalteten Nervenzelle aus, indem sich winzig kleine Durchgänge, *Ionenkanäle* genannt, öffnen oder schließen und damit den lokalen elektrischen Zustand ändern, d. h., ihn positiver oder negativer machen. Im ersteren Fall entsteht erneut eine elektrische Erregung, die über den Zellkörper des nachgeschalteten Neurons wandert und am sogenannten Axonhügel (vgl. Abbildung 6) ein Aktionspotenzial auslöst, welches dann über ein Axon zum wiederum nächsten Neuron wandert. Im zweiten Fall wird die nachgeschaltete Zelle gehemmt, und für eine kurze Zeit kann keine weitere chemisch-elektrische Erregungsverarbeitung erfolgen.

Es gibt schnelle, d. h. im Bereich von Millisekunden wirkende Transmitter, von denen Glutamat der wichtigste *erregende*, Gamma-Amino-Buttersäure (abgekürzt GABA) und Glycin die wichtigsten *hemmenden* Transmitter sind. Daneben gibt es sogenannte *neuromodulatorische* Transmitter, die langsamer (etwa im Sekundentakt) arbeiten und die Arbeit der schnellen Transmitter beeinflussen, d. h. modulieren. Hierzu gehören die bereits genannten Stubstanzen Noradrenalin, Dopamin, Serotonin und Acetylcholin. Über diese Transmitter hinaus gibt es weitere wichtige chemische Überträgersubstanzen, Neuropeptide und Neurohormone genannt, deren modulatorische Wirkung noch langsamer und über längere Zeit wirksam ist.

Die gerade beschriebene Ebene der Nervenzellen ist die *eigentliche Wirkebene des Gehirns*. Dies bedeutet, dass alles, was das Gehirn tut, auf Prozessen innerhalb der Neurone und zwischen ihnen und insbesondere in und an den Synapsen beruht, die kleinere oder größere, zum Teil gigantische Netzwerke bilden. Da die Abläufe im Gehirn – so ist jedenfalls die Grundüberzeugung der Hirnforscher und inzwischen wohl auch der

Mehrheit der »Psychowissenschaftler« (Psychologen, Psychiater, Psychotherapeuten) – die Grundlage unseres unbewussten und bewussten Fühlens, Denkens und Handelns bilden, sind es letztlich diese zellulären Prozesse, die uns bestimmen.

Dies könnte als *neurobiologischer Reduktionismus* missverstanden werden in dem Sinne, dass wir dasjenige fühlen, denken und tun, was unsere Synapsen uns befehlen. Das wäre aber ein Missverständnis, denn das zellulär-synaptische Geschehen im Gehirn steuert sich ja nicht selbst, sondern wird wiederum von einer ganzen Reihe anderer Faktoren bestimmt. Dazu gehören Gene und epigenetische Kontrollmechanismen, welche das Wachstum der Nervenzellen und ihrer Teile lenken, die ihrerseits an der Produktion von Transmittern, Neuropeptiden und Neurohormonen beteiligt sind und auf positive und negative Einflüsse vorgeburtlicher und früh-nachgeburtlicher Art sowie spätere Umwelteinflüsse reagieren (vgl. Roth und Strüber, 2018). Um wirksam zu sein, müssen diese externen Einflüsse die Aktivität der Nervenzellen und die Produktion der neuronalen Botenstoffe sowie der entsprechenden »Andockstellen« (Rezeptoren) beeinflussen.

Ein Lob kann uns erfreuen, tut das aber nur, wenn es mit der Ausschüttung hirneigener Belohnungsstoffe verbunden ist und wenn die dafür nötigen Rezeptoren vorhanden sind. Ist das nicht der Fall (aus welchen Gründen auch immer), so können wir keine Freude über das Lob empfinden. Entsprechendes gilt für die Wirkung von Stress und Demütigung, die nur dann auf unsere Psyche einwirken, wenn sie Stressstoffe wie Noradrenalin oder Cortisol freisetzen, die dann bestimmte Rezeptoren aktivieren.

Die Grundlagen von Veränderung und Lernen

Vom Anfang unserer biologischen Existenz bis an ihr Ende vollzieht sich ein unaufhörlicher Prozess des Aufbaus, Umbaus und Abbaus im Körper einschließlich unseres Nervensystems bzw. Gehirns und damit auch eine Veränderung unserer psychischen und geistigen Existenz. Die Hirnforschung geht wie geschildert davon aus, dass jegliche psychisch-geistige Veränderung einschließlich der Eigenschaften unserer Persönlichkeit und unseres Verhaltens – so komplex diese auch sein mag – mit einer Veränderung unseres Gehirns verbunden ist.

Diese Veränderung beginnt in der dritten embryonalen Entwicklungswoche, wenn in einer Zellplatte auf dem Rücken des Embryos die Neuralrinne entsteht, die sich dann zu einem Rohr, entsprechend *Neuralrohr* genannt, schließt. Dieses Rohr bildet sich an seinem vorderen Teil im späteren Kopfbereich zum Gehirn aus. Das Neuralrohr erweitert sich dann zu vier Hohlräumen, den Hirnventrikeln. Das vordere Ende des Gehirns stülpt sich ein und bildet zwei parallele Röhren, die Endhirn-Hemisphären mit zwei Hohlräumen, dem ersten und zweiten Ventrikel, während die Hohlräume des dahinter liegenden Zwischenhirns sowie des Mittelhirns und des verlängerten Marks als dritter und vierter Ventrikel unpaar bleiben. Das Gehirn erhält seine jeweilige spätere Gestalt dadurch, dass dieses Rohr sich an bestimmten Stellen zusammenschnürt oder aufbläht und seine Wände sich verdicken. Die so entstehenden Gehirnteile verschieben sich gegeneinander, knicken ab, oder ein Teil, das Endhirn, überwächst andere Teile.

Die weitere Differenzierung des Gehirns umfasst die Wanderung von Neuronen-Vorläuferzellen von der Wand des Neuralrohres nach außen, und es differenzieren sich Nervenzellen und

Gliazellen aus. Während des Gehirnwachstums ist die Bildung von Nervenzellen extrem hoch und beträgt während der gesamten Schwangerschaft im Durchschnitt 250 000 Neurone pro Minute. Während die Zellteilung im menschlichen Gehirn zum größeren Teil in der zwanzigsten Schwangerschaftswoche abgeschlossen ist, dauert die Zellwanderung und Zelldifferenzierung noch weit über die Geburt hinaus. Sie ist damit Teil einer im Prinzip lebenslangen *Plastizität* des Gehirns, die allerdings im Laufe des Lebens je nach Funktionsbereich schneller oder langsamer abnimmt.

Wichtig für die Funktion des Gehirns als eines Systems der Informationsverarbeitung ist neben der Bildung von Nervenzellen, die beim Menschen bei der Geburt mit lokalen Ausnahmen im Wesentlichen abgeschlossen ist, die Ausbildung von Dendriten und Axonen. Die Bildung von Synapsen als Kontaktpunkten zwischen Axonen und Dendriten oder zwischen Dendriten unterschiedlicher Nervenzellen beginnt in großem Ausmaß ungefähr ab dem fünften Schwangerschaftsmonat und steigt zusammen mit der Ausbildung von Dendriten *nach* der Geburt noch einmal massiv an. Dieser Prozess verläuft jedoch unterschiedlich in unterschiedlichen Teilen des Gehirns. Im visuellen Cortex findet zum Beispiel eine Verdopplung der Synapsendichte zwischen dem zweiten und vierten Monat nach der Geburt statt, die Maximalzahl wird mit etwa einem Jahr erreicht. Anschließend geht die Zahl der Synapsen wieder zurück, und das erwachsene Niveau wird mit ungefähr elf Jahren erreicht. Im Frontalcortex wird die maximale Synapsendichte ebenfalls mit einem Jahr erreicht, allerdings ist dabei die Zahl der Synapsen doppelt so hoch wie im visuellen Cortex; die Synapsenreduktion beginnt hier erst mit 5–7 Jahren und kommt nicht vor einem Alter von 15–16 Jahren zu einem gewissen Stillstand, wenn junge Leute langsam zur Vernunft kommen.

Das Hauptprinzip der Entwicklung der spezifischen neuronalen Verknüpfungsstruktur im Gehirn besteht also darin, dass anfänglich mehr, teilweise sehr viel mehr Synapsen ausgebildet werden, als später überleben. Das heißt, es findet zuerst eine *Überproduktion* von Synapsen und dann eine drastische Reduktion statt. Unter den Milliarden und Abermilliarden von Synapsen kommt es lokal zu einem Konkurrenzkampf, der im Wesentlichen um Nähr- und Wachstumsstoffe (sogenannte trophische Faktoren) geführt wird, aber auch um ein Mindestmaß an neuronaler Erregung. Erhält nämlich eine Synapse zu wenig von all dem, dann stirbt sie ab. Dies bedeutet, dass zuerst diffuse, d. h. unspezifische synaptische Verknüpfungen angelegt werden, die anschließend über den Konkurrenzkampf zwischen Synapsen selektiv und adaptiv reduziert werden. Dadurch wird das jeweilige Netzwerk *effizienter* gemacht.

Ein weiterer wichtiger Faktor der strukturellen und funktionellen Ausreifung des Gehirns ist die *Myelinisierung* der Nervenfasern. Hierbei bildet sich um ein Axon herum eine fetthaltige Isolationsschicht, eine *Myelinscheide* aus. Die Myelinisierung eines axonalen Fortsatzes ermöglicht eine deutlich (zum Teil hundertfach) schnellere Fortleitung von Aktionspotenzialen über die Axone, als es bei unmyelinisierten Fasern der Fall ist. Ohne eine massive Myelinisierung würde die Erregungsfortleitung im Gehirn sehr viel langsamer ablaufen und dies würde wiederum viele komplexe kognitive Leistungen unmöglich machen. Deshalb ist der Prozess der Myelinisierung im Gehirn und insbesondere in der Großhirnrinde eine wichtige Komponente in der Entwicklung höherer kognitiver Leistungen. Allerdings bleiben zahlreiche kürzere und lokale Verbindungen im Gehirn unmyelinisiert.

Die Myelinisierung von Axonen im Cortex schreitet von hinten nach vorn voran. Zuerst erfolgt sie in den primären motorischen und sensorischen Arealen, später in den assoziativen Arealen. Hier sind es der präfrontale und insbesondere der orbitofrontale Cortex, deren Fasern zuletzt myelinisiert werden; dies kann sich bis zum 20. Lebensjahr hinziehen.

Die Synapsen als Orte des Lernens

Soeben haben wir ein wichtiges Prinzip der Veränderung der strukturellen und funktionellen Organisation des Gehirns kennengelernt, nämlich den Übergang von einer diffusen zu einer *gerichteten* Verknüpfung zwischen den Nervenzellen. Anfangs geht es, wie wir gehört haben, beim Wettkampf der Synapsen um »Nahrung« und ein Mindestmaß an Erregung. Aus dem Übermaß an synaptischen Kontakten bleiben dann diejenigen erhalten, die sich als »sinnvoll« bzw. »nützlich« für eine bestimmte Funktion erwiesen haben, sei diese vegetativ, sensorisch, motorisch, kognitiv, limbisch oder exekutiv. Es ist also die Effektivität der Verbindungen, welche die Kontakte stabilisiert.

Diese Feinabstimmung synaptischer Verbindungen während der Gehirnentwicklung folgt dem von dem kanadischen Psychologen Donald O. Hebb (1949) vorgeschlagenen Lernprinzip, demzufolge Verbindungen zwischen Zellen verstärkt werden, wenn diese Zellen gleichzeitig aktiv sind. Die *aktivitätsabhängige* Modifikation scheint in Anlehnung an diese Regel zu beinhalten, dass erstens synaptische Kontakte zwischen gleichzeitig aktiven prä- und postsynaptischen Neuronen verstärkt und zweitens synaptische Kontakte zwischen nicht derart gleichzeitig aktiven Neuronen geschwächt oder eliminiert werden. Dieser Vorgang wird allgemein als *synaptische Plastizität* bezeichnet. Diese ist die Grundlage allen Lernens und erlaubt es dem Organismus, sich an seine jeweilige Umwelt anzupassen.

Trotz der dramatischen Reduktion von synaptischen Verbindungen tut sich für das jugendliche und erwachsene Gehirn ein Dilemma auf, das darin besteht, dass eine Steigerung von Synapsen an einer Stelle mit einer Verringerung an anderer Stelle einhergehen muss, weil sich das Gehirn aus energetischen Gründen nicht beliebig viele Synapsen leisten kann (Synapsen sind stoffwechselphysiologisch »teuer«). Eine Steigerung der Zahl der an einer bestimmten Funktion beteiligten Nervenverbindungen und synaptischen Kontakte ist erst einmal nützlich, denn damit kann die gegebene Funktion detailreicher und präziser ausgeführt werden. Wenn wir etwa neue manuelle Fertigkeiten erlernen oder bestimmte manuelle Abläufe intensiv trainieren, dann kommt es in der eigentlichen Trainingsphase zu einer Vermehrung von Synapsen in den sensorischen und motorischen Repräsentationen unserer Finger im Cortex, und die entsprechenden corticalen Felder dehnen sich aus. Aber das geht jenseits der frühen Wachstumsphasen auf Kosten angrenzender Felder, die nicht vom Training betroffen sind. Sobald wir die Abläufe zunehmend beherrschen und alles immer glatter »von der Hand geht«, kommt es unter den neugebildeten Synapsen wieder zu einer Reduktion derjenigen Synapsen, die nach dem Neulernen nicht mehr gebraucht werden, und es überleben diejenigen, die neu angelegt und jetzt gebraucht werden. Die Repräsentationsfelder schrumpfen dann wieder, sofern nicht weiteres Lernen und Üben angesagt ist.

Die soeben geschilderte Abfolge von synaptischen Aufbauprozessen und nachfolgenden dramatischen Abbauprozessen in der vorgeburtlichen und früh-nachgeburtlichen Entwicklung unseres Gehirns sind die wichtigsten Veränderungen in unserem Leben, denn sie statten uns mit den Grundlagen für den Kampf ums biologische, psychische und soziale Überleben aus.

Diese Vorgänge werden befördert durch positive Faktoren im Rahmen eines störungsfreien Verlaufs der Schwangerschaft und einer frühkindlichen sicheren Bindung, sind aber empfindlich für Störungen, die vorgeburtlich durch mangelnde Ernährung und Stress der werdenden Mutter und nachgeburtlich durch negative körperliche und psychische Umwelteinflüsse auf das Neugeborene und das Kleinkind einwirken. Dies hängt mit einer spezifischen und längerfristigen Differenzierung (»Determination«) von Neuronen und Synapsen zusammen, d. h., einige Zellen werden auf den schnellen erregenden Transmitter Glutamat oder den schnellen hemmenden Transmitter GABA festgelegt und bilden Rezeptoren für bestimmte Neuromodulatoren wie Serotonin oder Dopamin, Neuropeptide und Neurohormone wie Cortisol oder Oxytocin aus. Diese Determination ist dann nur noch in Grenzen veränderbar, indem etwa die Zahl solcher Rezeptoren auf einer Nervenzelle erhöht oder erniedrigt wird, und damit wird diese Zelle empfänglicher oder weniger empfänglich für die genannten Stoffe (vgl. Roth und Strüber, 2018).

Lernen und Gedächtnisbildung

Die weiteren positiven und negativen Veränderungen im Gehirn vollziehen sich meist im Rahmen der Veränderung bestehender synaptischer Übertragungsmechanismen und in geringerem Maße über die Neubildung von Synapsen. Wie gehört, können synaptische Prozesse sich im Bereich von Millisekunden bis Sekunden vollziehen, aber sie verschwinden dann wieder sehr schnell. Wir sprechen daher hierbei *nicht* von Lernen.

Mit *Lernen* bezeichnen wir hingegen Veränderungen der synaptischen Kommunikation im Bereich von Stunden bis Jahren und sogar Jahrzehnten. Die Längerfristigkeit dieser Veränderungen geschieht im ersten Schritt dadurch, dass synaptische Kontakte durch bestimmte Neuromodulatoren vorübergehend, d. h. für wenige Minuten, empfindlicher oder unempfindlicher für die schnellen erregenden oder hemmenden Signale werden und die Zelle stärker oder schwächer oder überhaupt nicht mehr auf einen einlaufenden Reiz antwortet. Dies ist die Grundlage des *Kurzzeit-* oder *Arbeitsgedächtnisses*.

Wiederholt sich das Ganze, so werden innerhalb der Zelle bestimmte Gene aktiviert, die dann durch Umbauprozesse die Form der Synapse oder die Zahl der aufsitzenden Rezeptoren für Modulatoren verändern oder deren Empfindlichkeit für sie oder die präsynaptische Ausschüttung von Transmittern und Modulatoren *längerfristig* steigern oder senken. Dadurch verändert sich innerhalb eines Netzwerkes von Nervenzellen der Erregungs- und Informationsfluss dauerhafter, und das ist dann die Grundlage des *Langzeitgedächtnisses*, das über Tage bis Jahrzehnte mehr oder weniger stabil sein kann.

Zwischen dem instabilen Kurzzeit- bzw. Arbeitsgedächtnis (von dem noch die Rede sein wird) und dem relativ stabilen Langzeitgedächtnis ist ein *Zwischengedächtnis* eingeschaltet, das die vom Arbeitsgedächtnis einlaufenden Informationen sortiert und nach ein paar Stunden, meist im Schlaf, einen Teil der Informationen selektiv in die vielen Schubladen des Langzeitgedächtnisses einliest. Im Gehirn der Säugetiere einschließlich des Menschen sind der Hippocampus und die ihn unmittelbar umgebende Hirnrinde (der perirhinale Cortex) der Ort dieses Zwischengedächtnisses.

Das Langzeitgedächtnis umfasst drei ganz unterschiedliche Arten, nämlich erstens das *explizite* bzw. *deklarative Gedächt-*

nis, welches sensorische und kognitive Inhalte enthält, die bewusstseins- und erinnerungsfähig sind und die wir verbalisieren können; sein Ort ist die assoziative Großhirnrinde. Zweitens handelt es sich um das *emotionale Gedächtnis*, das teils aus bewusstseinsfähigen, teils aus unbewussten Inhalten besteht, die in den limbischen Cortexarealen (orbitofrontaler, ventromedialer, cingulärer, insulärer Cortex) bzw. den subcorticalen limbischen Zentren (Amygdala, Nucleus accumbens usw.) lokalisiert sind. Drittens handelt es sich um das *implizite* bzw. *prozedurale Gedächtnis*, das Bewegungs- und Handlungsabläufe sowie alle Automatismen und Gewohnheiten des Fühlens, Denkens, Kommunizierens und Handelns umfasst. Dieses Gedächtnis ist im motorischen Cortex, in den dorsalen Anteilen des Striato-Pallidum und im Kleinhirn lokalisiert und läuft teils bewusst, teils unbewusst ab.

Besonders wichtig in diesem Zusammenhang ist die Tatsache, dass alle drei Arten des Lernens (kognitiv, emotional, prozedural) und damit der entsprechenden Gedächtnisbildung sich nicht ungerichtet, sondern von bestimmten Bewertungsmechanismen gesteuert vollziehen. Dies bedeutet: Was auch immer das Gehirn lernt, es lernt dasjenige, was diese Bewertungsmechanismen für *neu und wichtig* halten, und zwar zur Aufrechterhaltung und Verstärkung des biologischen, psychischen und sozialen Wohlergehens. Diese Bewertung ist allerdings immer streng subjektiv im Lichte vergangener Erfahrung und kann deshalb in den Augen von Außenstehenden mit einer anderen Erfahrung »falsch« sein. Eventuell kommt es dann zu Korrekturen aufgrund einer »Fehlermeldung«, d. h. einer Kritik von außen. Davon wird ausführlicher im achten Kapitel die Rede sein.

EXKURS 1

Methoden der Hirnforschung

Die gegenwärtig gängigen Methoden, welche die Neurobiologie zum Studium von Strukturen und Funktionen am lebenden Gehirn von Tieren und des Menschen nutzt, umfassen die Einzel- und Vielzellableitungen mithilfe von Mikroelektroden, die Elektroenzephalographie (EEG), die Magnetenzephalographie (MEG), die Positronen-Emissions-Tomographie (PET), die funktionelle Kernspintomographie (fNMR/fMRT/fMRI) und die transkranielle Magnetstimulation (TMS). Hinzu kommen Methoden zur Bestimmung des Spiegels von Botenstoffen wie Neurotransmittern, Neuropeptiden und Neurohormonen, auf die hier nicht weiter eingegangen werden soll.

Die Registrierung der Aktivität einzelner Nervenzellen mithilfe der *Mikroelektrodentechnik* setzt das Freilegen von Gehirngewebe voraus und geschieht in der Regel im Tierversuch oder (selten) am offenen Gehirn eines Patienten im Zusammenhang mit Hirnoperationen. Mikroelektrodenableitungen werden entweder *extrazellulär* durchgeführt, wobei das Auftreten überschwelliger Erregungszustände in Form von Aktionspotenzialen erfasst wird, oder *intrazellulär*, wobei man auch Hemmungszustände (Inhibitionen) und unterschwellige Erregungszustände registriert, die von extrazellulären Ableitungen nicht erfasst werden. Mithilfe »gröberer« extrazellulärer Mikroelektroden lässt sich auch die Aktivität kleinerer Zellverbände erfassen (sogenannte Summen- und Feldpotenziale). Mithilfe der sogenannten Patch-Clamp-Technik kann man auch sehr feine Vorgänge an der Membran einer Nervenzelle erfassen. Dies wird oft im Tierexperiment an Gehirnschnitten gemacht, die man in einer Nährlösung am Leben erhält.

Beim Elektroenzephalogramm (EEG) wird am Kopf mithilfe von Oberflächenelektroden durch die intakte Schädeldecke hindurch (also »nichtinvasiv«) die elektrische Aktivität einer großen Zahl von Nervenzellen gemessen, und zwar im Wesentlichen diejenige der vertikal zur Hirnoberfläche angeordneten Pyramidenzellen. Subcorticale Vorgänge werden in der Regel nur über ihre Effekte auf corticale Prozesse erfasst. Die zeitliche Auflösung des EEG liegt im Millisekundenbereich. Mithilfe des EEG können deshalb Erregungsverteilungen in der Großhirnrinde während kognitiver Leistungen zeitlich genau dargestellt werden, allerdings ist die Lokalisation der Herkunftsorte der Erregungen ungenau, auch wenn inzwischen häufig mit über hundert Elektroden gemessen wird. Allerdings können durch aufwendige mathematische Methoden die Erregungsorte (die sogenannten Dipole) einigermaßen genau lokalisiert werden. Bei der Messung *ereigniskorrelierter Potenziale (EKP)* wird die Änderung des EEG aufgrund der Wahrnehmung äußerer Reize (Lichtblitze, Töne, auch Gesichter, Wörter und Objekte) oder durch rein intern generierte Ereignisse wie Aufmerksamkeit, Vorstellungen und Erinnerungen erfasst. Allerdings sind diese Änderungen mit bloßem Auge nicht zu erfassen und werden deshalb mithilfe von Computerprogrammen aus dem EEG extrahiert.

Anders als beim EEG werden beim Magnetenzephalogramm (MEG) mithilfe hochsensitiver Detektoren Veränderungen der parallel zur Cortexoberfläche verlaufenden *magnetischen* Felder gemessen. Das MEG hat bei gleicher sehr guter Zeitauflösung eine etwas bessere Ortsauflösung als das EEG, weil die magnetische Leitfähigkeit des Hirngewebes – und damit die Ausbreitung und das »Verschmieren« des Signals – geringer ist als seine elektrische Leitfähigkeit. Zu beachten ist, dass MEG und EEG unterschiedliche Signalquellen (nämlich solche, die horizontal bzw. vertikal zur Cortexoberfläche angeordnet sind) messen und daher unterschiedliche Aspekte lokaler Erregungszustände darstellen. Computergestützte Auswertmethoden können inzwischen die Ortsauflösung von EEG und MEG stark verbessern.

Die Positronen-Emissions-Tomographie (PET) und die Kernspin- oder Magnetresonanz-Tomographie messen nicht direkt die elektrische Aktivität des Gehirns (wie Mikroelektroden-Ableitungen, EEG und EKP) oder die magnetische Aktivität (wie das MEG), sondern beruhen auf der Tatsache, dass neuronale Erregungen von einer lokalen Erhöhung der Hirndurchblutung und des Hirnstoffwechsels, vornehmlich des Sauerstoff- und Zuckerverbrauchs, begleitet sind. Beim PET wird dem Blut eines Patienten oder einer Versuchsperson ein Positronen-aussendendes Isotop (zum Beispiel 15O oder 18F) in Verbindung mit einer am Stoffwechsel beteiligten Substanz (zum Beispiel Wasser oder Glucose) zugeführt. Dieser Stoff wird in hoher Konzentration an den Stellen des Gehirns verbraucht, an denen die Hirnaktivität besonders intensiv ist. Das beim Zerfall des Isotops freiwerdende Positron vereinigt sich mit einem Elektron, und dies erzeugt Gammastrahlung, bei der zwei Photonen in genau entgegengesetzte Richtungen fliegen. Dies wird durch Detektoren registriert, die ringförmig um den Kopf des Patienten angebracht sind. Mithilfe eines Computers lassen sich Zerfallsort und Zerfallsmenge genau berechnen und in ein dreidimensionales Aktivitätsbild umsetzen. Die räumliche Auflösung liegt im Bereich von 5–10 Millimetern, das Erstellen eines aussagekräftigen PET-Bildes benötigt 45–90 Sekunden. Hiermit können schnellere neuronale bzw. kognitive Prozesse nicht erfasst werden. Auch liefert PET keine Darstellung der Anatomie des untersuchten Gehirns. Der große Vorteil von PET gegenüber fNMR ist allerdings die Möglichkeit, Stoffwechselprozesse quantitativ in absoluten Werten zu erfassen.

Die Kernspintomographie (englisch »nuclear magnetic resonance« – NMR, auch »magnetic resonance imaging«, MRI, genannt) beruht darauf, dass sich in einem starken Magnetfeld Atomkerne mit ihren Magnetachsen parallel zu den Feldlinien ausrichten. Durch einen angelegten kurzen Hochfrequenzimpuls werden sie kurzzeitig aus dieser Position ausgelenkt und senden nach Ende des Impulses ein Signal aus, das Aufschluss über die Art und Position des Kerns sowie die physikalische und chemische Beschaffenheit seiner Umgebung liefert. Hiermit lassen sich zum Beispiel mithilfe von Wasserstoffatomkernen – anders als bei EEG, MEG oder PET – genaue anatomische Darstellungen von Gehirnen erreichen. Bei der *funktionellen* Kernspintomographie (fNMR, fMRI) wird die Tatsache ausgenutzt, dass sauerstoffreiches und sauerstoffarmes Blut unterschiedliche magnetische Eigenschaften besitzen. Dies nennt man BOLD- (d. h. blood-oxygen-level-dependent-)Effekt. Dadurch lassen sich sowohl Schwankungen im Sauerstoffgehalt des Blutes als auch Unterschiede im lokalen Blutfluss in Abhängigkeit von der leistungsbedingten Stoffwechselaktivität des Gehirns erfassen und bildlich darstellen. Der BOLD-Effekt wiederum zeigt an, wo im Gehirn die neuronale Aktivität lokal erhöht ist. Man nimmt an, dass bei erhöhter Aktivität lokaler neuronaler Netzwerke Signale an das Hirngewebe in der näheren Umgebung ausgesendet werden, die mit einer Verzögerung von wenigen Sekunden zu einem erhöhten Blutfluss führen (sogenannte *hämodynamische* Reaktion). Welcher Art diese Signale sind, ist noch nicht ganz klar.

Neuere Untersuchungen, bei denen gleichzeitig die elektrische Aktivität kleiner Zellgruppen im visuellen Cortex von Makakenaffen und der BOLD-Effekt gemessen und miteinander verglichen wurden, zeigten, dass die beste Übereinstimmung zwischen dem BOLD-Effekt und den sogenannten lokalen Feldpotenzialen besteht, die vornehmlich die Aktivität des *synaptischen Eingangs* an den Dendriten der Neurone widerspiegeln, und nicht so sehr zwischen BOLD-Effekt und dem Auftreten von Aktionspotenzialen, welche die Ausgangsaktivität einer Nervenzelle darstellen. Dies stimmt mit der Tatsache überein, dass die Prozesse an den Synapsen, die mit intrazellulären Signalkaskaden und der Resynthese des Transmitters Glutamat (dem häufigsten Transmitter in der Großhirnrinde) zu tun haben, auch diejenigen mit dem höchsten Sauerstoff- und Glukoseverbrauch sind. Das Auslösen von Aktionspotenzialen hingegen ist energetisch mehr oder weniger kostenlos, da hierbei eine aufgebaute Spannung kurzfristig zusammenbricht. Teuer sind die Regeneration und das Aufrechterhalten des Ruhemembranpotenzials, aber dies stellt sozusagen eine Dauerausgabe dar, die nicht aufgabenspezifisch ist.

Die räumliche Auflösung des fMRI ist besser als die von PET, und seine zeitliche Auflösung ist wesentlich besser. Sie liegt derzeit im Bereich einer Sekunde. Dies ist allerdings immer noch um bis zwei bis drei Größenordnungen schlechter als die des EEG und auch technisch nicht wesentlich zu steigern, da sich die Hirndurchblutung gegenüber den neuro-elektrischen und neuro-magnetischen Geschehnissen mit einer Verzögerung von wenigen Sekunden ändert. Man kann allerdings dadurch, dass eine mehrfache kurzzeitige Stimulusdarbietung jeweils von einer kurzen Pause unterbrochen wird, diese Verzögerung »herausrechnen«. Es wird zudem inzwischen erfolgreich versucht, elektrophysiologische Methoden (Mikroelektrodenableitungen, EEG, EKP) oder MEG und fMRI miteinander zu kombinieren bzw. unter möglichst identischen Versuchsbedingungen durchzuführen.

Die funktionelle Kernspintomographie hat gegenüber PET den Nachteil, dass eine Veränderung der Sauerstoffsättigung des Blutes bzw. des lokalen Blutflusses nicht absolut, sondern nur im Vergleich zu einem »Ruhewert« (englisch *baseline*) gemessen werden kann. Bei den Versuchen, kognitive, emotionale oder exekutive Prozesse mithilfe des fNMR zu lokalisieren, wird deshalb allgemein die *Subtraktionsmethode* angewandt, bei welcher ein spezifischer kognitiver, emotionaler oder exekutiver Prozess mit einem funktionell ähnlichen, aber kognitiv, emotional oder exekutiv nicht oder nur gering fordernden Prozess verglichen wird. Das kann so vor sich gehen, dass eine Versuchsperson aufgefordert wird, im ersten Durchgang bestimmte Wörter rein mechanisch zu lesen, während sie im zweiten Durchgang gleichzeitig über die Bedeutung dieser Wörter nachdenken soll. Wenn man nun die räumlichen Aktivitätsmuster und deren Intensitäten aus beiden Durchgängen voneinander subtrahiert, erhält man eine »reine« Darstellung der neuronalen Prozesse, die dem Erfassen des Wortsinns zugrunde liegen.

Bei der *transkraniellen Magnetstimulation* (TMS) wird mithilfe von Magnetspulen über einem begrenzten Teil des Schädels einer Versuchsperson oder eines Patienten ein eng umgrenztes Magnetfeld erzeugt. Nach dem Prinzip der elektromagnetischen Induktion entsteht dann durch die ungeöffnete Schädeldecke hindurch ein elektrisches Feld, das in dem darunter liegenden Hirnareal eine Erregung oder Hemmung hervorruft. Dabei werden Feldstärken verwendet, die denen beim fMRI entsprechen und für das Hirngewebe unschädlich sind. Man kann hiermit ohne Eingriff in das menschliche Gehirn vorübergehend die Funktion eines interessierenden Hirngebiets (meist eines Areals der Großhirnrinde) »lahmlegen« und dann die Auswirkung dieser Störung auf Hirnprozesse studieren.

KAPITEL 2

Psychologie der Persönlichkeit

Wenn wir die Menschen um uns herum und auch uns selbst betrachten, so stellen wir fest: Kein Mensch ist wie der andere! Zwar gibt es viele Gemeinsamkeiten, aber zugleich unterscheidet sich jeder irgendwie von anderen Menschen. Auch stellen wir fest, dass Menschen sich zwar von Geburt an bis ins hohe Alter irgendwie verändern, aber offenbar bleiben bestimmte Eigenschaften mehr oder weniger konstant. Diese relativ konstanten Eigenschaften des Fühlens, Denkens und Handelns bilden nach Ansicht von Psychologen die *Persönlichkeit* eines Menschen. In der Persönlichkeit eines jeden von uns gibt es also eine Mischung von Veränderung und Konstanz. Ein bestimmtes Maß an Veränderbarkeit menschlichen Fühlens, Denkens und Handelns sowie an Konstanz bildet die Grundlage gesellschaftlichen Zusammenlebens, während eine zu große Starrheit der Persönlichkeit ebenso wie eine zu große Variabilität schädlich ist. Im ersteren Fall werden gesellschaftliche Veränderungen sehr schwer, im letzteren Fall können wir uns bei unseren Mitmenschen auf nichts einstellen – sie reagieren unberechenbar. Zuweilen treffen wir auf Menschen, die ständig die Veränderung suchen, und auf solche, die jede Veränderung fürchten.

Wie erfasst man »Persönlichkeit«?

Die genannten Zusammenhänge präzise zu erfassen ist wichtig, aber nicht leicht. Menschen beschreiben ihre Mitmenschen meist auf eine sehr subjektive und wenig verlässliche Art, und am meisten gilt dies für die Selbstbeschreibung. Man muss also irgendwie systematischer vorgehen.

Bereits im Altertum hat man sich Gedanken darüber gemacht, wie sich Persönlichkeit und Psyche eines Menschen am besten erfassen lassen. Am bekanntesten ist die auf die antiken Ärzte Hippokrates und Galenos zurückgehende »Lehre von den Temperamenten«, die eine Einteilung in vier Persönlichkeitstypen vornimmt, nämlich in Choleriker, Melancholiker, Phlegmatiker und Sanguiniker. Interessant dabei ist, dass Galenos seine Einteilung von Grundpersönlichkeiten »physiologisch« mithilfe der »Vier-Säfte-Lehre« zu begründen versuchte, d. h., die vier Temperamente kommen durch die Dominanz einer der vier »Körpersäfte« Blut (sanguis), Schleim (phlegma), schwarzer Galle (melas cholé) und gelber Galle (cholé) in einer Person zustande. Heute hängt man dieser »Vier-Säfte-Lehre« nicht mehr an, aber die entsprechende Charakterisierung in Grundpersönlichkeiten ist so falsch nicht und wird in der Alltagspsychologie noch durchaus verwendet. Man sagt zum Beispiel von einer Person, sie habe ein phlegmatisches oder cholerisches Temperament.

Heutzutage wird eine fast unüberschaubare Zahl von Verfahren propagiert, mit denen man angeblich die allgemein oder für einen bestimmten Zweck (zum Beispiel hinsichtlich der Eignung für eine Tätigkeit) wichtigen Persönlichkeitseigenschaften genauer bestimmen kann. Sehr populär, aber ungeeignet sind Tests, die anhand einfacher Merkmale wie Farbpräferenzen, Schrift, Blickbewegungen usw. tiefe Einblicke in die menschliche Persönlichkeit in Aussicht stellen. Daneben gibt es sogenannte *projektive Verfahren*, bei denen den zu testenden Personen (den »Probanden«) bestimmte Bildmaterialen vorgelegt werden, etwa die bekannten Rohrschach-Klekse oder mehrdeutige Darstellungen bestimmter Szenen im sogenannten Thematischen Apperzeptions-Test (TAT), die der Proband deuten muss. Aus diesen Deutungen zieht der Testleiter weitreichende Schlüsse über die Persönlichkeit des Getesteten. Diese Tests sind aufgrund ihrer mangelnden Verlässlichkeit in Misskredit geraten (vgl. Myers, 2014; Neyer und Asendorpf, 2018), sind aber nach wie vor sehr beliebt. Heute beschränkt sich die seriöse Persönlichkeitspsychologie großenteils auf sogenannte psychometrische Verfahren, bei denen anhand standardisierter Fragebögen versucht wird, durch verbale oder computergestützte Antworten auf bestimmte Fragestellungen wichtige Aspekte der Persönlichkeit der Testperson zu erfassen. Aber was sind denn »wichtige Aspekte« bei der Beurteilung der Persönlichkeit?

Die moderne *psychometrische* Persönlichkeitspsychologie sucht nicht wie frühere Ansätze nach starren Typen, sondern nach dem Vorhandensein von einzelnen, statistisch gut abgrenzbaren und möglichst nicht überlappenden Persönlichkeitsmerkmalen, die sich in stärkerer oder schwächerer Ausprägung bei allen Menschen finden. Die individuelle Persönlichkeit eines Menschen besteht dann aus einer jeweils *einzigartigen Kombination* solcher Merkmale (für eine Übersicht s. Hagemann et al., 2016; Neyer und Asendorpf, 2018).

Der in der Persönlichkeitspsychologie gebräuchlichste Ansatz beruht auf dem sogenannten *lexikalischen Verfahren*, das erstmals in den 1930er Jahren von den Psychologen Allport und Odbert entwickelt wurde (Allport und Odbert, 1936). Dabei entnimmt man, von der Alltagspsychologie ausgehend, gängigen Lexika alle erdenklichen Vokabeln, die menschliche Eigenschaften beschreiben. Es handelt sich dabei um viele Tausende (im Englischen knapp 18 000) solcher Wörter, die in ihrer Bedeutung allerdings stark überlappen. Man kommt nun durch wiederholtes Zusammenfassen überlappender Merkmale, meist mithilfe der sogenannten Faktorenanalyse, auf immer weniger sich überschneidende Persönlichkeitsattribute, bis sich schließlich wenige Grundmerkmale herauskristallisieren. Diese sollten maximal überschneidungsfrei (zueinander »orthogonal«) sein und dadurch einen hohen Erklärungswert besitzen. Die heute gebräuchlichen psychometrischen Persönlichkeitstests gehen meist von drei bis sechs Grundfaktoren aus (vgl. Neyer und Asendorpf, 2018).

Der Big-Five-Persönlichkeitstest

In dem bekannten »Big-Five«-Persönlichkeitstest, wie er aufbauend auf Vorarbeiten des deutsch-britischen Psychologen Hans-Jürgen Eysenck von den Psychologen Costa und McCrae in den 1980er und 1990er Jahren entwickelt wurde (Costa und McCrae, 1989, 1992), sind dies *Extraversion, Neurotizismus, Verträglichkeit, Gewissenhaftigkeit* und *Offenheit/Intellekt*. Eine deutsche Version ist das »NEO-PI-R«-Persönlichkeitsinventar von Ostendorf und Angleitner (2004).

Jeder dieser Grundfaktoren kann in unterschiedlicher Ausprägung vorliegen – meist wird dies in Form einer fünfstufigen *Likert-Skala* von »stark ausgeprägt« bis »schwach ausgeprägt« bzw. »nicht vorhanden« mit drei Zwischenstufen angegeben. Sehen wir uns diese »Big Five« an:

Der Faktor *Offenheit/Intellekt* (Openness) bezeichnet in starker Ausprägung die Eigenschaften breit interessiert, einfallsreich, phantasievoll, intelligent, originell, wissbegierig, intellektuell, künstlerisch, gescheit, erfinderisch, geistreich und weise, und in schwacher Ausprägung die Eigenschaften gewöhnlich, einseitig interessiert, einfach, ohne Tiefgang und unintelligent.

Der Faktor *Gewissenhaftigkeit* (Conscientiousness) umfasst in starker Ausprägung die Eigenschaften organisiert, sorgfältig, planend, effektiv, verantwortlich, zuverlässig, genau, praktisch, vorsichtig, überlegt und gewissenhaft, und in schwacher Ausprägung die Eigenschaften sorglos, unordentlich, leichtsinnig, unverantwortlich, unzuverlässig und vergesslich.

Der Faktor *Extraversion* (Extraversion) umfasst in seiner starken Ausprägung die Eigenschaften gesprächig, bestimmt, aktiv, energisch, offen, dominant, enthusiastisch, sozial und abenteuerlustig, und in seiner schwachen Ausprägung die Eigenschaften still, reserviert, scheu und zurückgezogen.

Der Faktor *Verträglichkeit* (Agreeableness) bezeichnet in starker Ausprägung die Eigenschaften mitfühlend, nett, bewundernd, herzlich, weichherzig, warm, großzügig, vertrauensvoll, hilfsbereit, nachsichtig, freundlich, kooperativ und feinfühlig, und in schwacher Ausprägung die Eigenschaften kalt, unfreundlich, streitsüchtig, hartherzig, grausam, undankbar und knickrig.

Der Faktor *Neurotizismus* (Neuroticism) bezieht sich in starker Ausprägung auf die Eigenschaften gespannt, ängstlich nervös, launisch, besorgt, empfindlich, reizbar, furchtsam, selbstbemitleidend, instabil, mutlos und verzagt, und in schwacher Ausprägung auf die Eigenschaften stabil, ruhig und zufrieden. Zu beachten ist, dass dieser Faktor eine negativ-positive Polung hat, während die anderen eine positiv-negative Polung zeigen.

Im Englischen kann man sich die »Big Five« am besten anhand des Akronyms OCEAN merken.

Persönlichkeitstests nach Art des Big-Five-Tests werden standardmäßig angewandt, um die Persönlichkeit eines Menschen etwa im Zusammenhang mit seiner Eignung für eine bestimmte

Tätigkeit zu bestimmen, sei es für eine leitende Tätigkeit in der Wirtschaft oder einer Behörde oder in der Politik. Man versucht dabei festzustellen, *in welchem Maße* eine Person »extravertiert«, »neurotizistisch« oder »gewissenhaft« usw. ist. Daraus ergibt sich ein *Persönlichkeitsprofil* der betreffenden Person.

Kritik an den »Big Five«, Ergänzungen und Alternativen

Innerhalb der Persönlichkeitspsychologie ist der Big-Five-Ansatz trotz seiner Popularität nicht unumstritten (vgl. Neyer und Asendorpf, 2018). Eine grundlegende Kritik betrifft den Umstand, dass die Big-Five-Merkmale im Wesentlichen der Alltagspsychologie entnommen sind und keinerlei tiefergehenden Erklärungswert haben. Es gibt keine Antwort auf die Frage, woher es denn kommt, dass ein Mensch stark neurotizistisch oder extravertiert ist, und ob das schicksalhaft oder veränderbar ist. Gerade diese Frage ist aber heutzutage von entscheidender Bedeutung, wie wir noch hören werden.

Ein anderer wichtiger Kritikpunkt betrifft die Tatsache, dass es bei den Persönlichkeitstests nach Art der »Big Five« um eine *Selbstauskunft* der getesteten Personen geht. Eine Selbstauskunft wird aber inzwischen von vielen Experten als nicht verlässlich angesehen, da Menschen in aller Regel ihre eigene Persönlichkeit nicht gut einschätzen können, von Verstellung und Lüge ganz abgesehen. In aller Regel neigen Menschen zur »Schönfärberei« bei eigenen Fähigkeiten und Leistungen, allerdings zeigt sich bei neurotizistischen Personen eine deutliche Neigung zur »Schwarzfärberei« (vgl. Myers, 2014; Fletcher und Schurer, 2017; Neyer und Asendorpf, 2018). Der Psychologe Daniel Kahneman hat eine lange Liste typischer Fehler bei der Einschätzung der eigenen Person und der eigenen Leistungen vorgelegt (Kahneman, 2012). Die Tendenz, etwa bei einem Bewerbungsgespräch sich und seine Fähigkeiten in einem günstigen Licht erscheinen zu lassen, aber auch die soziale Erwünschtheit möglicher Antworten spielen hierbei eine wichtige Rolle.

Fremdbeurteilungen sind hingegen weitaus besser, aber hier stellt sich die Frage, worauf diese denn beruhen sollen. Da sich aufwendige Laboruntersuchungen, etwa mithilfe von bildgebenden Verfahren oder dem EEG (vgl. Exkurs 1, S. 60ff.) nicht ohne weiteres durchführen lassen, sind Interview-Verfahren durch Experten gut geeignet, und zwar solche, die »offene« Fragen umfassen, auf die es *keine* naheliegenden Antworten des Befragten gibt, etwa um sich in einem günstigen Licht erscheinen zu lassen, sondern bei denen die Befragten nachdenken müssen. Zudem geht es darum, die unterschiedlichen Typen der Kommunikation zu erfassen, nämlich verbale, paraverbale und nonverbale Kommunikation. Die *verbale* Kommunikation umfasst im ersten Schritt die gestellten Fragen und die gegebenen Antworten. Bei der paraverbalen Kommunikation geht es darum, die Art zu erfassen, wie die Antworten gegeben werden (schnell, glatt, zögerlich, konfus usw.). Bei der nonverbalen Kommunikation schließlich geht es darum, wie die befragte Person sich in Gestik, Mimik, Stimmführung, Körperhaltung und Verhalten ausdrückt. Darauf werden wir im dreizehnten Kapitel ausführlicher zurückkommen. Bei den Big-Five-artigen Persönlichkeitstests geht es hingegen nur um die Beantwortung, oft durch Ankreuzen, der gestellten Fragen, nicht um die para- und nonverbale Kommunikation, was ein schwerer Nachteil ist.

Kritisch ist auch die Tatsache, dass die fünf Grundfaktoren der Big-Five-Tests nicht wirklich, wie von Costa und McCrae behauptet, maximal überlappungsfrei sind, sondern teilweise untereinander deutlich korrelieren. In der Tat haben Neurotizismus und Gewissenhaftigkeit eine erhebliche Nähe zueinander ebenso wie Extraversion, Verträglichkeit und Offenheit/Intellekt. Es scheint in Wirklichkeit nur zwei scharf kontrastierende bzw. sich polar gegenüberstehende Grundfaktoren zu geben, nämlich Extraversion und Neurotizismus, wie dies bereits Eysenck angenommen hatte.

Dies legt eine weitere Reduktion der fünf Grundfaktoren nahe, und darauf zielten auch die Bemühungen des britischen Psychologen und Persönlichkeitsforschers Jeffrey Gray, eines Schülers und Nachfolgers im Amt von Eysenck. Gray ging von drei grundlegenden persönlichkeitsbezogenen Verhaltensmustern aus, nämlich von einem »Annäherungssystem« (*behavioral approach system*, BAS), in dessen Zentrum die Belohnungsorientierung steht; einem »Vermeidungs- bzw. Hemmungssystem« (*behavioral inhibition system*, BIS), das im Wesentlichen durch passives Vermeidungsverhalten gekennzeichnet ist; und einem schnellen »Kampf-, Flucht- und Erstarrungs-System« (*fight-flight-freezing system*, FFFS) (Gray, 1990). Das BAS weist große Übereinstimmung mit »Extraversion« auf, indem es starke Belohnungsorientierung, Impulsivität, Sensationslust, aber auch Geselligkeit und allgemein positive Gefühle umfasst. Das BIS hat wiederum große Ähnlichkeit mit »Neurotizismus«, da es erhöhte Aufmerksamkeit auf negative Dinge, Grübeln, Ängstlichkeit und Depression beinhaltet. Das FFFS hingegen hat keine Entsprechung in den Big Five.

Gegenwärtige Bemühungen von Persönlichkeitspsychologen gehen ebenfalls dahin, »Supermerkmale« nach Art der Gray'schen BAS und BIS zu identifizieren. Nach Anschauung des amerikanischen Psychologen Colin DeYoung und seiner Kollegen sind dies Stabilität und Plastizität (DeYoung et al., 2013, 2016). Das Supermerkmal *Stabilität* umfasst die drei Big-

Five-Merkmale Neurotizismus, Verträglichkeit sowie Gewissenhaftigkeit, die das Kernmerkmal der Risikovermeidung, des »Auf-Nummer-sicher«-Gehens bis hin zu absoluter Passivität und völligem Rückzug in die Depression besitzen. Das Supermerkmal *Plastizität* umfasst die beiden Big-Five-Merkmale Extraversion und Offenheit/Intellekt, die sich um Lust auf Neues und Abenteuerlust bis hin zu hochriskantem Verhalten und Sensationsgier drehen.

Asendorpf und Neyer gehen in ihrer Persönlichkeitstypologie davon aus, dass Personen sich in drei *Haupttypen* zusammenfassen lassen, nämlich in die *resiliente*, die *überkontrollierte* und die *unterkontrollierte* Person (vgl. Neyer und Asendorpf, 2018). Dabei erweist sich die *resiliente* Person als aufmerksam, tüchtig, geschickt, selbstvertrauend, voll bei der Sache und neugierig. Sie kann aber auch deutliche Stimmungswechsel haben, zeigt unreifes Verhalten unter Stress, verliert leicht die Kontrolle, ist schnell eingeschnappt und fängt leicht zu weinen an. Die *überkontrollierte* Person ist verträglich, rücksichtsvoll, hilfsbereit, gehorsam, gefügig, verständig-vernünftig, hat Selbstvertrauen, ist selbstsicher, ist aber auch aggressiv und ärgert andere. Die *unterkontrollierte* Person schließlich ist lebhaft, zappelig, hält sich nicht an Grenzen, hat negative Gefühle, schiebt die Schuld auf andere, ist furchtsam-ängstlich, gibt nach bei Konflikten, stellt hohe Ansprüche an sich, ist gehemmt und neigt zum Grübeln.

Fachleute sind sich darin einig, dass es wichtige Persönlichkeitsmerkmale gibt, die von den Big Five nicht präzise erfasst werden. Hierzu gehört das Merkmal *Impulsivität*, was allerdings mit sehr unterschiedlichen und wenig zusammenhängenden Teilmerkmalen wie hoher Plastizität und niedriger Stabilität, Getriebensein (*urgency*), fehlendem Durchhaltevermögen, fehlendem Vorausschauen, geringer Toleranz gegenüber Belohnungsaufschub und Sensationslust zu tun hat. Andere Autoren nennen als Merkmale, die von dem Big-Five-Ansatz nicht gut erfasst werden: Belastungstoleranz (*distress tolerance*) (Chowdhury et al., 2018), Sensationsgier (*sensation seeking*) bzw. Erlebnishunger (Mann et al., 2017), psychologische Flexibilität (Steenhaut et al., 2018), »grit« (Entschlossenheit, Einsatz), womit vor allem das hartnäckige Verfolgen *langfristiger* Ziele gemeint ist (Rimfeld et al., 2016; Tucker-Drob et al., 2016; Wang et al., 2017), sowie Selbstkontrolle (Myers, 2014). »Grit« und Selbstkontrolle sagen besser als die Big Five den akademischen und geschäftlichen Erfolg voraus.

Temperament

Eine wichtige, im Big-Five-Konzept und generell in psychometrischen Verfahren nicht berücksichtigte Frage ist diejenige nach den determinierenden Faktoren der getesteten Persönlichkeitsmerkmale und in diesem Zusammenhang die Frage nach ihrer Entwicklung und Stabilität bzw. Veränderbarkeit. Dieses Problem wird seit längerem in der Persönlichkeitspsychologie anhand des Begriffs »Temperament« diskutiert.

Alle Eltern mit mehr als einem Kind wissen, dass ihre Kinder teilweise mit sehr verschiedenen Persönlichkeitsmerkmalen auf die Welt kommen und dass diese Unterschiede in der weiteren Entwicklung der Persönlichkeit in aller Regel weitgehend bestehen bleiben. Das eine Kind ist relativ ruhig, das andere eher »quengelig« oder gar ein »Schreibaby«, das den Eltern den letzten Nerv raubt; das eine Kind ist offen, freundlich, das andere eher verschlossen, schwer zugänglich usw., und dies ändert sich im weiteren Leben nicht wesentlich.

Die Mehrzahl der Persönlichkeitspsychologen geht davon

aus, dass es sich beim Temperament um Grundeigenschaften der Persönlichkeit handelt, die schon kurz nach der Geburt sichtbar sind (Thomas und Chess, 1980; Buss und Plomin, 1984; Blatny et al., 2015). Sie sind zugleich der Meinung, dass das Temperament im Wesentlichen genetisch bedingt ist und damit der »Lotterie« der Gene unterliegt. Bei der Frage der genetischen Determiniertheit grundlegender Persönlichkeitseigenschaften gehen in der Persönlichkeitspsychologie jedoch die Aussagen weit auseinander. Auf der Grundlage klassischer Forschung an eineiigen Zwillingen kam man bisher auf Erblichkeitswerte der Big-Five-Merkmale von 40–60 %, manchmal sogar 80 % (Bouchard und McGue, 2003). Aufgrund methodischer Unzulänglichkeiten der Zwillingsforschung und neuerer Erkenntnisse über die Rolle von Genen bei der Entwicklung psychologischer Merkmale wurden in den vergangenen Jahren genetische Untersuchungen auf der Grundlage sogenannter »Einzelnucleotid-Polymorphismen« (SNP) durchgeführt. Diese zeigten zum einen, dass an grundlegenden Persönlichkeitsmerkmalen wie den »Big Five« Hunderte bis Tausende unterschiedlicher Gene beteiligt sind, und zum anderen eine viel geringere Erblichkeitsrate der Big-Five-Merkmale (Power und Pluess, 2015).

So ergaben sich für Neurotizismus eine Erblichkeitsrate von nur 15 %, für Offenheit eine Rate von 21 % und überhaupt keine aussagekräftigen Werte für Extraversion, Gewissenhaftigkeit und Verträglichkeit. Diese Befunde bedeuten allerdings keineswegs, dass die Big-Five-Merkmale oder die anderen genannten Merkmale nur schwache genetische Grundlagen besitzen, sondern lediglich, dass sie mit dem heute üblichen genetischen Screening auf der Grundlage von SNP *nicht* erfassbar sind. Insbesondere sind die viel bedeutsameren *epigenetischen*, d. h. genregulatorischen Faktoren, mit denen wir uns noch genauer beschäftigen werden, bisher kaum untersucht. Auch gibt es viele Belege für eine nachhaltige Beeinflussung durch die vorgeburtliche Umwelt, nämlich den Körper und das Gehirn der Mutter (Roth und Strüber, 2018). Aus diesem Grund sollte man den Begriff »angeboren« nur als »bereits bei der Geburt vorhanden« und nicht als »rein genetisch bedingt« verstehen.

Unabhängig davon kann man davon ausgehen, dass dem Temperament eines Neugeborenen bzw. Kleinkindes eine wichtige *Weichenstellungsfunktion* für die weitere Entwicklung der Persönlichkeit zukommt. So fällt das Fürsorgeverhalten der primären Bezugspersonen bei einem ruhigen oder schwierigen Temperament unbeabsichtigt oft sehr verschieden aus, und dies kann die Bindungserfahrung des Kindes deutlich beeinflussen, sofern nicht psychisch stark wirkende Ereignisse im späteren Leben auftreten (Fletcher und Schurer, 2017).

Temperament-Merkmale und ihre Stabilität

Temperamentforscher wie Thomas und Chess (1980), die große Längsschnittuntersuchungen durchgeführt haben, siedeln das Temperament nahe an den physiologischen, affektiven und kognitiven Grundfunktionen des Gehirns an. Danach wird das Temperament eines Menschen bestimmt von seinem allgemeinen Aktivitätsniveau, seinen biologischen Rhythmen, dem grundlegenden Annäherungs- oder Rückzugsverhalten gegenüber neuen Reizen, der Anpassungsfähigkeit gegenüber neuen Situationen, der Reaktionsschwelle von Verhaltensantworten, deren Intensität, dem Grad der Ablenkbarkeit, der Aufmerksamkeitsspanne (wie lang zum Beispiel jemand konzentriert zuhören oder etwas tun kann) und der Qualität der Grundstimmung (freundlich-unfreundlich, freudig-aggressiv).

All diese Merkmale zeigen sich nach Thomas und Chess bereits sehr früh. Entsprechend gibt es für sie das »leichte Kind«, das ausgeglichen, anpassungsfähig, eher positiv gestimmt und offen ist und ca. 40 % aller Kinder umfasst, das »schwierige Kind«, das unruhig ist, eine geringe Anpassungsfähigkeit zeigt, emotional instabil und oft negativ gestimmt ist (rund 10 % aller Kinder), und das »langsam auftauende Kind«, das nur zögerlich auf neue Reize antwortet und eher zurückhaltend und verschlossen ist (rund 15 % der Kinder). Der Rest der Kinder (35 %) war in der großen Studie der Autoren nicht eindeutig klassifizierbar.

Andere bekannte Temperamentforscher wie Buss und Plomin (1984; vgl. auch Buss, 1989, 1991) gehen davon aus, dass sich Temperament aus den drei Merkmalsgruppen *Emotionalität, Aktivität* und *Soziabilität* (EAS-Theorie) zusammensetzt. Die Autoren nehmen an, dass diese Merkmalsgruppen hochgradig genetisch bedingt und stabil sind und bereits im ersten Lebensjahr sichtbar werden. Für Rothbart, einer weiteren Autorität in der Temperamentforschung, besteht Temperament aus den Grundmerkmalen *Reaktivität* und *Selbstregulation*, die beide biologisch verankert sind. Reaktivität wird bestimmt durch die Reaktionsschwelle, die Latenz (d. h. Antwortverzögerung) und Intensität von Verhaltensweisen und das allgemeine physiologische Erregungsniveau. Selbstregulation ist die Fähigkeit zur Veränderung des eigenen Erregungsniveaus in Abhängigkeit von äußeren Reizen und das Aufrechterhalten eines physiologisch-psychischen Gleichgewichts (»Homöostase«) (vgl. Rothbart und Bates, 2006).

Rothbart weist jedoch darauf hin, dass gerade beim Grad der Selbstregulationsfähigkeit neben vegetativ-physiologischen Faktoren auch die Bindungserfahrung eingeht. Allgemein geht Rothbart von sechs Temperament-Dimensionen aus, nämlich

(1) Irritierbarkeit und negative Reaktionen, (2) motorische Aktivität, (3) positive Emotionalität und Sozialisierbarkeit, (4) Beruhigbarkeit und Ablenkbarkeit von negativen Emotionen, (5) Furchttendenz und Verhaltenshemmung und (6) willentliche Kontrolle.

Wie Asendorpf in diesem Zusammenhang bemerkt, ergibt sich bei solchen Klassifizierungen von Temperamentmerkmalen eine deutliche Überlappung mit den Big-Five-Persönlichkeitsmerkmalen. Es ist in der Tat schwierig, reine, d. h. überwiegend angeborene Temperamentmerkmale von Persönlichkeitsmerkmalen genau zu unterscheiden, da sich beide – darin sind sich alle Forscher einig – sehr früh stabilisieren. Am eindeutigsten gelingt die Unterscheidung noch bei denjenigen Temperamentmerkmalen, die der physiologisch-vegetativen und affektiven Grundausrüstung einer Person entsprechen und deshalb hochgradig genetisch bedingt sind, zum Beispiel was das allgemeine Erregungsniveau, Reaktionsschnelligkeit, Verhalten und Anpassungsfähigkeit gegenüber neuen Situationen sowie die Schnelligkeit der Informationsverarbeitung betrifft. Bei komplexeren Merkmalen wie Offenheit oder Verschlossenheit, positiver oder negativer Emotionalität und Sozialisierbarkeit ergibt sich eine unauflösliche Vermischung zwischen genetischen und entwicklungsbedingten Merkmalen und vorgeburtlich oder frühkindlich wirksamen Umwelteinflüssen, von denen jetzt die Rede sein soll.

Die Bedeutung frühkindlicher Einflüsse und der Bindungserfahrung

Viel ist darüber gestritten worden, welche Bedeutung die ersten Lebensjahre für die Entwicklung der Persönlichkeit tatsächlich haben (vgl. Eliot, 2001; Strüber, 2016). Viele Psychologen und Pädagogen und insbesondere Sozialpolitiker schreiben den frühkindlichen Erfahrungen keine besondere Bedeutung zu und gehen vielmehr von einer gleichmäßigen lebenslangen Verformbarkeit des Menschen aus (»Das wird sich auswachsen« oder »Das kann alles noch korrigiert werden«). Andere sind der Überzeugung, dass die ersten drei bis fünf Jahre und in geringerem Maße die Pubertät prägend für das spätere Leben einer Person sind. Solche Prägungsperioden sind im Tierreich weit verbreitet, besonders im Bereich der akustischen Kommunikation und des Sexualverhaltens. Auch beim Menschen sind solche Prägungsprozesse vorhanden, zum Beispiel bei der Sprachentwicklung. Ebenso wird vermutet, dass Mutter und Neugeborenes sich in ihren grundlegenden Persönlichkeitseigenschaften aufeinander prägen.

Das ist im Bereich einer »normalen« Verhaltensentwicklung allerdings schwer festzustellen. Fest steht inzwischen aber, dass traumatische Ereignisse kurz vor, während und nach der Geburt wie etwa Gewalteinwirkung, starke psychische Belastungen und Drogeneinnahme bzw. massiver Alkohol- und Nikotinmissbrauch der Mutter gegen Ende der Schwangerschaft eine hohe Übereinstimmung mit späterem selbstschädigendem Verhalten einschließlich eines erhöhten Selbstmordrisikos des Individuums aufweisen. Dies erklärt sich dadurch, dass das noch sehr unreife und sich schnell entwickelnde Gehirn des Ungeborenen äußerst empfänglich für Umwelteinflüsse ist, die entweder direkt auf den Fötus einwirken oder indirekt über das Gehirn der Mutter, das ja mit dem des Fötus eng zusammenhängt.

Alles, was die werdende Mutter an Schädigungen sich selbst zufügt oder was ihr zugefügt wird, beeinflusst ihr Gehirn, und dort werden als Reaktion in unnatürlich hohem Maße bestimmte Substanzen wie Cortisol freigesetzt, die dann über die

Blutbahn zum Ungeborenen und seinem Gehirn laufen und dort Schaden anrichten können und gleichzeitig prägend wirken (Strüber, 2016; Roth und Strüber, 2018). So werden auch die Fähigkeit, Stress zu ertragen, und die Empfindlichkeit für Schmerz im Erwachsenenalter vorgeburtlich und durch die Ereignisse während der Geburt bestimmt. Untersuchungen haben gezeigt, dass die Stresstoleranz des Erwachsenen deutlich erniedrigt und die Schmerzempfindlichkeit deutlich erhöht sind, wenn die Umstände um die Geburt herum für das Neugeborene stark belastend bzw. schmerzvoll waren (Anand und Scalzo, 2000).

Der frühen Mutter-Kind-Beziehung bzw. der frühkindlichen *Bindungserfahrung* wird seit den bahnbrechenden Untersuchungen des österreichisch-amerikanischen Mediziners und Psychologen René Spitz (1887–1974) eine besondere Bedeutung für die Entwicklung der Persönlichkeit eines Menschen zugeschrieben. Spitz erkannte als Erster, dass die Art der nichtverbalen Kommunikation zwischen dem Säugling und seiner Bezugsperson, vornehmlich der leiblichen Mutter, entscheidend für die weitere psychisch-kognitive Entwicklung des Säuglings und Kindes ist und dass Defizite in diesem Bereich (der bekannte »Hospitalismus«) schwere und häufig irreparable psychische Schäden hervorrufen können, wie die Untersuchungen an russischen und rumänischen Waisenkindern zeigen, die adoptiert wurden (Gunnar und van Dulmen, 2007).

Diese Erkenntnisse aus der Mitte des vorigen Jahrhunderts stießen anfangs auf Desinteresse und gar Ablehnung, weil sie weder in das herrschende behavioristische Erziehungsparadigma (s. Exkurs 3, S. 265 ff.) noch in die heile Familienwelt-Ideologie der damaligen USA passten. Hinzu kam, dass die Beschäftigung mit Säuglingen und Kleinkindern auch für Sigmund Freud und die Psychoanalytiker kein ernsthaftes Thema war – man interessierte sich für Kindheit und Jugend nur aus der Perspektive des erwachsenen Patienten. Schließlich waren die Erkenntnisse von Spitz auch nicht direkt in der psychologisch-psychotherapeutischen Praxis anwendbar, weil nicht quantifizierbar.

Ein großer Durchbruch in jeder Hinsicht ergab sich durch die Arbeiten von John Bowlby und Mary Ainsworth. Der englische Kinderpsychiater Bowlby (1907–1990) begründete als Erster die systematische Erforschung der psychischen Entwicklung des Kleinkindes und thematisierte im Rahmen der *Bindungsforschung* die grundlegende Bedeutung der Mutter-Kind-Beziehung (Bowlby, 1975). Die amerikanische Psychologin und Mitarbeiterin Bowlbys Mary Ainsworth (1913–1999) entwickelte diesen Ansatz weiter, insbesondere durch die Erstellung von »Bindungstypen« aufgrund einer experimentellen Standardsituation, der sogenannten »fremden Situation«: Kinder im Alter zwischen 12 und 18 Monaten betreten zusammen mit ihrer Mutter einen Beobachtungsraum, den sie beide erkunden. Dann betritt eine fremde Frau den Raum und nimmt Kontakt mit beiden auf. Daraufhin verlässt die Mutter den Raum und die fremde Person bleibt mit dem Kind allein. Schließlich kommt die Mutter zurück (»erste Wiedervereinigung«) und die fremde Person geht hinaus. Die Mutter verlässt nun zum zweiten Mal den Raum und lässt das Kind allein zurück. Die fremde Frau betritt wieder den Raum und nach einiger Zeit auch wieder die Mutter (»zweite Wiedervereinigung«). Nun geht die Fremde wieder hinaus. Bei diesem ganzen Vorgang wird das Verhalten des Kindes bei Trennung von der Mutter und Wiedervereinigung mit ihr registriert, um festzustellen, wie das Kind den damit verbundenen Stress bewältigt.

Ainsworth hat aufgrund solcher Untersuchungen drei kindliche Bindungstypen ermittelt. Der erste ist der *sicher-gebundene*

Typ B: Das Kind zeigt seinen Trennungskummer offen, kann aber schnell getröstet werden. Es zeigt eine gute Balance zwischen Nähe zur Mutter (Bindung) und Erkundungsdrang (Exploration der Umgebung). Der zweite Typ ist der *unsicher-vermeidende Typ A*: Das Kind zeigt wenig Kummer über die Trennung, konzentriert sich auf das Spielen und vermeidet nach Rückkehr der Mutter eher ihre Nähe. Es zeigt weniger eine Tendenz zur Nähe und eher eine Tendenz zur Exploration. Der dritte Typ ist der *unsicher-ambivalente Typ C*: Das Kind weint heftig bei der Trennung und lässt sich bei der Rückkehr der Mutter kaum beruhigen. Es zeigt eher eine Tendenz zur Nähe (Klammern) als zur Exploration. Aufgrund von Untersuchungen anderer Autoren (Main und Solomon, 1986) kam später noch ein vierter Typ hinzu, der *desorganisiert-desorientierte Bindungstyp D*: Diese Kinder können auf die Trennung nicht einheitlich reagieren und zeigen Verhaltensauffälligkeiten wie Bewegungsstereotypien, Erstarren und Angst gegenüber einem Elternteil.

In großen Bindungsstudien zeigte sich, dass ca. 60 % aller untersuchten Kinder dem Typ »sicher-gebunden« angehören, 20 % dem Typ »unsicher-vermeidend«, 12 % dem Typ »unsicher-ambivalent« und der Rest (8 %) dem Typ »desorganisiert-desorientiert«. Dieser besondere Typ tritt vornehmlich bei Kindern auf, die entweder missbraucht oder misshandelt wurden oder den Verlust eines Elternteils noch nicht verarbeitet haben.

Wichtig für die Frage nach der Persönlichkeit ist der inzwischen vielfach bestätigte Befund, dass der so ermittelte frühkindliche Bindungstyp mit dem erwachsenen Bindungsverhalten eng korreliert ist, d. h. mit der Weise, wie eine Person kognitiv, emotional und motivational mit den Menschen in seiner engeren familiären oder beruflichen Umgebung umgeht. Dieses erwachsene Bindungsverhalten wird zum Beispiel mit dem »Adult

Attachment Interview (AAI)« erfasst (vgl. Strauß et al., 2002). Hierbei werden die Personen mit Fragen konfrontiert, die sich auf die Erinnerung an frühere Bindungsbeziehungen, den Zugang zu bindungsrelevanten Gedanken und Gefühlen und den Einfluss von Bindungserfahrungen auf ihre eigene Entwicklung beziehen. Dabei geht es um den Inhalt, aber auch um die Kohärenz, Qualität, Quantität, Relevanz und sonstige Art und Weise der Antworten.

Es ergeben sich dabei folgende Erwachsenen-Bindungstypen: (1) Sicher autonom (*secure*): Die Person gibt eine offene, kohärente und konsistente Darstellung ihrer positiven und negativen Bindungserfahrungen. Sie hat leichten Zugang zu diesen Gedächtnisinhalten. (2) Bindungsdistanziert (*dismissing*): Die Person liefert nur inkohärente und unvollständige Angaben, zeigt Erinnerungslücken, Abwehr schmerzlicher Erinnerungen und liefert meist positive Erinnerungen ohne Details. (3) Bindungsverstrickt (*preoccupied*): Die Person liefert ausufernde, oft von Ärger durchsetzte Darstellungen, so als ob sie einen bestimmten Konflikt und den damit verbundenen Ärger gerade erlebte; sie oszilliert zwischen positiven und negativen Darstellungen und Beurteilungen, ohne sich dessen bewusst zu sein, und zeigt eine allgemeine Verwirrtheit und Vagheit. (4) Unverarbeitetes Trauma (*unresolved trauma*): Die Person liefert eine konfuse Darstellung, zeigt häufige Erinnerungsverwechslungen und irrationale Darstellungselemente. Dieser letztere Typ entspricht dem kindlichen Bindungstyp D und tritt entsprechend vornehmlich bei Personen mit unverarbeiteten Verlust- oder Missbrauchserfahrungen auf.

Wie bereits erwähnt, gibt es einen signifikanten Zusammenhang zwischen dem kleinkindlichen und dem erwachsenen Bindungstyp, wobei letzteres auch die Art und Weise einschließt, wie man sich gegenüber den eigenen Kindern bindungsmäßig verhält. Dies ist besonders wichtig für das in letzter Zeit intensiv diskutierte Phänomen des *trans- oder intergenerationellen Transfers* von Bindungserfahrungen und anderen frühkindlichen Erfahrungen: Eine Person gibt an ihre eigenen Kinder häufig diejenigen Erfahrungen weiter, die sie selbst frühkindlich erfahren hat. Dies ist insbesondere bei Personen mit psychischen Erkrankungen oder schwerer frühkindlicher psychischer Traumatisierung (zum Beispiel bei Überlebenden des Holocaust) der Fall.

Es stellt sich in diesem Zusammenhang die Frage, ob und in welchem Ausmaß sich diese psychologisch bestimmten Eigenschaften von Persönlichkeit und Temperament mit Strukturen und Prozessen im Gehirn in Verbindung bringen lassen. Das soll im nächsten Kapitel untersucht werden.

KAPITEL 3

Die Verankerung der Persönlichkeit im Gehirn

Im vorigen Kapitel haben wir uns mit der Persönlichkeit einschließlich unseres Temperaments aus psychologischer Sicht beschäftigt sowie mit den verschiedenen Ansätzen, die darauf abzielen, wesentliche Eigenheiten der individuellen Persönlichkeit zu erfassen. Dazu gehörte auch eine kritische Auseinandersetzung mit dem populärsten Ansatz in der Persönlichkeitspsychologie, den »Big Five«. Neben der innerpsychologischen Kritik an diesem Konzept besteht der Vorwurf, dass die bisher vorliegenden psychologischen Persönlichkeitstypologien überwiegend rein deskriptiv sind und meist keine tiefere Begründung dafür liefern, *warum* es genau diese Grundfaktoren sind, welche die Persönlichkeit eines Menschen am besten beschreiben. Auch geben sie keine Antwort auf die Frage, warum der eine Mensch eher extravertiert und der andere eher neurotizistisch ist.

In den vergangenen Jahren hat sich deshalb eine Reihe von Persönlichkeitspsychologen und -neurobiologen um eine neurobiologische Begründung bemüht, wenngleich die Resultate bisher unbefriedigend sind (vgl. DeYoung und Gray, 2009; Corr et al., 2013; Di Domenico und Ryan, 2017). Derzeit gängige Verfahren sind Messungen der im ersten Kapitel erwähnten Ruheaktivität des Gehirns (»default-mode activity«). Es wird hierbei angenommen, dass bei unterschiedlichen Persönlichkeitstypen unterschiedliche Aktivitätsmuster des Ruheaktivitäts-Netzwerkes erkennbar sind. Dies wird mithilfe verschiedener bildgebender Methoden, vor allem fMRI und EEG gemessen (s. Exkurs 1).

Bei Untersuchungen dieser Art von Toschi und Mitarbeitern (Toschi et al., 2018) ergab sich lediglich für das Big-Five-Merkmal *Gewissenhaftigkeit* ein signifikanter Zusammenhang mit der strukturellen und funktionalen Konnektivität im linken frontoparietalen Netzwerk (vgl. Kapitel 1), d. h., diese Aktivität war umso höher, je ausgeprägter das Merkmal Gewissenhaftigkeit war. Die Autoren interpretieren diesen Befund als Anzeichen einer erhöhten kognitiven Kontrolle und Verhaltensflexibilität. Hinsichtlich der anderen Big-Five-Merkmale gab es keine signifikanten Korrelationen mit Zuständen des Ruheaktivitäts-Netzwerks.

Ein anderes Verfahren, Eigenschaften dieses Ruheaktivitäts-Netzwerkes mit bestimmten Persönlichkeitseigenschaften in Verbindung zu bringen, ist die Bestimmung niederfrequenter Oszillationen in einem Frequenzbereich von insgesamt 0,01–0,25 Hz, der üblicherweise in fünf Frequenzbänder aufgeteilt wird. Hier ergab sich beim Merkmal *Extraversion* eine signifikante Korrelation der Ruheaktivität in allen fünf Frequenzbereichen und für *Gewissenhaftigkeit* im Frequenzbereich 2 (0,138–0,25 Hz). Die anderen drei Big-Five-Merkmale wiesen keine signifikante Korrelation auf (Ikeda et al., 2017). Die Anwendung weiterer neurobiologischer Methoden wie der Bestimmung der Oberflächenmorphologie des Gehirns ergab Korrelationen von Extraversion und Verträglichkeit mit neuroanatomischen Eigenschaften wie Oberfläche oder Dicke bestimmter corticaler Areale, jedoch waren die Befunde teilweise widersprechend bzw. schwierig zu interpretieren (vgl. Li et al., 2017).

Insgesamt zeigt sich, dass die geschilderten Messungen der Ruheaktivität des Gehirns bisher keine aussagekräftigen Resultate über die neurobiologischen Grundlagen von Persönlichkeitsmerkmalen geliefert haben. Es ist zu vermuten, dass derartige Messungen bisher viel zu grob sind, um die neurobiologischen Grundlagen komplexer Persönlichkeitseigenschaften zu erfassen. Untersuchungen über den Zusammenhang zwischen psychologisch gut erfassbaren psychischen Zuständen und Verhaltensleistungen, funktionsanatomischen Gegebenheiten und neurophysiologisch-pharmakologischen Prozessen sind derzeit weitaus fruchtbarer. Dies wollen wir uns im Folgenden nutzbar machen, und zwar anhand des Vier-Ebenen-Modells der Persönlichkeit, das von dem leider zu früh verstorbenen Psychiater Manfred Cierpka und Gerhard Roth entwickelt wurde, und dem sich daran anschließenden Modell der sechs psychoneuralen Grundsysteme (vgl. Roth und Strüber, 2018).

Das Vier-Ebenen-Modell der Persönlichkeit

Das Vier-Ebenen-Modell der Persönlichkeit geht auf der Grundlage einer großen Zahl neurowissenschaftlicher Untersuchungen vom Vorhandensein von vier anatomischen und funktionalen Gehirnebenen aus, nämlich einer unteren, mittleren und oberen limbischen Ebene und einer sprachlich-kognitiven Ebene (Abbildung 7).

Die *untere limbische Ebene* umfasst die Aktivität von Zentren wie Hypothalamus-Hypophyse, Septum, zentrale Amygdala, zentrales Höhlengrau (PAG), Zentren der Brücke und des verlängerten Marks. Diese Prozesse dienen der Lebenserhaltung und der Erfüllung der primären körperlichen Bedürfnisse. Auf ihr sind aber auch diejenigen Merkmale angesiedelt, die man zum Temperament zählt (s. Kapitel 2). Die auf der unteren limbischen Ebene ablaufenden Prozesse sind unbewusst und können auch nicht bewusst gemacht werden (vgl. Kapitel 5). Überdies sind sie kaum oder gar nicht veränderbar, auch wenn sie teilweise durch

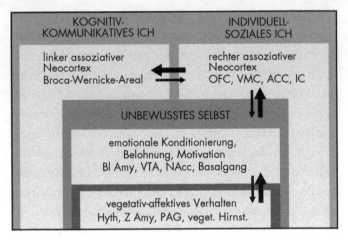

Abbildung 7: Das Vier-Ebenen-Modell der Persönlichkeit von Roth und Cierpka: Die untere limbische Ebene des vegetativ-affektiven Verhaltens und die mittlere limbische Ebene der emotionalen Konditionierung, Bewertung und Motivation bilden zusammen das »unbewusste Selbst«. Auf bewusster Ebene bildet die obere limbische Ebene das »individuell-soziale Ich«, dem das »kognitiv-kommunikative Ich« gegenübergestellt wird. ACC = anteriorer cingulärer Cortex; Basalgang = Basalganglien; Bl Amy = basolaterale Amygdala; Hyth = Hypothalamus; IC = insulärer Cortex; NAcc = Nucleus accumbens; PAG = zentrales Höhlengrau; OFC = orbitofrontaler Cortex; veget. Hirnst. = vegetative Hirnstammzentren; VMC = ventromedialer präfrontaler Cortex; VTA = ventrales tegmentales Areal; Z Amy = zentrale Amygdala (aus Roth und Strüber, 2018).

vorgeburtliche Einflüsse über das Gehirn der Mutter geprägt sind.

Auf der *mittleren limbischen Ebene*, vornehmlich dargestellt durch die Aktivität des mesolimbischen Systems (Nucleus accumbens, ventrales Pallidum, VTA), der lateralen Habenula und der basolateralen Amygdala, vollziehen sich die Erfahrungen des Säuglings und Kleinkindes im Laufe der ersten drei Jahre, meist solche in der Interaktion mit der primären Bezugsperson, in der Regel der Mutter. Diese Erfahrungen prägen sich tief ein und sind nur schwer und nur durch gezielte emotionalisierende und bindungsbezogene Maßnahmen zu ändern. Säugling und Kleinkind erleben diese Erfahrungen zumindest teilweise bewusst, diese Erfahrungen können aber nicht langfristig abgespeichert werden, da in den ersten Lebensjahren noch kein erinnerungsfähiges Langzeitgedächtnis vorhanden ist. Man nennt diese Phase seit Sigmund Freud die »infantile Amnesie« (s. Kapitel 5).

Auf der *oberen limbischen Ebene*, repräsentiert durch Aktivitäten des limbischen Cortex (orbitofrontaler, ventromedialer, cingulärer und insulärer Cortex) vollziehen sich diejenigen Prozesse, die geeignet sind, unsere primäre Persönlichkeit mit den Erfordernissen des sozialen Zusammenlebens in Einklang zu bringen, von der Familie über den Kindergarten und die Schule bis hin zum Erwachsenenalter. Hier geht es um die Ausbildung von Kooperativität, Rücksichtnahme, Geduld, Kompromissfähigkeit, Empathie, aber auch um Zielstrebigkeit, Durchsetzungswillen, Selbstwirksamkeit und Selbstverwirklichung. Hier vollzieht sich auch die bewusste Kontrolle unserer non-verbalen Kommunikation im Rahmen von Gestik, Mimik, Körperhaltung und Stimmführung.

Auf der *kognitiv-sprachlichen Ebene* finden, vermittelt durch die Aktivitäten des dorsolateralen präfrontalen, temporalen und parietalen assoziativen Cortex, das bewusste Wahrnehmen und Denken, der Erfahrungs- und Wissenserwerb, das Erinnern und Vorstellen, Handlungsplanung sowie die sprachliche Kommunikation statt. Die emotionalen Komponenten solcher Geschehnisse werden von den Instanzen der oberen limbischen Ebene hinzugefügt. Die kognitiv-sprachliche Ebene kann zwar von den limbischen Ebenen stark beeinflusst werden, hat aber selbst nur dadurch einen Einfluss auf unsere Verhaltensentscheidungen, dass sie emotionale Inhalte der oberen limbischen Ebene anspricht.

Die sechs psychoneuralen Grundsysteme

Auf den drei genannten limbischen Ebenen und unter Beteiligung der kognitiven Ebene entwickeln sich Persönlichkeit und Psyche. Dies geschieht im Rahmen der Funktionen von sechs »psychoneuralen Grundsystemen«, nämlich Stressverarbeitung, emotionale Kontrolle und Selbstberuhigung, Motivation, Bindungsverhalten/Empathie, Impulskontrolle und Realitätssinn-Risikowahrnehmung. Die Systeme beeinflussen sich untereinander in positiver wie negativer Weise (vgl. Roth und Strüber, 2018) und bilden ein enges Netz von Interaktionen.

Stressverarbeitung: Die Art, wie ein Mensch mit körperlichen Belastungen und Erkrankungen sowie mit psychischen Belastungen wie Schmerz, Bedrohung, Herausforderungen, Enttäuschungen und Niederlagen, Beschämung und Ausgrenzung umgeht, bildet ein Grundmerkmal seiner Persönlichkeit. Dieses System entsteht sehr früh und hängt wesentlich mit der vorgeburtlichen und nachgeburtlichen Entwicklung des Cortisolsystems bzw. der »Stressachse« zusammen. Hierbei wirken sich frühe aversive Erfahrungen negativ aus (Fletcher und Schurer, 2017). Dies zeigt sich bereits am ganz normalen Tagesgang der »basalen«, nicht stressbezogenen Cortisolausschüttung. So reagieren Personen, denen ein hoher Grad an emotionaler Instabilität im Sinne des »Neurotizismus« der Big Five zugeschrieben wird, auf das morgendliche Aufwachen häufig mit einer hohen Cortisolfreisetzung (Portella et al., 2005).

Die eigentlichen stressbedingten Ausschüttungen von Cortisol sitzen als »Pulse« auf dem normalen Cortisol-Tagesgang auf. Eine niedrige Stresstoleranz ist kennzeichnend für das Big-Five-Grundmerkmal »Neurotizismus« und der damit verbundenen ständigen Ängstlichkeit und dem andauernden Bedrohtheitsgefühl. Eine hohe Stresstoleranz ist hingegen ein wichtiger Bestandteil des Big-Five-Merkmals »Extraversion«, das durch eine eher optimistische Weltsicht gekennzeichnet ist, sowie eine wichtige Grundlage der Widerstandsfähigkeit (*Resilienz*).

Emotionale Selbstkontrolle und Selbstberuhigung: Dieses System ist eng mit dem Serotonin-System verbunden. Es entwickelt sich ähnlich wie das Stressverarbeitungssystem teilweise bereits vorgeburtlich. Ein ausreichender Serotoninspiegel fördert die Kontrolle der eigenen Emotionen sowie zielgerichtetes Verhalten und hemmt voreilige Reaktionen auf mögliche Gefahren. Ein Mangel an Serotonin oder auch eine verminderte Ausprägung des sogenannten 5-HT1A-Rezeptors wird im Zusammenhang mit einer fortwährenden Beschäftigung mit Stressreizen beobachtet. Dies kann sich in innerer Unruhe sowie, hauptsächlich bei Männern, in Impulsivität und reaktiver Aggression äußern (Cleare und Bond, 1995).

Das Serotoninsystem ist an fast allen Big-Five-Merkmalen sowie am Merkmal Impulsivität beteiligt. Eine geringe Aktivität des Selbstberuhigungssystems bzw. ein niedriger Serotoninspiegel führen zum Überwiegen neurotizistischer Merkmale wie einem erhöhten Bedrohtheitsgefühl, zu einer niedrigen Frustrations- und Verlusttoleranz, zu Grübeln, Angstzuständen und Depression bis hin zu völliger Apathie. Diese Zustände werden von Corr et al. (2013) unter dem Teilmerkmal »Rückzug« (withdrawal) zusammengefasst und dem Teilmerkmal »Unbeständigkeit« (volatility) gegenübergestellt, das emotionale Labilität, Ablenkbarkeit und die Tendenz zum Aufbrausen beinhaltet.

Belohnung und Belohnungserwartung (Motivation): Das System der Belohnung und Belohnungserwartung als Grundlage von Motivation hängt eng mit dem bereits geschilderten mesolimbischen Dopaminsystem zusammen. Dieses System entwickelt sich nachgeburtlich von den ersten Lebensjahren an bis weit ins Erwachsenenalter. Es wird üblicherweise mit dem Merkmal »Extraversion« und mit dem bereits erwähnten Gray'schen »Behavioral Approach System« in Verbindung gebracht – letzteres beschreibt nämlich die individuelle »Belohnungsempfänglichkeit« (reward sensitivity).

Bindungsverhalten und Empathie: Das Bindungsverhalten ist aus neurobiologischer Sicht gleichermaßen von Oxytocin, endogenen Opioiden und Dopamin bestimmt. Personen mit einem hochaktiven Oxytocinsystem zeichnen sich oft durch eine ausgeprägte Sensitivität gegenüber anderen Menschen aus (Meyer-Lindenberg et al., 2011; Carter et al., 2014). In verschiedenen Studien zeigte sich, dass eine einmalige Verabreichung von Oxytocin per Nasenspray zahlreiche Eigenschaften zumindest vorübergehend beeinflussen kann (leider nicht langfristig). Hierzu gehören beispielsweise Vertrauen und Großzügigkeit, aber auch negative Eigenschaften wie Schadenfreude. Die Wirkung des Oxytocins ist zudem abhängig von der Ausprägung des Persönlichkeitsmerkmals Extraversion. Bei Individuen mit einer geringen Ausprägung dieses Merkmals geht die Verabreichung von Oxytocin mit einem verstärkten prosozialen Verhalten und einem erhöhten Vertrauen in einen Interaktionspartner einher. Bei Personen mit einer hohen Ausprägung dieses Merkmals konnte keine vergleichbare Wirkung der Oxytocin-Verabreichung nachgewiesen werden (Human et al., 2016). Extravertierte Menschen haben offenbar bereits genügend Oxytocin »im Blut«.

Impulskontrolle: Impulskontrolle steht ebenso wie das Bindungsverhalten und Sensationslust »quer« zu den Big Five und hängt mit Komponenten von Neurotizismus und Gewissenhaftigkeit zusammen (Mann et al., 2017). Serotonin spielt hierbei eine wichtige zügelnde Rolle, indem es zur emotionalen Kontrolle und damit auch zur Verhaltenshemmung beiträgt (Daw et al., 2002). Bei Impulsivität muss nach DeYoung und Gray (2009) unterschieden werden zwischen einer aktiven und einer reaktiven Impulsivität. Die aktive (oder »agentische«) Impulsivität ist mit hohen Werten des Merkmals Extraversion und mit einer Suche nach unmittelbarer Belohnung, nach Dominanz, Machtstreben, Sensationsgier und mangelnder Risikowahrnehmung verbunden. Zugleich steht die aktive Impulsivität im Zusammenhang mit einem hohen Dopamin- und Testosteronspiegel. Ebenso weisen aktiv impulsive Personen geringe Werte von Neurotizismus, Verträglichkeit und Gewissenhaftigkeit auf.

Davon verschieden ist die reaktive Impulsivität, die mit niedrigen Serotoninwerten und hohen Cortisol- und Noradrenalinwerten einhergeht und unter anderem auf einer verminderten Fähigkeit beruht, bedrohliche Reize von nicht bedrohlichen Reizen zu unterscheiden. Ebenso tritt ein vermindertes Vermögen auf, die eigenen Emotionen zu regulieren. Dies bringt wiederum eine hohe Verunsicherung und eine allgemeine negative Emotionalität mit sich (s. Depue, 1995). Reaktiv impulsive Personen sind allerdings nicht durchgehend impulsiv, sondern nur in bedrohlich erscheinenden Situationen, in denen sie sich zur Wehr setzen, weil sie keine anderen Handlungsmöglichkeiten sehen.

Realitätssinn und Risikowahrnehmung: Zu einer ausgeglichenen Persönlichkeit gehört auch die Fähigkeit, die Situation, in der man sich befindet, angemessen wahrzunehmen und in ihrer Relevanz für das eigene Verhalten realistisch einzuschätzen. Hinzu kommt die Fähigkeit, die kurz- und langfristigen Konsequenzen des eigenen Tuns zu bewerten, die eigenen Kräfte nicht zu über- und nicht zu unterschätzen, Absichten der anderen richtig zu erfassen, Chancen und Risiken zu erkennen und sie im eigenen Handeln zu berücksichtigen.

Dieses wichtige Persönlichkeitsmerkmal ist ebenfalls nicht zentral in den Big Five enthalten, sondern findet sich verteilt auf nahezu alle fünf Grundmerkmale. Zu einer guten Realitäts- und Risikowahrnehmung gehört ein ausgeglichenes Verhältnis zwischen Extraversion, also positivem Denken und Risikofreudigkeit, und Neurotizismus, also kritischem Denken und Risikoscheu, und ferner ein Gleichgewicht zwischen Gewissenhaftigkeit und Offenheit/Intellekt. Aus neurobiologischer Sicht beinhaltet dies ein Gleichgewicht zwischen dem serotonergen und dem dopaminergen System, zugleich aber auch eine hohe Aktivität des cholinergen Systems, das die Grundlage von Aufmerksamkeit, Lernbereitschaft, von schnellem Erfassen und Einordnen von Belohnungs- und Bestrafungsreizen sowie von geringer Ablenkbarkeit und Zielfokussierung bildet (Hasselmo und Sarter, 2011).

Wir sehen also, dass es keinerlei »Eins-zu-Eins«-Beziehung zwischen grundlegenden Persönlichkeitsmerkmalen, wie sie in den »Big Five« oder abgewandelten Varianten behandelt werden, und den aufgeführten sechs psychoneuralen Systemen gibt, und erst recht nicht – wie oft behauptet – zwischen den dargestellten Big-Five-Persönlichkeitsmerkmalen und dem Spiegel einzelner Neurotransmitter, -peptide und -hormone. Vielmehr sind die psychoneuralen Systeme und ihre Wirksubstanzen in komplexer, aber durchaus empirisch feststellbarer Weise an den verschiedenen Merkmalen beteiligt.

Zwischen den genannten sechs Grundsystemen besteht ein

komplexer positiver (agonistischer) und/oder negativer (antagonistischer) Wirkzusammenhang (Details in Roth und Strüber, 2018). So müssen das Stressverarbeitungs- und das Selbstberuhigungssystem eng zusammenarbeiten, um einerseits eine dem Problem angemessene Höhe der Aktivierung zu erreichen (»positiver Stress«) und andererseits nach Ende der Belastung wieder zur Ruhe zu kommen. Starker Stress hingegen unterdrückt das serotonerge System in seiner Beruhigungsfunktion.

Eine starke positive Verbindung besteht zwischen dem Selbstberuhigungssystem und dem Bindungssystem, indem die Ausschüttung von Oxytocin eine Erhöhung des Serotoninspiegels sowie eine Ausschüttung hirneigener Opioide bewirkt. Oxytocin kann zudem ebenso wie Serotonin die Stressbelastung senken. Ein stark gestresster Mensch fühlt sich bekanntlich gleich ruhiger und besser, wenn er in den Arm genommen wird!

Impulssteuerung und Realitätssinn/Risikowahrnehmung sind positiv wie negativ miteinander gekoppelt. Eine starke Impulsivität kann den Realitätssinn und die Risikowahrnehmung außer Kraft setzen, und eine starke Ausprägung von Realitätssinn und Risikowahrnehmung trägt wesentlich zur Impulskontrolle bei, denn eine so beschaffene Person bereitet sich gut auf mögliches Unheil vor. Schließlich kann sich das Motivationssystem in fast beliebiger Weise mit den übrigen Grundsystemen verbinden, indem deren jeweilige Zustände je nach Persönlichkeit als angenehm bzw. erstrebenswert oder als schmerzhaft und zu vermeiden bewertet werden. Die eine Person liebt die Aufregung und den Kick, die andere die Ruhe; die eine Person ist nur in Gesellschaft glücklich, die andere will für sich sein.

Die vier Ebenen und sechs psychoneuralen Grundsysteme legen in ihrer jeweiligen Ausprägung Temperament und Persönlichkeit und damit die Psyche eines Menschen fest, und zwar im Rahmen des Zusammenwirkens von Genen, epigenetischen Faktoren, vorgeburtlichen und nachgeburtlichen Einwirkungen und Erfahrungen.

Ein neurobiologisch basiertes dynamisches Persönlichkeitmodell

Wir sind aufgrund des soeben Gesagten jetzt in der Lage, ein relativ einfaches neurobiologisch fundiertes Persönlichkeitsmodell zu konzipieren, das neben relativ stabilen Persönlichkeitstypen auch deren dysfunktionale Abweichungen aufzeigt.

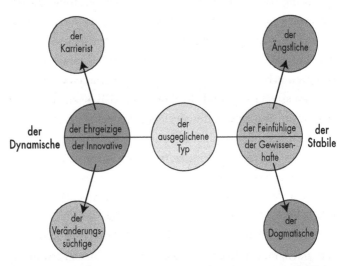

Abbildung 8: *Typologie der Persönlichkeit aufgrund neurowissenschaftlicher Erkenntnisse. Sie geht von zwei positiven Haupttypen, dem Dynamischen und dem Stabilen aus, die sich wiederum in den Ehrgeizigen und den Innovativen bzw. den Feinfühligen und den Gewissenhaften unterteilen. Allerdings kann sich der Ehrgeizige negativ zum Karrieretypen entwickeln und der Innovative zum Veränderungssüchtigen. Der Feinfühlige ist hingegen in Gefahr, sich zum Ängstlich-Unsicheren zu verändern, der Gewissenhafte zum Zwanghaft-Dogmatischen. Weitere Erläuterungen im Text.*

Wie in Abbildung 8 dargestellt, haben wir im Zentrum als virtueller Ausgangsposition eine Person mit einer *ausgeglichenen* Persönlichkeit: Sie verfügt über eine gute Risiko- und Gefahrenwahrnehmung, regt sich angemessen auf und auch wieder ab, sobald die Gefahr beseitigt oder verschwunden ist. Sie neigt bei tatsächlichen oder potenziell negativen Situationen nicht zu Flucht, Abwehr, Panik oder Angriff, ihre Belohnungsorientierung ist längerfristig und nicht nur kurzfristig, sie kann mit Zielen flexibel umgehen und ist nicht von einem einzigen Ziel »besessen«. Sie schätzt ihre Fähigkeiten gut ein. Sie verfügt über ein gutes Bindungspotenzial und über Empathiefähigkeit, ohne die eigenen Interessen aus dem Auge zu verlieren, ist gesellig und offen für neue Erfahrungen.

Der Nachteil ist, dass eine wirklich ausgeglichene Persönlichkeit mit nur leichtem Auf und Ab in der psychischen Befindlichkeit relativ selten vorkommt. Vielmehr finden wir in der Realität meist zwei deutlich voneinander verschiedene Persönlichkeitstypen, von denen der eine im Sinne der Big Five durch die Merkmale Extraversion, Verträglichkeit und Offenheit gekennzeichnet ist. Diesen Typ wollen wir den *Dynamiker* nennen.

Der Dynamiker zeigt ein hohes Maß an Unternehmungsgeist, Wagemut, Offenheit für andere Menschen, eine höhere Bereitschaft zur Veränderung, ohne allerdings zu große Risiken einzugehen. Er ist ein guter Kandidat für diejenigen Unternehmen oder Verwaltungen, die bisher zu wenig innovativ waren und »neuen Schwung« benötigen. Hier können wir zwei positive Untertypen unterscheiden, nämlich den *Ehrgeizigen*, der einen ausgeprägten Erfolgswillen sowohl für sich als auch für sein Unternehmen besitzt, und den *Innovativen*, der sich für kreative Neuerungen begeistern kann.

Allerdings läuft der Dynamiker immer Gefahr, sich in eine

bestimmte negative Richtung zu entwickeln. Eine Variante davon ist die Steigerung des Subtyps des Innovativen zum *Veränderungssüchtigen* (»Sensation Seeker«; Sensationsgierigen). Dieser liebt Veränderungen um der Veränderung willen, mag die mit den Veränderungen einhergehenden Aufregungen, hat immer neue Pläne, bevor er bisherige Projekte zu Ende geführt hat, zeigt eine erhöhte Sorglosigkeit und Unzuverlässigkeit. Er ist bereit, zielorientiertes Handeln zugunsten des mit den Veränderungen einhergehenden »Kicks« zu opfern. Dies ist hervorgerufen durch eine Dominanz des dopaminergen Systems bei Schwächung der Impulshemmung und des Realitätsbewusstseins.

Alternativ kann sich der Subtyp des Ehrgeizigen zum *Karrieristen* entwickeln. Dieser ist stark belohnungsorientiert, verkündigt in messianischer Weise große Ziele, um eine sichere Gefolgschaft um sich zu scharen, zeigt eine hohe Rücksichtslosigkeit bei der Durchsetzung seiner Ziele. Er geht dabei oft hohe Risiken ein und hat deutliche Empathiedefizite. In einer weiteren Steigerung ist dieser Typ gewissenlos, neigt zu Drogen- und Alkoholabhängig und riskanten Freizeittätigkeiten. Gleichzeitig erleben diese Personen eine ständige innere Unruhe und »Leere«, die durch den »Kick« vermittelnde Erfolgs- und Glückserlebnisse nur kurz beseitigt wird. Dieser Typ findet sich bei Personen mit einer antisozialen Persönlichkeitsstörung (»Psychopathie«) bzw. mit einem bösartigen Narzissmus. Es ist derjenige Persönlichkeitstyp, der einen Betrieb am schnellsten ins Unheil stürzen kann.

Eine solche generelle Überreaktivität wird verursacht durch eine starke Dominanz des dopaminergen Systems und der Belohnungsempfänglichkeit, verbunden mit deutlichen Defiziten in der Impulshemmung sowie im Selbstberuhigungssystem und im Empathieempfinden. Dies ist meist verursacht durch epigenetische Defizite als Folge frühkindlicher Traumatisierung, die sich hier »nach außen« und nicht »nach innen« wendet wie beim stark beunruhigten Typ.

Der Gegentyp des Dynamikers ist der *Stabile*. Er liebt die Ordnung, sorgt für einen reibungslosen Ablauf der Geschäfte, wägt Möglichkeiten und Risiken sorgfältig ab, lässt Chancen ungenutzt, wenn sie mit höherer Unsicherheit verbunden sind, schätzt Aufrichtigkeit, Pünktlichkeit und Zuverlässigkeit. Auch hier können wir zwei positive Untertypen entdecken, nämlich den *Feinfühligen*, der sozial und empathisch reagiert, und den *Verantwortungsbewusst-Gewissenhaften*, der auf Ordnung und korrekte Abläufe in seinem Betrieb aus ist.

Ebenfalls finden sich auch hier zwei negative Abweichungstypen. Der Feinfühlige kann leicht zum *Ängstlich-Unsicheren* werden, der sofort an all das denkt, was in seiner Umgebung und auch mit ihm Schlimmes passieren könnte. Er ist schnell aus dem seelischen Gleichgewicht zu bringen, denn sein Stressverarbeitungssystem überreagiert oder fährt den Stress nicht genügend zurück – er kommt nicht zur Ruhe. Er nimmt die Welt negativer wahr als der Durchschnitt, ist deshalb oft besorgt, beschämt, unsicher, verlegen, nervös oder traurig. Ein Mangel an Serotonin und an endogenen Opioiden mindert seine Fähigkeit, Lust und Freude zu empfinden. Aufgrund einer erhöhten Risikowahrnehmung und Bestrafungsempfänglichkeit ist er oft gewissenhaft bis pingelig, nur mäßig risikobereit, eher kontaktarm und gehemmt. Insgesamt zeigt er also eine Kombination aus einem leicht defizitären Stressverarbeitungs- und Selbstberuhigungssystem, einer starken Impulshemmung, einer ausgeprägten Realitäts- und Risikowahrnehmung und einer geringen Belohnungssensibilität. Abhängig von der Ausprägung seines Bindungssystems ist er entweder eher auf enge Bindung (»Klammern«) aus oder hält die anderen auf Distanz zu sich. Psychopathologisch gesehen kann er sich in Richtung auf Angststörungen bzw. Depression entwickeln.

Der *Verantwortungsbewusst-Gewissenhafte* kann sich schnell zu einem *zwanghaft-dogmatischen Menschen* entwickelt. Dieser ist ausschließlich auf Korrektheit und »Weitermachen wie bisher« bedacht, hält starr an seinen Ansichten und den gewohnten Abläufen fest, auch wenn dies Nachteile bringt, pocht auf Prinzipien und jahrzehntelange Erfahrung. Er zeigt in Steigerung dieser Tendenzen eine deutliche Veränderungsaversion und einen tief verwurzelten Konservativismus: Neues wird grundsätzlich abgelehnt, weil es als bedrohlich empfunden wird. Dieser Typ kann sich zu einem Menschen mit einer Zwangserkrankung entwickeln.

Dies ergibt sich aus einer Kombination eines stark defizitären Stressverarbeitungs-, Selbstberuhigungs- und Bindungssystems mit einer starken Impulshemmung und einer pathologischen Risikowahrnehmung, die wiederum in der Regel durch ein Zusammenspiel genetischer Defizite (meist im Cortisol-, Serotonin- und Oxytocinhaushalt) und frühkindlicher Traumatisierung verursacht ist.

Wir sehen also, dass sich aus den vier »Normaltypen« der Persönlichkeit, nämlich im Bereich des Dynamikers dem Ehrgeizigen und dem Innovativen und im Bereich des Stabilen dem Feinfühligen und dem Verantwortungsbewusst-Gewissenhaften, vier »Abweichungstypen« relativ leicht ableiten lassen, nämlich der Veränderungssüchtige, der Karrierist, der Ängstlich-Unsichere und der Zwanghaft-Dogmatische, bei denen ein Übergang zu ausgeprägten psychischen Störungen in Form von Angstzuständen, Depression, Sensationsgier, antisozialer Persönlichkeitsstörung und Zwangserkrankungen möglich ist.

Zusammenfassung: Gehirn und Persönlichkeit

Die gegenwärtige Persönlichkeitspsychologie geht davon aus, dass die Persönlichkeit eines Menschen eine höchst individuelle Kombination von Merkmalen ist. Sie versucht, in Hinblick auf die Entwicklung von Persönlichkeits- und Eignungstests die große Zahl solcher Merkmale auf wenige und mehr oder weniger trennscharfe Grundmerkmale oder Grundfaktoren zu reduzieren, die dann wieder bestimmte Unterfaktoren besitzen. Zu den Grundfaktoren gehören die »Großen Fünf« (Big Five), nämlich Extraversion, Neurotizismus, Verträglichkeit, Gewissenhaftigkeit und Offenheit/Intellekt. Es ist aber umstritten, ob diese Grundfaktoren tatsächlich alle trennscharf sind. So wird von einigen Autoren eine Gruppierung der Big Five in *Stabilität* (Neurotizismus, Verträglichkeit, Gewissenhaftigkeit) und *Plastizität* (Extraversion, Offenheit) vorgeschlagen. Andere Autoren gehen von einer Grundpolarität zwischen *Extraversion-Annäherung* und *Neurotizismus-Vermeidung* aus. Schließlich gibt es eine Reihe von Persönlichkeitsmerkmalen wie *Impulsivität*, *Bindungsfähigkeit*, *Flexibilität* und *Belastungstoleranz*, die nach Meinung von Experten »quer« zu den Big Five stehen.

Eine neurobiologische Fundierung der wichtigsten Persönlichkeitsmerkmale gelingt, wenn wir von vier Ebenen der Persönlichkeit und den darauf angesiedelten sechs psychoneuralen Grundsystemen ausgehen. Wir verstehen dann genauer, in welcher Weise das Stressverarbeitungssystem, das Emotionskontroll- und Selbstberuhigungssystem, das Belohnungs- und Belohnungserwartungssystem, das Bindungssystem, das Impulskontrollsystem und das Realitätswahrnehmungssystem aufeinander aufbauen und positiv wie negativ miteinander wechselwirken. Das Stressverarbeitungssystem und das Selbstberuhigungssystem spielen hierbei die wichtigste Rolle, da sie sich zuerst entwickeln und die Ausbildung der anderen Systeme beeinflussen.

Eine günstige Entwicklung dieser beiden Systeme, die teilweise bereits vor der Geburt stattfindet, ist die wichtigste Voraussetzung für die Entwicklung einer ausgeglichenen, in sich ruhenden Persönlichkeit mit mittleren bis hohen Werten in den Merkmalen Extraversion, Verträglichkeit, Gewissen und Offenheit und geringen Werten im Merkmal Neurotizismus. Sie bildet auch eine robuste Widerstandsfähigkeit, *Resilienz*, gegenüber nachfolgenden negativen Entwicklungen.

Treten hingegen vorgeburtliche Störungen in der Ausbildung dieser Systeme auf, so kann dies zu einer deutlichen Anfälligkeit, *Vulnerabilität*, gegenüber der Wirkung negativer Erfahrungen kommen. Dies geht einher mit niedrigen Werten in den Merkmalen Extraversion, Verträglichkeit und Offenheit, oft hohen Werten im Merkmal Gewissenhaftigkeit und ebenso hohen Werten im Merkmal Neurotizismus. Es bildet sich eine ängstliche, unsichere, zurückgezogene und empfindliche Persönlichkeit aus.

Wie wir in Kapitel 13 sehen werden, können diese neurobiologisch fundierten Erkenntnisse besser für eine gute Persönlichkeitsdiagnostik verwandt werden als die Big-Five-Tests. Die Persönlichkeitsdiagnostik wiederum ist unabdingbar, um bei Personen, die wir beurteilen müssen, den Grad der *Passung zwischen Persönlichkeit und Position* als Grundlage einer effektiven Tätigkeit abzuschätzen. Wir haben eine neurobiologisch fundierte Persönlichkeitstypologie vorgestellt, die neben einer (relativ seltenen) ausgeglichenen Persönlichkeit zwei Haupttypen umfasst, den Stabilen und den Dynamiker. Von jedem dieser Haupttypen gibt es zwei dysfunktionale Abweichungstypen, nämlich beim

Stabilen den ängstlich-unsicheren Typ und den zwanghaft-dogmatischen Typ, und beim Dynamiker den gesellig-umtriebigen (sprunghaften) und den karriereorientierten (unempathischen) Typ. Es wird eine der Hauptaufgaben einer Persönlichkeitsdiagnostik sein, bei einem für bestimmte Aufgaben in Frage kommenden Menschen Anzeichen für ein mögliches Abgleiten eines positiven in einen dysfunktionalen Typ zu entdecken, und zwar bevor dieser manifest und damit gefährlich werden kann.

EXKURS 2

Verstand oder Gefühle – ein kleiner Blick in die Kulturgeschichte

Der Gegensatz von Verstand und Gefühl ist so klassisch wie der von Liebe und Hass, von Lust und Schmerz, von Sieg und Niederlage, von Glück und Unglück. Diese Gegensätze bestimmen unser Leben und machen es so unendlich vielfältig und zugleich so schwierig. In Hinblick auf Verstand und Gefühle gibt es die unterschiedlichsten, sich zum Teil krass widersprechenden Ratschläge. Das war immer schon so, wie uns ein Blick in die Ideen- und Kulturgeschichte lehrt.

Die antike griechische Philosophie ist gekennzeichnet durch die Entdeckung des Verstandes bzw. der Vernunft, griechisch »Logos«. Ursprünglich verstand man darunter eine Art göttliches Prinzip, die (vernünftige) Weltordnung, die aus unveränderlichen Gesetzen bestand. Der Mensch war durch Verstand und Vernunft, zusammen Intellekt genannt, befähigt, diese Ordnung und ihre Gesetze zu entdecken, und dies geschah, wie zum Beispiel der Philosoph Platon meinte, durch das reine philosophische Nachdenken (die »Ideenschau«), oder wie sein Schüler Aristoteles glaubte, zusätzlich durch empirische Untersuchungen der Welt, woraus sich viel später die modernen Naturwissenschaften entwickelten. Der Intellekt war das Edelste, was der Mensch besaß und wodurch er sich von allen Tieren unterschied, so gewitzt diese manchmal auch erscheinen mochten – er war die Teilhabe des Menschen am göttlichen Prinzip der Vernunft. Die Entwicklung von Logik, Geometrie und Mathematik durch die Griechen war eine Leistung, ohne die unser abendländisches Denken gar nicht möglich ist. Bis ins 19. Jahrhundert hinein glaubte man, dass die Gesetze der Logik, Geometrie und Mathematik die Gesetze der objektiven göttlichen Ordnung widerspiegelten.

Deshalb lag und liegt es nahe, sich nicht nur in Philosophie und Wissenschaft, sondern auch im öffentlichen und privaten Leben dem Prinzip von Verstand und Vernunft unterzuordnen. Gefühle hatten hierbei wenig bis gar nichts zu suchen, denn sie trübten in aller Regel das verständige und vernünftige Denken und Handeln. Natürlich gab es auch für Platon und Aristoteles unterschiedliche Gefühle, und man unterschied »edle« und »unedle« Gefühle. Zu den edlen Gefühlen gehörten natürlich der Mut, die Liebe zu den Eltern und Kindern, zu den Freunden und zum Vaterland und vor allem zur Wahrheit, die unedlen Gefühle waren vornehmlich die Leidenschaften wie Sexualtrieb, Wut, Hass, Neid und Eifersucht. In plastischer Weise ordnete Platon diese unterschiedlichen »Seelenzustände« verschiedenen Teilen des Körpers zu: Verstand und Vernunft residierten im Kopf, genauer im Gehirn, Mut und andere edle Gefühle befanden sich im Herzen, und die Leidenschaften hausten im Unterleib – wo sonst! Man tat gut daran, diese Seelenzustände voneinander fernzuhalten, und das war gar nicht so schwierig, denn der Kopf und damit Verstand und Vernunft sind vom Herzen als Sitz der edlen Gefühle durch den Nacken getrennt, und diese durch das Zwerchfell vom Unterleib und damit von den niederen Leidenschaften.

In jedem Fall tat man gut daran, immer und überall Verstand und Vernunft walten zu lassen und sich höchstens den edlen Gefühlen hinzugeben, niemals aber den Leidenschaften. In der Spätantike bildete sich in der Folge dieser platonischen Philosophie die Richtung der »Stoiker« oder »Stoa« aus, deren Lebensziel es war, die Ordnung der Welt zu erkennen und zu akzeptieren. Jedem Individuum war die Aufgabe übertragen, seinen eigenen Platz in dieser Welt zu erkennen und durch Selbstbeherrschung sein Schicksal so zu akzeptieren, wie es nun einmal war. Das Höchste, was man im Leben erreichen konnte, war eben eine »stoische Ruhe« – nichts sollte einen mehr aufregen oder auch nur wundern!

Das christlich genannte Mittelalter hatte meist andere Probleme, als über das Verhältnis von Vernunft, Gefühlen und Leidenschaften nachzudenken, auch wenn man in der Nachfolge der bruchstückhaft bekannten griechischen Philosophie den christlichen Gott gegebenenfalls als Verkörperung des »Logos« sah (man denke an den Beginn des Johannesevangeliums). Der große Auftritt des Verstandes kam mit der Neuzeit und der rasanten Entwicklung von Technik, Mathematik und Naturwissenschaft, und der ebenso große Auftritt der Vernunft mit dem Zeitalter der Aufklärung, die in der Philosophie Immanuel Kants ihren Höhepunkt erreichte. Wie für die antiken griechischen Philosophen waren für Kant Verstand und Vernunft die höchsten Gaben, für Gefühle hatte er wenig und für Leidenschaften überhaupt nichts übrig. Leidenschaften vergiften nach Kant die Seele, und über die Gefühle sagte er, man vermisse nichts, wenn diese im Menschen ganz abstürben. Kant war ein Stoiker in höchster Ausprägung, und diese in unseren Augen krasse Haltung mag ihre psychopathologischen Wurzeln gehabt haben (obgleich er von manchen Zeitgenossen als »warmherzig« geschildert wurde). Diese »Diktatur des Verstandes und der Vernunft« hat bis in unsere Zeit hinein ihre pädagogischen Auswirkungen gehabt, insbesondere in der Vorstellung, dass Selbstbeherrschung, Tugend und Unterdrückung der Gefühle der Kern jeglicher Erziehung sein müssten.

Die Vertreter einer zweiten großen spätantiken Strömung, des Epikuräertums (benannt nach dem Philosophen Epikur), behaupteten zwar nicht das genaue Gegenteil der stoischen Lebenshaltung, aber sie sahen das Streben nach körperlicher und geistiger Lust nicht als verwerflich, sondern als höchstes Lebensziel an. Allerdings meinten sie, anders als man häufig behauptet, wenn man heute von »Epikuräertum« redet, nicht hemmungslose Bedürfnisbefriedigung (genauer »Hedonismus« genannt), sondern das Streben nach *möglichst langfristiger* Lust. Diese – so erkannten sie zu Recht – ist mit rein körperlicher Bedürfnisbefriedigung nicht zu erreichen, denn sie führt nur zu sehr flüchtiger Befriedigung. Längerfristige Lust ist nur durch geistige Genüsse wie Einsicht, Kunst und Wissenschaft zu erlangen, genauer durch eine heitere Ruhe, die dem Leben die besten Seiten abgewinnt, so wechselhaft es auch sein möge. Man sieht hier durchaus gewisse Übereinstimmungen zwischen Stoikern und Epikuräern: Der eine nimmt das Leben eher stoisch, der andere heiter gelassen.

Richtig emotional im »Abendland« wurde es dann zweimal: In der Epoche von »Sturm und Drang«, die der Klassik vorherging und deren Höhepunkt Goethes Roman »Die Leiden des jungen Werther« als ein einziger Triumph des Weltschmerzes ist, und in der Romantik, die neben den Gefühlen und Leidenschaften besonders auch die »dunklen Seiten der Seele« bis hin zum Dämonischen schilderte – man denke nur an die Erzählungen und Romane von E. T. A. Hoffmann, Balzac und Poe. Gar nicht zufällig begann man in der Philosophie, der Psychologie und der Medizin die Welt der Gefühle und des Unbewussten zu entdecken, vom Philosophen Schleiermacher über den Arzt Carus bis hin zur Psychoanalyse Freuds als großem Höhepunkt dieser Entwicklung. In dieser Weltanschauung des »Gefühl ist alles« sind Verstand und Vernunft nur der Wurmfortsatz des (überwiegend unbewussten) Emotionalen und dienen höchstens zur nachträglichen Rationalisierung der unbewussten Vorgänge und Entscheidungen der Seele. Es ist eine Ironie der Kultur- und Wissenschaftsgeschichte, dass es eines der scharfsinnigsten und aufgeklärtesten Geister, nämlich Sigmund Freuds, bedurfte, um der Emotionalität und dem Unbewussten zu ihrem Recht zu verhelfen.

Diese antirationale romantische Bewegung ging allerdings lange Zeit an der Wissenschaft völlig vorbei, und zwar auch an denjenigen Wissenschaftsdisziplinen, die sich mit dem Geistig-Psychischen beschäftigten. Psychologie und Neurowissenschaften studierten mit großer Geduld die Funktion der Sinnesorgane und die Wahrnehmungsprozesse, sehr viel später – d. h. beginnend mit den sechziger Jahren des vorigen Jahrhunderts – interessierte man sich für die kognitiv-geistigen Prozesse wie Denken, Verstehen, Erinnern, Vorstellen und Handlungsplanung, und erst ab Mitte der 1980er Jahre begann man sich ganz allmählich mit den Gefühlen zu beschäftigen, und die Ergebnisse dieser »Emotionsforschung« werden erst in unserer Gegenwart allgemeiner bekannt.

Natürlich hat es – in der Wissenschaft wie im Alltag – immer Leute gegeben, die rieten, man solle eher seinen Gefühlen bzw. seinem Herzen folgen als nur seinem Verstand. Die Film- und Fernsehindustrie lebt davon ebenso wie die Trivialliteratur und Teile der »hohen« Literatur. Ein »Herzensmensch« ist in aller Regel höher angesehen als ein »Verstandesmensch«, insbesondere wenn der eine als »warm« und der andere als »kalt« empfunden wird. Geht es aber um komplexe Entscheidungen, insbesondere von großer Tragweite, dann appelliert man weiterhin intensiv an Verstand, Vernunft und Einsicht. Es würde merkwürdig klingen, wenn ein Kanzler oder eine Kanzlerin eingestehen, dass er/sie bei einer schwerwiegenden Entscheidung nicht seinem/ihrem Verstand, sondern seinem/ihrem Herzen gefolgt sei – das sagt man nämlich nur bei der Erklärung des eigenen Rücktritts.

KAPITEL 4

Intelligenz und ihre neurobiologischen Grundlagen

Intelligenz wird weithin als positive Eigenschaft eines Menschen angesehen. Gleichzeitig machen als Spätfolge der gesellschaftspolitischen Entwicklungen der siebziger und achtziger Jahre des vorigen Jahrhunderts auch heute noch viele Sozialwissenschaftler und Pädagogen um die Beschäftigung mit dem Phänomen Intelligenz einen großen Bogen. Bei einem Bewerber um einen gutbezahlten und wichtigen Posten in Wirtschaft und Verwaltung einen Intelligenzquotienten-Test (IQ-Test) durchzuführen, stößt häufig auf erbitterten Widerstand, während Persönlichkeitstests, auch unsinniger Art, widerspruchslos akzeptiert werden. Dies ist sehr bedauerlich, da der IQ-Test in verlässlicher Weise auch bestimmte positive Persönlichkeitseigenschaften voraussagt, die mit dem Big-Five-Grundmerkmal Offenheit/Intellekt nur unzulänglich erfasst werden.

Im Zusammenhang mit gesellschafts- und bildungspolitischen Fragen, etwa bei der Einwanderungs-, Armuts- oder Chancengleichheitsdebatte, gibt es nach wie vor eine zum Teil erbittert geführte öffentliche Diskussion darüber, ob Intelligenz – was auch immer man darunter versteht – eher angeboren im Sinne von »genetisch fixiert«, oder eher erlernt bzw. von Umwelteinflüssen abhängig und damit veränderbar ist. Das ist nicht ganz unverständlich. Stellt man etwa fest, dass Intelligenz in hohem Maße genetisch fixiert ist, so lässt sich dies leicht als Erklärung für tatsächliche oder vermeintliche Intelligenzunterschiede zwischen Bevölkerungsschichten oder ethnischen

Gruppen verwenden und daraus (meist negative) Schlüsse auf den Effekt kompensatorischer Bildungsmaßnahmen folgern. Ist Intelligenz jedoch stark umweltabhängig, dann kommen hohe Bildungsinvestitionen auf den Staat zu, denen nicht jeder Politiker gern zustimmt.

Leider wird diese Debatte, selbst wenn man sich auf »wissenschaftliche Erkenntnisse« beruft, oft nicht mit dem nötigen Sachverstand geführt, was wiederum verständlich ist, denn wie darzustellen sein wird, hat sich in den Biowissenschaften, etwa der Genetik oder der Entwicklungs- oder Neurobiologie, der Erkenntnisstand in den vergangenen zehn Jahren deutlich geändert. Jedoch sind diese neuen Erkenntnisse bisher nur unzureichend ins allgemeine wissenschaftliche und erst recht in das allgemein-gesellschaftliche und politische Bewusstsein eingedrungen.

Was versteht man unter Intelligenz?

Was man mit Intelligenz meint, ist auch nach rund 100 Jahren Intelligenzforschung in der akademischen Welt umstritten. Gibt es denn überhaupt *die* Intelligenz? Während die einen Experten sagen: »Ja, es gibt so etwas, und man kann es mithilfe eines Intelligenzquotienten-Tests (IQ-Test) gut messen«, sagen die anderen, es gebe viele ganz unterschiedliche und nicht aufeinander reduzierbare Formen von Intelligenz. So vertritt der amerikanische Psychologe Howard Gardner seit den 1980er Jahren offensiv die Meinung, es gebe eine sprachlich-linguistische, musikalisch-rhythmische, naturalistische Intelligenz und so weiter. Inzwischen ist Gardner bei mindestens zehn unterschiedlichen Intelligenzen einschließlich einer spirituellen Intelligenz angelangt – mit der Aussicht auf weitere Formen.

Da es sich aber als sehr schwierig erwiesen hat, diese unterschiedlichen Intelligenzen gut voneinander zu unterscheiden und brauchbare Tests für sie zu entwickeln, ist man in der seriösen Intelligenzforschung vom Gardner'schen Ansatz wieder abgekommen (Rost, 2008, 2013; Neyer und Asendorpf, 2018). Sehr populär geworden ist der Begriff der »emotionalen Intelligenz«, der Anfang der 1990er Jahre von den amerikanischen Psychologen Mayer und Salovey in Anlehnung an den viel älteren Begriff der »sozialen Intelligenz« entwickelt und von dem Wissenschaftsjournalisten Daniel Goleman geschickt vermarktet wurde. Aber auch dieser Ansatz stößt bei Experten auf Ablehnung, mit dem Hinweis, dass der Begriff »emotionale Intelligenz« ein buntes Gemisch sehr unterschiedlicher Vermögen sei, von der Fähigkeit, seine eigenen Emotionen zu erkennen oder sich in andere hineinzuversetzen, bis hin zu Empathie und Mitleid, und es hat sich bisher als unmöglich erwiesen, tragfähige Tests zu entwickeln (Rost, 2013).

In der seriösen psychologischen Forschung und Testpraxis geht man nach wie vor von der Überzeugung aus, dass man den Begriff der Intelligenz auf *kognitive Fähigkeiten* wie Denken, Vorstellen, Problemlösen, sprachliche Kompetenz, Verstehen, Beurteilen usw. beschränken soll, denn nur diese Fähigkeiten sind gut zu messen. Es hat sich überdies gezeigt, dass eine hohe Ausprägung solcher Fähigkeiten wichtig ist für den beruflichen Erfolg. Zugleich korreliert erstaunlicherweise eine hohe kognitive Intelligenz mit anderen positiven Persönlichkeitseigenschaften wie Gesundheit, Kreativität, Neugier, musischer Begabung, emotionaler Stabilität und Sozialität. Dieser Befund ist wichtig, denn oft wird in der Bevölkerung hohe Intelligenz als »Inseltalent« missverstanden, bei dem man außer einer enormen Einzelbegabung oft mathematischer, technischer oder musischer Art starke emotionale oder soziale Defizite findet. Solche »Inseltalente« g. natürlich, aber sie sind unter den Hochbegabten eine Minder heit. Hochbegabte Menschen sind im Gegenteil meist sehr vielseitig interessiert, vielgereist, sprechen fließend mehrere Sprachen und zeigen oft musische und sportliche Begabungen.

Auch wenn man den Begriff der Intelligenz auf kognitive Fähigkeiten beschränkt, so war über lange Zeit umstritten, ob das, was man mit den IQ-Tests misst, unabhängig voneinander existierende Fähigkeiten sind, in denen eine Person gut, mittelmäßig oder schlecht abschneiden kann, oder ob Intelligenz eine bestimmte *Grundfertigkeit* beinhaltet, auf die die genannten Einzelfertigkeiten aufbauen. Umfangreiche Untersuchungen haben diese letztere Annahme bestätigt. Es gibt tatsächlich etwas, das man »allgemeine Intelligenz« nennen kann, und die neurowissenschaftliche Forschung hat dies auch bestätigt.

Diese allgemeine Intelligenz besteht aus zwei Grundfähigkeiten, nämlich zum einen aus der Fähigkeit, in Problemsituationen gleich welcher Art schnell zu erkennen, worin das Problem besteht, und zum anderen aus der Fähigkeit, vorhandenes Wissen effektiv zur Anwendung zu bringen. Noch einfacher ausgedrückt: *Allgemeine Intelligenz besteht im schnellen, effektiven Erkennen und Assoziieren*. Diese Fähigkeit schlägt sich auch in einer ganz entscheidenden Fähigkeit nieder, nämlich schnell lernen zu können, in der Regel gepaart mit einem sehr guten Gedächtnis. Oft wird die allgemeine Intelligenz auch als »fluide« Intelligenz bezeichnet (Cattell, 1963), die kennzeichnet, wie schnell und effektiv das Gehirn Informationen verarbeitet. Die andere Grundfähigkeit besteht in der Anwendung von *verfügbarem Wissen und eingeübtem Können* in den verschiedensten Bereichen, auch *kristalline Intelligenz* oder *Expertentum* genannt.

Für die Praxis hat diese Unterscheidung in fluide und kristalline Intelligenz eine große Bedeutung, denn sie beinhaltet, dass man beim effektiven Problemlösen neben schnellem Denken und Assoziieren auch über bestimmtes Sachwissen und Kompetenzen verfügen muss, die man anwendet. Man kann noch so schnell denken können – wenn man nichts weiß, kann man in der Regel auch keine Probleme lösen. Wenn mein Auto oder mein Computer streikt, muss ich ein bestimmtes technisches Wissen über Autos oder Computer haben, sonst bin ich aufgeschmissen.

Der Erwerb und Besitz von Wissen und Fertigkeiten ist ein von der allgemeinen, fluiden Intelligenz relativ unabhängiger Sachverhalt, der aber für den Berufserfolg wichtig ist. Er besagt nämlich, dass ein Mensch mit mäßiger Intelligenz, aber viel Expertenwissen, das er sich oft mühsam angeeignet hat, genauso erfolgreich sein kann wie ein hochintelligenter Mensch, der wenig weiß – oder sogar erfolgreicher. Hohe Intelligenz beinhaltet aber, wie erwähnt, die gesteigerte Fähigkeit zu schnellem und effektivem Lernen, und somit können Menschen mit hoher Intelligenz sich schneller Expertenwissen aneignen als weniger intelligente. Am besten ist es also, sehr intelligent zu sein und viel Fachwissen zu haben!

Sind alle Kinder tatsächlich »hochbegabt«?

Im Jahre 2012 publizierten der Biologe Gerald Hüther und der Journalist Uli Hauser das Buch »Jedes Kind ist hochbegabt« (Hüther und Hauser, 2012), das insbesondere bei Eltern von Schulkindern für Aufruhr sorgte, denn die Autoren behaupteten, es sei die Schule, wie sie gegenwärtig ist, welche die grundlegend hohe Intelligenz und Begabung ihrer Kinder zerstöre. Abgesehen von der trivialen Tatsache, dass es gar keine Hochbegabung geben kann, wenn alle Kinder gleichermaßen hochbegabt sind, führen gesicherte Erkenntnisse der hundertjährigen Intelligenzforschung diese These ad absurdum. Menschen sind nun einmal hinsichtlich ihrer Intelligenz und damit in ihren kognitiven Fähigkeiten in der Regel verschieden: Die einen können sich räumlich und bildlich sehr gut zurechtfinden, sind aber in der Sprachbeherrschung oder im abstrakten Denken nicht besonders gut – oder umgekehrt. Diese Unterschiede treten zum Teil schon sehr früh auf und bleiben überraschend stabil – viel stabiler als alle anderen Persönlichkeitsmerkmale, die in den beiden voraufgehenden Kapiteln behandelt wurden (Neyer und Asendorpf, 2018).

Diese Unterschiede werden im IQ-Test getrennt gemessen, und es wird neben dem allgemeinen Intelligenzniveau ein *Begabungsprofil* erstellt, mithilfe dessen man jungen Menschen bestimmte Studien- und Berufsempfehlungen geben kann. Es hat sich herausgestellt, dass solche Erhebungen die berufliche Entwicklung und auch Eignung für bestimmte Aufgaben ziemlich verlässlich voraussagen können (Rost, 2013).

Eine Quelle der Verwirrung ist die Verwechslung von Intelligenz und Begabung. Begabung ist ein alltagspsychologischer Begriff, den man gar nicht messen, sondern nur unterstellen kann. Wie will ich etwa bei einem Kind eine hohe Sprachbegabung oder hohe musikalische Begabung glaubhaft überprüfen? Ich kann natürlich feststellen, dass ein dreijähriges Kind bereits drei Sprachen gut beherrscht und darin lesen und schreiben kann. Das kann Anlass zur Vermutung geben, dass sich das Kind in dieser Hinsicht rasant weiterentwickeln und ein »Sprachgenie« werden wird – das muss aber nicht so sein. In der Musik und in Mathematik kann dies ähnlich sein: Hier gibt es die meisten »Wunderkinder«. Aber nicht jedes Wunderkind wird ein großer

Musiker oder Mathematiker, denn diese Begabung kann auch »versiegen«. Was wir überprüfen können, sind die gerade vorliegenden auffallenden Fähigkeiten. Was aus ihnen wird, ist dann eine andere Sache und von vielen inneren wie äußeren Faktoren abhängig. Begabung ist in diesem Sinne ein Potenzial, das sich entfalten kann, aber nicht muss. Die Gesellschaft kann nur – etwa bei der »Begabtenförderung« – dafür sorgen, dass die äußeren Bedingungen günstig sind, mehr auch nicht. Auch hier zeigt sich, dass junge Menschen mit brillanten Schulleistungen nicht immer die in sie gesetzten Erwartungen erfüllen.

Wie viele andere Dinge, bei denen sich mehrere bis viele Einflussgrößen überlagern, ist auch die Intelligenz Gauß- oder normalverteilt, d. h., die erhobenen Messwerte folgen der bekannten Glockenkurve (Rost, 2013; Neyer und Asendorpf, 2018) (Abbildung 9). Dies bedeutet in einfachen Worten, dass sich bei Messungen bestimmter Größen die erhobenen Werte symmetrisch um einen Mittelwert anordnen, dergestalt, dass sich in einem Bereich von +/– einer Standardabweichung gut zwei Drittel der Werte anordnen, in einem Bereich von +/– zwei Standardabweichungen rund 95 % und in einem Bereich von +/– drei Standardabweichungen fast alle Werte, nämlich 99,7 %. Beim IQ-Test wird der Mittelwert auf einen IQ von 100 festgelegt.

Schauen wir uns die Normalverteilung der Intelligenz aufgrund von IQ-Messungen einmal an. In einer ersten Interpretation dieser Kurve gelangen wir zu der Erkenntnis, dass die Mehrzahl der Menschen, bei denen der IQ gemessen wurde, in ihren Werten um den Mittelwert von 100 herum relativ eng beieinanderliegen, sich also in ihrer Intelligenz ziemlich ähnlich sind, während es sehr wenige Hochintelligente und sehr wenige Minderintelligente gibt. Wie man Hoch- und Minderintelligente von Normalintelligenten abgrenzt, ist recht willkürlich. Oft be-

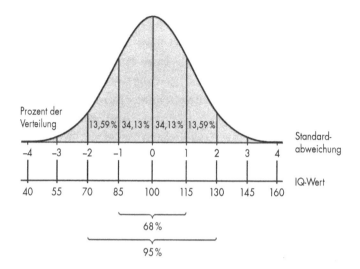

Abbildung 9: Normal- (Gauss-)Verteilung des Intelligenzquotienten (IQ) in der Bevölkerung. Ein IQ von 100 repräsentiert den statistischen Durchschnitt. Im Bereich von 85–115 (+/− eine Standardabweichung) liegen rund 68 % der gemessenen IQs; dieser repräsentiert den Normalbereich der mit einem IQ-Test gemessenen Intelligenz, im Bereich von 70–130 (+/− zwei Standardabweichungen) befinden sich 95 % der IQ-Werte. Personen mit einem IQ unter 70 gelten als deutlich minderbegabt, solche mit einem IQ über 130 als deutlich hochbegabt. Beide Gruppen umfassen jeweils 2 % der Bevölkerung. Die dargestellte IQ-Verteilung ist ein statistisch normiertes Konstrukt. Zu Fragen der bedingenden Faktoren (Gene, frühe Prägung, Erlernbarkeit) gibt sie keine Auskunft.

zeichnet man als Hochintelligente oder Hochbegabte solche Menschen, die 2 % der Bevölkerung ausmachen. Das entspräche ungefähr einem IQ von 130. Natürlich gibt es einen kontinuierlichen Übergangsbereich zwischen Normalbegabung und Hochbegabung, der IQs zwischen 115 und 130 umfasst. So liegt der durchschnittliche IQ deutscher Studierender bei rund 113. Jenseits eines Wertes von 150 kann ein IQ nicht mehr sinnvoll gemessen werden. Wenn also irgendein Vater oder eine Mutter behauptet: »Unsere Tochter hat einen IQ von 200«, so ist dies Unsinn. Der Zeiger für Intelligenz ist bei einem IQ von 150 sozusagen am oberen Anschlag.

Trotz der scheinbaren Einfachheit ist die Normal- oder Gaußverteilung des Intelligenzquotienten ein kompliziertes statistisches Messkonstrukt. Erst einmal verbergen sich hinter dem Phänomen »Intelligenz« sehr unterschiedliche Einflussfaktoren und Aspekte wie die genannte allgemeine Intelligenz sowie unterschiedliche kognitive Fähigkeiten. Alle zusammen ergeben dann den Gesamt-IQ. Zweitens kann man Intelligenz gar nicht absolut, sondern immer nur im Vergleich messen, zum Beispiel relativ zur Verteilung der Intelligenz in einem bestimmten Altersabschnitt wie Kindheit-Jugend, frühes-mittleres Lebensalter und spätes Lebensalter. Allerdings lassen sich bereits in der Jugend Trends angeben: So lässt sich aufgrund der Kenntnis des IQ eines Vierzehnjähren der IQ, den er als Vierzigjähriger haben wird, mit ziemlicher Wahrscheinlichkeit vorhersagen (Myers, 2014). Dies zeigt, dass nach einer anfänglichen Instabilität in der Kindheit die Intelligenz eines Menschen sich stark stabilisiert, und zwar mehr als andere Persönlichkeitseigenschaften.

Die Werte einer Erhebung des IQ in einer Altersgruppe, zum Beispiel junge bis mittlere Erwachse oder Kinder, werden auf eine bestimmte Normalverteilung »normiert«, d. h., der Mittelwert wird wie erwähnt bei 100 festgelegt und die Standardabweichung bei +/– 15. Somit kann man angeben, wie weit der IQ einer Person vom Mittelwert abweicht und diese damit überdurchschnittlich oder unterdurchschnittlich oder eben durchschnittlich intelligent ist. Schließlich wurde über viele Jahrzehnte beobachtet, dass der Mittelwert der »Rohdaten« derselben Altersgruppe sich nach oben verschiebt, d. h., Kinder oder Erwachsene wurden immer intelligenter oder schienen es zumindest zu werden. Dieses Phänomen, Flynn-Effekt genannt, scheint aber in jüngerer Zeit zum Stillstand gekommen zu sein (Rost, 2013). Die Gründe für die jahrzehntelange Zunahme sind jedoch unklar – vielleicht bessere Ernährung, bessere Ausbildungsbedingungen oder präzisere Messungen? Jedenfalls wurde bisher nicht wissenschaftlich sauber nachgewiesen, dass unsere Kinder und Jugendlichen als Folge eines, wie publikumswirksam verkündet (Spitzer, 2012), erhöhten Konsums digitaler Medien dümmer würden. Es mag aber sein, dass der vermehrte Konsum digitaler Medien bei Kindern und Jugendlichen psychosoziale Schäden verursacht. Darauf sollte unsere Gesellschaft achten.

Eine wichtige Frage lautet, welche Bedeutung für den schulischen, akademischen und beruflichen Erfolg denn der IQ hat. Ist ein hoher IQ tatsächlich die Eintrittskarte für eine brillante Zukunft? Untersuchungen zeigen, dass der Faktor »Intelligenz« zu rund *einem Drittel* in den Schulerfolg eingeht. Das scheint unerwartet niedrig zu sein, habe ich doch zuvor gesagt: Je intelligenter jemand ist, desto schneller lernt und begreift er. Wir müssen dabei aber zweierlei bedenken. Erstens hängt die schulische Leistung neben der Intelligenz von zwei weiteren Hauptfaktoren ab, nämlich von *Motivation* und von *Fleiß*. Bei einem recht erfolgreichen Schüler kann es sich um jemanden handeln, der überdurchschnittlich intelligent, aber nur mäßig motiviert und nur mäßig fleißig ist, oder um einen, der nur durchschnittlich intelligent, aber sehr motiviert und sehr fleißig ist. Intelligenz einerseits und Motivation und Fleiß andererseits können sich in Grenzen gegenseitig kompensieren! Motivation und Fleiß hängen eng miteinander zusammen, aber beide nur lose mit Intelligenz (Roth, 2010; Stern und Neubauer, 2013).

Hinsichtlich des Erfolgs bei höheren Ausbildungsstufen wie der Hochschule sinkt die Vorhersagekraft des IQ und auch des Abiturdurchschnitts auf 20–30 %, ersterer schneidet aber von allen Faktoren immer noch am besten ab. Mit zunehmendem Alter steigt bei ungefähr gleichbleibendem IQ der Einfluss des erworbenen Wissens und der Erfahrung. Und selbst wenn zum höheren Alter hin der IQ absinkt – wenngleich in individuell höchst unterschiedlichem Maße –, so kann dies über lange Zeit durch weiteren Wissenserwerb und Erfahrung kompensiert werden.

Ist Intelligenz angeboren oder erworben?

Viel ist über die Frage gestritten worden, in welchem Maße Intelligenz angeboren oder erworben ist. Eine besondere Rolle spielte dabei in den USA das 1994 erschienene Buch »The Bell Curve« des Psychologen Richard Herrnstein und des Politikwissenschaftlers Charles Murray von der Harvard University. Der Titel bezieht sich auf die erwähnte Glockenkurve der Intelligenztestwerte. Die Autoren analysierten in diesem Buch unter anderem die Daten einer umfassenden Längsschnittstudie zu den Lebensverläufen amerikanischer Jugendlicher im Zeitraum von 1979 bis 1990 (der »National Longitudinal Survey of Youth«, kurz NLSY) und beschrieben das Ergebnis ihrer Analysen. Ihrer Meinung nach ist Intelligenz hochgradig angeboren (bis 80 %) im Sinne von genetisch fixiert, und es ergibt sich nach Ansicht der Autoren ein signifikanter Zusammenhang zwischen Intelligenz und sozioökonomischen Verhältnissen und damit auch zwischen einem »weißen« besser gestellten und einem »schwarzen« bzw. »farbigen« schlechter gestellten Bevölkerungsteil (Herrnstein und Murray, 1994). Dieses Buch führte in den USA zu erbitterten Kontroversen auch unter Wissenschaftlern, wobei es den Gegnern nicht gelang, die Aussagen von Murray und Herrnstein auf der Grundlage damaliger Forschungsergebnisse entscheidend zurückzuweisen. Auch heute noch vertritt der bekannte amerikanische Intelligenzforscher Robert Plomin die Aussage, Intelligenz sei bis zu 80 % genetisch bedingt (Plomin, 2016).

In Deutschland ist vor dem Hintergrund der Einwanderungsdebatte diese Frage ebenfalls von hoher politischer und ideologischer Brisanz und wurde teils mit seriösen, teils unseriösen Argumenten von dem deutschen Volkswirt und Politiker Thilo Sarrazin diskutiert (Sarrazin, 2010), wobei der Autor zu ähnlichen Schlussfolgerungen kam wie Murray und Herrnstein. Auch hier war der öffentliche Aufschrei groß, aber es kam wiederum kaum zu einer sachlichen Auseinandersetzung.

Es erwies sich in rund hundert Jahren wissenschaftlicher Intelligenzforschung lange Zeit als schwierig, diese Frage eindeutig zu beantworten. Eine der Schwierigkeiten bestand darin zu klären, was man mit dem Begriff »angeboren« oder »erblich« eigentlich meint. Über lange Zeit verstand man darunter »genetisch fixiert«, aber man hatte keinerlei Kenntnis von den genetischen Grundlagen der Intelligenz. In der Zwischenzeit bediente man sich zur Bestimmung des Grades der Erblichkeit bestimmter Merkmale wie Intelligenz eines »Experimentes der Natur«, nämlich eineiiger (monozygoter) Zwillinge, von denen man annahm, dass sie ein identisches Erbgut besitzen, auch wenn man dieses seinerzeit nicht bestimmen konnte. Wenn die eineiigen Zwillinge zusammen aufwuchsen, dann hatten sie zusätzlich zu identischen Genen – so dachte man – neben einer identischen vorgeburtlichen Umwelt im Mutterleib auch eine identische frühkindliche Umwelt, bis sie irgendwann mehr oder weniger ausgeprägt eigene Wege gingen.

Wenn man nun bei einer genügend großen Zahl eineiiger

Zwillinge den IQ bestimmte und ihn mit dem IQ ihrer zu anderen Zeitpunkten geborenen Geschwister verglich, so konnte man einen ersten Einblick in die Erblichkeit des IQ erhalten, sofern diese Kinder in derselben Familie unter ähnlichen Verhältnissen aufwuchsen. Es stellte sich heraus, dass der IQ eineiiger Zwillinge wie zu erwarten mit einem Korrelationskoeffizienten von 0,86 hochgradig miteinander korrelierte. Theoretisch müsste dieser Wert 1 sein, aber die Abweichungen davon könnten auf Ungenauigkeiten im Testprozess oder individuellen Schwankungen beruhen, wie sie auch bei Tests des IQ desselben Menschen zu unterschiedlichen Zeiten vorkommen.

Die Korrelation des IQ zweieiiger Zwillinge, die in ihren Genen nur zu 50 % übereinstimmen, beträgt 0,6, Geschwister, die keine Zwillinge sind, stimmen in ihrem IQ durchschnittlich mit einem Korrelationskoeffizienten von 0,47 überein. All dies sagt aber erst einmal nichts über den relativen Einfluss der Anlagen oder der Umwelt aus, denn die Unterschiede der Werte könnten ja vollständig auf Unterschiede in den Umwelten zurückzuführen sein.

Wie erfasst man nun präziser den Einfluss der geteilten und der nicht geteilten Aufwuchsbedingungen? Hierzu schaute man nach eineiigen Zwillingen, die kurz nach ihrer Geburt getrennt wurden und bei unterschiedlichen Adoptiveltern aufwuchsen. Man konnte dann ihren IQ untereinander und mit dem der Eltern und der Adoptiveltern vergleichen. Das Ergebnis solcher inzwischen sehr zahlreichen Untersuchungen war, dass eineiige Zwillinge, die *getrennt* voneinander aufwuchsen, Korrelationen ihrer IQs zwischen 0,67 und 0,78 aufwiesen, während die Korrelationen der IQs zwischen nicht miteinander verwandten Adoptivgeschwistern bei 0,32 liegt. Dies schien eine hochgradige Vererbbarkeit zu unterstreichen.

In jüngerer Vergangenheit hat sich jedoch der Begriff der Erblichkeit in Bezug auf Intelligenz und ähnliche Persönlichkeitsmerkmale deutlich gewandelt (vgl. Roth und Strüber, 2018). Die traditionelle Auffassung lautete, es gebe jeweils wenige und gut abgrenzbare Gene (d. h. DNA-Sequenzen), die neben vielen anderen auch Persönlichkeitseigenschaften wie Intelligenz und Begabung zugrunde liegen (man sprach deshalb von »Intelligenz-Genen«, »Verbrecher-Genen«, »Depressions-Genen« usw.). Spätestens seit der vollständigen Sequenzierung des menschlichen Genoms hat sich dies aber in solchen Bereichen als Irrtum herausgestellt. Verhaltensgenetische Untersuchungen zu Intelligenzleistungen, Depression, Schizophrenie und anderen komplexen geistig-psychischen Funktionen haben ergeben, dass solche Funktionen jeweils von vielen, manchmal sehr vielen, d. h. Tausenden von Genen beeinflusst werden, die auf dem 0,01-%- bis 0,1-%-Niveau der Aufklärung der Varianz liegen, was für eine Wirkanalyse praktisch irrelevant ist. Dies bedeutet, dass Intelligenz und Begabung *hochmultifaktorielle* Phänomene sind, die von sehr vielen unterschiedlichen Genen gesteuert werden.

Diese Situation wird durch die Erkenntnis verschärft, dass der unterschiedlichen Ausprägung komplexer Merkmale keineswegs nur Unterschiede in den DNA-Sequenzen zugrunde liegen, sondern vielmehr Unterschiede im Expressionsmuster (d. h. im Grad der Umsetzung der DNA-Sequenzen über die RNA-Transkription in Proteine) widerspiegeln, also *epigenetischen* Ursprungs sind. Eine entscheidende Rolle hierbei spielen sogenannte Promotorregionen, welche die DNA-Transkription eines Gens verstärken oder abschwächen können. Solche Promotorregionen können auch bei ansonsten identischen DNA-Sequenzen in unterschiedlichen Varianten, sogenannten *Polymorphismen*, vorliegen, zum Beispiel auch bei eineiigen Zwillingen, und

Unterschiede im Phänotyp bewirken (Roth und Strüber, 2018). Die Auswirkungen von solchen Polymorphismen können im 1-%- bis 3-%-Bereich der Varianzaufklärung liegen und damit um mindestens eine, wenn nicht zwei Größenordungen höher sein als bei der reinen DNA-Gen-Wirkung.

Die heute vorherrschende Meinung lautet, dass der Entwicklung komplexer Merkmale, zumal im Intelligenz- und Persönlichkeitsbereich, immer eine *Gen-Umwelt-Interaktion* zugrunde liegt, d. h., bestimmte Gene können durch bestimmte Umweltreize aktiviert oder inaktiviert werden. Dies ist allerdings nicht ein bloßes An- und Abschalten, sondern kann auf vielfache Weise graduiert geschehen, indem die Umwelteinflüsse nicht die Gene selbst, sondern die epigenetischen Prozesse betreffen. Durch umfangreiche tierexperimentelle Forschungen ist bekannt, dass vorgeburtliche und nachgeburtliche Umwelteinflüsse epigenetische Prozesse beeinflussen (dazu Roth und Strüber, 2018).

Das bedeutet, dass die Umwelt direkt in das Aktivierungsmuster der Gene eingreifen und im Fall von entwicklungsrelevanten Genen einen langfristigen Einfluss auf die psychisch-geistige Entwicklung eines Menschen haben kann. Sofern Ei- und Samenzellen betroffen sind, können Umwelteinflüsse auch »genomisch« vererbt werden, während die Gene im engeren Sinne nicht verändert sind. Dies widerspricht eklatant dem über viele Jahrzehnte herrschenden »anti-lamarckistischen« Dogma in der Biologie, dass erworbene Eigenschaften nicht vererbt werden können.

Wichtig für den vorliegenden Zusammenhang ist die Tatsache, dass Unterschiede in den Promotorregionen entweder spontan entstehen oder von Umwelteinflüssen verursacht sein können und dass eineiige Zwillinge unterschiedliche Polymorphismen der Promotorregionen aufweisen können. Sie sind zwar in ihren Genen im Sinne der codierenden DNA-Sequenzen identisch, nicht aber notwendigerweise in ihren Promotorregionen. Die bisherige Annahme, eineiige Zwillinge seien in ihrem gesamten genetischen und epigenetischen Erbgut identisch, ist also nicht richtig.

Auch die zweite zentrale Annahme, eineiige Zwillinge würden dieselbe vorgeburtliche Umwelt haben, stimmt nicht ganz. Im Mutterleib liegen die beiden Föten fast nie vollkommen symmetrisch zur Plazenta und werden über die Nabelschnüre auch nicht vollkommen identisch mit Nahrung und Botenstoffen vom Gehirn und Körper der werdenden Mutter versorgt. Bekannt ist, dass eineiige Zwillinge aufgrund von Unterschieden der Ernährung oft erhebliche Unterschiede in ihrem Körpergewicht entwickeln, und es kann in den letzten Wochen der Schwangerschaft zu einem Wettkampf zwischen den beiden Föten um die Nahrung kommen und mit dem »Aufsaugen« eines Fötus enden, wenn man die Kinder nicht frühzeitig holt.

Diese beiden Faktoren, d. h. epigenetische Faktoren und unterschiedliche Versorgung mit Stoffen, können dazu führen, dass auch eineiige Zwillinge, die nach der Geburt mit größter Sorgfalt gleich behandelt werden, Unterschiede in Hinblick auf bestimmte Merkmale wie Temperament, Begabung und Intelligenz aufweisen, auch wenn sie sich zum Verwechseln ähneln. In aller Regel sind diese Unterschiede natürlich nicht so groß wie zwischen zweieiigen Zwillingen oder zu unterschiedlichen Zeiten geborenen Geschwistern. Da Unterschiede in den epigenetischen Kontrollmechanismen nicht nur zufällig, sondern auch durch unterschiedliche vorgeburtliche Umwelteinflüsse etwa hormonaler Art (den einen Zwilling erwischt es, den anderen nicht) verursacht sein können, muss man annehmen, dass diejenigen Merkmale, die »angeboren« im Sinne von »bei Geburt vorhanden« sind, zumindest teilweise umweltbedingt sind, wenn man unter vorgeburtlicher Umwelt den Körper und das Gehirn der werdenden Mutter versteht.

Die Bedeutung der Ergebnisse der Intelligenzforschung aufgrund von getrennt aufgewachsenen eineiigen Zwillingen wird zusätzlich eingeschränkt durch die Tatsache, dass Zwillinge oft nicht unmittelbar nach der Geburt getrennt werden. Vielmehr wird eine Adoption erst acht Wochen nach der Geburt eines Kindes rechtsgültig. In dieser Zeit, aber auch schon nach wenigen Tagen kann die Umwelt auf vielfältige Weise prägend auf das Neugeborene einwirken.

Wir müssen also davon ausgehen, dass es eine Reihe von Faktoren gibt, die bereits vor der Geburt positiv oder negativ auf die Entwicklung des Gehirns und damit der Intelligenz einwirken können. Bei den negativen Faktoren kann es sich um körperlichen oder psychischen Stress, Missbrauch, Misshandlung, Unterernährung oder Infektionen wie Röteln handeln, die auf die werdende Mutter und ihr Gehirn und dann auf den Fötus einwirken.

Bei der Frage nach der Wirkung der Umwelt auf die Intelligenz *nach der Geburt* müssen wir bei den Negativfaktoren zwischen zwei Dingen unterscheiden: einerseits zwischen schweren Defiziten wie Unterernährung, sonstigen schweren physischen oder psychischen Vernachlässigungen und auch Misshandlungen und Missbrauch; und andererseits mangelnder emotionaler und kognitiver Anregung bei ansonsten normalen Entwicklungsbedingungen (Strüber, 2019). Untersuchungen an russischen und rumänischen Waisenkindern, die sensorisch und emotional stark vernachlässigt wurden, wiesen einen durchschnittlichen Unterschied von 20 IQ-Punkten gegenüber normal aufgewachsenen Kindern auf, und dieser Unterschied konnte auch durch massive kompensatorische Maßnahmen meist nur mit mäßigem oder gar keinem Erfolg verringert werden (Gunnar und van Dulmen, 2007).

Diese vorgeburtlichen und früh-nachgeburtlichen Einflüsse der Umwelt wurden bisher in der Erblichkeitsdebatte übersehen, und dies kann zumindest teilweise die scheinbare große Variabilität der Befunde erklären. Wenn gefunden wird, dass Kinder, die unter problematischen familiären und sozialen Verhältnissen aufwachsen, einen niedrigeren IQ aufweisen, auch wenn sie später von Paaren aus »besseren Schichten« adoptiert wurden, so muss dies nicht zwingend auf eine geringere genetische Intelligenz zurückgehen, sondern kann auf negative Einflüsse während der Schwangerschaft, seien es Hunger, Mangelernährung, psychischer Stress oder Alkohol- oder Drogenkonsum der Mutter und auf negative Erlebnisse des Kindes in den ersten Tagen und Wochen zurückzuführen sein. Wichtig ist hingegen, dass sich auch Merkmale kognitiver und emotionaler Art sehr schnell verfestigen und deshalb eine genetische Fixierung *vorspiegeln* können. Eine deutliche Häufung von Risikofaktoren kann zu einer Intelligenzminderung von bis zu 30 IQ-Punkten führen, ebenso kann das Verhalten der Eltern einen deutlichen Einfluss auf die Intelligenzentwicklung haben. Hierzu gehört die Qualität des sprachlichen Umgangs ebenso wie entweder ein warmherziger und toleranter Erziehungsstil und insbesondere die Ermutigung zu intellektuellen und künstlerischen Leistungen oder im negativen Sinne Vernachlässigung, Misshandlung und Missbrauch, die ebenfalls zu einem Unterschied bei Intelligenzmessungen von 20–30 IQ-Punkten führen können.

Sind Jungen intelligenter als Mädchen?

Eine häufig gestellte Frage ist diejenige nach Intelligenz- und Begabungsunterschieden zwischen Jungen und Mädchen bzw. Männern und Frauen. In der Vergangenheit wurde in zahlreichen Untersuchungen ein kleiner, aber statistisch »robuster« Unterschied von 4–5 IQ-Punkten zugunsten der Jungen im Vergleich zu den Mädchen gefunden, was bedeuten würde, dass Jungen im Durchschnitt etwas intelligenter sind als Mädchen (Neubauer und Stern, 2007). Heutzutage berichten Experten einen Unterschied von weniger als einem IQ-Punkt. Man kann also die IQ-Mittelwertunterschiede zwischen Jungen bzw. Männern und Mädchen bzw. Frauen daher als vernachlässigbar ansehen.

Allerdings ergeben sich auch in heutigen Untersuchungen Begabungsunterschiede zwischen den Geschlechtern: Während die Jungen bei Aufgaben zur Raumvorstellung (wie etwa mentale Rotation) und zu Mathematik deutlich besser abschneiden, werden sie von den Mädchen bei Aufgaben, die Wahrnehmungsgeschwindigkeit, Wortfindung, verbale Flüssigkeit und verbales Benennen, episodisches Gedächtnis, visuelles Kurzzeitgedächtnis, aber auch bei Feinmotorik übertroffen. Die jeweiligen besseren Leistungen der Jungen scheinen etwas größer zu sein als die der Mädchen, was den geringfügig höheren IQ-Durchschnitt der Jungen in manchen Studien erklären könnte. Interessanterweise werden keine Unterschiede beim verbalen und nichtverbalen Schlussfolgern gefunden.

Zudem ist die Gaußkurve der Intelligenzverteilung bei Jungen flacher und breiter als die der Mädchen. Dies besagt, dass es unter den Jungen mehr extrem Minderbegabte und mehr Hochbegabte gibt. Ab einem IQ von 145, also bei »Höchstbegabten«, erreicht das Verhältnis von Jungen zu Mädchen etwa 8:1. Die Gründe hierfür sind unklar. Genannt werden hormonale Einflüsse; so wird darauf hingewiesen, dass das männliche Sexualhormon Testosteron typisch männliche kognitive Leistungen wie räumliche Orientierung befördert, während verbale Fähigkeiten mit dem weiblichen Sexualhormon Östradiol in Zusammenhang gebracht werden. Es kann aber auch an einem höheren Leistungswillen der Jungen und jungen Männer liegen, sei dieser nun angeboren oder anerzogen.

Ist Intelligenz trainierbar?

Wer von uns möchte nicht intelligenter werden, zumal sich dadurch durchaus der berufliche Erfolg steigern lässt? Wir haben gehört, dass die Intelligenzentwicklung in der Kindheit stark von der geistigen Förderung abhängt – also warum nicht auch im Erwachsenenalter? Fast in jeder Illustrierten werden Denksportaufgaben veröffentlicht, mit denen man angeblich intelligenter wird. Solche kurzfristigen und oberflächlichen Maßnahmen haben allerdings keinerlei messbare längerfristige Wirkung. Auf dem Coaching-Markt werden Maßnahmen angeboten, mit denen ein Erwachsener seine Intelligenz übers Wochenende angeblich deutlich nutzen kann. Dies ist oft gepaart mit dem Hinweis, normale Menschen wie du und ich würden ihr Gehirn nur zu 10 % nutzen, wo doch Geistesriesen wie der meist gleichzeitig abgebildete Albert Einstein dies zu 100 % tun! Wenn das nicht die stolzen Honorare wert ist, die man für ein solches Wochenende zahlen muss! Auch viele Betriebe setzen auf die Möglichkeit einer Intelligenzsteigerung der Mitarbeiter übers Wochenende.

Hinsichtlich der generellen Möglichkeiten der Intelligenzsteigerung gibt es eine gute und zwei schlechte Nachrichten. Die gute besteht darin, dass man tatsächlich seine Intelligenz, wie man sie im IQ-Test misst, kurzfristig steigern kann. Die beiden schlechten lauten jedoch erstens, dass im Erwachsenenalter die Steigerung nur maximal 4–5 IQ-Punkte beträgt, die kaum ins Gewicht fallen, und zweitens, dass auch der Effekt eines wochenlangen intensiven Trainings mit seriösen Gedächtnis- und Problemlösungaufgaben nur für kurze Zeit anhält (Rost, 2013). Das ist beim Trainieren von Intelligenz nicht anders als beim Klavierspielen: Man übt intensiv eine Zeitlang, aber nach dem Ende der Übungsperiode ist alles wieder weg. Man muss also dran bleiben. Was wirklich hilft – auch gegen einen frühzeitigen Eintritt von Altersdemenz –, ist ein ständiges Intelligenztraining. Besonders bitter ist die Tatsache, dass man ab einem Alter von rund 50 Jahren das unerbittliche Sinken der allgemeinen Intelligenz höchstens kompensieren, aber nicht umkehren kann.

Es gibt aber zusätzlich zu kontinuierlicher geistiger Anstrengung weitere Möglichkeiten, sich intellektuell fit zu halten, nämlich sich zu bestimmten Leistungen zu motivieren oder motivieren zu lassen. Umfangreiche Untersuchungen zur Effektivität von Umschulungsmaßnahmen älterer Arbeitnehmer – dazu gehören alle berufstätigen Personen ab 50 Jahren – zeigen, dass die dort auftretenden Schwierigkeiten weniger intellektueller als vielmehr motivationaler Art sind in der Überzeugung: »Man will mich umschulen, aber das ist nur eine Alibimaßnahme – in Wirklichkeit werde ich aufs Abstellgleis geschoben!« Oder: »Das werde ich in meinem Alter nicht mehr schaffen können!« Wie wir gehört haben, beruht beruflicher Erfolg nur zu einem Drittel auf Intelligenz und zu zwei Dritteln auf Motivation und Fleiß. Hieran kann man effektiver drehen als an der Intelligenz eines Erwachsenen!

Welche neurobiologischen Grundlagen hat die allgemeine Intelligenz?

Zahlreiche neurobiologische und neuropsychologische Untersuchungen bestätigen die Unterscheidung zwischen einer allgemeinen und einer bereichsspezifischen Intelligenz und legen den Schluss nahe, dass sich die allgemeine Intelligenz und die Leistungsfähigkeit des *Arbeitsgedächtnisses* stärker überlappen (Duncan et al., 2000). Das Arbeitsgedächtnis ist aktiv, wenn wir kurzfristig Sinnesinformationen verarbeiten, also etwas hören oder sehen bzw. lesen, das wichtig ist, oder wenn uns gerade etwas einfällt oder wenn wir einen bestimmten Gedanken verfolgen (vgl. Baddeley, 1986, 2000). Mithilfe des Arbeitsgedächtnisses muss das Gehirn erstens feststellen, um was genau es geht, und zweitens muss nach Gedächtnisinhalten im Sinne von *Vorwissen* gesucht werden, die beim Verstehen des Wahrgenommenen gebraucht werden könnten. Diese müssen abgerufen und mit den aktuellen Wahrnehmungsinhalten bedeutungshaft zusammengefügt und in die Lösung eines anstehenden Problems oder in ein adäquates Verhalten umgesetzt werden. Diese Funktionen werden dem oberen Stirnhirn (*dorsolateraler präfrontaler Cortex*) zugeschrieben, während das Durchsuchen von problem- und handlungsrelevanten Gedächtnisinhalten den hinteren Scheitellappen (*posteriorer parietaler Cortex*) und den Schläfenlappen (*temporaler Cortex*) beansprucht (Gazzaley und Nobre, 2012; vgl. Abbildung 2, S. 30). Allerdings zeigen neuere Untersuchungen, dass neben diesen beiden Hauptzentren zahlreiche »Nebenzentren« des Arbeitsgedächtnisses etwa im temporalen Cortex existieren (Christophel et al., 2017).

Es gibt zahlreiche Hinweise darauf, dass intelligentere Menschen ein leistungsfähigeres Arbeitsgedächtnis besitzen als weniger intelligente. Dies führte schon vor einiger Zeit zu der Ansicht, dass diese Personen ihre Hirnrinde sowohl stoffwechselphysiologisch als auch funktional günstiger nutzen als weniger intelligente (Haier et al., 1992; Neubauer et al., 1995) und deshalb in der neuronalen Informationsverarbeitung effektiver sind. Dies ist bedeutsam, wenn man berücksichtigt, dass Arbeitsgedächtnis und Aufmerksamkeit begrenzt sind und einen beträchtlichen »Engpass« für das Erfassen schwieriger Zusammenhänge und für gedankliches Problemlösen bilden. Wenn das Arbeitsgedächtnis nur eine bestimmte Anzahl von Operationen gleichzeitig ausführen kann, dann sollte in der Tat eine schnellere Informationsverarbeitung von Vorteil sein, ebenso ein sparsamer Abruf von Gedächtnisinhalten. Intelligentere Menschen aktivieren beim Problemlösen in der Tat ihr Gehirn weniger stark als weniger intelligente Menschen, indem sie den »Flaschenhals« des Arbeitsgedächtnisses in kürzerer Zeit durchlaufen. Anders ausgedrückt: Sie nutzen ihre *zerebralen Ressourcen* besser (Stern und Neubauer, 2013). Eine Studie von Grabner, Neubauer und Stern aus dem Jahr 2003 bestätigt diese Vermutung. Die Autoren verglichen die räumliche Verteilung der Aktivität der Großhirnrinde bei überdurchschnittlich und unterdurchschnittlich intelligenten Taxifahrern miteinander – einmal bei Routineaufgaben zum Taxifahren (zum Beispiel sich den kürzesten Weg vom Bahnhof zu einem Hotel vorzustellen) und zum anderen bei Intelligenztestaufgaben wie Wortergänzungen, die nicht zum Standardrepertoire der Taxifahrer gehörten. Es zeigte sich, dass bei den beruflichen Routineaufgaben keine wesentlichen Unterschiede in der Aktivität der Großhirnrinde zwischen intelligenten und weniger intelligenten Taxifahrern auftraten. Bei den Intelligenzaufgaben strengten die intelligenteren Fahrer wesentlich weniger ihre Großhirnrinde an als die weniger intelligenten. Dieser Unterschied war im Bereich des oberen Stirnhirns besonders groß (Grabner et al., 2003).

Diese Befunde konnten vor einigen Jahren von Bonner Neurobiologen mithilfe der funktionellen Kernspintomographie weiter erhärtet werden (Hoppe et al., 2012). Die bei den Experimenten gestellte Aufgabe bestand darin, eine Reihe dreidimensionaler Körper in der Vorstellung zu drehen und zu sehen, welcher der dargestellten Körper mit einem Vergleichskörper übereinstimmt – eine ziemlich schwierige Intelligenztestaufgabe, »mentale Rotation« genannt. Als Vergleich dienten einfache Rechenaufgaben. Es zeigte sich, dass Normalbegabte ihr Stirnhirn bei der mentalen Rotation viel mehr anstrengen als mathematisch besonders Begabte. Letztere aktivierten statt des oberen Stirnhirns vermehrt den hinteren Scheitellappen, wo das mathematische und geometrisch-räumliche Expertenwissen gespeichert ist und verarbeitet wird. Dies alles unterstreicht die Auffassung, dass Intelligenz stark davon abhängt, wie schnell bestimmte Hirngebiete aktiviert und darin enthaltene Informationen ausgelesen und zusammengesetzt werden können. Diese Zusammenhänge werden angesichts der Tatsache verständlich, dass derartige mentale Operationen des Stirnhirns und die damit verbundenen hohen Raten der synaptischen Umverknüpfung besondere Ansprüche an den Hirnstoffwechsel stellen, vornehmlich hinsichtlich des Zucker- und Sauerstoffverbrauchs sowie der Restitution von Neurotransmittern wie Glutamat und Neuromodulatoren wie Dopamin.

In der Neurobiologie wird seit längerem untersucht, welche Eigenschaften der tierischen und menschlichen Gehirne am deutlichsten mit einer hohen Intelligenz zusammenhängen, und zwar im Rahmen eines Vergleichs des menschlichen Gehirns mit den Gehirnen intelligenter Tiere wie Bienen, Kraken,

Rabenvögel und nichtmenschlicher Primaten (vgl. Jerison, 1973; Roth und Dicke, 2005; Roth, 2015). Es zeigt sich, dass – entgegen der auch unter Biologen verbreiteten Meinung – weder die absolute noch die relative Hirngröße das Maß der (bei Tieren natürlich nichtsprachlichen) Intelligenz voraussagt, sondern vielmehr die *Zahl von Nervenzellen* in besonderen »Intelligenz-Zentren« wie den »Pilzkörpern« der Bienen, dem »Vertikallobus« der Kraken, dem »Meso-Nidopallium« der Vögel und der Großhirnrinde der Säugetiere und Primaten, und zusätzlich die *neuronale »Architektur«* dieser Zentren, d. h. ihre spezifischen intrinsischen Verschaltungen sowie die Verarbeitungsgeschwindigkeit.

Nur so ist erklärlich, warum der Mensch mit Abstand das intelligenteste Wesen auf unserer Erde ist, obgleich sein Gehirn – wie wir bereits gehört haben – weder absolut noch relativ zum Körpervolumen an der Spitze steht. Die menschliche Großhirnrinde hat, wie im 1. Kapitel geschildert, mit rund 15 Milliarden die mit Abstand meisten Neuronen und mit einer halben Trillion die meisten Synapsen und darüber hinaus eine besonders schnelle Informationsverarbeitung. Zusätzlich hat das menschliche Stirnhirn eine besondere Evolution erfahren, und zwar vornehmlich im Zusammenhang mit Handlungsplanung und Sprache. Dies hat zu einer besonderen »Intelligenzverstärkung« geführt (Roth, 2010).

Was sagt uns das?

Intelligenz ist ein wichtiges Persönlichkeitsmerkmal, das nicht oder nur teilweise von den herkömmlichen Persönlichkeitstests erfasst wird. Dies ist bedauerlich, denn wie dargestellt sagt der Intelligenzquotient besser als jeder andere Faktor den Bildungs- und Berufserfolg aus. Dies ist nicht überraschend, denn der IQ korreliert positiv mit drei anderen wichtigen Faktoren für den späteren Berufserfolg, nämlich Motivation, Gewissenhaftigkeit und Zielstrebigkeit. Ein hoher IQ bedeutet schnelleres Lernen, höhere kognitive Flexibilität, Offenheit für Neues und – für viele sicherlich überraschend – eine größere emotionale Stabilität.

In diesem Zusammenhang ist die Tatsache wichtig, dass die Ausformung der genetisch bedingten allgemeinen Intelligenz hin zu einer im praktischen Leben relevanten Form wesentlich von der frühkindlichen Bindungs- und Kommunikationserfahrung abhängt, die wiederum die Bildungsnähe der Familie bedingt. Dies erklärt die Abhängigkeit des IQ von der Bildungsnähe bzw. -ferne der Herkunftsfamilie, die oft fälschlicherweise als Beweis für die genetische Überlegenheit bildungsnaher (und vermeintlich wohlhabender) Schichten angesehen wird.

Wie wir gehört haben, stabilisiert sich die Intelligenz schneller als die anderen Persönlichkeitsmerkmale und ist deshalb im mittleren Erwachsenenalter nur noch vorübergehend und in relativ bescheidenem Maße veränderbar. Daraus resultiert die hohe Voraussagekraft im Jugendalter für den späteren Berufserfolg.

KAPITEL 5

Bewusstsein und das Unbewusste

Über das Bewusstsein ist seit dem Altertum viel gedacht und geschrieben worden, und gegenwärtig gehört die Bewusstseinsforschung zu den intensivsten Forschungsgebieten der Neurowissenschaften überhaupt. Das Unbewusste hingegen wurde bis zur literarischen Romantik und den Zeiten Sigmund Freuds fast völlig vernachlässigt – einfach weil das Unbewusste nicht bewusst erfahren und erkundet werden kann. Aber auch nach der Thematisierung durch Sigmund Freud – oder gerade deshalb – war bis in die 1990er Jahre in der akademischen Psychologie das »Unbewusste« ein Unwort. Auch heute noch tun sich viele Psychologen und Psychotherapeuten schwer mit der Frage nach der Existenz, Beschaffenheit und Wirkung des Unbewussten.

Daran ist die klassische Psychoanalyse im Sinne Freuds nicht unschuldig, denn sie hat sich lange gegen eine wissenschaftliche Beantwortung dieser Frage gewehrt – sehr zu ihrem Schaden. Man muss allerdings feststellen, dass die allermeisten anderen psychotherapeutischen Richtungen (und für das Coaching gilt dasselbe) sich die Frage nach der Funktion des Unbewussten und seiner Beziehung zum Bewussten überhaupt nicht stellen (vgl. Roth und Ryba, 2016; Ryba, 2018). Befassen wir uns daher aus neurowissenschaftlicher Sicht zuerst mit dem Unbewussten.

Das Unbewusste

Im Folgenden sind mit dem Begriff des Unbewussten solche Abläufe im Gehirn und der Psyche gemeint, die *unter keinen Umständen* bewusst erlebt und deshalb auch nicht sprachlich berichtet werden können. Hierbei müssen wir allerdings zwei Zustände unterscheiden: das primäre und das sekundäre Unbewusste.

Zum *primären* Unbewussten gehören alle Erregungen, die in den Sinnesorganen (Netzhaut, Innenohr, Riechschleimhaut usw.), aber auch im Mittelhirndach, im dorsalen Thalamus und in den primären und sekundären sensorischen Arealen der Großhirnrinde einlaufen und dort verarbeitet werden. Erst eine zusätzliche und genügend starke und lange Aktivierung *assoziativer* Cortexareale führt dann zum bewussten Erleben. Vieles davon wird während der ersten unbewussten Verarbeitungsphase nicht weiterverarbeitet und verschwindet, anderes wird weiterverarbeitet und entfaltet eine unbewusste Wirkung, von der wir noch hören werden, oder es wird weitergeleitet. Die Entscheidung über das Bewusstwerden oder Unbewusstbleiben verläuft in drei Phasen. In den ersten 10 Millisekunden (ms) nach Reizbeginn werden Erregungen in den Sinnesorganen (zum Beispiel Innenohr oder Netzhaut des Auges) und in Verarbeitungsstationen im Hirnstamm (Medulla oblongata und Mittelhirn) verarbeitet, zwischen 10 und 100 ms in den sensorischen Thalamuskernen (etwa im medialen und lateralen Kniehöcker) und in den primären und sekundären sensorischen Arealen der Großhirnrinde inhaltlich vorverarbeitet, und es wird dann über »Neuheitsdetektoren« im Thalamus und Hippocampus sowie in den primären sensorischen Arealen des Cortex festgestellt, ob bzw. in welchem Maße der Reiz hinsichtlich seiner sensorischen Eigenschaften *neu* oder *bekannt* ist. Ist er hinreichend neu, so tritt eine erste und eher reflektorische Aufmerksamkeits-Vorbereitung ein, die sich im *ereigniskorrelierten Potenzial* (EKP) als sogenannte prä-attentive negative »N1«- oder »N100«-Welle zeigt. Diese Welle fällt umso stärker aus, je stärker der Neuigkeitswert des Reizes ist (Birbaumer und Schmidt, 2010; vgl. Abbildung 10).

Anschließend befassen sich das unbewusst arbeitende subcorticale limbische System, vornehmlich Amygdala, VTA und Nucleus accumbens/ventrales Pallidum, aber auch unbewusst arbeitende Prozesse in corticalen limbischen Arealen wie OFC und ACC mit diesem neuen Reiz und bewerten ihn aufgrund ähnlicher Erfahrungen nach den Kategorien *wichtig* und *unwichtig*. Hierbei spielt die emotionale Valenz, d. h. der positive oder negative Wert, eine zentrale Rolle. Diese Bewertung drückt sich im EKP als eine positive Welle aus, »P3« oder »P300« genannt, die ungefähr 300 Millisekunden nach Beginn der Reizverarbeitung sichtbar wird (Abbildung 10). Diese P300-Welle fällt umso stärker aus, je *unerwarteter und wichtiger* der Reiz aus Sicht des limbischen Systems ist. Erst im Fall, dass ein neuer Reiz *zugleich* als wichtig befunden wird, wird das Bewusstsein eingeschaltet, und die bewusste Aufmerksamkeit wird darauf gelenkt. Sind Reize hingegen bekannt oder auch unbekannt und gleichzeitig unwichtig, so werden sie nicht weiterverarbeitet bzw. nicht beachtet. Sind sie wichtig, aber bereits bekannt, so werden sie an Netzwerke im Gehirn, zum Beispiel in den Basalganglien, weitergeleitet, die sich bereits damit befasst haben, und es werden Verarbeitungs- und Verhaltensroutinen ausgelöst, ohne dass wir dies überhaupt oder im Detail bemerken.

Viele sensorische Reize sind zu kurz oder zu schwach, um unsere Großhirnrinde in einer Weise zu aktivieren, die für das bewusste Erleben notwendig ist; sie werden wie geschildert durch subcorticale und unbewusste corticale Filterprozesse vom Be-

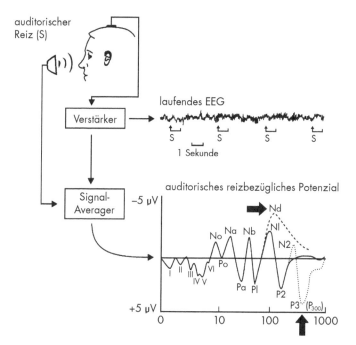

Abbildung 10: Ereigniskorreliertes Potenzial (EKP) einer Hörwahrnehmung. Auf der Kopfhaut wird über Auflageelektroden ein Elektroenzephalogramm (EEG, vgl. Exkurs 1) registriert (gezeigt ist nur eine Elektrode, heute sind über hundert Elektroden üblich). Aus dem EEG wird durch Mittelung ein EKP gefiltert, das die Verarbeitung des Hörreizes in unterschiedlichen Teilen des Gehirns zeigt. Die mit römischen Zahlen bezifferten positiven Auslenkungen des EKPs von der Mittellinie innerhalb der ersten 10 Millisekunden (ms) nach Beginn des Signals werden als Prozesse im Hirnstamm gedeutet, solche zwischen 10 und 100 ms als thalamisch-corticale und solche ab 100 ms als corticale Prozesse. Der waagrechte Pfeil gibt die N1 (N100) an, die mit unbewusster Aufmerksamkeit zu tun hat, der senkrechte Pfeil die P3 (P300), die als der Moment des Entstehens von Bewusstsein angesehen wird. Weitere Erläuterungen im Text. (Nach Roth, 2003, verändert.)

wusstwerden ausgeschlossen. Dennoch können sie einen messbaren Einfluss auf unsere Reaktionen nehmen, indem sie entweder direkt über den Thalamus oder indirekt über die primären und sekundären Areale des visuellen oder auditorischen Cortex zu subcorticalen Strukturen wie der Amygdala und von dort zu Zentren gelangen, die dann unser Verhalten steuern (Pessoa und Adolphs, 2010).

Dies kann man beispielsweise mithilfe psychologischer Wahlexperimente demonstrieren, in denen »maskierte«, also nicht bewusst wahrnehmbare Hinweisreize eingesetzt werden. Hierbei flankiert man einen sehr kurz, beispielsweise für 30 Millisekunden dargebotenen Reiz, etwa einen aufblitzenden nach links oder rechts weisenden Pfeil, mit zwei längeren Reizen, die wahrgenommen werden und ihrerseits die bewusste Wahrnehmung des sehr kurzen Reizes unterdrücken. Der unbewusste Reiz beeinflusst dann die unbewusste motorische Entscheidung der Versuchspersonen, und diese treffen dann statistisch häufiger die richtige Wahl, indem sie am Bildschirm den linken oder rechten Knopf drücken, ohne sagen zu können, warum sie dies tun. Grund für dieses Unvermögen ist, dass ihr bewusstseinsfähiger assoziativer Cortex nicht genügend erregt wurde, um eine bewusste Erfahrung zu ermöglichen, aber eine unbewusste Erregung fand statt. Andere Experimente zeigen, dass Personen auf maskiert präsentierte neutrale Gesichter durch gleichzeitiges Darbieten eines unangenehmen Reizes *unbewusst negativ konditioniert* werden können (Büchel und Dolan, 2000). Sie berichten dann, dass die – in Wirklichkeit neutralen – Gesichter ihnen »irgendwie bedrohlich vorkommen«, oder sie zeigen Stressreaktionen wie erhöhtes Augenblinzeln oder verminderten Hautwiderstand.

Das *sekundäre* Unbewusste entsteht auf folgende Weise. Ein

sensorisches Erlebnis- und Aufmerksamkeitsbewusstsein tritt wahrscheinlich schon kurz nach der Geburt im noch sehr begrenzten Arbeitsgedächtnis auf. Allerdings können sich diese Inhalte noch nicht längerfristig im Gedächtnis verankern, weil das deklarative Langzeitgedächtnis (dLZG), wie es in Kapitel 1 beschrieben wurde, noch nicht funktionstüchtig ist. Hierzu müssen der Hippocampus als »Organisator« und die assoziative Großhirnrinde als Speicherort der deklarativen Gedächtnisinhalte hinreichend ausgereift und funktionsfähig sein, insbesondere ein wichtiger Teil des Hippocampus, der Gyrus dentatus.

Die Tatsache, dass Inhalte des sekundären Unbewussten nicht erinnerbar sind, bedeutet also nicht, dass sie keine Wirkung ausüben, sondern nur, dass dasjenige, was dort geschieht, später *nicht bewusst erinnerbar ist*. Im Gegenteil – der Einfluss des Hypothalamus, der Amygdala, des Nucleus accumbens und des dorsalen Striatum auf die limbischen und kognitiven Areale der Großhirnrinde und den Hippocampus ist sehr stark.

Dies ist im Zusammenhang mit Furcht- bzw. Angstkonditionierung oder auch mit Reaktionspräferenzen gut untersucht: Man kann wie geschildert eine Person ohne viel Aufwand furchtkonditionieren oder eine Reaktionspräferenz induzieren, ohne dass sie irgendetwas davon erfährt. Man kann dann den gesamten Vorgang der Konditionierung genau auf neuronaler Ebene studieren und Voraussagen für das Verhalten treffen, welche die betroffene Person nicht nachvollziehen kann. Es gilt also: Das Bewusstsein benötigt für Erleben und Verhalten immer das Unbewusste, aber das Unbewusste kann ohne jegliches bewusste Erleben Verhalten steuern.

Für die Natur und Funktion des Unbewussten ist es wichtig zu verstehen, dass bei der »Umverdrahtung« der Amygdala oder des Nucleus accumbens bei der unbewussten Furchtkonditionierung oder der Etablierung von Verhaltenspräferenzen weder »Triebe« und »Wünsche« noch Bilder, Töne, Worte, Vorstellungen oder Träume entstehen. Solche Beschreibungen sind nur sinnvoll in Verbindung mit einem bestimmten Erleben. Ich kann keine Wünsche haben, wenn ich sie gar nicht erlebe, und wenn ich Triebe habe, die ich überhaupt nicht erlebe (auch nicht als »dumpfe« Antriebe), dann sind sie für mich auch keine Triebe. Höchstens könnte der *externe Beobachter* vermuten, dass es im Patienten etwas Triebhaftes gibt, das dieser aber nicht erlebt. Bilder, Töne, Worte, Vorstellungen, Phantasien und Träume sind unabdingbar an Bewusstsein gebunden, auch wenn sie unter Einfluss unbewusster Strukturen und Prozesse auftreten.

Dies bedeutet, dass es sich bei den Vorgängen im Hypothalamus, in der Amygdala oder im Nucleus accumbens um mehr oder weniger reine lernende Netzwerkprozesse handelt, deren Inhalt und Bedeutung *für uns* erst dadurch entstehen, dass sie bewusstseinsfähige limbische oder kognitive Cortexareale beeinflussen. Wünsche, Bilder, Vorstellungen und Motive kommen als Erlebniszustände also nicht aus der Amygdala, sondern entstehen *interpretativ* im Cortex aufgrund der Einwirkung der Amygdala. Insofern gibt es streng genommen auch keine unbewussten Konflikte, sondern Konflikte sind Erlebniszustände im Cortex aufgrund der Interpretation der Reaktionen etwa der Amygdala und des Nucleus accumbens. So könnten wir beobachten, dass die Amygdala (überwiegend) als unbewusstes Netzwerk für Aversion und der Nucleus accumbens (überwiegend) als unbewusstes Netzwerk für Appetenz auf denselben Reiz unterschiedlich reagieren, und wir könnten erlebnismäßig sagen: »Da tut sich ein Konflikt zwischen Aversion und Appetenz auf« – aber die Amygdala und der Nucleus accumbens selber haben *kein Konfliktbewusstsein*, sondern das ist entweder eine Schlussfolgerung des Beobachters oder des Selbsterlebens. Die unbewusste Auseinandersetzung von Amygdala und Nucleus accumbens (oder anderer subcorticaler Zentren) kann selbstverständlich unser Verhalten nachhaltig beeinflussen, aber wir merken davon nichts und wundern uns höchstens, dass wir seltsame Dinge tun bzw. erleiden oder hin- und hergerissen sind.

Dies hat eine wichtige Konsequenz. Wenn man etwa in der Psychoanalyse von der »Macht des Unbewussten« spricht, dann darf man nicht mit Attributen und Begriffen arbeiten, die nur auf der Ebene des potenziell oder aktuell Bewussten Sinn machen. Trieb, Wille, Wünsche, Bilder, Motive entstehen dort – wenngleich unter Einflussnahme des Unbewussten. Es sind Aktivitätszustände, Reaktionen oder Reaktionsdispositionen, die auf der Ebene des primär und sekundär Unbewussten eine »kausale Kraft« ausüben, wie Freud sagt. Das Bewusste ist nicht einfach eine Fortsetzung des Unbewussten, sondern hat ein anderes »neuronales Format«, nämlich dasjenige subjektiven Erlebens.

Bewusstsein

Bewusstsein ist ein Erlebniszustand, der zumindest im Prinzip berichtbar ist. Wenn jemand sagt »Ich sehe bzw. höre jetzt das und das«, und wenn dies korrekt ist, dann kann man davon ausgehen, dass er dies bewusst erlebt hat. Allerdings kann die Erinnerung daran, was man gerade gesagt oder getan hat, schnell verschwinden – und zwar ins Vorbewusste, wie wir gleich erfahren werden.

Aus heutiger neurobiologischer Sicht ist Bewusstsein untrennbar an Aktivitäten der assoziativen Großhirnrinde gebunden, während alle subcorticalen Prozesse grundsätzlich unbewusst sind. Allerdings tragen zahlreiche subcorticale Prozesse zum Entstehen von Bewusstsein im assoziativen Cortex bei, wie noch zu erläutern sein wird. Zugleich sind auch viele corticale Prozesse nicht bewusstseinsfähig, und zwar solche, die in primären und sekundären sensorischen und motorischen corticalen Arealen ablaufen. Schließlich können auch in assoziativen corticalen Arealen sehr frühe und kurze unbewusste Prozesse ablaufen, die es nicht »schaffen«, bewusst zu werden.

Die Inhalte der von Bewusstsein begleiteten Zustände können sehr vielfältig sein. Dazu gehören:

a) Wahrnehmung von Vorgängen in der Umwelt und im eigenen Körper (*phänomenales Bewusstsein*),

b) Bedürfniszustände, Affekte, Emotionen,

c) Aufmerksamkeit als erhöhter Bewusstseinszustand,

d) mentale Zustände wie Denken, Vorstellen und Erinnern,

e) Erleben der eigenen Identität und Kontinuität,

f) »Meinigkeit« des eigenen Körpers,

g) Verortung des Selbst und des Körpers in Raum und Zeit,

h) Autorschaft der eigenen Handlungen und mentalen Akte und

i) Unterscheidung zwischen Realität und Vorstellung.

Die Bewusstseinszustände a bis d sind Inhalte des *Aktualbewusstseins*, während man die Bewusstseinszustände e bis i als *Hintergrundbewusstsein* ansehen kann. Die Existenz dieser Zustände des Hintergrundbewusstseins wird nur bemerkt, wenn ein Zustand davon aufgrund von Erkrankungen oder Verletzungen ausfällt, zum Beispiel wenn eine Person sich nicht mehr im Spiegel erkennt oder nicht mehr weiß, wo sie sich befindet (vgl. Kolb und Wishaw, 1993).

Wozu haben wir Bewusstsein?

Über die Funktion des Bewusstseins haben seit dem klassischen Altertum viele Philosophen spekuliert, insbesondere mithilfe von Selbstreflexion, wobei meist wenig Brauchbares herauskam. Man kann diese Frage besser beantworten, indem man empirisch untersucht, was man nur im Zustand aufmerksamen Bewusstseins und nicht unbewusst leisten kann. Dazu gehört zum Beispiel eine detailreiche Beschreibung von Vorgängen in der Umwelt und im eigenen Körper, das Erfassen des Sinnes von Äußerungen oder Handlungen, eine komplexe mittel- und langfristige Handlungsplanung und das aktive Erinnern von Geschehnissen oder Dingen. Besonders wichtig ist die nachhaltige Verankerung von Inhalten im deklarativ-episodischen Langzeitgedächtnis (dLZG). Eine Verankerung unbewusster Wahrnehmungen und Erlebnisse und eine Verhaltensbeeinflussung sind wie erwähnt durchaus möglich, dies benötigt aber in der Regel vielfache Wiederholungen, während ein *aufmerksam* und *emotional intensiv* wahrgenommenes Einzelereignis meist schneller verankert und gleichzeitig langfristig erinnert werden kann (»Dieses Erlebnis werde ich nie vergessen!«).

Was läuft im Gehirn bei Bewusstseinszuständen ab?

Wenden wir uns der Frage zu, was im Gehirn abläuft, wenn wir bestimmte Dinge bewusst erleben, und prüfen, ob sich diese Hirnprozesse tatsächlich von solchen unterscheiden, die unbewusst bleiben. In der psychologisch-neurobiologischen Bewusstseinsforschung verwendet man neben der Elektroenzephalographie, also dem EEG, bildgebende Verfahren, insbesondere funktionelle Kernspintomographie (fMRI oder fMRT) (vgl. Exkurs 1, S. 60 ff.). Man positioniert im typischen Fall eine Versuchsperson in die fMRI-Röhre und bietet ihr bestimmte akustische oder visuelle Reize. Das können zum einen solche sein, die zu kurz oder zu schwach oder »maskiert« sind und daher nicht ins Bewusstsein dringen, oder längere, starke und hinreichend neuartige, die bewusst werden. Wenn nun eine Versuchsperson berichtet: Jetzt sehe oder höre ich dieses und jenes, dann sind plötzlich *viel mehr* Areale im Cortex aktiv als vorher, und zwar vornehmlich die »assoziativen« corticalen Areale im Hinterhaupts-, Scheitel-, Schläfen- und Stirnlappen. Gleichzeitig ist aber auch die Aktivierung der unbewusst arbeitenden primären und sekundären sensorischen Cortexareale stärker als vorher (Dehaene, 2014; Haynes, 2019).

Die Großhirnrinde erhält also bei Prozessen, die zu Bewusstseinszuständen führen, grundsätzlich einen stärkeren Input. Dieser Input kommt vornehmlich von Teilen des Thalamus, der als Tor zum Bewusstsein angesehen wird, obwohl auch er unbewusst arbeitet. Eine Torfunktion hat aber auch ein spezieller Teil der Großhirnrinde, der vordere cinguläre Cortex, denn er steuert – wie in Kapitel 1 erwähnt – unsere Aufmerksamkeit. Dieser cinguläre Cortex wird wiederum von tieferliegenden Hirnzentren erregt, nämlich neben dem Thalamus von der Amygdala und dem Nucleus accumbens, die »wichtige« positive und negative Emotionen vermitteln, sowie vom Hippocampus, der Inhalte aus dem Gedächtnis hinzufügt. Starke Gefühle und starke Erinnerungen bzw. damit verbundene Erwartungen beeinflussen deshalb besonders nachhaltig unser Bewusstsein. Amygdala, Nucleus accumbens und Hippocampus entscheiden als unbewusste Bewertungszentren zusammen mit dem Thalamus, ob etwas nach Abfrage der Kriterien »neu-alt« und »wichtig-unwichtig« bewusst werden soll oder nicht.

Eine wichtige und von Philosophen heiß diskutierte Frage lautet, in welcher Weise verschiedene Bewusstseinsinhalte mit neuronalen Prozessen in der Großhirnrinde verbunden sind. Gibt es dabei eine feste Zuordnung oder können bei denselben Bewusstseinszuständen sehr verschiedene corticale Areale aktiviert sein und umgekehrt? Im ersteren Fall könnte man unter günstigen Bedingungen beim Anblick corticaler Erregungsmuster erraten, was jemand bewusst erlebt, im letzteren Fall wäre so etwas nicht möglich.

Da es innerhalb der Großhirnrinde bestimmte Areale gibt, die für das Sehen, Hören, Tasten usw. zuständig sind, ist es nicht verwunderlich, dass bei einem bewussten visuellen, auditorischen, taktilen usw. Reiz generell auch diese Areale aktiviert sind. Das gilt aber auch für feinere Unterscheidungen, beim Sehen zum Beispiel für bewegte und unbewegte Reize, für Farben, unbelebte und belebte Objekte, Gesichter, Augen, Handbewegungen usw. Wir können also beispielsweise aufgrund des fMRI-Bildes feststellen: Jetzt sieht die Versuchsperson ein Gesicht, denn man sieht Aktivitäten in Bereichen des temporalen Cortex, die als »Gesichterareale« gelten.

Spannend wird es, wenn sich jemand etwas Bestimmtes vorstellt oder sich daran erinnert, denn auch dann – wenngleich schwächer als bei einer Wahrnehmung – werden ganz bestimmte Areale der Hirnrinde aktiviert, bei vorgestellten oder geplanten Bewegungen etwa das prä-supplementärmotorische Areal, bei vorgestellten Gesichtern die temporalen Gesichterareale (s. Kapitel 1). Man kann sogar überprüfen, ob ein Angeklagter, der vor Gericht sagt: »Diese Person habe ich noch nie gesehen«, lügt oder die Wahrheit sagt, denn im ersteren Fall werden die entsprechenden visuellen Areale, die Gedächtnisinhalte speichern, anders aktiviert als im letzteren Fall. Man kann also schon heute in gewissem Sinne Gedanken lesen und daraus eine Art Lügendetektor machen (Haynes und Rees, 2006; Haynes et al., 2007). Allerdings funktioniert dies nur mit großem Aufwand und oft auch nur, wenn man mehrfach bei mehreren Versuchspersonen unter denselben Bedingungen misst und die Messungen dann mittelt. Für die Praxis und auf eine bestimmte Person, etwa einen Angeklagten bezogen sind diese Erkenntnisse also vorerst ungeeignet, aber das ist eventuell nur eine Frage des technischen Fortschritts.

Interessanterweise klappt so etwas auch, wenn man das Gedankenlesen vollautomatisch macht, und zwar, indem man viele Gehirnmessungen bei bestimmten Reizsituationen in ein Rechnerprogramm eingibt, das die Daten auf mögliche Übereinstimmungen überprüft. Nach einer Reihe von Durchgängen ist so ein automatischer Gedankenleser viel effektiver als ein menschlicher Beobachter, denn der Rechner wird irgendwann auch feine Übereinstimmungen und Abweichungen erkennen können, die unserer Aufmerksamkeit entgehen (vgl. Haynes und Rees, 2006). Das ist bei voll automatisierten medizinischen Diagnostikverfahren nicht anders und keine Spezialität der Neurowissenschaften!

Nehmen wir all das zusammen, was bisher über den Zusammenhang zwischen subjektiven Bewusstseinszuständen und Hirnaktivität herausgefunden wurde, so zeigt sich, dass es eine überraschend klare Korrelation zwischen beiden Abläufen gibt, dergestalt, dass man unter geeigneten Bedingungen aus der Kenntnis des einen Voraussagen über das andere machen kann, also aus beobachteten Hirnzuständen Bewusstseinszustände folgern kann und umgekehrt. Natürlich kann man schon aus experimentellen Gründen nicht den schnellen Wahrnehmungs- und Gedankenstrom eines Menschen erfassen, denn die Messvorgänge dauern viel zu lange. Wenn aber jemand hinreichend lange und häufig etwas Bestimmtes wahrnimmt, denkt, vorstellt oder erinnert, dann wird dies möglich.

Kann man also daraus schließen, dass die Gehirnprozesse die Bewusstseinsprozesse auf »materiell-neuronale« Weise hervorbringen? Ein Philosoph könnte einwenden: Es könnte auch andersherum sein, d. h., die bewussten Wahrnehmungen, Vorstellungen, Gedanken und Erinnerungen sind das Primäre, und sie rufen im Gehirn bestimmte Verarbeitungsprozesse hervor. Viele Philosophen, die sogenannten Dualisten, haben tatsächlich so gedacht (und tun dies auch heute noch). Sie haben den Geist als einen Pianisten angesehen, der auf den Tasten eines Flügels, sprich dem Gehirn spielt (Popper und Eccles, 1982; Eccles, 1994). Damit wäre eine gewisse Unabhängigkeit des Geistes vom Gehirn gegeben, die für den Dualismus unabdingbar ist. Wozu der Geist aber überhaupt das Gehirn braucht, bleibt dabei unklar, denn er könnte doch die Finger direkt bewegen.

Man sollte diese dualistische Hypothese nicht einfach ablehnen – viel besser ist es, sie empirisch zu testen. Ist die dualistische Hypothese richtig, dann sollte ein mentaler Akt einer bestimmten Hirnaktivität *vorhergehen*; ist sie falsch, dann sollte sie ihm *nachfolgen*. Wie wir bereits gehört haben, tritt in entsprechenden Experimenten eine bewusste Wahrnehmung mit einer gewissen Verzögerung auf, die mindestens 200, meist 300 Millisekunden beträgt, weil unbewusste Prozesse die Reize vorverarbeiten und prüfen müssen, ob sie bewusst werden sollen oder nicht, und das braucht seine Zeit. Diese Prozesse kann man zum Beispiel mit dem Elektroenzephalogramm erfassen und das Bewusstwerden unter günstigen experimentellen Bedingungen voraussagen (»Gleich wird die Versuchsperson sagen: Jetzt sehe ich den Gegenstand!«). Ebenso kann man mit heutigen Methoden, der sogenannten transkraniellen Magnetstimulation, durch die Schädeldecke hindurch unbewusste Prozesse beeinflussen und so das Entstehen bewusster Prozesse gezielt auslösen, aber auch verhindern. Das widerspricht eklatant der dualistischen Hypothese, die besagt, es seien die geistigen Prozesse, welche die neuronalen Prozesse anstoßen. Tatsächlich scheint es genau umgekehrt zu sein: Bestimmte unbewusste Prozesse müssen im Gehirn ablaufen, bevor bewusste Erlebniszustände entstehen.

Aber wie bringen denn nun die »feuernden« Nervenzellen und aktiven Synapsen Geist und Bewusstsein hervor? Vor rund hundertfünfzig Jahren haben materialistische Philosophen und Forscher wie Carl Vogt, Jakob Moleschott oder Ludwig Büchner gemeint, die Nervenzellen würden wie Drüsen eine Art Bewusstseinsstoff absondern »wie die Niere den Urin absondert«. Solch einen »Bewusstseinsstoff« hat man aber bisher nicht entdeckt, und dies würde auch das Bewusstseinsproblem nicht lösen, denn es würde sich sofort die Frage stellen, wie denn aus *diesem* Stoff Bewusstsein entsteht. Anders ausgedrückt: Wie kann etwas Materiell-Physikalisches etwas hervorbringen, das erstens nur subjektiv von dem Träger des Bewusstseins empfunden werden kann und zweitens keinerlei Eigenschaften zu haben scheint, die irgendwie an bekannte materiell-physikalische Phänomene erinnern? Oder hat es doch solche Eigenschaften?

Seit rund hundert Jahren ist aufgrund der bahnbrechenden Entdeckungen von Hans Berger bekannt, dass Nervenzellverbände in der Großhirnrinde rhythmische Muster elektromagnetischer Wellen produzieren, die man neurophysiologisch mithilfe des EEG oder mit Mikroelektroden (Vielzell- oder Einzelzellregistrierungen) messen kann (vgl. Exkurs 1, S. 60 ff.). Es ist auch gelungen, verschiedene Frequenzbänder des EEG mit bestimmten Grundfunktionen des Gehirns in Verbindung zu bringen, etwa langsame *Theta-Frequenzen* im Bereich von 4–8 Hz mit Gedächtnisfunktionen, etwas schnellere *Alphawellen* im Bereich von 8–13 Hz mit einem entspannten geistigen Zustand, noch schnellere *Beta-Wellen* im Bereich von 13–30 Hz mit wachem geistigen Zustand und sehr schnelle oszillierende *Gamma-Wellen* oberhalb von 30 Hz mit speziellen kognitiven Funktionen. Eine unter Neurobiologen und kognitiven Psychologen derzeit populäre Vorstellung lautet, dass sich diejenigen kleineren Nervenzellverbände in der Großhirnrinde, die zusammen einen bestimmten Inhalt codieren, in Form von schnellen Gamma-Oszillationen in ihrer Aktivität synchronisieren und dann eine vorübergehende Bedeutungseinheit bilden. Dies führt wiederum zu bestimmten Bewusstseinsinhalten, etwa der bewussten Wahrnehmung einer Person mit Gesicht, Körper und Gliedmaßen (vgl. Engel und Singer, 2001).

Leider ist nach wie vor unklar, wie die Synchronisation auf neurophysiologischer Ebene genau funktionieren soll, und die Skepsis der Fachleute ist inzwischen wieder gewachsen. Insbesondere hat man entdeckt, dass im Cortex im Wesentlichen nur die lokal wirksamen inhibitorischen Interneurone wirklich hochfrequent feuern, während die längerreichweitigen Pyramidenzellen vergleichsweise langsam im Alpha- oder Beta-Bereich aktiv sind (Buszáki und Schomburg, 2015; Ray und Maunsell, 2015). Immerhin kann man sich vorstellen, dass die Muster elektromagnetischer Wellen, wie man sie im Cortex messen kann, so etwas wie *mentale Aktivitätsmuster* hervorbringen. Das würde erklären, warum sich Bewusstseinsinhalte im Takt mit Änderungen der Aktivität von Neuronenpopulationen ändern. Aber damit ist immer noch nicht die entscheidende Frage beantwortet, wie nun aus solchen Oszillationen und Synchronisationen tatsächlich Bewusstsein entsteht. Wenn ich eine Person erkenne, dann sehe ich diese Person mit ihren vielen visuellen Merkmalen, aber ich sehe keine Beta- oder Gamma-Oszillationen und Synchronisationen. Woher kommt also das Wahrnehmungsbild?

Einige philosophische Kritiker sagen deshalb den Neurobiologen: »Ihr könnt über die neuronalen Vorgänge, die mit Bewusstseinsprozessen verbunden sind, herausfinden, was Ihr wollt – das Problem des Entstehens von Geist und Bewusstsein aus der oszillierenden und synchronisierten Aktivität von Neuronen oder anderen neuronalen Zuständen werdet ihr niemals lösen!« (vgl. Pauen, 1999). Sie verweisen dabei auf die klassische dualistische Annahme, es handele sich bei den materiell-physikalischen Vorgängen im Gehirn und den Bewusstseinszuständen um *wesensverschiedene Entitäten*. Dies bedeutet aus traditioneller philosophischer Sicht, dass sie unterschiedlichen Gesetzmäßigkeiten unterliegen und grundsätzlich nicht aufeinander reduzierbar sind. Aber schon zu Zeiten des französischen Philosophen Descartes wurde darauf hingewiesen, dass wesensverschiedene Entitäten eigentlich nicht miteinander wechselwirken können, was sie aber im Falle von Geist-Bewusstsein und Gehirn nachweislich tun, und dieses Problem der Wechselwirkung wesensverschiedener Entitäten ist bis heute im Rahmen eines dualistischen Weltbildes nicht gelöst. Es gibt zahlreiche Modellvorstellungen, wie man auf naturwissenschaftlich-neurobiologischer Ebene das Entstehen des Geistes im Gehirn plausibel machen könnte, aber auch sie haben mit dem Phänomen zu kämpfen, dass im Gehirn kein Geist und im Geist kein Gehirn zu erkennen ist. Dass das Gehirn den Geist hervorbringt, kann also nur erschlossen, aber nicht direkt empfunden werden, denn der bewusste Geist kann über seine eigenen Grenzen nicht hinausschauen (Roth, 1996).

Das Vorbewusste

Das Vorbewusste ist eng mit dem Bewusstsein verbunden und umfasst Inhalte, die kurz bewusst waren und dann ins deklarativ-episodische Gedächtnis abgesunken sind – es sei denn, sie werden mit kognitivem Aufwand (Konzentration, Wiederholung usw.) im Aktual- bzw. Arbeitsgedächtnis gehalten, aber auch das gelingt nur für kurze Zeit. Je nach Vorverarbeitung im Arbeitsgedächtnis, der Art und der Stärke der Verankerung sowie der Verknüpfung mit bereits vorhandenen Inhalten können solche Inhalte des deklarativen Langzeitgedächtnisses (dLZG) leichter oder schwerer erinnert werden (vgl. Kapitel 1).

Jedoch können bestimmte Inhalte so tief ins dLZG abgesunken sein, dass sie nicht mehr aus eigener Kraft erinnert werden können. Wir wollen sie deshalb Inhalte des »*tiefen Vorbewussten*« nennen. Das Absinken kann unterschiedliche Gründe haben. So kann der Inhalt zu geringe Zugriffsmöglichkeiten bieten (zum Beispiel keine starke emotionale Tönung, keine mehrfache Bestätigung, keine ausreichende Verknüpfung mit anderen Inhalten, keine mehrfachen Zugangswege). Der Inhalt kann im psychoanalytischen Sinne auch *verdrängt* und damit am Bewusstwerden gehindert sein. Allerdings ist aus neurobiologischer Sicht bisher unklar, welche neuronalen Mechanismen dem »verdrängenden Zensor« zugrunde liegen. Es gibt Hinweise darauf, dass die Interaktion zwischen dem medialen PFC (besonders dem anterioren cingulären Cortex – ACC), dem Hippocampus und der Amygdala hierbei eine Rolle spielt.

Die Inhalte des tiefen Vorbewussten ähneln dem Unbewussten aufgrund der Tatsache, dass sie nicht durch eigenes Zutun erinnerbar sind, und werden oft mit ihm verwechselt. Verdrängte Inhalte können aber als Teil des dLZG im Gegensatz zum Unbewussten zumindest im Prinzip bewusst gemacht werden, zum Beispiel durch einen erfahrenen Psychotherapeuten oder irgendeinen zufälligen Anstoß, und oft tauchen dabei auch Details der Erlebnisse auf, was beim Unbewussten prinzipiell nicht der Fall ist. Allerdings ist das dLZG kein statischer Speicher im Sinne der Informationstechnologie, sondern ein System, das sich mit dem Eintreffen neuer Inhalte kontinuierlich umschreibt und deshalb prinzipiell nicht verlässlich im Sinne eines akkuraten Speichers ist.

Es gibt inzwischen viele Belege dafür, dass vermeintliche eigene Erlebnisse in Details oder sogar im Kerngeschehen konfabuliert sein können (Myers, 2015). Das bedeutet, dass dasjenige, was der Therapeut oder Coach im intensiven Befragen des Patienten oder Klienten von diesem erfährt, keineswegs tatsächlich so geschehen sein muss (das »False-Memory«-Problem; vgl. Loftus und Pickrell, 1995; Myers, 2015). Der Patient bzw. Klient kann auch bei völliger subjektiver Aufrichtigkeit nur dasjenige erinnern, was aus dem *momentanen* Zustand des dLZG hervorholbar ist.

Was sagt uns das?

Wir haben in diesem Kapitel drei grundlegend unterschiedliche Aktivitätszustände des Gehirns und der Psyche unterschieden, nämlich unbewusste, bewusste und vorbewusste Aktivitäten, so wie Sigmund Freud dies bereits vor hundert Jahren, wenngleich nicht konsistent, getan hat. Das Unbewusste haben wir dabei in ein primäres und ein sekundäres Unbewusstes eingeteilt, wobei ersteres niemals bewusst war, letzteres im Kleinkindalter kurzfristig bewusst sein konnte, aber aufgrund des Fehlens eines deklarativ-episodischen Langzeitgedächtnisses nicht langfristig abgespeichert und später wieder erinnert werden kann. Diese Episode der »infantilen Amnesie«, wie Freud sie nannte, dauert 2–3 Jahre, selten auch kürzer, etwa wenn es sich um hochemotionale Ereignisse handelt. Beide Zustände des Unbewussten können im Gegensatz zur Anschauung Freuds und anderen psychoanalytisch-psychodynamischen Anschauungen nicht direkt bewusst gemacht werden, da sie in den subcorticalen limbischen Arealen nicht in einem bewusstseinsfähigen Format gespeichert sind. Sie können nur indirekt über nichtverbale Kommunikationssignale interpretativ erschlossen werden. Davon wird später noch die Rede sein.

Vieles, aber keineswegs alles, was unbewusst verarbeitet wird, wird anschließend – nach rund einer Drittel Sekunde – bewusst und umfasst dann mehr oder weniger ausgedehnte oder fokussierte Aktivitäten des assoziativen Cortex. Dies führt dann zu einer detaillierten und sinnhaften Verarbeitung der zuvor unbewussten Inhalte als Grundlage eines komplexen Denkens, Fühlens, Kommunizierens und Handelns. Dies findet in den unterschiedlichen Teilen des Arbeitsgedächtnisses statt. Allerdings entschwinden solche bewussten Inhalte bereits nach wenigen Sekunden aus dem Arbeitsgedächtnis, wenn wir uns nicht angestrengt damit weiterbeschäftigen – aber auch das reicht nur für eine kurze Zeit, dann ist der Inhalt weg. Er ist in das Vorbewusste abgesunken, das identisch ist mit dem Zwischengedächtnis (vornehmlich dem Hippocampus) und schließlich dem deklarativ-episodischen Langzeitgedächtnis, das in zahllosen Modulen in der Großhirnrinde lokalisiert ist. Allerdings können wir diese Inhalte im Prozess des Erinnerns mehr oder weniger gut wieder abrufen.

Manches davon ist allerdings aus verschiedenen Gründen nicht mehr abrufbar – sei es aus mangelhafter Verankerung oder aufgrund von Verdrängung (die aber noch unverstanden ist!). Solche Inhalte ähneln dann Inhalten des primären oder sekundären Unbewussten, sind aber im Gegensatz zu diesem weiterhin *im Prinzip* erinnerbar. Dies ist die Chance eines psychodynamischen Vorgehens, nicht das Aufdecken unbewusster Inhalte per freier Assoziation, intensiver Befragung oder Traumdeutung, wie Freud und viele andere »analytisch« vorgehende Psychotherapeuten fälschlich meinten. Träume sind genauso wie Gedanken, Vorstellungen und Erinnerungen Produkte des assoziativen Cortex und hängen genauso uneindeutig mit dem Unbewussten zusammen!

Daraus folgt eine bedeutende Erkenntnis: Außenstehende, so geschickt sie auch sein mögen, können unser Unbewusstes nicht präzise ergründen, und am wenigsten können wir das selber! Das hat natürlich die für die Praxis wichtige Konsequenz, dass ein genaues Erkennen der unbewussten Motive, welche die eigentlichen Antriebe des Handelns darstellen, nicht möglich ist, sondern man immer nur auf Interpretationen hinsichtlich dessen angewiesen ist, wie Menschen sich mit Worten, Gestik, Mimik und Stimmlage ausdrücken und wie sie sich verhalten. Wir werden uns fragen müssen, ob dies ausreicht, einen Menschen in seiner Persönlichkeit gut einschätzen zu können.

KAPITEL 6

Gefühle und Gehirn

Psychologie und Neurowissenschaften haben über lange Zeit neben Sinneswahrnehmungen und motorischen Reaktionen die *Verstandesfunktionen* als bevorzugten Forschungsgegenstand ausgewählt. Sich mit Gefühlen zu befassen galt vielen als uninteressant, ja unwissenschaftlich, und dies hat sich erst seit den 90er Jahren des vorigen Jahrhunderts grundlegend geändert. Das ist ziemlich merkwürdig, denn jeder von uns weiß, wie wichtig und manchmal geradezu beherrschend Gefühle sind. Ein Mensch ohne Gefühle wird von uns abgelehnt, auch wenn er sich ganz rational verhält. Aber warum ist das so? Damit wollen wir uns in diesem und im nächsten Kapitel beschäftigen.

Was sind Emotionen und Gefühle?

Alltagspsychologisch wird im Deutschen »Emotion« mit »Gefühl« gleichgesetzt. Im Folgenden wollen wir aber den Begriff »Emotion« weiter fassen im Sinne eines Zustands, der uns entweder unbewusst oder bewusst ergreift und »bewegt« – entsprechend seiner Herkunft vom lateinischen Wort *movere*. Den Begriff »Gefühle« fassen wir dagegen als einen (bewussten) Erlebniszustand (englisch »feelings«) auf und hiermit als eine *Unterform* von Emotionen, die sich von perzeptiven und kognitiven Zuständen wie Denken, Vorstellen und Erinnern unterscheidet. Emotionen müssen also nicht unbedingt von Gefühlen begleitet sein, während Gefühle immer eine emotionale Basis haben, auf die wir gleich kommen werden.

Gefühlszustände verbinden sich meist mit konkreten perzeptiven und kognitiven Inhalten: Während wir bestimmte Dinge erkennen, erinnern oder vorstellen, haben wir in aller Regel bestimmte Gefühle. Manche Gefühle, insbesondere in Form von Stimmungen wie Niedergeschlagenheit, können aber auch inhaltsleer auftreten – man weiß dann gar nicht, warum man sich so bedrückt fühlt, was für perzeptive und kognitive Zustände nicht gilt.

Gefühle können unterschiedliche *Intensitäten* aufweisen (etwa schwache oder starke Furcht) und *positiv* oder *negativ* sein – letzteres nennt man ihre *Valenz*. Damit bezeichnet man in der Emotionspsychologie die positive oder negative Wertigkeit eines (bewussten) Gefühls, je nachdem, ob es von Freude, Lust bis hin zu Hochstimmung oder von Furcht, Angst, Trauer und Ekel begleitet ist. Daraus ergeben sich bestimmte Motive bzw. Handlungstendenzen wie Annäherung und Vermeidung.

Zudem treten Gefühle, besonders diejenigen höherer Intensität, auch *Affekte* genannt, in der Regel mit *körperlichen Ausdrucksformen* wie Mimik, Gestik, Körperhaltung, Stimmlage sowie mit *vegetativen Reaktionen* wie Schwitzen, Zittern, schnellem Atmen und einem höheren Pulsschlag auf. Antonio Damasio (1995) spricht hier von »somatischen Markern«, also körperlichen Zuständen, die mit Wahrnehmungen und Geschehnissen verbunden werden und zusammen mit ihnen ins Gedächtnis eingehen. Schließlich wirken viele Gefühle *motivational*, d. h., sie treiben uns an, bestimmte positive Dinge zu tun bzw. aufzusuchen (Annäherungsverhalten, *Appetenz*) bzw. negative Dinge zu vermeiden (*Aversion*).

Während Gefühle definitionsgemäß bewusst sind, gibt es

auch unbewusste Emotionen. Sie können, wie im vorangehenden Kapitel dargestellt, vegetative Reaktionen wie eine Erhöhung des Blutdrucks oder der Atemfrequenz, Verhaltensweisen wie ein Vermeidungsverhalten oder körperliche Verspannungen und die Ausschüttung von Hormonen (Stresshormonen, Sexualhormonen usw.) auslösen, ohne dass wir dies notwendigerweise bemerken. Deshalb können Physiologen mithilfe von Messungen charakteristischer Merkmale wie Hautwiderstandsänderungen, aber auch der Ausschüttung von Hormonen mehr über die Befindlichkeit eines Menschen erfahren als dieser selbst.

Umstritten ist in der Psychologie bis heute erstens die Frage, ob es eine emotionale Grundausstattung mit einer gewissen Zahl unabhängig voneinander existierender »angeborener« Affekte bzw. Emotionen gibt, die als separate Module auch im Gehirn zu finden sind, und ob zweitens Emotionen bzw. Gefühle ein Kontinuum aufweisen, oder ob sich alle Affekte/Emotionen auf nur *zwei Grundpolaritäten* – meist »positiv/erstrebenswert« vs. »negativ/zu vermeiden« und geringe vs. starke Erregung – reduzieren lassen.

Der Psychologe Paul Ekman (Ekman, 1999, 2007) vertritt ein *modulares* Modell der Emotionen, wobei er unter Emotionen kurzfristige, auf einen bestimmten Reiz bezogene Gefühlszustände versteht, die sich vornehmlich in der Mimik ausdrücken. Er geht von insgesamt 15 grundlegenden Emotionen (*basic emotions*) aus, nämlich Glück/Vergnügen (*happiness/amusement*), Ärger (*anger*), Verachtung (*contempt*), Zufriedenheit (*contentment*), Ekel (*disgust*), Verlegenheit (*embarrassment*), Aufgeregtheit (*excitement*), Furcht (*fear*), Schuldgefühl (*guilt*), Stolz auf Erreichtes (*pride in achievement*), Erleichterung (*relief*), Trauer/Kummer (*sadness/distress*), Befriedigung/Zufriedenheit (*satisfaction*), Sinneslust (*sensory pleasure*) und Scham (*shame*). Andere affektive Zustände wie Trauer (*grief*), Eifersucht (*jealousy*), schwärmerische Liebe (*romantic love*) und elterliche Liebe (*parental love*) sind für Ekman eher längerfristige affektive Zustände oder Stimmungen und daher nicht unbedingt als Emotionen anzusehen. Diese 15 genannten Emotionen sind für Ekman durch eine einzigartige, im Wesentlichen angeborene Kombination von äußerlichen und innerlichen körperlichen Merkmalen charakterisiert, zum Beispiel durch einen typischen Gesichtsausdruck, eine typische Lautäußerung (Schmerz-, Trauer-, Freudenlaute usw.) und einen charakteristischen Zustand des vegetativen Nervensystems.

Der 2017 verstorbene estnisch-amerikanische Neurobiologe Jaak Panksepp geht ebenfalls davon aus, dass es deutlich abgrenzbare *affektiv-emotionale Grundzustände* gibt, die durch unterschiedliche neuronale »Module« im Gehirn charakterisiert sind. Diese lassen sich seiner Meinung nach über gezielte Hirnstimulationen vornehmlich im sogenannten »zentralen Höhlengrau« (periaquäduktales Grau, PAG) nachweisen (Panksepp, 1998; Panksepp et al., 2017), wobei er diese Auffassung vornehmlich tierexperimentell, d. h. bei der Ratte begründete. Er kommt aber zu einer anderen Einteilung als Ekman und unterscheidet sechs *basale affektive Systeme*, nämlich Streben/Erwartung (*seeking/expectancy*), Wut/Ärger (*rage/anger*), Wollust/Sexualität (*lust/sexuality*), Fürsorge/Pflege (*care/nurturance*), Panik/Trennung (*panic/separation*), und Spiel/Freude (*play/joy*).

Diese – wenngleich unterschiedlichen – »modularen« Auffassungen von Emotionen und die Idee der Universalität von Basisemotionen wurden in letzter Zeit stark kritisiert. Neue vergleichende Untersuchungen zeigten, dass emotionale Gesichtsausdrücke weit weniger universell sind als von Ekman angenommen, indem sie kulturell stark beeinflusst werden. So lernen Kinder schnell, Freude, Trauer, Wut, Furcht usw. in einer bestimmten Weise oder überhaupt nicht zu zeigen, was im Erwachsenenzustand bei interkulturellen Begegnungen oft zu großen Schwierigkeiten führt.

Zwischen Affekten und Emotionen gibt es einen wichtigen Unterschied. Während die Affekte meist durch bestimmte Anlässe oder Standardsituationen vorgegeben sind und dann losbrechen, ordnen sich die Gefühle bestimmten Geschehnissen in uns und in der Welt in sehr variabler, meist erlernter Weise zu. Starke Bedrohung führt zu Aggression oder Panik, eine tief enttäuschte Liebe zu Hass, starker Stress oder Frust zu Wut und Zorn. *Was* mir aber im einzelnen Freude und Glück bereitet, kann so unterschiedlich sein wie die individuellen Lebensverhältnisse, und dies ist für Ekel, Hoffnung und Verachtung genauso. Was der eine mit Hochgenuss verspeist, mag den anderen ekeln, des einen Freude ist möglicherweise des anderen Leid, des einen Hoffnung des anderen Enttäuschung. Natürlich gibt es einige wenige Dinge, die nahezu allen Menschen Freude und Glück oder Furcht und Angst bereiten, aber damit hört es auch schon auf.

Gegenüber modularen Konzepten vertreten Emotionsforscher wie James Russell, David Watson und Auke Tellegen, aber auch der Neurobiologe Edmund Rolls die Auffassung, Emotionen seien doppelt »polar«. Danach unterscheiden sich Emotionen auf einer Achse durch ihre Valenz (positiv-angenehm vs. negativ-unangenehm) und auf der anderen Achse durch die Stärke der Erregung (geringe vs. starke Erregung) (vgl. Rolls, 1999; Russell, 2009).

Eine wiederum andere Klassifikation von Emotionen präsentieren die amerikanischen Emotionsforscher Andrew Ortony, Gerald Clore und Allan Collins (vgl. Clore und Ortony, 2000). Emotionen unterscheiden sich nach diesen Autoren von Affekten, und zwar dadurch, dass sie eine Bewertung von Zielen (*goals*), Erwartungen/Normen (*standards*) und Einstellungen (*attitudes*) einschließen, was bei Affekten und Stimmungen nicht der Fall ist. Nach Meinung dieser Autoren sind Emotionen stets *intentional*, d. h. auf ein Ziel ausgerichtet.

Während viele Autoren Affekte und Emotionen einerseits und kognitive Leistungen andererseits als voneinander unabhängige, wenn auch miteinander interagierende psychische Zustände ansehen, sind Clore und Ortony entschiedene Verfechter einer *kognitiven Theorie der Emotionen*, wie sie auch vom Schweizer Psychologen Klaus Scherer vertreten wird (Scherer, 1999). Emotionen sind für diese Autoren Bewertungszustände (*appraisals*) und haben immer eine kognitive Komponente, im Gegensatz zu den Affekten. Sie beziehen sich, gleichgültig ob bewusst oder unbewusst, auf das Erfassen der *Bedeutung* einer Situation oder eines Gegenstandes.

Unbewusste Emotionen und bewusste Gefühle

Wie erwähnt, können Emotionen unbewusst bleiben, obwohl sie eine messbare und auch im Verhalten sich ausdrückende Wirkung haben. Es liegen zahlreiche Untersuchungen zur Verarbeitung und Wirkung unbewusst wahrgenommener Reize und Reizsituationen auf das limbisch-emotionale System vor. Untersucht wurden zum Beispiel Versuchspersonen, die eine starke Furcht vor Schlangen hatten, jedoch nicht vor anderen belebten oder unbelebten Objekten. Hierbei kam meist die Methode maskierter Reize zum Einsatz, die bereits geschildert wurde.

Der schwedische Psychologe Arne Öhmann zeigte in solchen Experimenten seinen Versuchspersonen eine *maskierte*, also von zwei länger präsentierten neutralen Bildern flankierte sehr kurze Darbietung von Schlangenbildern, die zu starken *vegetativen* Furchtreaktionen führten, obwohl die furchtauslösenden Bilder nicht bewusst wahrgenommen wurden. Dies war bei diesen Personen bei für sie nicht furchterregenden Bildern nicht der Fall (Öhman, 2009). Dies zeigt, dass die individuelle Bedrohlichkeit des Reizes *unbewusst erkannt* wurde. Ähnliche Resultate ergaben Versuche, in denen Personen mithilfe eines milden Elektroschocks auf bestimmte Objekte wie Spinnen, Schlangen oder auch neutrale Gesichter furchtkonditioniert wurden. Wurden diese Objekte maskiert dargeboten, so zeigten die Personen deutliche vegetative Reaktionen. Ebenso erkannten Versuchspersonen, die auf Spinnen, Schlangen oder andere Objekte als furchterregende Objekte konditioniert worden waren, in einer visuellen Suchaufgabe solche Objekte schneller, wenn diese in neutrale oder positive Objekte (Blumen oder Pilze) eingebettet waren. Letzteres zeigt, dass im Bereich unbewusster Wahrnehmungen das *Erkennen bedrohlicher Reize* Priorität vor dem Erkennen neutraler oder positiver Reize hat. Öhman spricht in diesem Zusammenhang von einer *automatisierten Sensibilität für Bedrohungen* (Öhman, 1999).

Grundlegend für die Ausbildung von Emotionen ist der Prozess der *klassischen und operanten Konditionierung*: Wir tun oder erleben etwas, und dies hat für uns entweder positive, negative oder neutrale Konsequenzen. Diese unterschiedlichen Konsequenzen werden von unserem Gehirn bewusst oder unbewusst registriert und fest verbunden mit den Ereignissen oder Handlungen in unserem Erfahrungsgedächtnis abgespeichert. Dieser Prozess beginnt schon vor der Geburt und setzt sich das ganze Leben hindurch fort. Um den sich dabei anhäufenden ungeheuren Vorrat an Erfahrung schnell zugänglich zu machen, versieht das Gehirn die unterschiedlichen Konsequenzen und Erfahrungen mit emotionalen »Etiketten« oder »Markern«, meist auch körperlicher Art. Wann immer wir in eine Situation kommen, die das Gehirn als »bekannt« oder zumindest als »ähnlich« einstuft, werden bestimmte Gefühle aufgerufen, die uns als eine Art von Kurzbotschaften des Erfahrungsgedächtnisses raten, was wir zu tun und zu lassen bzw. wovor wir uns in Acht zu nehmen haben.

Der Anblick einer runden, rotglühenden Scheibe auf dem Herd ist für ein kleines Kind erst einmal ein interessanter Gegenstand. Nachdem das Kind sie aber angefasst und sich gehörig die Finger verbrannt hat, wird dieser Gegenstand mit der Schmerzempfindung verbunden, und die heiße Herdplatte erhält das Etikett »schmerzhaft«. Immer wenn das Kind die glühende Herdplatte wieder sieht, wird diese Bewertung aufgerufen, und es hat bewusst oder unbewusst Furcht davor, mit der Herdplatte in Berührung zu kommen. Entsprechend geht es uns mit einem Menschen, mit dem wir ein- oder zweimal schlechte Erfahrungen gemacht haben – beim Wiedersehen haben wir sofort Furcht vor diesem Menschen oder zumindest unangenehme Gefühle, und oft fühlen wir im Voraus den Kummer. Die entsprechende Botschaft lautet: »Nimm dich in Acht« oder besser »Verkrümele dich, ehe er dich sieht«. Umgekehrt wird der Anblick bestimmter Nahrungsmittel für uns sehr erfreulich, nachdem wir die Erfahrung gemacht haben, dass sie gut schmecken. Unser Gefühl sagt uns: »Greif zu!« Bestimmte Erfahrungen führen zu tiefer Niedergeschlagenheit, weil sie eine bestimmte negative Erfahrung noch weiter verstärken, oder sie führen zu Begeisterung. Emotionen leiten und bewegen uns – sie werden im Zusammenhang mit solchen Konditionierungsprozessen zur Grundlage von *Motivation*.

Lernen in Form von emotionaler Konditionierung gehört zu unserem täglichen Leben. Viele Dinge und Geschehnisse sind nicht unter allen Umständen und für alle Personen gleichermaßen positiv oder negativ. Wir müssen das vielmehr durch individuelle lust- oder leidvolle Erfahrungen selbst herausfinden. Nicht immer erzeugt eine Herdplatte schmerzhafte Verbrennungen (zum Beispiel wenn sie kalt ist), nicht jeder unfreundlich aussehende Mensch ist tatsächlich unfreundlich, und nicht jeder freundlich aussehende Mensch meint es gut mit uns. Emotionale Konditionierungen bilden sich meist nicht aufgrund eines einmaligen Erlebnisses aus, sondern bestimmte negative oder positive Erfahrungen müssen wiederholt gemacht werden, um sich fest in unserem emotionalen Erfahrungsgedächtnis zu verankern. Allerdings geht diese Verankerung umso schneller vor sich, je stärker die emotionalen Begleitzustände oder Folgen von Ereignissen waren. Passiert etwas, das große Freude, große Lust, starken Schmerz oder große Furcht in uns auslöst, dann kann sich diese Kopplung schon beim ersten Mal unauslöschlich in uns einprägen. Bei negativen Erlebnissen wie grässlichen Unfällen, Vergewaltigung oder Todesangst nennt man dies *psychische Traumatisierung* (Roth und Strüber, 2018)

Im Rahmen eines Experiments mit klassischer Konditionierung (Bechara et al., 1995) wurde ein Nebelhorn zur Auslösung einer Schreckreaktion verwandt. Dabei konnten bestimmte Patienten genau angeben, welcher sensorische Stimulus mit einem Schreckreiz gepaart worden war, sie zeigten aber keine vegetative Angstreaktion, die über die Erhöhung des Hautwiderstands gemessen wurde. Sie entwickelten also keine Angst- oder Schreckempfindungen und nahmen das Ereignis »emotionslos« hin.

Der Grund hierfür war, dass sie auf beiden Seiten ihres Gehirns keine funktionsfähige Amygdala hatten – diese war aufgrund einer frühkindlichen Infektionskrankheit (der Urbach-Wiethe-Krankheit) abgebaut worden. Während ihr *deklaratives* Gedächtnis funktionierte, versagte ihr *emotionales*. Eine andere Gruppe von Patienten hatte hingegen keine bewusste Information über die Paarung von sensorischem Reiz und Schreckreiz, zeigte aber eine deutliche vegetative Furchtreaktion. Bei diesen Patienten fehlte aufgrund von Verletzungen oder einer operativen Entfernung auf beiden Seiten der Hippocampus. Während ihr *emotionales* Gedächtnis funktionierte, versagte ihr *deklaratives*. Die Patienten mit Amygdala und ohne Hippocampus erlebten also Angst und Schrecken, ohne zu wissen, warum.

Die neurobiologischen Grundlagen der Emotionen

Wo entstehen und sitzen nun die Affekte und Gefühle? Erst einmal scheinen sie nichts mit dem Gehirn zu tun zu haben, sondern mit unserem *Körper*. Uns hüpft das Herz vor Freude, wir haben vor einer unangenehmen Situation Magendrücken, uns zittern die Hände und schlottern die Knie vor Angst, uns platzt vor Wut der Kragen. Es ist schwer, diese körperlichen Zustände zu verbergen, wenn wir starke Gefühle haben. Natürlich können wir durch langes Training halbwegs einen Zustand des »sich in der Gewalt Habens« erreichen, aber ganz wird uns dies wohl nicht gelingen. Vielmehr ist es so, dass mit den verminderten körperlichen Reaktionen auch die Gefühle schwinden. Der enge Zusammenhang zwischen Affekten bzw. Gefühlen und körperlichen Zuständen ist leicht einzusehen. Affekte und Gefühle sollen uns zu einem bestimmten Verhalten veranlassen, und zwar umso mehr, je stärker sie sind. Wir sollen von unserem Erfahrungsgedächtnis gezwungen werden, etwas Bestimmtes zu tun oder zu lassen, zu kämpfen oder zu fliehen, Dinge anzupacken oder sie möglichst zu meiden.

Entsprechend haben nahezu alle Religionen und Kulturen die Gefühle im Körper angesiedelt, meist im Herzen oder im Bauch, denn dort ist bei Affekten und starken Gefühlen am meisten los. Hinsichtlich der Lokalisierung ist dies jedoch ein Irrtum, wenngleich ein verständlicher, denn wir werden dabei von unserem Gehirn fundamental getäuscht. Gefühle entstehen ausschließlich im Gehirn, allerdings erst einmal als unbewusste Emotionen in Zentren des limbischen Systems, die mit dem Körper und seinen Organen aufs Engste verbunden sind. Sie werden dann zu bewussten Gefühlen, wenn Signale von diesen limbischen Zentren in die Großhirnrinde dringen. Die Großhirnrinde ist wie dargestellt der Sitz des Bewusstseins, und alles, was nicht in der Großhirnrinde geschieht, ist prinzipiell unbewusst. Allerdings »rück-projiziert« das Gehirn sozusagen die Empfindungen in den Körper: Wir erleben dann unangenehme Gefühle im Bauch, aber dies geschieht im *Bauch des Körperschemas im Gehirn*, nicht im richtigen Körper. Es ist der vom Gehirn konstruierte und im Gehirn befindliche »Körper«, der weh tut – Schmerz ist immer ein Gehirnkonstrukt (vgl. Bromm und Wolf, 2017)!

Die Amygdala und das mesolimbische System sind die Hauptorte der *unbewussten* emotionalen Konditionierung. Beide erhalten »auf kurzem Wege« Mitteilungen von den Sinnesorganen und den ihnen nachgeschalteten Verarbeitungszentren im Mittel- und Zwischenhirn. Bis vor einiger Zeit nahm man aufgrund von Untersuchungen von LeDoux zur Furchtkonditionierung bei Ratten an, dass sich im dorsalen Thalamus die sensorischen Bahnen trennen, indem die einen zur Amygdala und zum mesolimbischen System ziehen sowie zu anderen limbischen Zentren, die anderen zu den sensorischen und anschließend zu den assoziativen Arealen der Großhirnrinde. Es gab für LeDoux einen schnellen unbewussten subcorticalen Weg und einen langsamen bewussten corticalen Weg (LeDoux, 1998). In der Folgezeit hat sich aber gezeigt, dass dies nur für auditorische Furchtkonditionierung bei der Ratte zutrifft. LeDoux' Kollegen Pessoa und Adolphs (2010) haben darauf hingewiesen, dass es bei Primaten einschließlich des Menschen zwar in der Tat einen schnellen und unbewussten sowie einen langsamen und bewussten Weg gibt, die beide zuerst zum dorsalen Thalamus verlaufen, sich dort aber *nicht* wie im auditorischen System der Ratte trennen. Vielmehr ziehen sie gemeinsam zu den unbewusst arbeitenden primären sensorischen Arealen in der Großhirnrinde, und erst dort teilen sich beide Wege. Dabei ziehen einige sensorischen Bahnen wieder »abwärts« zur basolateralen Amygdala und zum mesolimbischen System, andere setzen ihren Weg zu den assoziativen Cortexarealen fort und werden dabei bewusst.

Zudem hat sich überraschenderweise gezeigt, dass auch diese assoziativen Cortexareale einschließlich des Stirnhirns unbewusste »Express-Informationen« mit ähnlich kurzen Laufzeiten wie bei der Amygdala erhalten, denen dann bewusste Informationen mit deutlich längeren Laufzeiten folgen (Pessoa und Adolphs, 2010). Dies bedeutet, dass der assoziative Cortex genauso wie die subcorticalen Zentren (Amygdala, Nucleus accumbens usw.) zuerst eine schnelle und grobe Informationsverarbeitung vornimmt, denen dann langsamere, aber detailreichere Informationen folgen. Dies erleben wir etwa dadurch, dass wir die Finger von der Herdplatte schon weggezogen haben (eine unbewusste Reaktion), ehe es wehtut (eine bewusste Empfindung), oder dass wir bei einem lauten Knall oder hellen Blitz zusammenzucken oder in Deckung gehen, ehe uns bewusst wird, was da eigentlich passiert ist. Bisher dachte man, diese schnellen Reaktionen seien allein Sache subcorticaler Areale.

Über die genaue Funktion der Amygdala und des mesolimbischen Systems und damit ihre Rolle beim Entstehen und bei der Kontrolle von Emotionen herrscht, wie bereits erwähnt, bis heute keine völlige Klarheit. Als unzutreffend gilt inzwischen die in den Neurowissenschaften lang gehegte und in der »Neuro-Ökonomie« breitgetretene Auffassung, die Amygdala sei ausschließlich für schlechte Emotionen und Gefühle wie Furcht, Angst, Abneigung zuständig, der Nucleus accumbens ausschließlich für positive Emotionen und Gefühle, und man müsse nur feststellen, bei welchen potenziellen Kaufobjekten die Amygdala oder der Nucleus accumbens aktiv seien, um zu wissen, was ein Kunde kaufen werde.

Beide genannten Strukturen reagieren zumindest bei Primaten einschließlich des Menschen sowohl auf negative als auch auf positive Ereignisse, wenngleich die Andockstellen für Stoffe, die damit verbunden sind (»coldspots« bzw. »hotspots«), jeweils räumlich getrennt sind (Berridge und Kringelbach, 2015). Die funktionalen Unterschiede zwischen Amygdala und Nucleus accumbens bestehen eher darin, dass die Amygdala, wie geschildert, auf starke, oft unerwartete Ereignisse bzw. Ereignispaare reagiert, also eher ein unbewusster Signalgeber dafür ist, *welches Ereignis zusammen mit welchem anderen Ereignis auftritt*. Der Nucleus accumbens hingegen (gemeinsam mit dem ventralen tegmentalen Areal und dem ventralen Pallidum) erarbeitet den möglichen Belohnungs- und Bestrafungswert von Ereignissen und Ereignispaaren, insbesondere von unerwarteten Ereignissen, die neu gelernt werden müssen, und er errechnet auf dieser Grundlage den Grad der Motivation.

Belohnungs- und Bestrafungserwartungen

Ein wichtiges Bindeglied zwischen beiden Vorgängen ist die laterale Habenula des oberen Zwischenhirns, die einerseits von der Amygdala erregt wird, zugleich aber das ventrale tegmentale Areal und damit indirekt den Nucleus accumbens und das ventrale Pallidum über die Erregung inhibitorischer Interneurone hemmt, wenn Reize anders ausfallen als erwartet. All dies wird dann einerseits dem Hipppocampus bei seiner Arbeit als Organisator des deklarativen Gedächtnisses und andererseits dem limbischen Cortex gemeldet. Diese Prozesse bilden dann die Grundlage von Motivation und der Ausbildung von Zielen, was wir im übernächsten Kapitel genauer behandeln werden.

Die in der Amygdala und dem mesolimbischen System stattfindenden Prozesse der unbewussten Konditionierung laufen nach dem im 1. Kapitel vorgestellten »Hebb-Prinzip« der plastischen Modifikation synaptischer Kontakte ab. In der Amygdala werden, wie gerade erwähnt, Ereignispaarungen registriert, etwa das gemeinsame Auftreten (die »Koinzidenz«) des Anblicks bzw. Anfühlens einer rotglühenden Herdplatte und eines starken Verbrennungsschmerzes. Das eine ist ein visueller und taktiler Reiz, das andere eine Meldung subcorticaler Zentren wie des Hypothalamus und des zentralen Höhlengraus (sowie anderer schmerzgenerierender Zentren) über die Schädlichkeit des Ereignisses. Die jeweils hierfür zuständigen unterschiedlichen Nervenfasern treffen nun in Zellen der basolateralen Amygdala aufeinander und erhöhen oder mindern mithilfe modulatorischer Übertragungsstoffe sowie GABA deren Aktivität. Wiederholt sich dieses Zusammentreffen (die *Koinzidenz*) mehrfach, so wird es nachhaltig gespeichert und dem Hippocampus sowie dem Nucleus accumbens mitgeteilt. Dieser Konditionierungsvorgang ist erstaunlich nachhaltig und kann – darüber wird noch zu sprechen sein – nicht oder nur mit Mühe revidiert werden. Dies gilt für positive, besonders aber für negative Ereignisse, und dies ist wohl einer der Gründe, warum die Amygdala als »Haupt-Furchtkonditionierer« angesehen wurde.

Das bewusste Erleben von Gefühlen entsteht in Cortexarealen, die zur oberen limbischen Ebene gehören. Diese limbischen Cortexareale empfangen einerseits einen eigenen Eingang von den subcorticalen und corticalen Sinneszentren und assoziativen Arealen. Zum anderen empfangen sie massive Eingänge vom Hypothalamus, vom Septum, von der Amygdala und vom mesolimbischen System (VTA, Nucleus accumbens). Über diese aufsteigenden Verbindungen steuert das »Unbewusste« unsere bewussten Gefühle. Darüber hinaus schicken die corticalen limbischen Areale massive Ausgänge dorthin zurück (Pessoa, 2017). Über diese rückläufigen Verbindungen können die Emotionen bewusst oder unbewusst der jeweiligen Situation angepasst werden.

Wie in Kapitel 1 erwähnt, hat der *orbitofrontale Cortex* (OFC) zusammen mit dem *ventromedialen präfrontalen Cortex* (vgl. Abbildungen 2 und 3, S. 30/31) mit der Bewertung unseres Verhaltens und seiner Konsequenzen (d. h. Aussicht auf Belohnung oder Verlust) (Timbie und Barbas, 2015) und hierüber mit der Steuerung unserer Entscheidungen, unseres Sozialverhaltens, mit Moral und Ethik zu tun und allgemein mit der Regulation unserer Emotionen. Dies geschieht dort zuerst unbewusst, dann aber bewusst in Form von Gefühlen, Stimmungen, Motiven und Zielen. Hier geht es auch um die Fähigkeit, starke Gefühle und Impulse, die vornehmlich vom Hypothalamus, der Amygdala und dem mesolimbischen System stammen, zu zügeln und sich nicht von ihnen überwältigen zu lassen.

Der auf der Innenseite der Großhirnrinde sich anschließende *anteriore cinguläre Cortex* (ACC) hat mit innengeleiteter (also »topdown« regulierter) Aufmerksamkeit zu tun, mit Fehlererkennung, dem Abschätzen der Risiken unseres Verhaltens nach Erfolg und Misserfolg, aber auch mit dem eigenen Schmerzempfinden und mit dem Empfinden des Leidens anderer, also mit *Empathie* (Lavin et al., 2013).

Am Übergang zwischen Frontal-, Parietal- und Temporallappen liegt – tief eingesenkt – der *insuläre* Cortex (Abbildung 4, S. 36). Er hat wie berichtet mit Geschmack zu tun, der bekanntlich zusammen mit dem Geruch eine große Nähe zu Gefühlen hat, mit Schmerzwahrnehmung und in diesem Zusammenhang ebenso wie der ACC mit Empathie, nämlich der Wahrnehmung des Schmerzes bei anderen (Decety und Michalska, 2010), aber auch mit eigenem seelischem Schmerz bei Erniedrigung, Beschämung und Ausgrenzung (T. Singer et al., 2004, 2009; Eisenberger, 2012; Eisenberger et al., 2003).

Eine wichtige Rolle bei der Interaktion kognitiver und emotionaler Inhalte des Gedächtnisses spielt der *Hippocampus*. Er steuert sowohl das »Einlesen« als auch das »Abrufen« von Inhalten des deklarativen Langzeitgedächtnisses und erhält dabei Eingänge von der Amygdala, vom Hypothalamus und vom mesolimbischen System. Über diese Eingänge des subcorticalen limbischen Systems nehmen unbewusste emotionale und motivationale Prozesse starken Einfluss auf die Verankerung und den Abruf von Gedächtnisinhalten (Bocchio et al., 2017).

Die Chemie der Gefühle

Gefühle als bewusst erlebte Emotionen sind immer an die Ausschüttung bestimmter Stoffe im Gehirn gebunden (Roth und

Strüber, 2018). *Positive* Gefühle wie Zufriedenheit, Glück, Freude bis hin zu Euphorie und Ekstase werden hervorgerufen durch die Ausschüttung einer Reihe ganz unterschiedlicher Stoffe wie des Neurotransmitters bzw. -modulators Serotonin, der eher beruhigt und entspannt, von »hirneigenen« Drogen wie Endorphinen, Enkephalinen und Endocannabinoiden, die Freude, Lust und Euphorie erzeugen, und von Hormonen bzw. Neuropeptiden wie Prolactin und Oxytocin, die soziales Wohlgefühl (»Bindung«) vermitteln. Die meisten dieser Stoffe haben überdies eine schmerzlindernde (*analgetische*) und stressmindernde Funktion. Diese Stoffe werden in unterschiedlichen Kernen des Hypothalamus und in der Hypophyse sowie in den Raphe-Kernen des Hirnstamms (Serotonin) produziert und in anderen limbischen Zentren ausgeschüttet, vor allem in der Amygdala, im mesolimbischen System und im limbischen Cortex.

Negative Gefühlszustände werden ebenso durch ganz unterschiedliche Neuropeptide und Hormone ausgelöst. So vermittelt das Neuropeptid Substanz P allgemein Schmerzempfindungen und steigert Erregung, Aggressivität und das männliche Sexualverhalten. Vasopressin steigert den Blutdruck und bei Männern ähnlich wie Substanz P das sexuelle Appetenzverhalten und die Aggression. Cholezystokinin kann Panikattacken auslösen, und Corticotropin-Releasing-Hormon (CRH) erzeugt über die Produktion von ACTH und Cortisol Stressgefühle und -reaktionen und in höheren Dosen Furcht und Angst. Der Neurotransmitter Adrenalin/Noradrenalin erhöht die generelle Aufmerksamkeit, erzeugt in höheren Dosen ein allgemeines Bedrohungs- und Beunruhigungsgefühl und unterstützt die Konsolidierung von Gedächtnisinhalten (Valentino und van Bockstaele 2008; Joels et al. 2011).

Diese Stoffe haben untereinander eine teils förderliche, teils hemmende Wirkung und treten dabei in den vielfältigsten Kombinationen auf. Sie können als die »Etikette« der Ergebnisse limbischer Bewertungs- und Konditionierungsprozesse und als Verstärker von deren Verhaltensrelevanz angesehen werden. Man nimmt an, dass dies vornehmlich über die rekursive Interaktion zwischen Amygdala, Nucleus accumbens, ventralem Pallidum und Hippocampus auf der einen Seite und den genannten limbischen corticalen Arealen auf der anderen Seite geschieht (Pessoa, 2017).

Zusammenfassung: Welche Funktion haben Gefühle?

Wie wir gehört haben, treten unbewusst Emotionen auf, wenn subcorticale limbische Zentren wie Amygdala und Nucleus accumbens in der Umwelt etwas Neues und Unerwartetes entdecken, das potenziell wichtig sein kann. Ist es neu *und* wichtig, dann wird seine *Valenz* überprüft, d. h., ob und in welchem Ausmaße es positiv oder negativ ist. Wenn das eine oder andere feststeht, kommt es zu einer schnellen und erst einmal unbewussten Reaktion wie Annähern und Zugreifen oder Abwehren bzw. Flucht. Anschließend kann bei genügend starker Aktivierung diese Bewertung bewusst werden, indem eine deutlich erfahrbare körperliche Reaktion wie Erschrecken, Wegducken, Verkrampfen auftritt. Gleichzeitig wird dem neuronalen Geschehen die Ausschüttung der oben genannten lust- und unlusterzeugenden Stoffe zugeordnet. Dann empfinden wir und unser Körper etwas als angenehm, verlockend, lustvoll oder erschreckend, schmerzhaft, abstoßend usw. Das passiert in aller Regel, bevor wir auf kognitiver Seite genau erfahren, was da eigentlich los ist, und oft genug reagieren wir übereilt, d. h., wir fliehen, obwohl eigentlich keine Bedrohung herrscht, oder wir nähern uns einer in Wirklichkeit hochgefährlichen Sache an, weil wir neugierig sind.

Gefühle – so die bereits erwähnte Theorie Antonio Damasios von den »somatischen Markern« – sind damit die »Vorwarner« des späteren detaillierten Erfassens, sie machen uns bereit. Und sie spielen bei der Verankerung der Geschehnisse und ihrer Bewertungen im Langzeitgedächtnis eine wichtige Rolle. Erleben wir etwas als sehr lustvoll oder schmerzhaft, dann bleibt dies viel hartnäckiger im Gedächtnis verankert und bestimmt unser zukünftiges Verhalten viel intensiver, als wenn wir das Ereignis emotional kaum wahrnehmen – wenn es uns ziemlich »kalt« lässt! Wir sehen daran, dass schnelles lebenserhaltendes Lernen ohne Emotionen gar nicht möglich ist, denn ohne Emotionen und nur von unseren Sinneswahrnehmungen und unserem Verstand geleitet würden wir viele negative Dinge oft noch einmal machen!

Für die Frage nach den Möglichkeiten und Grenzen der Veränderbarkeit von Menschen ist, wie wir in Kapitel 12 genauer sehen werden, diese Erkenntnis der zentralen Rolle von Emotionen und damit von Motivation von großer Bedeutung.

KAPITEL 7

Verstand, Vernunft und Gehirn

Die meisten Religionen, Weltanschauungen und Philosophien unserer westlichen Welt setzen den Menschen an die Spitze der Natur, und dies mit der Begründung, dass nur der Mensch neben Sprache und Bewusstsein Verstand und Vernunft besitze. Zwar nehmen inzwischen viele Verhaltensforscher an, dass mindestens einige Tiere bestimmte Formen des Bewusstseins besitzen, die wir beim Menschen finden (s. Kapitel 5), und auch bei der angeblichen Einzigartigkeit der menschlichen Sprache ist man sich nicht mehr so ganz sicher, aber hinsichtlich Verstand und Vernunft scheint der Mensch den (anderen) Tieren wirklich haushoch überlegen zu sein (vgl. Roth, 2010; Roth und Dicke, 2019).

Entsprechend heißt es in der klassischen Theorie menschlichen Handelns, der Mensch solle sich in seinen Entscheidungen und seinen Handlungen von Verstand und Vernunft leiten lassen. Die moderne Variante dieser Maxime ist die »Lehre des rationalen Handelns bzw. Entscheidens«, englisch »Rational Choice Theory« genannt. Danach setzt der Mensch bei jeder wichtigen, insbesondere auch ökonomischen Entscheidung geeignete Berechnungen ein, einen sogenannten *Nutzenkalkül*, der ihm zeigt, wie er bei der Verwirklichung seiner Ziele optimal vorgeht, d. h. im Rahmen der bestehenden Möglichkeiten seinen Gewinn oder Vorteil maximiert und seinen Verlust bzw. seine Nachteile minimiert (vgl. Esser, 1999). Voraussetzung für ein solches rationales Vorgehen ist allerdings, (1) dass der Betroffene genau weiß, was er vorrangig haben oder tun will, also eine

Präferenzordnung besitzt; (2) dass er überhaupt Handlungsalternativen hat; und (3) dass er die Wahrscheinlichkeiten des Eintreffens der Ereignisse kennt, die er in Rechnung stellen muss.

Die Rational-Choice-Theorie sagt etwas über die zweckmäßigste *Vorgehensweise* aus, aber nichts über die Vernünftigkeit der Ziele, d. h., sie sagt, *wie* ich am besten entscheide oder vorgehe, um bestimmte Ziele zu erreichen, nicht aber, ob die *Ziele selbst* rational (oder begründet) sind. So könnte das Anschaffen eines Autos höchst irrational sein (ich besitze nämlich schon zwei Autos, oder ich habe gar keinen Führerschein), aber *falls* ich dennoch ein möglichst zuverlässiges Drittauto möglichst günstig erwerben will, dann muss ich in einer bestimmten, rationalen Weise vorgehen. Das gilt im Prinzip auch, wenn ich Papst werden will, einen Staatsstreich plane oder möglichst schnell oder kostengünstig von A nach B reisen will.

Der deutsche Soziologe Max Weber hat den Begriff »Zweckrationalität« geprägt und meinte damit ein nüchtern-rationales Streben nach Verwirklichung eines Ziels, das nicht durch Irrtum oder starke Gefühle getrübt wird, und er hat diese Zweckrationalität von der »Wertrationalität« unterschieden. In den Worten von Esser (1999) heißt dies: Jeder Handelnde ist konfrontiert mit einer klar definierten Menge von Handlungsalternativen. Er verfügt zugleich über eine konsistente und vollständige Präferenzordnung für alle denkbaren Situationen, die durch sein Handeln eintreten konnten. Außerdem wird unterstellt, dass jeder Handelnde allen künftigen Ereignissen eine gemeinsame und konsistente Verteilung von Wahrscheinlichkeiten zuweisen kann. Der Handelnde wählt dann diejenige Alternative aus (falls es eine solche gibt), die den aus den Präferenzen und Wahrscheinlichkeiten gebildeten erwarteten Nutzen maximiert.

Seit längerem ist aber klar (und das gibt Esser auch zu), dass

Menschen in aller Regel ihre Entscheidungen, welcher Art auch immer, meist *nicht* unter solchen Bedingungen treffen, und zwar erstens, weil es objektive Einschränkungen einer rationalen Entscheidung gibt und weil zweitens sie dies aus sehr unterschiedlichen Gründen nicht tun, auch wenn sie dies theoretisch tun *könnten* – weil sie also subjektiven Einschränkungen unterliegen. Dies fasst man seit längerem unter dem Begriff der »begrenzten Rationalität« (Bounded Rationality) zusammen, wie er vom amerikanischen Entscheidungstheoretiker Herbert Simon (Nobelpreis 1978) geprägt wurde. Simon ging davon aus, dass die an sich optimale Rationalität durch eine Reihe von Faktoren eingeschränkt wird (Simon, 1983/1993). Die wichtigste Einschränkung besteht in der faktischen oder prinzipiellen Begrenzung der Kenntnisse von Neben- und Randbedingungen und der begrenzten mathematischen Berechenbarkeit zukünftiger Entwicklungen und ihrer Risiken. Bekanntlich kann man nur Abläufe relativ einfacher Art genau analytisch-mathematisch modellieren und berechnen. Schon bereits bei der Interaktion von nur drei Phänomenen oder Faktoren (zum Beispiel Himmelskörpern) versagt das mathematisch-analytische Vorgehen und wir können nur schrittweise und oft unter Zuhilfenahme bestimmter kühner Annahmen zukünftige Ereignisse bestimmen – und oft liegen wir gewaltig daneben! Neben dem Wetter ist das Börsengeschehen das beste Beispiel hierfür.

Es gibt nach Simon aber weitere und psychologisch interessantere Begrenzungen. Hierzu gehören (1) der *Besitztumseffekt*: Menschen tendieren dahin, dasjenige, was sie besitzen, in seinem Wert höher einzuschätzen als das, was sie durch Änderung ihres Handelns erreichen könnten, auch wenn der ökonomische Wert beider Güter objektiv gleich ist; (2) die *Furcht vor dem Risiko* bzw. das *Beharrungsvermögen*: Menschen tendieren dazu, ihr bisheriges Verhalten auch unter erheblichen Kosten fortzusetzen, wenn Verhaltensalternativen mit unkalkulierbaren Risiken verbunden sind; (3) *Kurzsichtigkeit*: Zeitlich nahe liegende Ereignisse haben subjektiv ein höheres Gewicht als zeitlich ferner liegende Ereignisse, und entsprechend werden nahe liegende Ziele eher verfolgt als ferner liegende – gleichgültig was eine abstrakte Rationalität dazu sagt; (4) *Satisficing* (ein Kunstwort von Simon): Menschen betrachten in der Regel nur wenige Alternativen, meist nur zwei, und keineswegs alle, deren Erwägung vernünftig wäre. Sie hören mit dem Abwägen auf, wenn sie auf eine *halbwegs befriedigende Lösung* gestoßen sind, auch wenn durchaus die Chance besteht, dass es noch wesentlich günstigere Lösungen gibt.

Dieser Ansatz wurde von Daniel Kahneman, einem Schüler Herbert Simons, und seinem Kollegen Amos Tversky 1979 im Rahmen der *Prospect-Theorie* weiterentwickelt, für die Kahneman 2002 den Nobelpreis erhielt (Tversky war bereits verstorben). Kahneman listet weitere psychologische Einschränkungen bei Entscheidungen auf, insbesondere hinsichtlich des Umgangs mit Risiken und Unsicherheit, zum Beispiel eine größere Empfindlichkeit für Verlust im Vergleich zu Gewinn (*harm avoidance*), eine Überbewertung kleiner und eine Unterbewertung großer Risiken, eine zu starke positive Voreinstellung nach Gewinnen und eine zu große Kurzfristigkeit bei der Gewinn-Verlust-Rechnung usw. (vgl. Kahneman, 2012).

Auf einen weiteren interessanten Aspekt hat Esser (1999) aufmerksam gemacht und ihn »Elias-Effekt« genannt, weil er auf Aussagen des deutschen Soziologen Norbert Elias zurückgeht: »Wenn die Konsequenzen des Tuns« – so Esser – »unübersichtlicher und teurer werden, dann werden die Menschen vorsichtiger und ›berechnender‹. Gibt es dagegen klare Fronten und ist mit Vorsicht, Nachdenken und ›rationaler‹ Kalkulation nicht viel zu gewinnen, dann kann man ungestraft seinen Affekten folgen. Mehr noch: Dann wird es oft buchstäblich lebenswichtig, nicht lange zu überlegen, was man tut.«

Begrenzte Rationalität versteht Esser so: Menschliches Handeln geschieht nach einer Kosten-Nutzen-Rechnung unter Einschluss einer Abwägung des Nutzens von Rationalität und Affektivität. Der Einsatz von Verstand und Vernunft ist an einen ausreichenden Zugang zu Informationen gebunden, der begrenzt sein kann und Zeit und Aufwand erfordert. Die Kosten des Einsatzes von Verstand und Vernunft müssen also ebenfalls in Anschlag gebracht werden; manchmal ist es eben günstiger, spontan zu reagieren und nicht lange rational zu analysieren.

Einen ganz ähnlichen Standpunkt vertritt der amerikanische Ökonom Gary S. Becker (Nobelpreis 1992): »Alles menschliche Verhalten kann ... so betrachtet werden, als habe man es mit Akteuren zu tun, die ihren Nutzen, bezogen auf ein stabiles Präferenzsystem, maximieren und sich in verschiedenen Märkten eine optimale Ausstattung an Information und anderen Faktoren verschaffen.« Und er fährt fort: »Trifft dieses Argument zu, dann bietet der ökonomische Ansatz einen einheitlichen Bezugsrahmen für die Analyse menschlichen Handelns, wie ihn Bentham, Comte, Marx und andere seit langem gesucht, aber verfehlt haben.« Becker betont aber – und dass ist für das Folgende sehr wichtig –, dass es bei seinem Ansatz nicht um eine bewusst denkende Rationalität geht, sondern um eine tiefere Rationalität des Handelns. So heißt es bei ihm: »Der ökonomische Ansatz ist daher vereinbar mit der Betonung des Unbewußten in der modernen Psychologie oder mit der Unterscheidung von manifesten und latenten Funktionen in der Soziologie ...« (Becker, 1999).

Ein weiterer prominenter Kritiker der Rational-Choice-Theorie ist der vor wenigen Jahren verstorbene Bonner Mathematiker und Wirtschaftswissenschaftler Reinhard Selten (Nobelpreis 1994). Er kritisiert ähnlich wie Herbert Simon im Sinne einer *Bounded Rationality* die klassische Rational-Choice-Theorie (Selten, 2001). Für Selten ist die »eingeschränkte Rationalität« nicht einfach eine schwächere Version der »starken Rationalität«, sondern von ihr »strukturell verschieden«. Eines seiner Hauptargumente lautet, dass Menschen nicht in der Lage sind, alle ihre Handlungen auf der Grundlage eines Nutzenmaximierungskalküls durchzuführen. Häufig wissen Entscheider gar nicht genau, was sie eigentlich wollen. Ihre kognitiven Fähigkeiten reichen zudem bei weitem nicht aus, Risiken genau einzuschätzen oder Wahrscheinlichkeiten genau zu bestimmen. Vielmehr lassen sie sich bei der Suche nach Entscheidungsmöglichkeiten von groben qualitativen Kriterien leiten und suchen möglichst einfache Lösungen.

Emotionen – so vermutet Selten – spielen eine große Rolle im Entscheidungsverhalten, indem sie zum Beispiel die Aufmerksamkeit gegenüber möglichen Risiken stark einschränken oder zumindest verändern. In die emotional-soziale Richtung geht auch die Suche nach einer sozial vertretbaren oder ausgewogenen Lösung oder nach Kooperationen, selbst wenn eindeutig optimale Lösungen ohne Kooperation zu erreichen wären. Menschen sammeln aufgrund ihrer bisherigen Entscheidungen bestimmte Erfahrungen, mithilfe derer sie für zukünftige Entscheidungen und Handlungen ein bestimmtes »Anspruchsniveau« entwickeln, das sie jeweils an den Erfolg oder Misserfolg anpassen. Lösungen werden in realen Entscheidungssituationen meist nicht streng rational, sondern anhand von Erfahrungen in vergleichbaren Situationen gesucht, und es wird *intuitiv* entschieden. Schließlich kann zwischen konkurrierenden Handlungszielen gar nicht rational entschieden werden, weil diese Ziele nicht quantitativ verglichen werden können (zum Beispiel ökonomischen und moralischen Zielen). Auch hier kann der Entscheider nur emotional vorgehen – zum Beispiel prüfen, mit welcher Lösung er besser leben kann.

Seit einigen Jahren werden diese Erkenntnisse zur Grundlage von gemeinsamen Untersuchungen von Psychologen, Ökonomen und Hirnforschern gemacht, um die Ergebnisse auf eine breitere empirische Grundlage zu stellen und erstens herauszufinden, was im Gehirn abläuft, wenn wir Entscheidungen treffen, und zweitens, ob es dabei Befunde gibt, welche die genannten Abweichungen vom Rational-Choice-Modell erklären können. Dabei wurden und werden auch Situationen berücksichtigt, in denen es um Kauf- und Finanzentscheidungen geht, unter anderem bei Investitionen in Aktien und andere Wertpapiere.

Hier stellt sich die Frage, ob bzw. in welchem Maße sich Finanzentscheidungen von anderen Entscheidungen abheben. Zum einen geht es um die besondere Rolle von Geld, meist als »sekundärer Verstärker« angesehen (vgl. Vohs et al., 2006), und zum anderen um die Tatsache, dass bei finanziellen Transaktionen, etwa beim Wertpapierhandel, die Werte, um die es geht, weitestgehend unsichtbar sind. Es könnte sein, dass die Regeln, nach denen unser Gehirn Gewinn, Verlust, Risiko und Unsicherheit bewertet, andere sind als diejenigen, die für den Umgang mit Gewinn oder Verlust realer Güter gelten.

Vor einigen Jahren erschien eine umfangreiche Übersichtsarbeit von Cary Frydman und David Camerer mit dem Titel »The psychology and neuroscience of financial decision making« (Frydman und Camerer, 2016). In ihrem Aufsatz listen die Autoren die Gründe scheinbar »irrationaler« finanzieller Fehlentscheidungen bei Wertpapieranlagen, der Aufnahme von Hypotheken und Krediten auf Seiten der privaten Anleger wie auch der Anlageinstitutionen auf, die aus ihrer Sicht eindeutig gegen das normative Modell des »rationalen Investors« verstoßen. Die Autoren vermerken hinsichtlich des US-amerikanischen Marktes, dass die Kenntnisse der privaten Anleger über die Eigenheiten des Finanzgeschäfts sehr gering sind, und dies gilt auch für die Altersvorsorge, die ja in den USA als »Retirement Plans« in viel höherem Maße Finanzanlagen umfasst als in Deutschland. Typischerweise werden aktiv gemanagte Fonds den Index-Fonds vorgezogen, obwohl nach Auskunft von Experten Gebühren und Risiken bei ersterer Anlageform größer sind als bei letzterer. Grund ist nach Meinung der Autoren der starke Glaube an die universelle Kompetenz der Fondmanager und ein mangelndes Verständnis gegenüber dem Zusammenhang von Profit und Risiko bzw. Glück und Kompetenz der Manager.

Interessant ist der »Enhanced Memory Effekt«, der potenzielle Anleger dazu bringt, vergangene Gewinne tendenziell überzubewerten und entsprechend auf höheres Risiko zu setzen. Besonders merkwürdig ist die Abhängigkeit der Investitionsentscheidungen vom Wochentag: Potenzielle Investoren, die unter der Woche aufmerksam das Börsengeschehen beobachten, lassen am Freitag deutlich in ihrer Aufmerksamkeit nach und treffen dann häufiger Fehlentscheidungen. Signifikante Abhängigkeiten der Investitionsbereitschaft gibt es hinsichtlich des Wetters oder des Verlaufs großer Sportereignisse (die in den USA noch viel mehr Beachtung finden als bei uns). Winterliche Wetterbedingungen und eine schmerzhafte nationale Niederlage von Sportmannschaften führen zu fallenden Kursen. Unerfahrene Anleger tendieren zudem dazu, zu schnell zu kaufen und zu verkaufen – nach Meinung der Autoren aufgrund einer Überschätzung der eigenen Urteilskräfte. Schließlich ist bei unerfahrenen Anlegern ein »irrationales« Verhalten gegenüber Preisblasen besonders ausgeprägt, während erfahrenere und gebildetere Anleger weniger stark auf solche schnellen Ausschläge reagieren.

Unerfahrene Anleger lenken ihre Aufmerksamkeit eher auf steigende als auf fallende Kurse, insbesondere wenn das Börsengeschehen relativ ruhig ist. Auch gibt es ein deutliches »Home Bias«, d. h. die Tendenz, eher Aktien zu kaufen, die von Betrieben aus der näheren oder weiteren Umgebung (Stadt, Bundesland bzw. State) und insbesondere der eigenen Firma stammen, als von Betrieben, die man nicht näher kennt, und dies auch gegen ein deutlich erhöhtes Risiko. Schließlich gibt es einen »Dispositions-Effekt«, der darin besteht, dass private Anleger profitable Aktien dann häufiger verkaufen, wenn sie weiter im Wert steigen, als wenn sie im Wert sinken, was nach Meinung der Autoren dem klassischen Marktmodell widerspricht. Ebenso tendieren Anleger dazu, vermehrt vorher verkaufte Aktien wiederzukaufen, die an Wert verloren haben, anstelle solcher, die an Wert gewonnen haben (»Repurchase Effect«).

Teilweise starke Abweichungen vom normativen Modell des rationalen Investors findet man nicht nur auf Seiten des privaten Kunden, sondern auch auf Seiten der führenden Manager von Finanzunternehmen. Am bekanntesten geworden ist der Fall (im wahrsten Sinn des Wortes) von Richard S. Fuld Jr., dem CEO der Investmentbank Lehman Brothers, die 2008 unter spektakulären Bedingungen Konkurs anmeldete. Fuld wurde seit längerem von Kollegen und Mitarbeitern als ein rücksichtsloser Typ angesehen und brüstete sich auch mit einem solchen Verhalten. Insbesondere übersah er systematisch deutliche Warnsignale der Aufsichtsbehörde in der festen Überzeugung des »too big to fail« (»zu groß, um zu scheitern«). Auf einen Schlag verloren aufgrund der Fehlentscheidungen von Fuld (und selbstverständlich auch von mit ihm zusammenarbeitenden Personen) rund 25 000 Bankangestellte ihren Job, und es entstanden in der Folge Schulden von geschätzten 200 Milliarden Dollar. Dieser Fall zeigte, wie sensibel das Schicksal großer Firmen, an das sich wiederum das Schicksal unzähliger Privatpersonen knüpft (zum Beispiel hinsichtlich ihrer Pensionsfonds), von Persönlichkeiten abhängt, die aus klinisch-psychiatrischer Sicht eindeutig die Züge eines rücksichtslos agierenden und zugleich messianisch wirkenden Psychopathen aufweisen.

Vergleichbar ist der Fall des Finanz- und Börsenmaklers Bernard L. Madoff, der ebenfalls 2008 scheiterte, und zwar mit seinem Investmentfond. Hierbei ging er nach dem »Ponzi-Schema«, einer Variante des »Schneeballsystems« vor und verdiente Riesensummen. Nach dem Konkurs hinterließ er einen geschätzten Schuldenberg von 50–60 Milliarden Dollar. Der Unterschied zwischen Fuld und Madoff liegt darin, dass der rücksichtslose Charakter von Fuld bekannt war, während Madoff und seine Frau in der Öffentlichkeit als große Wohltäter auftraten und sogar bekannte Psychologen und Psychiater sowie entsprechende Vereinigungen um den Finger wickelte, die es eigentlich hätten besser wissen müssen.

Abgesehen von solchen spektakulären Fällen von Menschen mit psychopathischen Zügen an der Spitze von Weltunternehmen, die man allerdings fast beliebig verlängern könnte, gibt es bei den Topmanagern im Finanzbereich und in anderen Bereichen Abweichungen von einer rationalen Unternehmensführung, welche Frydman und Camerer als »Mangerial Hubris« bezeichnen, d. h. als eine starke Überschätzung (Hybris) der eigenen Managerfähigkeiten. Viele neuere Untersuchungen zeigen, dass solche CEOs schlechte Entscheider sind, indem sie sich von individuellen Motiven wie Rachegelüsten oder Größenwahn lenken lassen. Bekannt ist der Einfluss einer militärischen Vergangenheit auf CEOs dahingehend, dass eine solche Lebenserfahrung die Entscheidungen aggressiver und riskanter macht. Umgekehrt zeigte sich, dass CEOs, die in der Vergangenheit große ökonomische Krisen erlebt hatten wie die Weltwirtschaftskrise und die »große amerikanische Depression« von 1929 bis 1941, viel vorsichtiger agierten, wie generell auch weibliche CEOs. Ein offenbar ertragreicher Fundus für Finanzentscheidungsforscher sind Mitschnitte von »Earning Calls«, d. h. mehrmals jährlich stattfindenden Telefon- oder Webcamkonferenzen, bei denen die Erträge von Firmen allein schon durch die Wahl der Worte bei der Darstellung der Ertragssituation massiv geschönt werden.

Wir können hieraus ersehen, dass es auch im finanziell-ökonomischen Bereich nicht anders zugeht als im privaten: Rationales Entscheiden ist ein sehr gutes Hilfsmittel, aber ob es eingesetzt wird, entscheiden neben Faktoren der verfügbaren Zeit und der vorhandenen Kenntnis der Anfangsbedingungen und Risiken die Emotionen, und hierbei in aller Regel die Profitgier. Eine solche Gier lähmt neben moralischen Erwägungen auch die Möglichkeit zu rationalem Vorgehen. Wer hochriskante Investmentgeschäfte vornimmt oder hochbetrügerische Angebote macht, muss damit rechnen, dass das Ganze irgendwann auffliegt. Die neurowissenschaftliche Forschung hat gezeigt, dass Menschen wie Fuld und Madoff (und diese Liste könnte man beliebig fortsetzen) zukünftige Risiken entweder gar nicht erkennen oder sie nicht in Rechnung stellen.

Entscheidungsheuristiken

Wichtig sind in diesem Zusammenhang Untersuchungen zu der Frage, wie Menschen denn tatsächlich in einfachen oder komplexen Situationen entscheiden und mit Unsicherheiten und Risiken umgehen. Hierzu führte der Berliner Psychologe Gerd Gigerenzer umfangreiche Studien durch (Gigerenzer, 2000, 2002).

Gigerenzer und seine Kollegen gehen von der Feststellung aus, dass es in komplexen Entscheidungssituationen aus den oben genannten Gründen nicht nur unmöglich ist, alle relevanten Erkenntnisse und Faktoren zu berücksichtigen, sondern dass auch eine solche umfassende Berücksichtigung häufig *gar keinen Vorteil bringt*. Gigerenzer umschreibt dies mit dem Prinzip »Weniger ist mehr«, d. h., ein immer umfassenderes Expertenwissen stört eher, als dass es nutzen würde. Diese auf den ersten Blick überraschende Feststellung ist auf den zweiten Blick einleuchtend. Stellen wir uns vor, wir seien ein wichtiger Entscheidungsträger und müssten entsprechend eine Entscheidung von großer Tragweite treffen, zum Beispiel ob die Mehrwertsteuer nochmals erhöht werden sollte oder ob man ein bestimmtes Konkurrenzunternehmen aufkauft.

Da wir das niemals allein entscheiden können oder wollen, lassen wir uns beraten. Gutachten werden angefertigt, Anhörungen durchgeführt, mit unterschiedlichen Interessengruppen wird geredet, und es breitet sich in aller Regel umso mehr Ratlosigkeit aus, je länger dieser Abwägungsprozess dauert. Am Anfang war die Richtung, in die die Sache gehen soll, noch relativ klar, aber je mehr Gesichtspunkte hinzukommen, desto unübersichtlicher wird das Ganze. In vielen Fällen wird dann aufgrund von Kriterien entschieden, die mit dem sachlichen Problem gar nichts zu tun haben, oder auch nur, um den Findungsprozess noch vor dem Morgengrauen zu beenden. Noch mehr Information verwirrt häufig nur. Aber auch im täglichen Leben ist dies so: Der Kauf eines neuen Autos kann zur absoluten Qual werden, wenn ich mich immer weiter kundig mache. Schließlich raucht mir der Kopf vor aller Fachlektüre und vor Ratschlägen von Freunden und »Experten«. Besser man hält sich dann an die Entscheidung der Ehefrau, die bekanntlich wiederum auf ihre beste Freundin hört.

Gigerenzer und Kollegen haben herausgefunden, dass in vielen Fällen eine *heuristische Entscheidungsfindung*, die auf einer sehr schmalen Informationsbasis beruht und ganz simple Regeln anwendet, genauso oder fast genauso effizient ist wie die komplexesten Rechenoperationen, aber zugleich viel schneller und billiger. Man würde hier auch von »Pi-mal-Daumen«-Regeln sprechen. Die wichtigste Regel lautet: Beschränke dich auf ganz wenige hervorstechende Merkmale, anhand derer du eine Entscheidung zwischen Alternativen triffst. Die einfachste Regel ist dabei diejenige, sich nur auf *ein* einziges Merkmal zu beschränken. Dies ist nach Gigerenzer und Todd das »minimalistische« Entscheidungsprogramm (Gigerenzer und Todd, 1999).

Eines der bedeutsamsten Merkmale ist »Bekanntheit«: Wenn ich in den Laden gehe, um ein Waschmittel zu kaufen, dann nehme ich in aller Regel das bekannteste Produkt (es sei denn, ich habe dezidierte Gegeninformationen). Die Annahme, das Produkt, wovon alle reden und behaupten, es sei das beste Waschmittel, müsse auch gut sein, ist meist nicht ganz falsch. Es muss nicht das beste Waschmittel sein, aber ganz schlecht kann es nicht sein, sonst würde man dies bereits erfahren haben. Im schlimmsten Fall ist es so gut (oder schlecht) wie jedes andere. Demgegenüber sind »Geheimtipps« immer mit großen Risiken behaftet. Ein Auto von einer völlig unbekannten Marke zu kaufen ist ein großes Risiko, eine gängige Marke zu wählen ist dagegen vielleicht nicht das Optimum, aber bestimmt kein gravierender Fehler. Bekanntheit ist nicht identisch mit Qualität, aber ein brauchbares Indiz, wenn man sonst nichts Vernünftiges weiß. Der Preis ist dagegen schon ein viel weniger verlässlicher Indikator für Qualität. Weitere einfache Merkmale sind zum Beispiel, *wer* sich die Ware X kauft: Meist gibt es typische Vertrauenspersonen unter den Bekannten, oder es sind bestimmte Prominente, die uns die Werbung vermittelt.

Wenn ein einziges Merkmal nicht ausreicht, so empfiehlt Gigerenzer die Regel »take the last«, d. h., »entscheide aufgrund desjenigen Merkmals, das beim letzten Mal in einer entsprechenden Situation am brauchbarsten war!«. Die vergangene Erfahrung ist überhaupt das beste unter den einfachen Kriterien. Eine weitere simple Strategie ist »take the best« oder: »Fang bei einer Liste möglicher Unterscheidungsmerkmale oben an und höre auf, sobald du in der Lage bist, eine klare Entscheidung zu treffen!« D. h., man soll keine weiteren Kriterien mehr zu Rate ziehen. Schließlich gibt es auch die Strategie der »Elimination«: Wenn man viele Alternativen hat, so soll man nacheinander diejenigen durchstreichen, die am wenigsten in Frage kommen, bis nur noch eine Alternative übrig bleibt.

Schließlich bleibt noch die bereits erwähnte Strategie des »Satisficing«, die Herbert Simon besonders hervorgehoben hat: Man gibt das Streben nach der optimalen Lösung auf und sucht nur so lange, bis man eine zufriedenstellende Lösung gefunden hat. Dann hört man mit der Suche auf. Rein mathematisch gesehen landet man damit mit größter Wahrscheinlichkeit in einem »Nebenoptimum«, denn man weiß ja nicht, wo das Optimum liegt und wann und wie man es erreicht. Es ist das bekannte »Die nächste Kurve noch!«-Problem bzw. das Problem der Optimal-Stopp-Regel: Man sucht nach einem schönen Rastplatz an einer Ferienstraße, man findet eine passable Stelle, aber es könnte sein, dass hinter der nächsten Biegung ein noch viel schönerer Rastplatz liegt, denn die Wahrscheinlichkeit, dass man den allerschönsten Rastplatz auf Anhieb gefunden hat, ist gering.

In der Tat stellt man beim späteren Weitergehen oder Weiterfahren fest: Hinter der übernächsten Biegung gab es einen wirklich wunderbaren Rastplatz! Das wusste man aber vorher nicht, und der Hunger und die Müdigkeit waren eben groß. Ein ähnliches Problem ist »der günstigste Preis«: Man trifft immer Leute, die das Auto, das ich gerade günstig erworben habe, noch günstiger gekriegt haben! Die Lebensweisheit sagt uns, sich nicht zu ärgern, sondern mit dem relativen Optimum zufrieden zu sein (wäre ich nicht weitergegangen oder hätte nicht zufällig Herrn X von seinem Kauf reden hören, wäre ich sehr zufrieden geblieben).

Es ist beeindruckend zu sehen, wie erfolgreich zuweilen diese »frugalen« Strategien oder Heuristiken sind. Leute gehen in der Tat auch ohne großes Nachdenken so vor. Empirische Untersuchungen zeigen, dass sie in den allermeisten Fällen nur aufgrund eines oder maximal zweier Kriterien entscheiden, und sie erzielen damit häufig auch gute, wenngleich nicht optimale Ergebnisse, die aber eventuell auch bei aufwendigen Entscheidungsfindungen nicht zu realisieren sind. Freilich handelt es sich um *Heuristiken*, d. h. einfache und schnelle Vorgehensweisen, die sich bewährt haben.

Das heißt aber nicht, dass es nicht doch Fälle gibt, in denen eine sehr aufwendige Analyse der Entscheidungssituation und ihrer Randbedingungen geboten ist. Dies ist insbesondere dann der Fall, wenn unsere Alltagspsychologie versagt, d. h. wenn Dinge sich ganz anders verhalten, als man gemeinhin meint. Dies ist, wie Gigerenzer in seinem Buch »Das Einmaleins der Skepsis« sehr schön gezeigt hat, zum Beispiel der Fall bei Aussagen über die Wahrscheinlichkeit zukünftiger Ereignisse (Wettervoraussagen, Diagnose-, Krankheits- und Unfallrisiken, Gewinnwahrscheinlichkeiten usw.). Allerdings hilft es – wie der Autor darlegt – auch hier, durch kurzes Nachdenken die Wahrscheinlichkeiten vernünftig abzuschätzen (Gigerenzer, 2000).

Der Umgang mit der Komplexität

Die vergleichende Verhaltensforschung hat herausgefunden, dass Tiere, die vielleicht Bewusstsein, aber bestimmt keine aufwendigen mathematischen Methoden und leistungsfähige Computer besitzen, in ihrem Verhalten Probleme lösen, die auch einem gewieften Entscheidungstheoretiker einiges abverlangen. Menschen haben aber gerade wegen ihrer Mathematik und insbesondere durch leistungsfähige Computer eine Möglichkeit, welche die Tiere nicht haben: Sie können komplexe Probleme *simulieren* und damit nach der besten Lösung suchen. Wenn die Simulationsmodelle gut sind, dann kann man heutzutage in wenigen Stunden, oder maximal Tagen, äußerst komplexe Szenarios durchrechnen, zum Beispiel die Wirtschaftsentwicklung der nächsten drei Jahre oder die Zukunft des Klimas einschließlich des Meeresspiegels in den nächsten hundert Jahren. Mühsam ist dabei im Wesentlichen das Sammeln verlässlicher aktueller und historischer Daten – das kann Monate oder Jahre dauern.

Wenn man bei solchen »Großsimulationen« feststellt, dass sich bestimmte Dinge zum Schlechten hin entwickeln (etwa erhebliche Engpässe bei der Energieversorgung oder ein drastischer Anstieg des Meeresspiegels), dann erhebt sich automatisch die Frage, was man, wenn überhaupt noch möglich, dagegen tun kann. Manche Experten und viele Laien rufen dann nach Radikallösungen (etwa einem »starken Mann«), aber viele andere warnen davor, weil dadurch alles noch viel schlimmer werde. Wieder andere sind zwar für Radikallösungen, sehen sie aber »unter den gegebenen politisch-gesellschaftlichen Bedingungen« als nicht machbar an. Was aber würde passieren, wenn solche Lösungen plötzlich doch möglich wären?

Der deutsche Psychologe Dietrich Dörner von der Universität Bamberg hat sich dieser Frage schon vor längerer Zeit angenommen und zusammen mit seinen Mitarbeitern Phantasieländer wie »Tanaland« oder Phantasieorte wie »Lohhausen« erfunden, d. h. als Computerspiele etabliert (und dies zu einer Zeit, als so etwas noch gar nicht in Mode war!). Die hiermit gewonnenen Forschungsergebnisse hat er in seinem Buch »Die Logik des Misslingens« von 1989 zusammengefasst, das immer noch sehr lesenswert ist.

»Tanaland ist ein Gebiet irgendwo in Ostafrika. Mitten durch Tanaland fließt der Owanga-Fluss, der sich zum Mugwa-See verbreitert. Am Mugwa-See liegt Lamu, umgeben von Obstplantagen und Gärten und von einer Waldregion. In und um Lamu wohnen die Tupi, ein Stamm, der von Ackerbau und Gartenwirtschaft lebt. Im Norden und im Süden gibt es Steppengebiete. Im Norden, in der Gegend um den kleinen Ort Kiwa, leben die Moros. Die Moros sind Hirtennomaden, die von Rinder- und Schafzucht und von der Jagd leben.«

Das Simulationsmodell enthält Daten über die Landesnatur, die Tiere und die Menschen und ihre Beziehungen untereinander. Das Leben in Tanaland ist kärglich, die Kindersterblichkeit hoch, ebenso die Stechmückenplage und die Gefährdung der Rinder. Nun haben zwölf Versuchspersonen die Möglichkeit, diesen Ausgangszustand zu verbessern, und zwar für einen Zeitraum von zehn Jahren. Sie haben innerhalb dieses Zeitraums sechsmal zu frei gewählten Zeitpunkten (nahezu) unbeschränkte Eingriffsmöglichkeiten in Form der Veränderung der Infrastruktur, des Gesundheitssystems, der Natur und der Geburtenkontrolle und können bestimmte negativ verlaufende Entwicklungen beim nächsten Eingriff wieder rückgängig machen.

Die Ergebnisse der virtuellen Regierungstätigkeit der Versuchspersonen waren höchst unterschiedlich, endeten aber in der Mehrzahl in irgendeiner Art von humanitärer, ökonomischer oder ökologischer Katastrophe. Ein Vorteil der Simulation ist, dass man das Fehlverhalten der Versuchspersonen genau analysieren kann. Dieses Fehlverhalten war von sehr genereller Natur, so dass man es durchaus als exemplarisch für den Umgang von Menschen mit komplexen Systemen nehmen kann. Die gröbsten Fehler lauteten: (1) Loslegen mit »Reform-Maßnahmen« ohne ausreichende vorherige Situationsanalyse; (2) Nichtberücksichtigen der gegenseitigen positiven oder negativen Beeinflussung der meisten Faktoren und Maßnahmen; (3) Konzentration auf das unmittelbare Geschehen und Nichtberücksichtigen von Fern- und Nebenwirkungen der ergriffenen Maßnahmen; (4) der starre Glaube, die richtige Methode zu besitzen; (5) Flucht in neue Projekte, wenn etwas schief zu gehen droht; (6) Ergreifen immer radikalerer Maßnahmen, wenn Dinge aus dem Ruder laufen, zum Beispiel Kriege anzetteln.

Ähnliche Ergebnisse erzielte die Simulation von Lohhausen. »Lohhausen ist eine kleine Stadt mit etwa 3700 Einwohnern, die irgendwo in einem deutschen Mittelgebirge liegt. Die wirtschaftliche Situation von Lohhausen ist durch die städtische Uhrenfabrik bestimmt. Diese gibt den meisten Bewohnern von Lohhausen Arbeit und Brot. Darüber hinaus aber finden sich in Lohhausen noch andere Institutionen, natürlich gibt es Einzelhandelsgeschäfte verschiedener Art, es gibt eine Bank, Arztpraxen, Gasthäuser usw.«

In diesem Computerspiel durften insgesamt 48 Versuchspersonen »Bürgermeister« spielen und waren dabei mit großer Machtfülle ausgestattet, weit mehr, als einem realen Bürgermeister in der Regel zukommt. Zum Beispiel konnten die »Bürgermeister« Steuern erhöhen oder senken, in das Freizeitverhalten, den Wohnungsmarkt, den Arbeitsmarkt usw. eingreifen – und das alles »zum Besten von Lohhausen«! Dies konnten sie in acht »Eingreifsitzungen« während virtueller zehn Jahre tun.

Es zeigte sich, dass wiederum nur ein Teil (ca. die Hälfte) der Personen mit dem hohen ökonomisch-ökologisch-politischen Vernetzungsgrad der nur scheinbar kleinen Stadt einigermaßen zurechtkam, die anderen aber Lohhausen schnell herunterwirtschafteten, obwohl sie doch das Beste wollten! Dabei wurden im Prinzip dieselben Fehler gemacht wie in Tanaland: (1) Man fing mit einzelnen Maßnahmen an, die einem gerade ins Auge stachen, zum Beispiel dem Freizeitverhalten der Leute, und analysierte vorher nicht sorgfältig, wo die strukturellen Probleme des Ortes lagen; (2) man bedachte nicht die mittel- und langfristigen Folgen der einzelnen Maßnahmen und die Auswirkungen auf andere Bereiche (zum Beispiel das Anheben der Steuerbelastungen einer bestimmten Bevölkerungsgruppe führt zu deren Wegzug und damit zu mehr Steuerausfällen als Einnahmen); (3) mangelnde Überprüfung der Arbeitshypothesen an der Realität; (4) sprunghaftes Starten neuer Projekte bei ersten Misserfolgen statt kontinuierliches und realitätsüberwachtes Verfolgen einer Strategie auch gegen Widerstände; (5) sich Drücken vor der Eigenverantwortung und Suche nach Sündenböcken.

Dörner belegt in seinem Buch anhand vieler Beispiele wie dem Schicksal realer afrikanischer Entwicklungsländer, Tschernobyl und der Ausbreitung von Aids, dass seine Befunde zu »Tanaland« und »Lohhausen« durchaus sehr real sind und die geringe Fähigkeit des Menschen widerspiegeln, komplexe Systemzusammenhänge zu verstehen und zu steuern. Dabei bildet die Missachtung der Vernetzung der Systemkomponenten und des Vorliegens positiver Rückkopplungen die größte Gefahr. Dies führt zum Beispiel dazu, dass Dinge sich in dramatischer Weise aufschaukeln, und zwar meist mit einer tückischen Zeitverzögerung – man spricht hier von »Tot- oder Verzögerungszeiten«, in denen das System auf einen Eingriff scheinbar nicht reagiert und man den Eingriff deshalb verstärkt (in einer Dusche, bei der das Wasser erst mit einer gewissen Verzögerung heißer oder kälter wird, haben sich viele schon gehörig verbrüht!), um ihn dann abrupt zurückzufahren. Das System wird dann extrem instabil und kann kollabieren (genau das war in Tschernobyl der Fall). Ebenso führt es dazu, dass beim Ansteigen einer einzelnen Systemkomponente eine andere, die man gar nicht verändern wollte bzw. gar nicht beachtet hatte, ebenfalls mit ansteigt oder steil abfällt.

Was braucht man, um mit solchen komplexen Systemen fertigzuwerden? Das wichtigste ist wohl, sich einen Eindruck von den Hauptfaktoren (oder -komponenten) des Systems und ihrer positiven oder negativen Kopplung zu machen und sich klare langfristige Ziele zu setzen, statt in einen blinden Aktionismus zu verfallen (so populär er sein mag). Ein komplexes System ist nie vollkommen durchschaubar und beherrschbar, und so wird man bei begrenztem Wissen Maßnahmen zuerst immer wohldosiert und mit Geduld treffen, um die gefährlichen positiven und negativen Kopplungen und die ebenso gefährlichen Verzögerungszeiten erkennen zu können. Das Schwierigste ist wohl der Kompromiss zwischen dem Warten auf den Erfolg und dem Treffen neuer Maßnahmen; panische (oder durch die öffentliche Meinung erzwungene) Ad-hoc-Maßnahmen führen in jedem Fall in die Katastrophe. Dörners Untersuchungen zeigen nachdrücklich die starken Beschränkungen unseres Verstandes, wenn es um komplexe Entscheidungen geht.

Bauchentscheidungen, Kopfentscheidungen – oder etwas Drittes?

Sollen wir uns also gleich auf »Bauchentscheidungen« zurückziehen, wenn doch der Verstand oft überfordert ist? Neueste Untersuchungen zeigen, dass dies ein Fehlschluss ist. Rationale Entscheidungen sind in der Regel besser als »Bauchentscheidungen«, d. h. Entscheidungen unter hochaffektiven bzw. hochemotionalen Bedingungen (»Dem werde ich's zeigen! Jetzt haue ich auf den Tisch! Jetzt sag' ich endlich dem Chef die Meinung!«). Es empfiehlt sich immer zu fragen: Hast du dir die Konsequenzen deines Handelns gut überlegt? Machst du dir den Kollegen nicht dadurch zum Todfeind? Hast du bereits eine neue Stellung sicher, wenn du jetzt dem Chef die Meinung sagst?

Das rationale Vorgehen stößt jedoch (s. oben) an seine Grenzen, wenn die Situation sehr komplex ist, d. h. die Anfangs- und Randbedingungen unklar, die Zahl relevanter Faktoren unbekannt, die Risiken nicht abschätzbar sind usw. Hier gibt es eine Strategie, die von vielen erfahrenen Entscheidern seit langem intuitiv angewandt wird, aber wissenschaftlich nicht in Ehren stand, insbesondere weil man sie nicht gut erklären konnte. Es ist die Strategie des »unbewussten Entscheidens«. Eine holländische Arbeitsgruppe hat vor einigen Jahren aufsehenerregende Untersuchungen hierzu veröffentlicht (Dijksterhuis, 2010 Dijksterhuis et al., 2006).

Diese Arbeitsgruppe führte eine Serie von vier Untersuchungen durch. In der ersten Untersuchung sollten sich Versuchspersonen zwischen vier (hypothetischen) Autos entscheiden, wobei die Autos entweder durch vier oder durch zwölf positive oder negative Merkmale bestimmt waren (einfache vs. komplexe Entscheidungssituation). Die Versuchspersonen sollten die Informationen (Merkmale) lesen und konnten dann entweder für vier Minuten darüber nachdenken, ehe sie sich für ein Auto entschieden, oder sie wurden für vier Minuten durch eine andere Aufgabe vom Nachdenken abgelenkt, ehe sie sich ebenfalls entschieden. Das Resultat war sehr überraschend: In der einfachen Entscheidungssituation (vier Merkmale) entschieden sich diejenigen für das tatsächlich beste Auto, die bewusst über die Entscheidung nachdachten, während in der komplexen Entscheidungssituation diejenigen besser abschnitten, die keine bewusste Entscheidung treffen konnten, weil sie abgelenkt waren.

In der zweiten Untersuchung wurden Versuchspersonen nicht nach der Wahlentscheidung, sondern nach der Attraktivität der Autos gefragt. Auch hier schnitten die Versuchspersonen mit bewusstem Abwägen bei einfacher Merkmalssituation besser ab und die Versuchspersonen mit unbewusstem Abwägen bei komplexer Merkmalssituation.

In der dritten Untersuchung wurden Versuchspersonen befragt, die vierzig verschiedene Produkte unterschiedlicher Komplexität (von der Zahnpasta bis zur teuren Kamera) gekauft hatten. Überprüft wurden die Zeit, die sie mit Überlegungen vor dem Kauf verbracht hatten, sowie die Zufriedenheit mit dem Produkt nach dem Kauf. Auch hier zeigte sich, dass die Versuchspersonen bei einfachen Produkten am zufriedensten waren, wenn sie sich den Kauf gut überlegt hatten, aber bei komplexen Produkten waren sie umso unzufriedener, je länger sie sich den Kauf überlegt hatten.

In der vierten Untersuchung wurden Personen befragt, die gerade in einem üblichen Kaufhaus Alltagsprodukte oder bei IKEA Möbel gekauft hatten, was meist eine komplexere Angelegenheit ist. Die Leute wurden nach dem Produkt, seinem Preis und der Vertrautheit damit sowie nach der Zeit des Überlegens vor dem Kauf gefragt. Ein paar Wochen danach wurden dieselben Personen gefragt, wie zufrieden sie mit dem Kauf waren. Heraus kam wiederum, dass die Leute, die nach reiflichem Überlegen einfache Produkte gekauft hatten, ebenso zufrieden waren wie diejenigen Leute, die ohne großes Überlegen komplexe Produkte gekauft hatten, während dies beim jeweiligen Gegenteil nicht der Fall war.

Bei der Beurteilung dieser Ergebnisse ist es wichtig zu beachten, dass es *nicht* um den Gegensatz zwischen schneller Entscheidung ging, d. h. unter Zeitdruck oder aus dem Bauch heraus, und wohlüberlegter Entscheidung, sondern um bewusste oder unbewusste Entscheidung im selben Zeitrahmen. Das heißt, während die einen nachdachten, ließen die anderen die Frage »ruhen«. Ebenso ging es um die Kaufentscheidung, mit der die Leute anschließend am zufriedensten waren, und nicht um eine abstrakt »optimale« Entscheidung. Letzteres ist sofort einsichtig: Die beste Entscheidung ist die, die man auch lange Zeit später noch für die richtige hält. Ersteres ist hingegen nicht so leicht einzusehen. Man hätte erwarten können, dass bei komplexen

Entscheidungssituationen ein Nachdenken nicht mehr bringt als ein »Ruhenlassen«, aber nicht, dass das Nachdenken an sich schlechter ist.

Genauere Analysen des Ablaufs von Denk- und Entscheidungsprozessen geben jedoch Hinweise auf eine Erklärung. Wie schon weiter oben festgestellt, ist unser Denken schnell überfordert, wenn eine Situation auch nur mäßig komplex wird. Dies hängt mit der äußerst beschränkten Verarbeitungskapazität unseres Arbeitsgedächtnisses und der damit eng verbundenen Konzentrationsfähigkeit zusammen. Man kann bekanntlich nur ungefähr fünf einfache Dinge im Kopf behalten und nicht mehr als zwei Vorgänge gleichzeitig intensiv verfolgen (auch das ist schon schwer) – bei dreien nimmt die allgemeine Aufmerksamkeit drastisch ab und man muss mit seiner Aufmerksamkeit dann hin und her springen. Dasselbe gilt für mehr als zwei Faktoren, mit denen man gleichzeitig gedanklich hantieren soll. Am leistungsfähigsten ist unser Aufmerksamkeitsbewusstsein dann, wenn es sich voll und ganz in eine Sache vertiefen kann.

Was läuft bei rationalen und vernünftigen Entscheidungen im Gehirn ab?

Im Gehirn gibt es Zentren, in denen es vorwiegend rational und unemotional zugeht und deren Aktivität die Grundlage rationaler Entscheidungen sein könnte. Dies ist, wie in Kapitel 1 bereits dargestellt, der dorsolaterale präfrontale Cortex, der in Zusammenarbeit mit anderen Gebieten in hinteren parietalen und temporalen corticalen Arealen registriert, was Sache ist, wie eine mögliche Lösung aussehen könnte und wie ein Verhalten ganz rational ablaufen sollte, das das Problem behebt (vgl.

Abbildung 2, S. 30). Dazu erhalten die beteiligten corticalen Areale hinreichenden Input von den Sinnesorganen und vom deklarativen Gedächtnis sowie dem darin enthalten Expertenwissen.

Diese rationalen Instanzen werden in ihrer anscheinend segensreichen Arbeit allerdings von einer wichtigen Tatsache beeinträchtigt, die darin besteht, dass sie einerseits von corticalen und subcorticalen limbisch-emotionalen Arealen und Zentren beeinflusst werden, umgekehrt aber keinen oder einen nur geringen Einfluss auf diese Areale und Zentren besitzen. Neuroanatomisch gesehen heißt dies, dass Amygdala, Nucleus accumbens, aber auch der Hypothalamus sowie der orbitofrontale, der anteriore cinguläre und der insuläre Cortex zum Teil über massive Bahnen zu den »rationalen« Zentren verfügen, diese aber kaum entsprechende rückläufige Verbindungen aufweisen (Ray und Zald, 2012). Die Einflussnahme ist also ziemlich einseitig zugunsten limbisch-emotionaler Zentren und zu Ungunsten rationaler Zentren.

Dass dies so ist, weiß jeder Mensch aus seinem Alltag. Ruhig und rational etwas abzuwägen geht nur in Abwesenheit von starken, insbesondere negativen Emotionen und sonstigen starken Belastungen. Furcht, Angst und Stress lähmen das kühle Denken, und nur wenigen gelingt es, einen klaren Kopf zu bewahren, wenn Chaos herrscht. Eine von Panik erfasste Menge von Menschen mit einem Appell an Verstand und Einsicht zur Ruhe zu bringen ist unmöglich, denn Hypothalamus, Amygdala, Nucleus accumbens oder das zentrale Höhlengrau haben im Gehirn die Macht übernommen! Ein Appell an die Einsicht ist erst dann wirksam, wenn genügend Dampf abgelassen wurde, sich die Sache beruhigt hat – im Guten wie im Schlechten. Wie wir noch hören werden, kann man Menschen nur dann bewegen, wenn man an ihre *Motive* rührt, und diese haben etwas mit Emotionen zu tun.

Allerdings gibt es neben den Emotionen und Gefühlen eine dritte Instanz, die *Vernunft*. Diese ist eine typische Mischung aus Verstand und Emotionen. Sie ist überwiegend im orbitofrontalen und ventromedialen Cortex angesiedelt. Dort konvergieren, wie wir gehört haben, viele Sinnesinformationen mit Botschaften aus subcorticalen Arealen, es werden aber auch Gedächtnisinformationen über gute und schlechte Erfahrungen sowie Erfahrungen im sozialen Kontext integriert. Es geht dabei also nicht um die Frage, welches Verhalten *aktuell* besonders rational ist, sondern welche *längerfristigen* Konsequenzen zu erwarten sind hinsichtlich des eigenen Wohlergehens wie auch des Wohlergehens anderer. Genau dieses Abwägen nach übergeordneten und längerfristigen Gesichtspunkten macht *vernünftiges Verhalten* aus. Was kurzfristig rational ist (etwa der schnelle Gewinn oder ein »Schäppchen«), kann langfristig sehr nachteilig sein. Eine damit zusammenhängende wichtige Funktion des orbitofrontalen und ventromedialen präfrontalen Cortex besteht in der Kontrolle impulsiven, individuell-egoistischen und deshalb letztendlich schädlichen Verhaltens, das von den subcorticalen limbischen Zentren vermittelt wird.

Seit langem ist bekannt, dass Schädigungen im orbitofrontalen Cortex bei gleichzeitig intaktem dlPFC zum Verlust der Fähigkeit führt, den sozial-kommunikativen Kontext, zum Beispiel die Bedeutung von Szenendarstellungen oder die Mimik von Gesichtern, zu erfassen. Solche Patienten gehen trotz besseren Wissens große Risiken ein und wirken daher unvernünftig. In seinem berühmten Buch »Descartes' Irrtum« beschreibt Antonio Damasio (1994) dramatische Verhaltensänderungen bei Menschen, die Verletzungen im orbitofrontalen Cortex erlitten hatten. Am bekanntesten geworden ist der Fall des Bauingenieurs Phineas Gage, der aufgrund einer Verletzung des orbitofrontal-ventromedialen Cortex von einem verantwortungsvollen, zurückhaltenden Menschen zu einem Individuum wurde, das sich rücksichtslos gegen sich selbst und andere verhielt.

In einer vielbeachteten Studie verglich die Arbeitsgruppe um Damasio (Bechara et al., 1997) das Verhalten von gesunden Versuchspersonen und von Patienten mit Läsionen im orbitofrontal-ventromedialen Cortex bei einem Kartenspiel, in dem man schnelle Gewinne bei sehr hohem Risiko und geringere Gewinne bei kleinem Risiko machen konnte. Erstere Strategie führte aufgrund unerwartet auftretender hoher »Strafen« letztendlich zum Verlust des gesamten Einsatzes, die letztere Strategie führte schließlich zu zusätzlichem Gewinn. Die gesunden Versuchspersonen stellten nach den ersten größeren Verlusten ihr Verhalten auf die Strategie der Risikominimierung um; interessanterweise deutete sich die Erkenntnis des zu hohen Risikos bei der ersten Strategie nach einigen Verlusten in einer deutlichen Veränderung des Hautwiderstandes an, *bevor* die Versuchspersonen zu dieser Erkenntnis kamen. Bei manchen Versuchspersonen trat eine bewusste Erkenntnis der von ihnen angewandten besseren Strategie überhaupt nicht auf; ihr richtiges Verhalten wurde rein unbewusst gesteuert.

Hingegen zeigten die Patienten mit Schädigungen im orbitofrontalen Cortex nach den ersten Verlusten keine Veränderung des Hautwiderstandes. Sie blieben auch bei der hochriskanten Strategie und verloren entsprechend ihren gesamten Einsatz. Einige von ihnen waren sogar in der Lage, ihr hochriskantes Verhalten korrekt zu beschreiben, behielten dennoch die einmal eingeschlagene Strategie bei. Dies weist bei diesen Patienten auf eine deutliche Entkopplung (*Dissoziation*) zwischen Erkennen von Fehlverhalten und entsprechender Verhaltensänderung hin. Die negativen Konsequenzen ihres Verhaltens lassen die Patienten buchstäblich »kalt«, und deshalb ändern sie sich nicht.

In einer weiteren bekannten Studie verglich die Damasio-Gruppe (Anderson et al., 1999) die Folgen einer Verletzung des orbitofrontalen Cortex in früher Jugend und im Erwachsenenalter. Bei Verletzungen im Erwachsenenalter hielten sich die Folgen in tragbaren Grenzen, d. h., die Patienten zeigten zwar eine erhöhte Risikobereitschaft und eine geringere Fähigkeit, aus Fehlern zu lernen, jedoch kein extrem »asoziales« Verhalten. Sie konnten auch durchaus über auftretende Risiken und ihr unangepasstes Verhalten berichten. Die beiden Patienten mit Schädigungen des orbitofrontalen Cortex in frühester Jugend zeigten dagegen ein schwer antisoziales Verhalten, sie waren unerziehbar und unbelehrbar. Sie hatten bei ihrem Verhalten auch keinerlei Gewissensbisse und kannten keinerlei Einsicht in ihr Verhalten. Die Tatsache, dass sie in »normaler« Umgebung aufwuchsen, blieb ohne positive Auswirkungen auf ihr Verhalten.

In den vergangenen Jahren konnten diese Befunde zur Funktion des orbitofrontalen und ventromedialen präfrontalen Cortex bzw. den Konsequenzen seines Ausfalls bestätigt werden (vgl. Schneider und Koenigs, 2017). Es zeigte sich immer wieder eine deutliche Dissoziation zwischen Verstand und Vernunft: Menschen tun etwas, das für andere oder auch für sie selbst negative Folgen hat, auch dann, wenn sie um diese Folgen wissen. Die Weltgeschichte ist voll von Beispielen für dieses Handeln »wider besseres Wissen«, das Nicht-Neurobiologen so rätselhaft erscheint, aus der hier vorgestellten Sicht aber verständlich wirkt. Doch auch beim Handeln sogenannter Psychopathen, das uns krass unmoralisch und unmenschlich erscheint, stellen wir in aller Regel anatomische bzw. funktionale Defizite in der Aktivität des orbitofrontalen und ventromedialen Cortex fest (vgl. Roth und Strüber, 2018).

Davon unterscheiden müssen wir den Zustand, in dem unser Verstand angesichts der Komplexität der Probleme schlicht überlastet ist, wie dies am Beispiel von Tanaland oder Lohausen ersichtlich wurde. Mit dieser kognitiven Überlastung des rationalen Entscheidungsapparates und der Frage, was man dagegen tun kann, werden wir uns noch einmal beschäftigen.

KAPITEL 8

Motivation und Gehirn

Motivation« und »Selbstmotivation« gehören zu den derzeit beliebtesten Begriffen der Populärpsychologie, und die Frage »Wie motiviere ich meine Mitarbeiter bzw. Schüler?« zu den meistgestellten Fragen im Bereich Persönlichkeitsführung und Erziehung. Um etwas Bestimmtes zu tun, braucht man – so heißt es – Motivation, und ohne Motivation läuft offenbar nichts. Man sagt, Motive würden Handlungsabsichten und Handlungen »antreiben« (das besagt auch die lateinische Herkunft des Wortes). Das stimmt nicht ganz, denn ich brauche beispielsweise keine Motivation, um *hochautomatisierte* Bewegungen auszuführen wie etwa ein Glas ergreifen oder den Gang beim Autofahren einlegen. Ähnliches gilt für starke Bedürfnisse und tief eingegrabene Gewohnheiten. Die Erklärung hierfür ist, dass solche hochautomatisierten Abläufe und Gewohnheiten ihre Belohnung sozusagen eingebaut haben. Deshalb sagt man: »Dies ist ihm zur lieben (!) Gewohnheit geworden«.

Motive – so können wir sagen – sind psychische Antriebszustände für Dinge, die *nicht* selbstverständlich ablaufen, sondern eine bestimmte Schwelle bzw. bestimmte Widerstände überwinden müssen. Je höher die Widerstände, desto stärker muss die Motivation zu einer bestimmten Handlung sein. Was aber treibt uns da an?

Die Antwort der Motivationspsychologie lautet (fast trivial): Menschen streben danach, Ereignisse herbeizuführen, die positive (*appetitive*) Gefühlszustände anregen, und solche zu vermeiden, die zu negativen (*aversiven*) Gefühlszuständen führen (vgl. Weiner, 1994; Kuhl, 2001; Neyer und Asendorpf, 2018). Dies nennt man in der Motivationspsychologie *Affektoptimierung*. Man will damit ausdrücken, dass jeder danach strebt, dass es ihm unter den gegebenen Umständen maximal gut geht, er also Freude und Lust erlebt, Spaß hat, optimistisch in die Zukunft sieht usw. Dies bedeutet in aller Regel gleichzeitig, dass er versucht, Schmerzen und negative Gefühlszustände zu vermeiden.

Das Streben nach positiven Gefühlszuständen, meist aufgrund von Belohnungen irgendwelcher Art, ist natürlich nicht immer gleich stark, sondern hängt von vielen Faktoren ab wie der Art und Attraktivität der Belohnung, ihrer Nachhaltigkeit und Erwartbarkeit bzw. der Unsicherheit ihres Erreichens bzw. Auftretens, des Aufwands, der getrieben werden muss, und vieles andere. Entsprechendes gilt natürlich auch für aversives Verhalten.

Psychologische Motivationsmodelle

In der Motivationspsychologie unterscheidet man einerseits *biogene* Motive, die zu unserer biologischen Ausrüstung gehören, etwa das Stillen von Bedürfnissen wie Hunger, Durst und Sexualität, und andererseits *soziogene* Motive. Hier werden drei Motivbereiche genannt, nämlich *Anschluss-Intimität*, *Macht* und *Leistung* (vgl. Heckhausen und Heckhausen, 2010; Neyer und Asendorpf, 2018). Allerdings ist diese Unterscheidung nicht besonders strikt, denn alle soziogenen Motive müssen, um wirksam zu sein, letztendlich mit biogenen Motiven verbunden sein, z. B. dem Streben nach Nähe zu Artgenossen.

Anschluss ist das Streben nach sozialer Nähe, also Geborgenheit, Freundschaft und Zuneigung. Dieses Motiv kann auch negative Wirkungen haben, denn Menschen, die davon beherrscht werden, fühlen oft Furcht vor dem Verlust von Anschluss, d. h. Zurückweisung und Nichtbeachtung oder das Ende enger sozialer Beziehungen. Dies geht oft einher mit dem in Kapitel 1 genannten Persönlichkeitsmerkmal »Neurotizismus«, d. h. einer erhöhten Ängstlichkeit und Ich-Schwäche, die ihrerseits ihre Wurzeln in einer defizitären Bindungserfahrung haben kann. Das Motiv *Intimität* hingegen findet sich vorwiegend bei Menschen mit ausgeprägter Extraversion, d. h. bei positiv gestimmten Personen, die selbst Vertrauen, Wärme und Gegenseitigkeit ausstrahlen und gern mit Menschen zusammen sind. Sie sind zum Beispiel typische »Zuhörer«. Allgemein geht dies mit einem hohen Oxytocinspiegel einher. Auch im Zusammenhang mit dem Motiv Intimität können negative Gefühle auftreten, etwa als Furcht vor Distanz, Einsamkeit und Ausgrenzung.

Das Motiv *Macht* ist gekennzeichnet durch das Streben nach Status, Einfluss, Geld, Kontrolle und Dominanz. Kennzeichnend ist hier die Verbindung mit einem erhöhten Spiegel von Testosteron – interessanterweise ist dies deutlicher bei Frauen als bei Männern zu erkennen. Der Testosteronspiegel ist positiv mit der Ausschüttung von Dopamin (»Tu was!«) und negativ mit Serotonin (»Es ist gut, wie es ist!«) gekoppelt. Der häufig vermutete Zusammenhang zwischen Testosteron und Aggressivität ist nur bei Gewalttätern signifikant und scheint infolge einer Wechselwirkung mit dem Cortisolsystem aufzutreten (Roth und Strüber, 2018). Das Streben nach Macht geht oft einher mit der Furcht vor Macht- und Kontrollverlust (Neyer und Asendorpf, 2018).

Das Motiv *Leistung* ist komplex und äußert sich im Bestreben, Dinge gut oder besser zu machen, sich und andere zu übertreffen, schwierige Aufgaben zu meistern, etwas Neues anzufangen,

Dinge zu erobern, Hindernisse zu überwinden und den Status zu erhöhen. Das Leistungsmotiv ist mit Neugier gekoppelt. Mit ihm tritt aber auch die Angst vor dem Versagen auf.

Einige Psychologen haben sich intensiv mit dem Leistungsmotiv beschäftigt, zum Beispiel der amerikanische Psychologe J. W. Atkinson. Atkinson sah in seinem »Erwartung-mal-Wert-Modell« das *Bedürfnis nach Leistung* als grundlegendes menschliches Motiv an und befasste sich in diesem Zusammenhang mit der Frage, welche Ziele ein Mensch anstrebt, um Erfolg zu haben und gleichzeitig Misserfolg zu vermeiden (Atkinson, 1964). Das Produkt aus Erwartung und Wert entscheidet dann nach Atkinson über das Leistungsverhalten eines Menschen, d. h., Menschen werden besonders durch Dinge zu Leistungen motiviert, wenn sie Dinge erreichen wollen, die schwer zu erlangen sind und gleichzeitig einen hohen Wert haben. Allerdings wird heute das Atkinson'sche Modell als zu schlicht empfunden (Myers, 2014).

Der amerikanische Sozialpsychologe B. Weiner, ein Schüler von Atkinson, hat in Hinblick auf Leistungsmotivation verschiedene sogenannte Attributionstheorien, d. h. Erklärungsversuche für motivationales Verhalten aufgrund bestimmter Voreinstellungen, mit dem Atkison'schen Erwartung-mal-Wert-Modell zu verbinden gesucht. In diesem Zusammenhang werden zwei Persönlichkeitstypen unterschieden. Die einen sind die *Erfolgs-Zuversichtlichen*: Sie weisen eine positive Grundstimmung auf und setzen sich in aller Regel realistische Ziele und mittelschwere Aufgaben, d. h. solche, die sie mit einiger Anstrengung auch erreichen können. Sie schreiben in aller Regel Erfolge sich selbst zu. Die *Misserfolg-Ängstlichen* hingegen zeigen eine negative Grundstimmung und wählen sich meist entweder zu hohe Ziele, an deren Erreichen sie sowieso nicht glauben, oder zu niedrige Ziele, deren Erreichen ihnen kein richtiges Belohnungsgefühl vermittelt. Sie fürchten sich eher vor dem Misserfolg, als dass sie sich auf den Erfolg freuen (Weiner, 1994).

Kongruenz und Inkongruenz von Motiven und Zielen

In der Motivationspsychologie wird oft ein Unterschied zwischen Motiven und Zielen gemacht (vgl. Puca und Langens, 2005). Motive sind danach *unbewusste*, Ziele *bewusste* Handlungsantriebe. Folgt man dieser Unterscheidung, so kann man sagen, dass Motive sowohl durch stammesgeschichtlich festgelegte als auch durch bindungsbedingte und frühkindlich erworbene Handlungsantriebe bestimmt werden, Ziele hingegen durch Antriebe, die in späterer Kindheit, der Jugend und im Erwachsenenalter aufgrund von bewussten sozialen Erfahrungen entstehen. Ziele sind insbesondere durch *Vorstellungen* über zu erreichende Zustände geprägt.

Während Motive tief und unbewusst in der Persönlichkeit verwurzelt sind, werden die Ziele bewusst verarbeitet. Auf der Bewusstseinsebene wird von *extrinsischen* und *intrinsischen* Zielen gesprochen. Extrinsische Ziele sind solche, die aus materiellen, zum Beispiel finanziellen Anreizen bestehen oder aus sozialen Anreizen wie Anerkennung, Einfluss und Macht. Intrinsische Ziele sind hingegen solche Ziele, die der Persönlichkeitsentwicklung entsprechen und entsprechend selbstbelohnend sind. Nach der bekannten Motivationstheorie von Deci und Ryan (2008) sind die Hauptmerkmale intrinsischer Motivation das Streben nach Kompetenz, Eingebundenheit und Selbstbestimmung/ Autonomie. Andere Autoren nennen als Beispiele von intrinsischer Belohnung eine Steigerung der Selbstwirksamkeit, des Gefühls, besser zu sein als andere, oder an einer wichtigen Sache mitzuarbeiten. Nach Meinung der Psychologen Di Domenico und Ryan (2017) sagt intrinsische Motivation am besten die Eigenschaften *Leistung, Kompetenz* und *Autonomie* voraus. Dies ist im Zusammenhang mit Fragen der Personalauswahl eine wichtige Erkenntnis.

Zwischen Motiven und Zielen kann es zu Konflikten oder »*Inkongruenzen*« kommen, wie dies der leider zu früh verstorbene Psychologe und Psychotherapeut Klaus Grawe ausgearbeitet hat (Grawe, 2004). Dies kann bereits auf der Ebene unbewusster Motive geschehen (d. h. auf der unteren und mittleren limbischen Ebene (s. Kapitel 3), etwa zwischen dem Antrieb nach Bindung und dem nach Selbständigkeit, aber auch zwischen Motiven und Zielen (untere und mittlere limbische Ebene vs. obere limbische und kognitive Ebene) wie etwa der Sehnsucht nach Bindung und einem gesellschaftlichen bzw. beruflichen Erfolgsstreben. Eine Person kann mit einem aus äußerlichen, zum Beispiel materiellen Gründen gewählten Beruf unzufrieden sein und ihrem Jugendtraum, Schauspieler zu werden, nachtrauern. Diese Inkongruenz kann sich in erhöhter seelischer Belastung äußern.

Kongruenz von Motiven und Zielen ist die Voraussetzung für das, was der kanadisch-amerikanische Psychologe Albert Bandura (geb. 1925) *Selbstwirksamkeit* genannt hat, nämlich die subjektive Einschätzung, dass die Verwirklichung von Zielen durch das eigene Verhalten beeinflusst werden kann (Bandura, 1997). Selbstwirksame Menschen zeigen *Persistenz*, d. h. eine Hartnäckigkeit bei der Verfolgung von Zielen. Das Gegenteil sind die *Vermeider*: Sie sehen Hindernisse nicht als Herausforderung, sondern als Bedrohung und Gefahr eines Scheiterns an. Persistenz ist aber nicht die einzige Voraussetzung für Selbstwirksamkeit, die andere ist *Realitätsorientierung*. Man kann nämlich sehr hartnäckig ein bestimmtes Ziel verfolgen, ohne zu erkennen, dass man dieses Ziel nie erreichen wird oder dass es gar nicht so lohnend ist, wie es aussah. Realitätsorientierung bedeutet, abschätzen zu können, welcher Aufwand sich für welches Ziel lohnt (Neyer und Asendorpf, 2018).

Die neurobiologischen Grundlagen von Motiven und Zielen

Einige Motive, insbesondere diejenigen zur Sicherung unserer biologischen Existenz, sind genetisch bedingt und auf der unteren limbischen Ebene wirksam, d. h. auf der Ebene des Hypothalamus, der septalen Region, der zentralen Amygdala und des zentralen Höhlengraus, auch wenn die tatsächlichen Maßnahmen hierzu in den meisten Fällen erlernt sind.

Die Mehrzahl der Motive beruht jedoch auf Lernvorgängen, die auch Teil der individuellen Persönlichkeitsentwicklung sind. Im Zusammenhang mit der bereits genannten unbewussten und bewussten *Bewertung* wird im Gehirn festgestellt, ob und in welcher Weise bestimmte Geschehnisse oder eigene Handlungen positive oder negative Folgen haben. Dies wird dann im Erfahrungsgedächtnis niedergelegt und bildet die Grundlage für die Ausrichtung künftiger Motive.

Auf der unbewussten mittleren limbischen Ebene sind an diesen Prozessen beteiligt die basolaterale Amygdala, die laterale Habenula, das ventrale tegmentale Areal (VTA), der Nucleus accumbens, das ventrale Pallidum und der dorsale Raphe-Kern (vgl. Abbildung 5, S. 38). Das Ergebnis dieser Zusammenarbeit wird an das dorsale Striato-Pallidum als subcorticales Koordinationszentrum für Handlungen weitergeleitet. In diesen Zentren, vor allem im VTA und im Nucleus accumbens, gibt es eine Vielfalt von Neuronen, die ganz unterschiedliche Anteile der *unbewussten Handlungsplanung* verarbeiten und in ihrer Wirkung auf corticale Areale auch zur Grundlage *bewusster Handlungsplanung* werden.

Zentrale Aspekte betreffen zum einen die Unterscheidung zwischen dem subjektiven positiven oder negativen Erlebniszustand, d. h. Lust (»liking«) bzw. Unlust und dem Streben (»wanting«) nach Erlangen bzw. Vermeiden solcher Erlebniszustände (Berridge und Kringelbach, 2015). Beiden Funktionen liegen unterschiedliche neuronale Systeme zugrunde, die in der Regel miteinander zusammenwirken, aber auch unabhängig voneinander wirksam werden können.

Das Auftreten von Lustzuständen (»hedonic states«) in Belohnungssituationen ist vornehmlich an die Ausschüttung von endogenen Opioiden (Endorphinen und Enkephalinen) und Cannabinoiden gebunden, die über eine Bindung an unterschiedliche Rezeptoren (meist µ- und κ-Rezeptoren bei den Opioiden und CB1-Rezeptoren bei den Cannabinoiden) entsprechende Gefühle hervorrufen. Dies geschieht in sogenannten »hedonic hotspots«, d. h. kleinen Arealen in limbischen Zentren wie dem Nucleus accumbens, der Amygdala, dem ventralen Pallidum, dem VTA sowie corticalen limbischen Arealen (zum Beispiel OFC, insulärer Cortex) (Berridge und Kringelbach, 2015; Wenzel und Cheer, 2018), die Rezeptoren für die genannten »hedonischen« Substanzen enthalten. Diese »hedonic hotspots« sind zum Beispiel im Nucleus accumbens, dem VTA und dem ventralen Pallidum räumlich getrennt von »coldspots«, die zu aversiven Erlebniszuständen führen und Rezeptoren enthalten, die für unangenehm wirkende Stoffe wie Substanz P oder Cholezystokinin empfänglich sind.

Die zweite Wirkung der endogenen Opioide und Cannabinoide besteht in der Hemmung GABAerger Interneurone im

VTA, die ihrerseits dortige dopaminerge Neurone hemmen. Durch die Hemmung dieser hemmenden Neurone werden die dopaminergen Neurone im VTA *freigeschaltet* und können über ihre Efferenzen den Nucleus accumbens, das ventrale Pallidum und andere verhaltensrelevante limbische Areale beeinflussen. Über diese Wirkung können die in Belohnungssituationen ausgeschütteten endogenen Opioide und Cannabinoide appetitives Verhalten auslösen. Aversive Reize hingegen wirken verstärkend auf die hemmenden GABAergen Interneurone ein und senken oder blockieren die Aktivität dopaminerger Neurone. Die laterale Habenula, die sowohl unter dem Einfluss der Amygdala als auch limbischer corticaler Areale (zum Beispiel OFC, ventromedialer Cortex) steht, spielt mit ihrer Projektion zu caudalen Teilen des VTA eine wichtige Rolle bei der Vermittlung aversiver Reize (Baker und Mizumori, 2017).

Nach einem vom deutsch-britischen Neurophysiologen Wolfram Schultz und zahlreichen Kollegen entwickelten Modell signalisieren dopaminerge Neurone mit ihrer Aktivität zwei unterschiedliche Reizklassen (Schultz, 2016; Stauffer et al., 2016). Eine erste und schnelle Antwort erfolgt auf jegliche Art *auffälliger* Reize unabhängig von ihrem Belohnungscharakter (»saliency response«), was die Aufmerksamkeit des Gehirns auf diese Reize lenkt; dies ähnelt stark der Reaktion der Amygdala. Erst eine zweite, langsamere Antwort ist belohnungsspezifisch und signalisiert, ob eine bestimmte Belohnungserwartung sich erfüllt oder stärker bzw. schwächer ausfällt als erwartet – in Anlehnung an die bekannte Lerntheorie von Rescorla und Wagner (1972) etwas verwirrend »Voraussagefehler« (»prediction error«) genannt – besser wäre der Ausdruck »Erwartungsabweichung«. Normalerweise sind die dopaminergen Zellen gleichmäßig niederfrequent aktiv (*tonische* Aktivität). Der *unerwartete* Erhalt einer

Belohnung wie etwa eine überraschende Gehaltserhöhung (also eine hohe positive Erwartungsabweichung) führt zu einer zusätzlichen Salve von Aktionspotenzialen und damit zu einer *phasischen* Antwort. Wird gelernt, dass ein bestimmter Reiz *regelmäßig* einer Belohnung vorausgeht und sie somit vorhersagt, dann erfolgt die phasische Dopaminantwort bereits kurz nach dem ankündigenden Reiz, nicht aber zum Zeitpunkt der Belohnung. Dies signalisiert die *gelernte Belohnungserwartung*. So bedeutet das Ende des Monats für die meisten von uns das Nahen der Lohn- bzw. Gehaltsüberweisung; man ist irgendwie froh darüber, aber eigentlich wird es kaum mehr wahrgenommen. Bleibt aber die Belohnung trotz Ankündigung einmal oder sogar mehrfach aus (d. h., das Geld landet aus irgendwelchen Gründen nicht auf dem Konto oder die Firma ist pleite), dann fällt die tonische Dopaminaktivität zur Zeit der ausbleibenden Belohnung *unter* das normale tonische Niveau. Katastrophenstimmung kann sich dann ausbreiten.

Neben dem Eintreten und dem eventuellen Grad der Belohnung signalisieren bestimmte dopaminerge Zellen den Grad der *Unsicherheit* einer Belohnung (Fiorillo et al., 2003). Erfolgt endlich die ersehnte Überweisung eines dringend benötigten Betrags? Dies wird durch eine langsame und moderate Aktivierung codiert, die zwischen dem ersten Hinweis auf eine Belohnung und dem Zeitpunkt ihres Eintritts abläuft und umso höher ausfällt, je größer die Unsicherheit darüber ist, ob der Hinweisreiz und die damit einhergehende phasische Dopaminantwort tatsächlich eine Belohnung ankündigen. Die Zielzelle erhält also zwei Typen von Signalen: Eine schnelle und hohe Dopaminfreisetzung steht für die Erwartung einer Belohnung, eine langsame, moderate Dopaminfreisetzung repräsentiert die *Unsicherheit* darüber, ob die Belohnung auch wirklich eintritt.

Allerdings spielt hier auch das *Risikobewusstsein* eine Rolle: Ist der Belohnungswert hoch und die Unsicherheit über das Auftreten der Belohnung ebenfalls hoch, dann verspüren vorsichtige Personen mit einem hohen Risikobewusstsein keine Motivation zum Handeln, während besonders risikobereite Personen auf dieses Muster mit einer großen Verhaltensbereitschaft reagieren. Bei ihnen hat das langsame Dopaminsignal der Unsicherheit selbst eine stimulierende Wirkung und verstärkt riskantes Verhalten. Dies erklärt etwa, warum manche Individuen gewillt sind, im Glücksspiel hohe Beträge einzusetzen, obwohl die Unsicherheit über einen möglichen Gewinn extrem groß ist (Fiorillo et al., 2003).

Im Gegensatz zu früheren Annahmen signalisieren einige dopaminerge Zellen auch *aversive* Ereignisse wie Bestrafung oder Belohnungsentzug, und zwar über eine langsame, anhaltende Verringerung der Spontanaktivität, die auf den Einfluss der bereits genannten inhibitorischen (GABAergen) Neurone im VTA zurückgeht (Beier et al., 2015). Derartige Signale verstärken das Rückzugsverhalten (Aversion) und führen dazu, dass ein bestimmter Reiz gemieden wird. Allerdings gibt es vermehrt Hinweise auf die Existenz dopaminerger Neurone im VTA, die *direkt* von aversiven Reizen erregt werden (Holly und Miczek, 2016). Diese beeinflussen über ihre Endigungen Neurone in medialen Gebieten des Nucleus accumbens, die dann das Auftreten aversiver Reize weitervermitteln (de Jongh et al., 2019).

In Hinblick auf die Erwartung von Belohnungen hat sich zudem gezeigt, dass serotonerge Neurone im dorsalen Raphe-Kern wesentlich an der Wirkung dopaminerger Neurone beteiligt sind. Der dorsale Raphe-Kern steht unter anderem unter corticaler (ventromedialer Cortex) und subcorticaler (laterale Habenula) Kontrolle und projiziert neben vielen anderen Hirnregionen massiv zum VTA. Die stattfindende Serotoninausschüttung führt zu einer gesteigerten Aktivität der dortigen dopaminergen Neurone. Möglicherweise sind diese besonders an der Detektion überraschender Reize beteiligt (Fischer und Ullsperger, 2017).

Parallel zur subcorticalen Verarbeitung werden Informationen über das mesocorticale Bahnensystem auf die obere limbische und die kognitive Ebene weitergeleitet, wo dann bewusste Wünsche, Ziele und konkrete Absichten entstehen. Dies betrifft vor allem (1) den orbitofrontalen, den anterioren cingulären, den ventromedialen und den ventrolateralen präfrontalen Cortex, die für bewusst gewordene Handlungsabsichten zuständig sind, (2) den dorsolateralen präfrontalen Cortex, in dem eine rein gedankliche Handlungsplanung erfolgt, und (3) den posterioren parietalen Cortex, der für die räumliche Einbettung von Verhaltensweisen zuständig ist. Besonders wichtig sind die Funktionen des orbitofrontalen und ventromedialen Cortex, in denen Neurone angesiedelt sind, welche die soziale Erwünschtheit oder Nichterwünschtheit von Wünschen und Absichten sowie Risiken und Unsicherheiten codieren. Dies geschieht in Interaktion mit dem insulären Cortex, der wie der Nucleus accumbens über die bereits erwähnten »hotspots« und »coldspots« körperliche Freude und körperlichen Schmerz signalisiert (Berridge und Kringelbach, 2015).

Im Gehirn existiert also ein komplexes Netzwerk, das in sehr fein abgestufter Weise das Auftreten positiver und negativer Ereignisse registriert und zur Grundlage von Motivation in Form von appetitivem oder aversivem Verhalten wird. Hierbei werden alle erdenklichen Aspekte möglicher Handlungsziele berücksichtigt, wie die Stärke und die zeitliche und räumliche Erreichbarkeit eines Zieles, seine Nachhaltigkeit, der zu treibende

Aufwand und die Sicherheit bzw. Unsicherheit seines Eintretens. Schultz und Kollegen konnten zeigen, dass auf der Grundlage der Aktivität dieses Netzwerkes ein Verhalten erzeugt wird, dass sich als »zweckrational« interpretieren lässt (Pastor-Bernier et al., 2017; vgl. auch Kapitel 7).

Was sagt uns das?

Die hier vorgetragenen neurowissenschaftlichen Erkenntnisse zeigen, dass der großen Vielfalt positiver und negativer Wünsche, Ziele, Erlebnisse und Erwartungen zwei Grundzustände, Appetenz und Aversion, zugrunde liegen, die allerdings unterschiedliche Stärken und Formen annehmen können. Die einen streben nach Sex, Suff und Drogen, die anderen nach köstlichem Essen, nach Geld, Macht und Anerkennung, wieder andere nach dem Beisammensein mit Freunden oder nach hochgeistigen Genüssen wie einem wunderbaren Konzert oder einem aufregenden Krimi oder einfach nach Ruhe. All dies wird teils unbewusst und teils bewusst getrieben von einem positiven Zustand, der von ruhiger Zufriedenheit bis hin zu rauschhafter Freude reicht und unabdingbar an die Ausschüttung eines Cocktails von endogenen Opioiden und Cannabinoiden, Serotonin und Dopamin gebunden ist. Die jeweiligen Anteile dieser Ingredienzien machen dann die Unterschiede freudiger bzw. lusthafter Zustände aus.

Dies funktioniert aber nur, wenn die für diese Stoffe notwendigen Rezeptoren an der richtigen Stelle sitzen, zum Beispiel im VTA oder im Nucleus accumbens. Ob dies der Fall ist, hängt wiederum teils von den Genen und epigenetischen Faktoren, teils von vorgeburtlicher und nachgeburtlicher Prägung und späteren krisenhaften Erfahrungen ab. Wenn davon zu wenig vorhanden ist, spricht man von einem »Anhedonismus«, d. h. dem Unvermögen, Freude und Lust zu empfinden. Dieser Anhedonismus ist ein Kernmerkmal von Depression – also demjenigen Zustand, in dem nichts mehr Spaß macht. Bei unangenehmen Zuständen, die zu vermeiden sind, gibt es – wie dargestellt – andere Stoffe, die Unwohlsein bis hin zu Panik, Depression, Angst und schwerem Schmerz auslösen.

Zur Vielfalt des Lebens gehört, dass die Ziele, die angestrebt, die Handlungen, die ausgeübt, und die Ereignisse und Zustände, die vermieden werden, so verschieden sind wie Menschen überhaupt verschieden sein können. Was dem einen Freude bereitet, kann dem anderen zuwider sein (es gibt genügend Leute, denen das Erklingen der »göttlichen« Musik Bachs oder Mozarts eine Qual ist), der *Sensation Seeker* unternimmt alles, um den Kick von Opioiden und Dopamin zu erlangen, der *Harm Avoider* ist nur dann ruhig, wenn er seine Wohnung und am besten noch die Wohnzimmertür dreimal verriegelt hat. Wollen wir Menschen verändern, so müssen wir vor allem anderen ihre Ziele und Motive erkennen!

KAPITEL 9

Was uns Handlungspsychologie und Neurobiologie über die Steuerung von Willenshandlungen sagen

Wir haben uns im vorletzten Kapitel damit beschäftigt, welche Aussagen Entscheidungstheoretiker und Psychologen über die Frage machen, nach welchen Prinzipien Entscheidungen getroffen werden oder zumindest getroffen werden sollten, nämlich bewusst-rational, nach einfachen Heuristiken oder emotional bzw. intuitiv. Wir haben gehört, welche Teile des Gehirns bei solchen Entscheidungen aktiv sind. Diese Hirnaktivitäten sollen eine Person in die Lage versetzen, möglichst angemessen auf ein bestimmtes Problem oder eine bestimmte Problemlage zu reagieren, also *richtig zu handeln*. Im Folgenden geht es um die Steuerung von Willens- oder Willkürhandlungen. Solche Handlungen können die Ausbildung eines expliziten Willens und eines »Willensrucks« beinhalten, müssen dies aber nicht. Vielmehr werden sie definiert als Handlungen, für die *Alternativen* bestehen. Beim Menschen sind sie immer mit dem Gefühl der *Selbstverursachung* verbunden.

Nicht in allen Fällen handelt es sich bei dem, was wir tun, um Willenshandlungen. Unser Körper kann mithilfe des Nervensystems *reflexartig* reagieren, zum Beispiel wenn wir bei einem lauten Knall zusammenzucken oder bei einem großen, sich schnell nähernden Objekt Abwehrbewegungen machen. Reflexe erfolgen, bevor uns die Situation überhaupt bewusst wird, und deshalb können wir sie nicht willentlich unterdrücken. Im zweiten Fall von unwillkürlichen Reaktionen geht es um *äußeren Zwang*, zum Beispiel wenn wir stolpern oder von einer Sturmböe plötzlich fortgefegt werden. Diese Ereignisse sind »stärker als wir«. Man wird in diesen Fällen meist gar nicht von Handlungen, sondern von Reaktionen sprechen. Im dritten Fall schließlich handelt es sich um *innere Zwänge*. Diese können in natürlichen körperlichen Zwängen bestehen, zum Beispiel in großem Hunger oder großem Durst, in überwältigender Müdigkeit oder einfach im Nachlassen unserer Kräfte beim Sport. Es kann sich aber auch um psychische Zwänge handeln, zum Beispiel um den Zwang, sich alle fünf Minuten die Hände zu waschen, alle möglichen Dinge zu zählen, nicht auf Linien zu treten, um zwanghafte Gedanken und Antriebe oder um Tics wie ständig mit den Augen zwinkern oder sich unaufhörlich am Ohr zu kratzen, aber auch um Alkohol-, Nikotin- oder Drogensucht. Unser Wille, diesem Zwang zu widerstehen, kann noch so stark sein, wir haben keine andere Möglichkeit, als ihm schließlich nachzugeben.

Bei Willenshandlungen hingegen haben wir prinzipiell die Möglichkeit, etwas so zu tun oder auch anders bzw. eine Sache zu tun oder zu lassen. Ich kann dieses oder jenes Buch oder Auto kaufen, ich kann Ferien in Italien oder in Marokko machen, ich kann mit dem Auto zur Dienststätte fahren, mit dem Bus oder Fahrrad, oder auch zu Fuß gehen. Noch viel einfacher: Ich kann jetzt aufstehen oder einfach sitzen bleiben, ich kann nach der Tasse Kaffee vor mir greifen oder es lassen, ich kann (im Prinzip) mit der linken oder der rechten Hand greifen usw. Aber auch jeder Schritt vorwärts und jede noch so kleine Handbewegung beruhen auf einer Handlungsentscheidung. Nur merken wir von diesen Entscheidungen meist nichts, weil sie in der Regel nicht bewusst getroffen werden. Es handelt sich dennoch um echte Entscheidungen, denn es gibt Alternativen. Das merkt man nur, wenn aus Krankheitsgründen diese Entscheidungen nicht mehr getroffen werden können, wie es zum Beispiel bei Menschen der Fall ist, die unter der Parkinson'schen Krankheit leiden. Im Endstadium dieser Krankheit *wollen* die Patienten sich zwar bewegen, zum Beispiel aufstehen oder nach einer Tasse greifen, aber sie *können* es nicht. Bei ihnen wird aus Gründen, die wir noch kennenlernen werden, die Möglichkeit, sich in einer bestimmten Weise zu bewegen, verhindert.

Von den meisten Entscheidungen, die mit Bewegungen zu tun haben, merken wir nichts, weil diese Entscheidungen und die damit zusammenhängenden Bewegungen *automatisiert* sind. Zwar benötigt – wie gerade gesagt – jeder Schritt eine Entscheidung, denn wir könnten ja auch einfach stehen bleiben, aber wenn wir einmal gehen, weil wir ein bestimmtes Ziel erreichen wollen, dann benötigen wir dazu keine willentlich-bewusste Entscheidung mehr. Jeder Fuß scheint sich von selbst vor den anderen zu setzen wie in einer Reflexkette. Wir können uns dabei die Gegend anschauen, uns mit einem Begleiter unterhalten oder tief nachdenken, und trotzdem marschieren wir weiter. Dass wir dies können, beruht auf einer Meisterleistung unseres Gehirns und unseres Körpers. Es ist nämlich nicht so, dass wir überhaupt nicht hinzuschauen brauchen, wohin wir den nächsten Schritt setzen, wie dies der Fall wäre, wenn es sich um wirkliche Reflexe handelte, sondern wir umgehen kleinere Hindernisse und gleichen Unebenheiten aus, ohne dies zu merken. Unser Sehsystem lenkt dabei über das sogenannte extrafoveale System unsere Bewegungen ohne *gezielte Aufmerksamkeit*, d. h. ohne dass wir uns auf das Vorwärtsgehen konzentrieren müssten. Dennoch entscheiden Gehirnzentren ständig darüber, ob sie überhaupt den nächsten Schritt auslösen und wie dieser ausgeführt werden soll.

Dinge, die neu und ungewohnt und gleichzeitig für uns hinreichend wichtig sind, damit wir uns mit ihnen überhaupt befassen, erfordern unsere gezielte Aufmerksamkeit, aber diese wird umso überflüssiger, je mehr der ganze Ablauf gewohnt und automatisiert wird. Wir tun dann Dinge »wie im Schlaf« und meinen, es gebe hierbei gar nichts mehr zu entscheiden. Das ist aber nicht richtig, denn was schwindet, ist nur der *bewusste* Anteil der Entscheidung. Nehmen wir an, wir sind in eine andere Stadt umgezogen und fahren zum ersten Mal zu unserer neuen Arbeitsstätte. Dann müssen wir uns genau auf die Verkehrssituation konzentrieren und ständig Entscheidungen treffen, welche Straße wir nun fahren und so weiter. Nach einiger Zeit fahren wir eine bestimmte Strecke ohne jeden geistig-willentlichen Aufwand und bewältigen dabei sogar ziemlich komplizierte Verkehrssituationen wie einen Kreisverkehr, und manchmal fahren wir ganz automatisch diese Strecke, obwohl wir eigentlich woanders hin wollten. Dies passiert uns besonders dann, wenn wir mit den Gedanken ganz woanders sind.

Dass es sich trotz aller Automatisierung unserer Handlungen immer noch um Entscheidungen handelt, sehen wir an der simplen Tatsache, dass wir die besagte Strecke keineswegs zwanghaft fahren, sondern eine andere Strecke fahren können, *wenn wir nur wollen*. Unser bewusster Wille kann solche Automatismen also unterbrechen und eine andere Handlung ausführen. Entscheidungen können also hochbewusste Abwägungsprozesse erfordern (»Soll ich das Stellenangebot in Berlin annehmen oder in Bremen bleiben?«), oder sie laufen in eine bestimmte Richtung ab, wenn wir nicht bewusst etwas anderes wollen, weil sie automatisiert sind. Natürlich gibt es zwischen beiden Extremen beliebige Übergänge: Bestimmte Handlungen sind bereits hochautomatisiert und wir müssen nur entscheiden, *wann* wir sie beginnen und beenden wollen, bei anderen benötigen wir immer noch ein gewisses Ausmaß an willentlicher Kontrolle.

Unsere Handlungen gehen, sofern sie nicht äußeren oder inneren Zwängen unterliegen oder reine Reflexe darstellen, immer aus Entscheidungen hervor, denn jede Handlung hat ihre Alternativen, und sei es auch die Entscheidung zwischen Tun und Nichttun. Diese Entscheidungen können bewusst oder unbewusst getroffen werden, sie können eher von Gefühlen oder eher von Überlegungen geleitet sein, und sie können schnell und spontan oder nach einer gewissen Zeit des Abwägens oder Abwartens erfolgen. Zwischen den jeweiligen Polen gibt es fließende Übergänge von schnellen und ohne jedes Nachdenken erfolgenden Entscheidungen bis hin zu Entscheidungen, zu denen man sich qualvoll durchringen muss.

Das Rubikon-Modell der Handlungspsychologen

Das vielleicht bekannteste psychologische Modell der Entscheidung und Steuerung von Willenshandlungen stammt von den Psychologen Heckhausen und Gollwitzer (vgl. Heckhausen, 1987). Es geht von vier Ablaufphasen aus: einer Phase des Abwägens, des Planens, des Handelns und des Bewertens, die jeweils durch deutliche Übergänge voneinander getrennt sind. In der *Abwägephase* erlebt die Person bestimmte Wünsche (»Zielintentionen«) und setzt sich mit ihnen und ihrer Realisierung auseinander. Einige Wünsche sind vollkommen unerfüllbar wie »Ich möchte der Kaiser von China sein!« oder »Ich möchte in die Zukunft sehen können«; andere sind im Prinzip erfüllbar, aber nicht unter den gegebenen Umständen wie »Ich möchte jetzt auf den Bahamas sein!«, und wieder andere sind jetzt erfüllbar, aber befinden sich in Konkurrenz mit anderen Wünschen wie »Ich möchte jetzt Klavier spielen, muss aber ein Gutachten fertigstellen!«. Ich muss mir also über die prinzipielle oder faktische Erfüllbarkeit meiner Wünsche in Abhängigkeit von meinen Möglichkeiten klar werden und mich dann unter den faktisch erfüllbaren Wünschen für die Realisierung eines Wunsches entscheiden.

Eine solche Entscheidung leitet die *Planungsphase* ein und ist der »Schritt über den Rubikon« (Caesar entschied sich, den Marsch auf Rom und damit den Staatsstreich zu wagen, und überschritt dabei mit seinen Truppen das Flüsschen Rubikon, welches die »Sperrzone« für das Militär markierte). Nachdem nämlich entschieden ist, *was* getan werden soll, geht es nun darum, *wie* man die Tat verwirklicht. Das mag einfach sein (»Ich will jetzt das Glas Wasser vor mir trinken!«) oder kompliziert (»Ich will Bundeskanzler werden!«). Wichtig ist dabei die Konzentration auf das Ziel und die damit verbundene Abschirmung der Handlungsintention von konkurrierenden Wünschen und Motiven. Diese müssen konsequent beiseite gedrängt werden (»Bei der Sache bleiben!«), und in der Regel sollte man nicht in die Abwägephase zurückkehren, aber manchmal doch, wenn sich neue Schwierigkeiten und Gesichtspunkte auftun.

In der Planungsphase hat der *Wille* seinen großen Auftritt. Der Wille ist der psychische Aufwand, der getrieben werden muss, um alternative Wünsche und Ziele zu verdrängen. Ich *muss unbedingt* noch vor dem Abendessen einen Artikel fertig schreiben, aber gleichzeitig bin ich sehr hungrig. Ich bin vom schwierigen Aufstieg erschöpft, aber ich *muss* den Gipfel noch schaffen! *Willensstarke* Menschen zeichnen sich durch die Fähigkeit dieses

Abschirmens aus bis hin zum fanatischen Verfolgen eines bestimmten Zieles. *Willensschwache* Menschen sind hingegen unter anderem dadurch gekennzeichnet, dass sie sich leicht ablenken lassen und das Ziel aus dem Auge verlieren. Nachdem nun klar ist, wann, wo und wie der Plan realisiert werden soll, muss man auch zur Tat schreiten. Jetzt gibt es den berühmten *Willensruck*, das »fiat!« (lateinisch »es geschehe!«), welcher dem Handlungsbeginn unmittelbar vorhergeht.

Mit dem Beginn der *Handlungsphase* ist die Sache aber noch nicht gelaufen, sondern es geht jetzt darum, das Ziel nicht aus dem Auge zu verlieren. Außerdem läuft nicht immer alles genau nach Plan, sondern man muss das Handeln wechselnden Umständen anpassen, Umwege gehen, kleine Änderungen vornehmen usw. Und man muss sich gegen Schwierigkeiten wappnen, darf nicht die Geduld und die Lust verlieren. Allerdings: Je größer die Schwierigkeiten werden, desto lauter wird die Frage, ob man nicht doch besser aufhören sollte. Willensstarke Personen halten länger durch, auch wenn die Schwierigkeiten sehr groß werden, aber ab einem gewissen Punkt kann das Weitermachen unsinnig werden. Nur gibt es meist keine Gewissheit darüber, wann dieser Punkt erreicht ist! Viele der größten Taten der Menschheit sind erst im Nachhinein groß und erschienen den Beteiligten als Wahnsinnstaten (man denke an Kolumbus' oder Maghellans Durchhalten gegen jeden Widerstand von Mensch und Natur und auch gegen jede Vernunft). In der *Bewertungsphase* schließlich wird beurteilt, ob und in welchem Maße man das erreicht hat, was man wollte, und worauf der Erfolg bzw. Misserfolg zurückzuführen ist – ob auf die eigenen Kräfte bzw. deren Versagen, auf fremdes Zutun oder auf puren Zufall.

Selbstverständlich versucht das Rubikon-Modell nur den idealtypischen Ablauf einer Willenshandlung zu beschreiben. In den meisten Fällen von Willenshandlungen gibt es, wie wir eingangs festgestellt haben, keine explizite Phase des Abwägens oder des Planens. Ich bin durstig und greife nach dem Glas Wasser vor mir, und dabei gehen das Realisieren des Wunsches (»Trinken!«), das Konkretwerden des Plans (»Nach dem Glas Wasser greifen!«) und das Ausführen unmittelbar ineinander über. Nichtsdestoweniger habe ich das Gefühl, eine Willenshandlung ausgeführt zu haben, denn auf die Frage, ob ich das, was ich getan habe, auch wollte, werde ich »Ja« sagen! Es gibt also Willenshandlungen *ohne* expliziten Willensakt, und es gibt natürlich auch das Steckenbleiben des Willenshandlungsablaufs vor der Realisierung. Aus irgendeinem Grund tue ich doch nicht, was ich tun *wollte*. Dies wiederum heißt, dass der konkrete Willensentschluss nicht automatisch zu einer Realisierung führt.

Das Rubikon-Modell hat neben der soeben genannten eingeschränkten Gültigkeit auch noch einen anderen Nachteil, indem es suggeriert, das Ganze sei eine klare Abfolge von vier Phasen mit charakteristischen Übergängen. Dem entspricht die traditionelle Vorstellung eines bewusst wünschenden, planenden, handelnden und reflektierenden Ich als *Träger* der Willenshandlung. Zwei grundsätzliche Bedenken stehen dieser Sicht aber entgegen. Erstens ist das Ich – anders als es uns scheint – *kein* Akteur, sondern ein bestimmter Bewusstseinszustand. Es gibt unterschiedliche Bewusstseinsinhalte, und einige davon, zum Beispiel Handlungsziele, verbinden sich mit dem Bewusstseinsinhalt »Ich tue gerade das und das«. Das Ich ist hierbei eine – allerdings wichtige – »Markierung« für Inhalte des autobiographischen Gedächtnisses, aber keine kontrollierende oder handelnde Instanz, auch wenn wir dies ganz deutlich so empfinden. Vielmehr markiert dieses Empfinden, dass der bewusstseinsfähige Cortex wesentlich an dem Vorgang beteiligt war, und zwar im Gegensatz zu rein subcortical gesteuerten Prozessen.

Zweitens kommen in dem Rubikon-Modell die *unbewussten* Anteile der Willenshandlung gar nicht vor. Wie wir gleich sehen werden, spielen sie eine ganz wesentliche Rolle beim Vorbereiten, Auslösen und Ausführen von Willenshandlungen. Wir merken direkt nur nichts davon. Interessanterweise habe ich kürzlich erfahren, dass Heckhausen und Gollwitzer diese unbewussten Anteile eigentlich in ihr Modell einbauen wollten, dies aber angesichts der Ablehnung der übergroßen Mehrheit ihrer Psychologie-Kollegen haben sein lassen. In deren Kreisen galt es als unwissenschaftlich, sich mit dem »anrüchigen« Unbewussten zu befassen!

Was passiert im Gehirn bei Willenshandlungen?

Wenn es um bewusste willentliche Handlungen geht, bei denen wir uns als Verursacher empfinden, dann sind erst einmal eine ganze Anzahl von Bereichen unserer Großhirnrinde aktiv (allerdings nicht nur diese, wie wir sehen werden) (Abbildung 11). Wenn wir uns überlegen, was wir überhaupt tun wollen, wenn wir Alternativen abwägen und dann darüber nachdenken, wie wir das Geplante ausführen wollen, dann geht es vornehmlich um den dorsolateralen präfrontalen Cortex. Hier befindet sich das vordere Arbeitsgedächtnis, und hier finden das Abwägen der Alternativen und das genaue Nachdenken über die Realisierungsmöglichkeiten des Plans statt. Dieses Arbeitsgedächtnis ist in seiner Kapazität notorisch beschränkt; wir erfahren ständig, dass wir nur wenige Dinge gleichzeitig im Bewusstsein bewegen können, und wir geraten ins Schwitzen, wenn wichtige Dinge komplex und auch noch eilig sind. Deshalb ist es gut, wenn wir

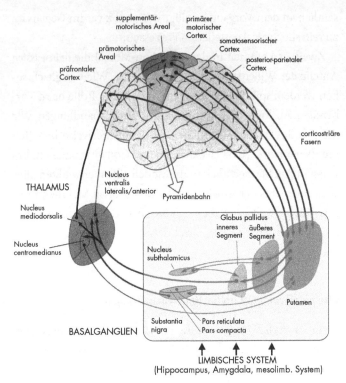

Abbildung 11: Steuerung der Willkürhandlungen. Nervenbahnen (corticostriäre Fasern) ziehen von verschiedenen Teilen der Großhirnrinde zu den Basalganglien (umrandet), von dort aus zum Thalamus und schließlich zurück zum präfrontalen, motorischen, prämotorischen und supplementärmotorischen Cortex. Vom motorischen und prämotorischen Cortex aus zieht die Pyramidenbahn zu Motorzentren im Rückenmark, die unsere Muskeln steuern. Bewusst (im Stirnhirn) geplante Handlungen gelangen über die Pyramidenbahn nur dann zur Ausführung, wenn sie vorher die »Schleife« zwischen Cortex, Basalganglien und Thalamus durchlaufen und hierbei die Basalganglien der beabsichtigten Handlung »zugestimmt« haben. Die Basalganglien ihrerseits werden von Zentren des limbischen Systems (Hippocampus, Amygdala, mesolimbisches System) kontrolliert. (Aus Roth, in Roth und Prinz, 1996, verändert.)

auf Automatismen zurückgreifen können, die das Arbeitsgedächtnis als »Planungskommission« entlasten.

Die genauere Planung des Ablaufs der Handlung und ihre Einordnung in unsere räumliche Umgebung erfordern neben dem dlPFC auch die Mitwirkung des hinteren Scheitellappens, des *posterioren parietalen Cortex*, der wie berichtet für die räumliche Orientierung zielgerichteter Bewegungen zuständig ist (vgl. Abbildung 2, S. 30). Diese beiden Cortexbereiche aktivieren ihrerseits einen relativ kleinen Teil des hinteren Stirnhirns mit dem komplizierten Namen *prä-supplementärmotorisches Areal*, kurz prä-SMA genannt (vgl. Abbildung 3, S. 31). Dieses Areal ist immer beteiligt, wenn wir etwas bewusst wollen, und es ist interessanterweise auch dann aktiv, wenn wir uns nur *vorstellen*, wir würden etwas tun, und sogar wenn wir jemandem bei bestimmten anstrengenden Handlungen *zusehen*. Nicht zufällig haben einige Forscher und Philosophen wie der bekannte Neurophysiologe und Neurophilosoph John Eccles das prä-SMA für den Sitz des freien Willens und der Interaktionsstelle zwischen Gehirn und Geist gehalten (Eccles, 1994). Das war allerdings im Fall von Eccles ein überwiegend religiös motivierter Fehlschluss.

Ist eine Handlungsabsicht zum konkreten Willensentschluss gereift, dann werden die entsprechenden Informationen zu den motorischen Arealen der Großhirnrinde im hinteren Stirnhirn geschickt, die nun genauer bestimmen, welche einzelnen Bewegungen für die Handlung nötig sind und wie unser Bewegungsapparat in Gang gesetzt werden muss. Dabei handelt es sich um den *primären* und den *sekundären motorischen Cortex* (vgl. Abbildung 2, S.30). Im letzteren Areal werden die gröberen Bewegungsabläufe festgelegt, im ersteren die dafür notwendigen Aktivitäten einzelner Muskeln und kleiner Muskelgruppen. Diese Umsetzung des Handlungswillens in konkrete Bewegungsabläufe entzieht sich schon weitgehend unserem Bewusstsein, und wir erleben nur, dass wir dasjenige *tun*, was wir soeben konkret gewollt haben. Es kommt uns dabei vor, als würde unser Wille unseren Körper, zum Beispiel unsere Hand *direkt* antreiben, während wir die extrem komplexe Umsetzung des Willens in Bewegung, an dem in der Regel Hunderte von Muskeln und Muskelgruppen beteiligt sind, gar nicht bewusst wahrnehmen. Die genannten *motorischen Areale* der Großhirnrinde aktivieren dann direkt über große Nervenfaserbündel, die zusammen die sogenannte *Pyramidenbahn* bilden, Abschnitte in unserem Rückenmark, die ihrerseits die Muskeln ansteuern.

Gleichzeitig müssen sie sich mit vielen anderen Hirnzentren außerhalb der Großhirnrinde koordinieren, die zwar völlig unbewusst arbeiten, ohne die wir aber nicht einmal einen Finger krümmen könnten. Dabei handelt es sich vornehmlich um das Kleinhirn und die Basalganglien. Das *Kleinhirn* (lateinisch *Cerebellum*) ist – anders als sein Name erwarten lässt – beim Menschen ziemlich groß und enthält etwa ebenso viele Nervenzellen wie das übrige Gehirn, nämlich rund 30 Milliarden. Das seitliche Kleinhirn, Neo-Cerebellum genannt, greift feinregulierend in die zeitliche Koordination von Handlungs- und Bewegungsabläufen ein, die von den *Basalganglien* im Zusammenwirken mit der Großhirnrinde gesteuert werden.

Wie in Kapitel 1 und Abbildung 11 dargestellt setzen sich die Basalganglien aus sehr unterschiedlichen Hirnzentren zusammen, nämlich aus dem *Striatum*, dem *Pallidum internum* und *externum*, dem *Nucleus subthalamicus* und der *Substantia nigra*. Letztere besteht aus einem dicht gepackten (*pars compacta*) und einem lose gepackten Teil (*pars reticulata*). Über die Funktion der Basalganglien ist lange Zeit gerätselt worden. Man nahm an, dort seien Reflexe, Instinkthandlungen und andere Automatismen gespeichert, was auch nicht ganz falsch ist. Heute weiß man jedoch, dass die Basalganglien generell an allen Handlungen und Bewegungen beteiligt sind, insbesondere auch an denjenigen, die mit bewusster Planung und bewusstem Willen zu tun haben, also »von innen heraus« angetrieben werden. Man schließt dies vornehmlich aus der Tatsache, dass bei Patienten, die unter der Parkinson'schen Erkrankung leiden, gerade diejenigen Handlungen beeinträchtigt sind, die noch nicht automatisiert sind und deshalb eine Willensanstrengung benötigen. Bei diesen Patienten ist ein bestimmter Mechanismus der Basalganglien betroffen, über den noch zu reden sein wird. Hochautomatisierte und insbesondere reizgetriebene Abläufe sind hingegen noch möglich, sofern nicht die Erkrankung in ihr Endstadium völliger Bewegungsunfähigkeit eingetreten ist.

Die Basalganglien bilden unser *Handlungsgedächtnis*, in dem alle Bewegungsmuster niedergelegt sind, die sich irgendwann einmal als erfolgreich erwiesen haben. Dieses Erfahrungssammeln beginnt bereits pränatal, denn die Basalganglien gehören zu den Hirnstrukturen, die sich weit vor der Geburt entwickeln, und dieses Sammeln erfolgt ein Leben lang. Alles, was wir an Bewegungen ausführen, insbesondere wenn es neu und ungewohnt ist, muss mit diesem Handlungsgedächtnis abgeglichen werden. Das ist am Anfang schwierig, und deshalb laufen viele neue Bewegungsweisen holprig ab und zugleich müssen wir uns auf den Ablauf konzentrieren. Je häufiger wir aber diese Bewegung ausführen oder intensiv üben, desto flüssiger geht es und desto mehr führen der Motorcortex, die Basalganglien und das Kleinhirn diese Funktion weitgehend allein aus (Ashby et al., 2010). Das Bewusstsein kann sich ganz aus dieser Sache herausziehen oder nur noch als »begleitendes Bewusstsein« vorhanden sein. Typischerweise können wir dann auch nichts mehr über die Details des Vorgangs berichten, zum Beispiel wie wir Fahrrad fahren, Klavier spielen oder die Krawatte binden.

Die Basalganglien sind über mächtige Verbindungsbahnen mit denjenigen Cortexarealen verbunden, die für die Planung, die konkrete Vorbereitung und die Ausführung von Willenshandlungen zuständig sind (d. h. der präfrontale, posteriore parietale, prä-supplementärmotorische, prämotorische und motorische Cortex, aber auch der somatosensorische Cortex), wobei es sich um teilweise getrennte Bahnen handelt (Details in Roth und Strüber, 2018). Alle Informationen, die im Cortex entweder die Planung oder die konkrete Vorbereitung oder die detaillierte Ausführung einer Bewegung bzw. Handlung betreffen, werden somit an unterschiedliche Teile des Striatum gesendet. Hier geraten sie in ein kompliziertes Netzwerk neuronaler Informationsverarbeitung, zu dem neben dem Striatum auch der innere und äußere Teil des Pallidum, Nucleus subthalamicus genannt, und die beiden Teile der Substantia nigra, nämlich die Substantia nigra pars compacta und die Substantia nigra pars reticulata gehören (Abbildung 11 und 12).

Diese Teile der Basalganglien sind auf eine komplizierte Weise miteinander verknüpft und zeigen überwiegend hintereinandergeschaltete Hemm-Mechanismen, die durch erregende Einflüsse unterbrochen sind. So wirkt das Striatum hemmend auf die retikuläre und die kompakte Substantia nigra und das innere und äußere Pallidum ein, wird aber seinerseits durch die kompakte Substantia nigra teils erregt und teils gehemmt (darüber gleich mehr). Der Nucleus subthalamicus wird vom äußeren Pallidum gehemmt und erregt sowohl das innere Pallidum als auch die retikuläre Substantia nigra. Diese letzteren Strukturen bilden den Ausgang des Systems der Basalganglien zurück zur Großhirnrinde. Dies geschieht aber nicht direkt wie beim Eingang, son-

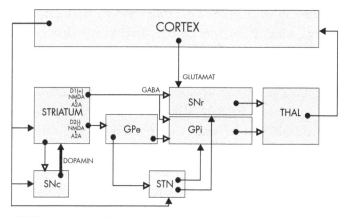

Abbildung 12: Verschaltung zwischen Cortex und Basalganglien bzw. innerhalb der Basalganglien. Exzitatorisch wirkende glutamaterge Einflüsse sind mit schwarzen Pfeilköpfen dargestellt, inhibitorische GABAerge Einflüsse mit offenen Pfeilköpfen. Dicker schwarzer Pfeil: dopaminerge Projektion von der Substantia nigra zum Striatum. Abkürzungen: A2A = Adenosin-Rezeptoren; D1/D2 = dopaminerge Rezeptortypen; GPe = Globus pallidus, äußerer Teil; GPi = Globus pallidus, innerer Teil; NMDA = glutamaterger Rezeptortyp; SNc = Substantia nigra, pars compacta; SNr = Substantia nigra, pars reticulata; STN = subthalamischer Nucleus; THAL = Thalamus. Weitere Erläuterungen im Text.

dern inneres Pallidum und »retikuläre« Substantia nigra wirken hemmend auf Umschaltzentren im *Thalamus* des Zwischenhirns ein, die ihrerseits Bahnen zu genau denjenigen Teilen der Großhirnrinde zurückschicken, welche Bahnen zum Striatum aussenden.

Das Ganze kann man als eine Vorrichtung ansehen, die über hemmende und erregende Mechanismen handlungsspezifisch sehr abgestuft teils Gas geben und teils bremsen kann. Wenn nämlich ein Hemm-Mechanismus *erregt* wird, dann wird die Hemmung stärker. Wird dieser Hemm-Mechanismus aber selbst *gehemmt*, so reduziert sich die von ihm bewirkte Hemmung oder fällt ganz fort. Damit wird ein Grundproblem der Bewegungssteuerung durch das Gehirn gelöst, das darin besteht, dass man zu einem gegebenen Zeitpunkt mit denselben Gliedmaßen immer nur eine Art von Bewegung ausführen kann: Man kann nicht gleichzeitig hüpfen und gehen, nicht gleichzeitig mit derselben Hand nach der linken und der rechten Tasse greifen und nicht gleichzeitig zwei Melodien singen oder zwei Sätze sprechen. Übrigens kann man auch nicht zur selben Zeit zwei Gedanken haben – all das geht nur nacheinander. Es muss in einem bestimmten Handlungszusammenhang also jeweils genau eine Handlung freigeschaltet werden, und alle überhaupt möglichen anderen Handlungen müssen völlig unterdrückt werden. Gelegentlich, wenn wir unentschieden sind, machen wir Bewegungen in die eine oder andere Richtung, aber im Normalfall führen wir eine Bewegung aus und unterdrücken alle anderen. Genau dies machen die Basalganglien: Sie geben gezielt eine Bewegung frei und sorgen dafür, dass alle anderen Bewegungen gehemmt werden. Bei bestimmten Erkrankungen der Basalganglien geschieht genau dies nicht, und der Körper windet sich in Krämpfen, weil miteinander unvereinbare Motorprogramme gleichzeitig gestartet werden.

Bemerkenswert ist bei diesem Mechanismus ein besonderer Umstand. Wie geschildert, wirkt die »kompakte« Substantia nigra teils hemmend und teils erregend auf das Striatum ein. Dies geschieht dadurch, dass Dopamin ausgeschüttet wird und über Nervenfasern auf das Striatum auf zwei verschiedene Weisen einwirkt. Auf einen Typ von hemmenden Ausgangsbahnen des Striatum wirkt Dopamin nämlich über sogenannte D1-Rezeptoren *erregend* und verstärkt so die Hemmungsfunktion der Bahnen, und es wirkt auf einen zweiten Typ von hemmenden

Ausgangsbahnen über sogenannte D2-Rezeptoren *hemmend*, reduziert also deren Hemmungsfunktion oder hebt sie ganz auf. Damit kann im Weiteren genau das erreicht werden, was nötig ist, nämlich das Freischalten einer bestimmten Bewegung, d. h. das Aufheben der Hemmung, und das Unterdrücken aller Alternativerregungen, d. h. das Verstärken der Hemmung.

Die Bewegungslosigkeit von Parkinson-Patienten ist von der Tatsache verursacht, dass zu wenig Dopamin in der kompakten Substantia nigra hergestellt wird, weil die dortigen Dopamin-produzierenden Nervenzellen überwiegend abgestorben sind. Bei den Patienten stehen also alle Bewegungen unter krankhafter Hemmung – es ist so, als seien in einem Auto das Gaspedal blockiert und die Bremse fest angezogen. Der Patient kann etwas noch so stark wollen, zum Beispiel aufstehen oder nach der Kaffeetasse greifen – es geschieht nichts, weil ein kleiner, aber wichtiger Teil der Steuerungskette nicht funktioniert. Nimmt der Patient aber ein Medikament (L-Dopa genannt), das in seinem Gehirn vorübergehend diesen Dopaminmangel ausgleicht, so kann er sich plötzlich für einige Zeit mehr oder weniger normal bewegen (mit den Jahren nimmt leider die Wirksamkeit solcher Medikamente ab). Die Ausschüttung von Dopamin von der kompakten Substantia nigra in das Striatum ist also ein *Freischaltungssignal*, d. h. das Lockern der Bremse und das Gasgeben, für eine ganz bestimmte Bewegung. Dies sorgt gleichzeitig dafür, dass alle Alternativbewegungen unterdrückt werden.

Woher weiß das limbische System, was zu tun ist?

Es stellt sich nun die wichtige Frage, woher die kompakte Substantia nigra weiß, welche Bewegung oder Handlung sie durch ihr Dopamin-Signal im Striatum freischalten soll. Immerhin handelt es sich um ein vergleichsweise kleines Hirnzentrum, und dies kann schließlich nicht allein wichtige Entscheidungen treffen – wenn man dies überhaupt so bezeichnen will. Hier hilft die Überlegung, dass es im Gehirn kein Zentrum gibt, das etwas tut, ohne wiederum von anderen Zentren beeinflusst zu sein – im Gehirn beeinflussen sich letztendlich alle Zentren gegenseitig, wenngleich nicht in jeder Richtung in derselben Stärke. Wir dürfen also annehmen, dass die Dopamin-produzierende Substantia nigra von anderen Zentren beeinflusst wird, die festlegen, wann das Dopamin-Signal erfolgt und wann nicht.

Diese Zentren kennen wir bereits, denn es sind diejenigen, die zum limbischen System gehören. Was die beteiligten subcorticalen Zentren betrifft, so handelt es sich um den Hippocampus, die Amygdala und das mesolimbische System. Wie wir im vorigen Kapitel gehört haben, bilden Amygdala und mesolimbisches System zusammen das *unbewusste Erfahrungsgedächtnis*, wobei die Amygdala eher die negativen und stark bewegenden Erlebnisse vermittelt und das mesolimbische System eher die positiven und motivierenden Erlebnisse. Der Hippocampus liefert die Details der Geschehnisse und den räumlich-zeitlichen Kontext, d. h. den autobiographischen Rahmen. Diese Zentren bestimmen, was aus Sicht des Unbewussten bzw. Vorbewussten wünschbar bzw. anzustreben und was zu vermeiden ist. Die entsprechenden Informationen gelangen dann in den orbitofrontalen und ventromedialen Cortex, die mit dem bewussten rationalen und emotionalen Abwägen der individuellen und sozialen Folgen und Aspekte möglicher Handlungen befasst sind. Falls die Handlung nicht hochautomatisiert ist, folgt entsprechend meist eine kürzere oder längere Periode bewussten Abwägens der Wünsche und Absichten, bis schließlich klar ist, was davon realisiert werden soll.

Nehmen wir an, ich sitze in einem Saal und muss mir einen ebenso langen wie langweiligen Vortrag einer bedeutenden Persönlichkeit des öffentlichen Lebens anhören. Mein limbisches System sagt mir (bildlich gesprochen – die Amygdala kann ja nicht sprechen!), es sei doch das Beste, aufzustehen und hinauszugehen und etwa einen Kaffee zu trinken, und erzeugt entsprechend in meinem limbischen Cortex den starken Wunsch, genau dies zu tun. Mein präfrontaler Cortex sagt mir jedoch, dass dies problematisch ist, denn ich sitze in der Mitte einer langen Sitzreihe, und mein orbitofrontaler Cortex gibt zu bedenken, dass nicht nur mein Chef, sondern auch andere wichtige Persönlichkeiten, die im Saal sitzen, mein Verhalten in hohem Maße missbilligen würden. Diese Einsprüche gelangen zurück zum limbischen System, und nun findet ein Wettkampf statt zwischen dem Drang, den Saal zu verlassen, und den Nachteilen, die mir eventuell aus dieser Handlung erwachsen. Wahrscheinlich bleibe ich sitzen, ärgere und langweile mich. In diesem Fall geht ein Befehl an die Basalganglien, genauer an die Substantia nigra, jeden Impuls zum Aufstehen zu unterdrücken, und es findet keine entsprechende Freischaltung statt. Allerdings könnte es sein, dass mein Chef bereits gegangen ist und mein orbitofrontaler Cortex dann nicht mehr so stark protestiert, und ich gehe ebenfalls, nachdem die kompakte Substantia nigra das Freischaltungssignal an das Striatum gegeben hat.

In Entsprechung des psychologischen Rubikon-Modells erkennen wir also unterschiedliche Phasen der Handlungsvorbereitung und -ausführung. Die erste Phase besteht im Auftauchen von Wünschen aus dem limbischen System im Bewusstsein als Folge der Erregung der Großhirnrinde durch Amygdala und mesolimbisches System. Diese Wünsche sind natürlich bereits

»zensiert«, d. h., sie bewegen sich im Rahmen dessen, was mein emotionales Erfahrungsgedächtnis gestattet. Ebenso zensiert sind alle Assoziationen, die diese Wünsche in meinem Gedächtnis hervorrufen (die bekannten »Wunschphantasien«). Es kommen andere Wünsche auf, die eventuell in Konkurrenz zu den ersten Wünschen stehen oder sich einfach daneben stellen (man kann in dieser Phase durchaus einander widersprechende Wünsche haben).

Die zweite Phase besteht dann im teils rationalen, teils emotionalen Abwägen dieser Wünsche. Es stellt sich dabei die Frage: »Was willst du denn wirklich? Welche Konsequenzen haben die einen, welche die anderen Wünsche? Und willst du diese Konsequenzen?« Die Vorstellungen dieser Konsequenzen rufen entsprechende Gefühle wach: »Ja, das wäre schön!« Oder »Oh Gott, das wäre ja furchtbar!« oder »Ich weiß nicht ...« Dies bedeutet, dass in dieser Phase ein kürzerer oder längerer Kreisprozess zwischen Großhirnrinde und subcorticalem limbischem System abläuft, in dem jede dieser Vorstellungen bewertet wird. Dies erleben wir als Gefühle, die den Entscheidungsprozess begleiten. Irgendwann und irgendwie setzt sich ein Wunsch durch, alle anderen werden (vielleicht nur vorläufig) unterdrückt.

Dadurch wird die dritte Phase eingeleitet, nämlich die der konkreten Planung; der Wunsch wird zur konkreten Handlungsabsicht. Jetzt sind wieder der präfrontale und parietale Cortex dran und sie müssen möglichst genau festlegen, was wann und wie zur Realisierung des Planes nötig ist. Falls es sich nicht um stark automatisierte Abläufe handelt, tritt der *Wille* auf den Plan. Er sorgt zum einen durch *Fokussierung* dafür, dass eine klare Zielvorstellung herrscht und konkurrierende Pläne und Realisierungsmöglichkeiten ausgeblendet werden. Ebenso sorgt er durch *Energetisierung* dafür, dass bestehende Hindernisse beurteilt und als bewältigbar eingestuft werden, sonst erlahmt der Wille, man wird *entmutigt*. Diese dritte Phase endet im *Willensruck*, der das Startsignal für den Handlungsbeginn gibt. Dieser Willensruck (sofern er auftritt) fällt mit dem Augenblick zusammen, in dem die Basalganglien über das Dopamin-Signal eine bestimmte Handlung freischalten und dieses Ereignis über den Thalamus in den Cortex gelangt und dort bewusst wird.

Zusammengefasst erkennen wir, dass es viele bewusste und unbewusste Instanzen sind, die bei der handlungsvorbereitenden Entscheidung synergistisch oder antagonistisch mitwirken. Auf der Ebene des Bewusstseins sind dies die zahlreichen Ich-Zustände (das rationale, das emotionale, das egoistische, das soziale Ich) und auf unbewusster Ebene die Amygdala, das mesolimbische System und die Basalganglien mit ihren vielen Untereinheiten. Es liegt also ein *multizentrisches Netzwerk* vor, in dem niemand allein das Kommando hat, sondern in dem die Instanzen mit ihren jeweiligen Argumenten in einen Wettbewerb mit teilweise ungewissem Ausgang treten. Das Bemerkenswerte daran ist die Tatsache, dass unser Bewusstsein – wenn erst einmal eine Entscheidung gefallen ist – sich diese Entscheidung *selbst* zuschreibt, so als gäbe es nur diese eine Instanz. Das ist eine sehr praktische Illusion, denn wahrscheinlich würden wir psychisch die Wahrheit gar nicht ertragen, dass wir eigentlich viele sind.

Das Libet-Experiment und welche Einsichten daraus folgen

Wir können den soeben geschilderten Gesamtprozess der Verhaltenssteuerung an einem berühmten Experiment erläutern, das in der jüngsten Geistesgeschichte eine große Rolle gespielt hat, nämlich an dem Versuch des amerikanischen Neurobiologen Benjamin Libet vor über fünfunddreißig Jahren (Libet et al., 1983), die Existenz eines freien Willens nachzuweisen, wobei uns die philosophischen Aspekte hier nicht interessieren (vgl. dazu Pauen und Roth, 2008). Genauer gesagt sollte die in Kapitel 5 bereits genannte Frage beantwortet werden, ob ein geistiger Akt, d. h. der »freie« Entschluss, eine Handlung auszuführen, den neuronalen Prozessen *vorhergeht*, die zu dieser Handlung führen (und das war es, was Libet erwartete), oder umgekehrt das Gehirn festlegt, was zu tun ist, und der bewusste, »freie« Wille nachfolgt.

Libet machte sich seinerzeit die von den Neurophysiologen Kornhuber und Deecke (1965) entdeckte Tatsache zunutze, dass eine im EEG über dem sensomotorischen Cortex registrierte negative Kurve, das sogenannte Bereitschaftspotenzial, einer Willkürhandlung um 1–2 Sekunden vorausgeht (Abbildung 13). Der späte Anteil dieser Kurve, der rund 500 Millisekunden vor Beginn einer motorischen Reaktion auftritt (das sogenannte *lateralisierte* Bereitschaftspotenzial), legt dann die Handlung weitgehend fest, und 200–150 Millisekunden vor diesem Punkt »geht nichts mehr«, d. h., eine Person kann dann nichts mehr umentscheiden. Bei Libets Experimenten zur Beziehung zwischen Bereitschaftspotenzial und Willensakt (Libet et al., 1983) wurden Versuchspersonen darauf trainiert, innerhalb einer gegebenen Zeit von wenigen Minuten *spontan* den Entschluss zu fassen, einen Finger der rechten Hand oder die ganze rechte Hand zu beugen. Der Beginn der Bewegung wurde wie üblich über das Elektromyogramm (EMG) gemessen. Dabei blickten die Versuchspersonen auf eine Art Oszilloskop-Uhr, auf der ein Punkt mit einer Periode von 2,56 Sekunden rotierte. Zu genau dem Zeitpunkt, an dem die Versuchspersonen den Entschluss

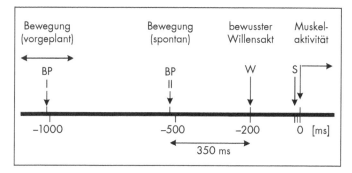

Abbildung 13: *Abfolge der Ereignisse (gemessen in Millisekunden, ms), die nach B. Libet einer selbstinitiierten Handlung vorausgehen. Die Muskelaktivität, registriert durch das Elektromyogramm (EMG), setzt bei 0 ein. Bei vorgeplanten Bewegungen tritt das Bereitschaftspotenzial (BP I) um 1000 ms vorher ein, bei nicht vorgeplanten oder spontanen Bewegungen um 550 ms (BP II). Das subjektive Erleben des Willensaktes (W) tritt um 200 ms vor Bewegungsbeginn auf, also deutlich nach Beginn der beiden Typen von Bereitschaftspotenzialen. Das subjektive Erleben eines Hautreizes (S) trat um 50 ms vor der tatsächlichen Reizung auf, d. h. die von Libet ebenfalls entdeckte »Vordatierung« von Sinnesreizen kann nicht für das Auftreten der Bereitschaftspotenziale vor dem »Willensakt« verantwortlich sein. (Nach Libet, 1990; verändert.)*

zur Bewegung fassten, mussten sie sich die Position des rotierenden Punktes auf der Uhr merken. Die Versuchspersonen mussten in einer ersten Serie den *Zeitpunkt des Entschlusses* (W) bestimmen, in einer anderen Serie den *Zeitpunkt der Empfindung der Bewegung* (M) und in einer dritten Serie den Zeitpunkt der Empfindung eines somatosensorischen Reizes. Bei all den Experimenten wurde das frühe *symmetrische* Bereitschaftspotenzial gemessen.

Es zeigte sich in Libets Experiment, dass das Bereitschaftspotenzial dem Willensentschluss im Durchschnitt 550–350 Millisekunden *vorausging* (mit einem Minimum bei 150 Millisekunden und einem Maximum bei 1025 Millisekunden), aber niemals mit ihm zeitlich zusammenfiel oder ihm etwa folgte (Abbildung 13). Für Libet lautete die – ihm persönlich sehr unangenehme – Schlussfolgerung: Der Willensentschluss *folgt* dem Beginn des Bereitschaftspotenzials, er tritt weder gleichzeitig auf, noch geht er ihm voraus. Was auch immer der Willensentschluss tut, er löst jedenfalls nicht das Bereitschaftspotenzial aus, von dem man annehmen darf, dass es Bedingungen reflektiert, die eine Bewegung kausal hervorrufen. Libet äußerte darauf hin die Meinung, dass unsere Willenshandlungen von unbewussten, subcorticalen Instanzen in unserem Gehirn vorbereitet werden und somit nicht völlig frei sind. Das Einzige, das er dem Willensakt an Freiheit zugestand, war eine Art »Veto«, mit dem er ein einmal gestartetes Bereitschaftspotenzial wieder abblocken konnte, so dass keine Willkürhandlungen auftraten. Libet behauptete bis zu seinem Tod, dieses Veto sei »rein geistig« verursacht und zeige sich nicht im Bereitschaftspotenzial (Libet, 2004). Heute weiß man, dass auch einem Gegen-Entschluss in letzter Sekunde ein entsprechendes »Gegen-Bereitschaftspotenzial« vorhergeht (Krauledat et al., 2004).

Wir wissen heute auch, dass das Bereitschaftspotenzial dadurch im sensomotorischen Cortex zustande kommt, dass dort Erregungen von anderen Cortexarealen, die mit bewusster Handlungsplanung zu tun haben, auf Erregungen trifft, die von den unbewusst arbeitenden Basalganglien stammen. Das Bereitschaftspotenzial muss zudem eine bestimmte Höhe erreichen, damit genügend Motorneurone aktiviert und synchronisiert werden, um die Motorreaktion über die Pyramidenbahn zu starten. Normalerweise gelingt dies nur, wenn etwas bewusst *und* unbewusst »gewollt« wird, wenn also unbewusste Motive und bewusste Ziele im Einklang stehen. Ein bewusster

Wille *allein* löst deshalb niemals eine Motorreaktion aus; dies sehen wir an Parkinson-Patienten, die zum Beispiel Schritte nach vorn machen oder aufstehen *wollen*, aber nicht *können*, und zwar deshalb nicht, weil der unbewusste Anteil der Erregung im Bereitschaftspotenzial fehlt und dieses dadurch nicht die Reaktionsschwelle übersteigt.

Es kann umgekehrt auch sein, dass es unbewusste Antriebe zu irgendeiner Handlungsweise gibt, die »unterschwellig« bleiben und erst durch den bewussten Willen unterstützt werden müssen, um »überschwellig« zu werden. Allerdings kann – im Gegensatz zur rein willentlich-bewussten Absicht – die von den Basalganglien kommende unbewusste Erregung schon *allein* eine Handlung auslösen, sofern diese Erregung mit hochgradig automatisierten Bewegungen verbunden ist. Von Parkinson-Patienten ist bekannt, dass sie munter voranmarschieren können, wenn man ihnen flotte Marschmusik vorspielt. Wir kennen die starke Wirkung solcher Musik, wenn es uns dabei in den Beinen zuckt und wir uns dagegen kaum wehren können. Wenn es aber um Handlungen geht, die explizit »gewollt« sein müssen, sind Parkinson-Patienten unfähig, solche Bewegungen auszuführen. Es fehlt dann die Zustimmung der unbewussten Instanzen, d. h. der Basalganglien, die – wie wir gehört haben – ihrerseits unter dem Kommando des limbischen Systems stehen.

Das hat die wichtige Einsicht zur Folge, dass wir durchaus Dinge tun können, die wir nicht explizit gewollt haben, weil unsere unbewussten Antriebsmechanismen sie »wollten«, während wir umgekehrt nicht ohne die Zustimmung dieser unbewussten Antriebsmechanismen handeln können. Das Unbewusste hat damit das erste und das letzte Wort: das erste beim Entstehen unserer Wünsche, das letzte bei der Frage, ob etwas jetzt und in dieser Weise tatsächlich getan werden soll.

Hierdurch wird noch einmal die wichtige Rolle des Bewusstseins, hier der bewussten Intentionen unterstrichen: Sie treten auf, wenn es darum geht, *neue, wichtige* Probleme zu lösen. Je weniger neu und wichtig Probleme sind, desto weniger wichtig ist das Bewusstsein.

KAPITEL 10

Welches ist die beste Entscheidungsstrategie?

Die Frage »Wie entscheide ich am besten?« ist eine der wichtigsten Fragen des privaten, beruflichen und politisch-öffentlichen Lebens. Dabei werden uns die unterschiedlichsten Ratschläge gegeben: »Lass deinen Verstand walten!«, heißt es traditionell, aber inzwischen ebenso häufig: »Hör auf dein Herz« – oder noch platter: »Hör auf deinen Bauch!« Die Rational-Choice-Theorie der Ökonomen und Soziologen, von der wir im 7. Kapitel gehört haben, bietet immer kompliziertere Formeln zur Berechnung der besten Entscheidung an, und gleichzeitig gibt es Bücher, die einfache Entscheidungsweisen, Heuristiken genannt, anpreisen. Auch davon war bereits die Rede.

Eine gewisse Erklärung für diesen Wirrwar ist die Tatsache, dass häufig ganz unterschiedliche Entscheidungssituationen und -weisen gemeint sind, für die unterschiedliche Entscheidungsstrategien gut sind. Zum einen geht es um »große« Dinge wie die Frage, ob ich meine Firma erweitern und neue Mitarbeiter einstellen, einen beträchtlichen Teil meines Vermögens in bestimmte Aktien anlegen oder ein verlockendes Jobangebot in X annehmen soll. Aber auch jeder Einkauf ist mit Entscheidungen verbunden. Im Straßenverkehr müssen wir uns häufig blitzschnell entscheiden, ob wir bei einer Ampel, die gerade auf Gelb umschaltet, Gas geben oder bremsen, ob wir jemandem die Vorfahrt lassen oder nehmen, einen Drängler ignorieren oder ihm eine drohende Geste machen.

Befassen wir uns genauer mit diesen Problemen, so können

wir mithilfe einer gewissen Vereinfachung fünf Haupttypen unterscheiden, nämlich
- automatisierte Entscheidungen,
- Entscheidungen unter Zeitdruck (»Bauchentscheidungen I«),
- emotionale Entscheidungen ohne Zeitdruck (»Bauchentscheidungen II«),
- reflektierte, rationale Entscheidungen,
- aufgeschobene intuitive Entscheidungen.

Diese Arten von Entscheidungen haben ganz unterschiedliche Abläufe, die einen sind eher rational, die anderen eher emotional, die einen eher bewusst, die anderen eher unbewusst, und sie werden entsprechend durch ganz unterschiedliche Teile unseres Gehirns gesteuert. Sie haben auch jeweils Vor- und Nachteile, die wir berücksichtigen müssen. Dies beantwortet zugleich die Frage, wie wir uns am besten entscheiden. Gehen wir die fünf Haupttypen von Entscheidungen der Reihe nach durch.

Automatisierte Entscheidungen

Die meisten Entscheidungen unseres täglichen Lebens gehören zu den automatisierten Entscheidungen, und wir treffen sie entweder völlig unbewusst oder nur mit begleitendem Bewusstsein, in jedem Fall ohne größeres Nachdenken. Wir stehen morgens auf, frühstücken, fahren zur Arbeitsstätte, verrichten unser Tageswerk, fahren nach Hause usw., und viele dieser Handlungen laufen weitgehend automatisiert ab. Wir sind in der Lage, unser Frühstück zu uns zu nehmen, während wir uns mit unserem Partner oder unserer Partnerin unterhalten oder Zeitung lesen (oder beides!). Wir entscheiden höchstens, *wann*, nicht aber, wie wir die Bewegung ausführen. Wir können meist auch gar nicht genau sprachlich wiedergeben, was wir da tun. Voraussetzung hierfür ist, dass die Situationen, in denen wir uns befinden, erstens vertraut, zweitens eingeübt und drittens nicht zu komplex sind, so dass nur Entscheidungen zwischen einfachen Alternativen getroffen werden müssen. Unbewusst arbeitende Teile unseres Gehirns »wissen«, was in welcher Weise zu tun ist.

Zu diesem Typ von Entscheidungen gehören auch die *Expertenentscheidungen*. Experten sind Leute, die aufgrund ihres schnell verfügbaren Wissens ohne größeres Nachdenken erkennen, wo das Problem liegt und wie man es löst.

Entscheidungen in neuen und ungewohnten Situationen laufen zuerst bewusst ab und werden mit vielem Nachdenken getroffen, aber wenn wir wiederholt vor denselben Problemen stehen und unsere früheren Entscheidungen richtig waren, dann setzt ein Automatisierungsprozess ein; typischerweise zieht sich unser Bewusstsein immer mehr daraus zurück. In unserem Gehirn benötigen bewusste Entscheidungen immer die Mitwirkung der assoziativen Großhirnrinde. Je mehr aber Entscheidungen und Handlungen automatisiert werden, desto mehr dominieren Strukturen tief im Innern unseres Gehirns, nämlich die Basalganglien, von denen ausführlicher im vorigen Kapitel die Rede war. Sie repräsentieren unser unbewusstes Handlungsgedächtnis, und dieses Handlungsgedächtnis bestimmt sicher über 90 % unserer alltäglichen Entscheidungen.

Der Nachteil dieser automatisierten Entscheidungen ist, dass sie in aller Regel auf ganz bestimmte Problemsituationen zugeschnitten sind. Ein Experte ist häufig ein Ignorant auf anderen Gebieten. Liegt eine andere Situation vor, dann bedeutet die automatisierte Entscheidung ein großes Risiko, denn man weiß dann nicht mehr, was am besten zu tun ist. Allerdings vermindert sich dieses Risiko mit zunehmender Entscheidungserfahrung; wir alle werden zunehmend zu Experten auf immer mehr Gebieten. Ein bestimmter Vorgang, etwa ein Katastropheneinsatz, wurde zigmal geübt, und es läuft alles wie am Schnürchen ab, aber wehe, irgendein wichtiges Gerät funktioniert plötzlich nicht mehr, oder es geschieht etwas völlig Unvorhergesehenes. Dann kann es zu großer Ratlosigkeit kommen, denn jetzt müssen in einer starken Stresssituation die Experten tief nachdenken, und das geht oft schief. Allerdings kann man nicht alle Eventualitäten vorher berücksichtigen. Klug ist es deshalb, vorher an möglichst viele Eventualitäten zu denken und sich darauf per Übung vorzubereiten. Aber manchmal – siehe Fukushima – passiert eben etwas, das man für unmöglich oder extrem unwahrscheinlich gehalten hat!

Bauchentscheidungen

Diese Art von Entscheidungen ist inzwischen sehr populär geworden. Überall heißt es: »Hör auf deinen Bauch! Trainiere deine Bauchgefühle.« Der Gipfel der Trivialität wird erreicht, wenn einige der von den Zeitschriften zu Rate gezogenen Psychologen feststellen, die richtige Entscheidungsstrategie hänge davon ab, welcher »Entscheidungstyp« man sei. Es gebe Bauchmenschen und Kopfmenschen, und die ersteren würden besser damit fahren, spontan zu entscheiden, die letzteren damit, nachzudenken. Dies ist ein klassischer Zirkelschluss, denn schließlich nennt man diejenigen Personen, die üblicherweise spontan entscheiden, »Bauchmenschen«, und diejenigen, die vor Entscheidungen lange nachdenken, »Kopfmenschen«.

Das Dumme dabei ist, dass hierbei zum Teil ganz unterschiedliche Dinge gemeint sind. Zum einen meint man nämlich *spontane* affektive Entscheidungen *unter Zeitdruck*, zum anderen aber emotionale Entscheidungen ohne Zeitdruck. Spontane affektive Entscheidungen sind die eigentlichen »Entscheidungen aus dem Bauch heraus«. Sie sind den automatisierten Entscheidungen ähnlich, denn bei ihnen geht es um schnelle Entscheidungen unter Stress oder bei Gefahr, und wir können nicht lange überlegen.

Dabei geht es nicht nur um Feuer, Überfall und sonstige Bedrohung durch Mensch und Tiere, sondern auch um schnelle Kaufentscheidungen oder – besonders eindrucksvoll – das Verhalten im Straßenverkehr. Ich stehe im Schuhgeschäft und muss entscheiden, welche Schuhe ich kaufen will. Ich sehe auf meine Uhr, weil ein wichtiger Termin ansteht. Soll ich diese Schuhe wirklich jetzt kaufen oder doch lieber den Kauf verschieben? Besonders gut sind Bauchentscheidungen im Straßenverkehr zu beobachten, denn das Verhalten hinter dem Steuer ist in aller Regel hochemotional. Ich habe es eilig und fahre auf eine Ampel zu, die auf Gelb schaltet. Ich muss blitzschnell entscheiden: Soll ich Gas geben und versuchen, noch bei »tiefem Gelb« über die Kreuzung zu kommen? Oder ich muss entscheiden, ob ich meinen Vordermann noch vor der Kurve überhole, ob ich jemandem die Vorfahrt lasse oder nicht, und all dies sind – insbesondere bei Männern – Verhaltensweisen, die stammesgeschichtlich tief in uns verwurzelt sind, es geht nämlich um Flucht, Abwehr/Verteidigung, Angriff, Erstarren (Totstellen), Unterwerfung (Resignation), um Macht, Dominanz und Imponieren.

Auf einer Straße durch ein Naturschutzgebiet zwischen Bremen und der kleinen Stadt, in der ich wohne, gibt es vor einer Brücke einen einspurigen Engpass von ca. 30 Metern, der eingerichtet wurde, um die Leute zum Langsamfahren (30 km/h) anzuhalten. Diese Straße wird leider von vielen Fahrern als Schleichweg benutzt, und so kommt es häufiger vor, dass man entscheiden muss, ob man entgegenkommenden Fahrern die Vorfahrt lässt oder selbst als Erster in den Engpass hineinfährt. Eigentlich ist die Regel ganz einfach: Wer zuerst am Engpass ankommt, der fährt als Erster durch.

Allerdings ist diese Regel beim Kolonnenfahren schon etwas schwieriger zu handhaben, und meist lässt man als Wartender einen zweiten, dicht hinter dem ersten Fahrer ankommenden noch durch, obwohl man jetzt dran wäre. Ärgerlich wird die Sache, wenn drei oder vier Fahrer hintereinander schnell noch »durchzuflutschen« versuchen und ich deshalb noch länger warten muss. Meist schauen diese Fahrer beim Vorbeifahren demonstrativ weg. Am allerärgerlichsten ist es, wenn ich langsam (mit 30 km/h) auf den Engpass zufahre und aus beträchtlicher Entfernung ein entgegenkommender Fahrer richtig Gas gibt, um noch vor mir durch den Engpass zu schlüpfen. Einmal passierte es mir, dass mir ein solcher Fahrer mit der Faust auch noch drohte. Ein andermal kam ich beim Joggen am Engpass vorbei, und mittendrin standen sich zwei Autofahrer drohend gegenüber, und keiner wollte nachgeben und zurückfahren. Leider musste ich abbiegen und konnte nicht beobachten, wie die Sache ausging (zumindest standen sie nach einer Stunde nicht mehr da!).

Was ist hieran bemerkenswert? Es ist die Tatsache, dass im Straßenverkehr oft in sehr kurzer Zeit Entscheidungen getroffen werden müssen, die zwar nicht notwendigerweise unter echtem Zeitdruck (bei welchem Termin kommt es auf Sekunden an?), aber in der Regel unter hohem emotionalem Druck stehen (nur nicht den anderen vorlassen!). In der Tat sind das Auto und das Autofahren hochemotionale Dinge. Hier geht es nicht nur um den bloßen Transport und die Anschaffungs- und Betriebskosten, sondern um Status und Selbstgefühl, insbesondere bei Männern. Kaum etwas spiegelt den Wunsch, wie man von den anderen gesehen werden möchte, so exakt wider wie das Auto, das man fährt.

Auch das Verkehrsverhalten selbst unterliegt hochemotionalen Bedingungen: Soll ich dem entgegenkommenden Marke-X-Fahrer den Vortritt lassen, wo ich doch die viel angesehenere Marke Y fahre? Aber auch bei vergleichbaren Autotypen stellt sich die Frage: Soll ich überhaupt jemandem den Vortritt lassen, wo ich doch im Recht bin? Dasselbe gilt für das Schnellerfahren: Ich signalisiere denen, die ich überhole, dass ich mächtiger bin als sie. Anderen den Vortritt zu lassen ist für viele Menschen gleichbedeutend mit Machtverlust, und den kann sich nur derjenige leisten, der über viel Macht verfügt oder dem Macht gleichgültig ist. Diese Angst vor dem Macht- und Gesichtsverlust kann dramatisch sein, und nur so kann man erklären, warum die oben genannte Person aus größerer Entfernung Gas gab und sicher 80 km/h auf einer Strecke mit 30 km/h Geschwindigkeitsbeschränkung fuhr, nur um mir bei dem Engpass zuvorzukommen.

Ein solches Verhalten wird kaum bewusst entschieden, sondern es sind hierbei vornehmlich die unbewussten egoistischen Motive in uns. Zur Rede gestellt würden die betreffenden Personen gar nicht recht ihr Verhalten begründen können, und auch uns anderen geht es vor einer gelben Ampel, bei der auch wir manchmal Gas geben, genauso. Während wir noch auf der Kreuzung sind, ärgern wir uns schon über unser »reflexhaftes« Verhalten. Noch dramatischer wird es bei riskanten Überholmanövern meist jugendlicher Männer auf der Landstraße, bei denen Imponiergehabe, Geltungssucht und wohl auch der Nervenkitzel eine reale Todesgefahr für sich und andere Personen verdrängen. Das Tragische hieran ist, dass jedes Mal, wenn es

»gut gegangen« ist, das riskante Fahrverhalten verstärkt wird. Das »Es ist bisher immer gut gegangen und wird auch weiter gut gehen« kann schließlich zum festen Glauben (Skinner würde sagen »Aberglauben«) werden.

Ein weiterer problematischer Bereich spontaner Entscheidungen ist der tägliche emotional-kommunikative Umgang mit den Mitmenschen. Auch hier müssen wir oft in Sekundenschnelle entscheiden, wie wir uns verhalten sollen, nämlich neutral, freundlich, abweisend oder aggressiv, ob wir zuerst das Wort ergreifen oder geduldig zuhören, ob wir eine unhöfliche Bemerkung in gleicher Weise zurückgeben oder sie ignorieren, ob wir zuerst durch die Tür gehen oder dem anderen den Vortritt lassen. Hier herrscht neben der unteren limbischen Ebene die mittlere Ebene der emotionalen Konditionierung vor. Wie ich mich spontan meinen Mitmenschen gegenüber verhalte, wird neben meinem Temperament ganz wesentlich von meinem Selbstwertgefühl bestimmt, welches das Resultat meiner frühen Bindungserfahrungen und sonstigen frühen psychosozialen Prägung ist, und erst in zweiter Linie wird meine »gute Erziehung« wirksam.

Hochgradig reaktive bzw. reflexartige Entscheidungen sind ein unvermeidbares Risiko. Man hat eben keine Zeit zum Nachdenken – oder glaubt zumindest, keine Zeit dazu zu haben, und selbst wenn man Zeit haben sollte, so wird das Nachdenken durch den starken Stress in typischer Weise eingeengt. Bei starkem Stress werden hohe Dosen von Adrenalin und Noradrenalin ausgeschüttet, die uns wie ein Blitz durchzucken, uns höchst reaktionsbereit und aufmerksam machen, aber zugleich den präfrontalen Cortex lahmlegen: Es ist jetzt keine Zeit zum langen Grübeln! Bei ganz starker Bedrohung geraten wir sogar in Panik, d. h. in kopfloses Reagieren.

Wir sehen also, dass Bauchentscheidungen im Sinne spontan-affektiver Entscheidungen meist falsch sind. Das bedeutet, dass wir sorgfältig darauf achten, uns bei Verhandlungen oder in »dringenden« Entscheidungssituation niemals unter großen Zeitdruck zu setzen oder setzen zu lassen. Unsere Gegner wissen ja von der verheerenden Wirkung von Zeitdruck als Stressfaktor auf das kluge Denken und setzen diesen Faktor bewusst zu ihrem Vorteil ein. Wenn wir in schwierigen Situationen nicht eine Vertagung erreichen können, dann sollten wir zumindest eine Auszeit von 2–3 Stunden erreichen. Eine solche Auszeit wirkt auf unser Entscheidungsvermögen äußerst positiv. In der größten Not können wir 15 Minuten Bedenkzeit auf der Toilette nehmen, und auch das wirkt Wunder!

Emotionale Entscheidungen ohne Zeitdruck

Bei diesem Entscheidungstyp geben wir uns ganz dem Gefühl hin, nach dem Motto »Folge deinem Herzen«. Wir verzichten bewusst oder notgedrungen (zum Beispiel im Zustand großer Furcht, großer Wut oder großer Verliebtheit) darauf, uns über die Konsequenzen unseres Handelns klar zu werden. Dieser Entscheidungstyp ist dann angesagt, wenn es gar nichts rational zu entscheiden gibt, entweder weil bestehende Alternativen, rein sachlich gesehen, gleichwertig sind, oder wenn es wie bei ästhetischen Fragen sachlich gar nichts zu beurteilen gibt, oder wenn es als sozial unakzeptabel angesehen wird, rein rational vorzugehen.

Ersteres ist etwa der Fall, wenn ich ein neues Auto der gehobenen Mittelklasse kaufen will. In aller Regel gibt es hier hinsichtlich der Motor- und Fahrleistungen sowie des Treibstoffverbrauchs keine grundlegenden Unterschiede (oft sind

Motor und Getriebe identisch!), sondern es geht darum, welche »Geschmacksrichtung« man bevorzugt: den bequemen und statusträchtigen, den sportlich-schneidigen oder den familienfreundlichen Wagen. Man schaut sich in der Nachbarschaft um, befragt seine Freunde, wie sie das Auto X oder Y finden, und letztlich fällt die Entscheidung, wenn die Partnerin oder der Partner einem sagen: »In so ein Auto setzt du dich allein«, oder wenn die herangewachsenen Kinder befinden: »Toll!«

In Dingen der Partnerschaft oder Freundschaft, bei denen soziale Gepflogenheiten eine große Rolle spielen, gilt es in unserer modernen westlichen Gesellschaft als unangebracht, rational vorzugehen. Zum Beispiel rechnet man in engen Freundschaften Geben und Nehmen nicht gegeneinander auf, man verzeiht der verliebten Tochter, dass sie den Kopf zeitweise verliert. Vor einer Eheschließung eine Positiv-Negativ-Liste anzulegen, gilt als geschmacklos.

In vielen Gesellschaften der Welt ist es hingegen immer noch üblich, bei Eheschließungen zumindest teilweise besonnen vorzugehen. Es gilt als schicklich oder gar geboten für die Eltern, Erkundigungen über die möglichen Ehepartner des heiratsfähigen Sohnes oder der Tochter einzuholen, einen Heiratsvermittler einzuschalten usw. In diesen Gesellschaften, zum Beispiel in Indien, lacht man über das bei uns vorherrschende Vorurteil »arrangierten Ehen« gegenüber, und das tun auch hochgebildete und ansonsten europäisch denkende Menschen. Wie kann man es den unerfahrenen eigenen Kindern überlassen, lebenswichtige Entscheidungen zu treffen? Als Begründung für ihre Belustigung oder ihr Kopfschütteln verweisen sie auf die hohen Scheidungsraten in westlichen Ländern. Soziologen können aber nachweisen, dass in diesen Ländern mit einer zunehmenden gesellschaftlichen und ökonomischen Unabhängigkeit der

Frau (und der Kinder) die Rate der Scheidungen (sofern gesetzlich überhaupt möglich) steigt. Leider sind Scheidungsprozesse meist zugleich auch ein Gipfel an Emotionalität und Irrationalität. So ist der Lauf der Dinge.

Wie geht man am besten in Situationen vor, in denen es nichts rational abzuwägen gibt? Man geht die Alternativen und ihre Konsequenzen durch, ohne einen Entschluss zu fassen, und dann lässt man sich rund einen Monat Zeit. Danach stellt man sich die verschiedenen Alternativen plastisch vor, etwa: Wie es ist, mit dem Auto X oder Y durch die Gegend zu fahren, nach A zu ziehen oder in B zu bleiben, oder mit der Person C oder D den Rest des Lebens »in guten wie in schlechten Zeiten« zu verbringen. Man entscheidet sich dann für die Alternative, bei der man sich am wohlsten fühlt, und denkt nicht darüber nach, warum.

Für den Neurowissenschaftler liegt die Erklärung für den Erfolg einer solchen Strategie, der aufgeschobenen emotionalen Entscheidung, darin, dass – analog zur intuitiven Entscheidung – unser bewusstes und insbesondere unbewusstes emotionales Gedächtnis genügend Zeit hatte, sich an den Alternativen abzuarbeiten. Gut Ding will Weile haben!

Reflektierte, rationale Entscheidungen

Das krasse Gegenteil von Bauchentscheidungen unter Zeitdruck ebenso wie rein emotionale Entscheidungen ohne Zeitdruck scheinen *reflektierte* bzw. *rationale* Entscheidungen zu sein. Hier entscheiden wir überlegt, wägen zwischen Alternativen und ihren Konsequenzen ab und treffen dann ohne Verzug unsere Entscheidung. Es herrscht die Meinung vor, dass eine Entscheidung umso besser ist, je mehr sie vom Verstand geleitet wurde –

also eine rationale Entscheidung ist. Dies ist die Kernaussage des in der Ökonomie und Soziologie vorherrschenden Rational-Choice-Modells, von dem wir bereits in Kapitel 7 gehört haben: Menschen entscheiden sich danach so, wie es ihnen das rationale Abwägen von Vor- und Nachteilen möglicher Entscheidungen vorgibt. Gefühle gelten hierbei als störendes Beiwerk und sollten deshalb zurückgedrängt werden.

In Wirklichkeit gibt es gar keine rein rationalen Entscheidungen. Natürlich ist es gut, vor einer Entscheidung nachzudenken, auch wenn dieses Nachdenken nur »beratend« wirkt. Bei rationalen Entscheidungen haben wir jedoch das Problem, dass das Arbeitsgedächtnis schnell überlastet ist und bei mehr als zwei Faktoren oder Aspekten meist »aussteigt«. Insbesondere ist das Arbeitsgedächtnis sehr stressempfindlich: Unter akutem Stress können wir nicht mehr klar denken. Wie wir bereits gehört haben, kann der menschliche Verstand komplizierte Entscheidungssituationen allein schon aus Gründen der Komplexität des Problems, der mangelnden Kenntnis von Anfangs- und Randbedingungen und wegen der Begrenztheit der Berechenbarkeit gar nicht bewältigen. So viel man auch zu berechnen versucht, es bleiben unvermeidlich weite Bereiche, in denen Abschätzungen und Vermutungen angestellt werden müssen. Damit wird auch Vorurteilen Tür und Tor geöffnet, obwohl man das Gegenteil, nämlich Objektivität beabsichtigte und meist auch noch vorgibt.

Der Umgang mit komplexen Systemen ist – wie die im 7. Kapitel geschilderten Untersuchungen von Dietrich Dörner gezeigt haben – eine besondere Herausforderung an den menschlichen Verstand, und zwar auch dann, wenn eine Person eine meist unrealistische Machtfülle besitzt und die üblichen Beschränkungen an Ressourcen und Zeit keine Rolle spielen (die Dörner'schen

Entscheider hatten zehn Jahre Zeit zum »Machen« – also mehr, als die meisten wirklichen Politiker oder Bürgermeister zur Verfügung haben). Auch hier geht es um die Notwendigkeit von Komplexitätsreduktion in Form eines Grundverständnisses der Systemzusammenhänge, es geht um feine Dosierung der Eingriffe (gerade wenn alles nach einschneidenden Maßnahmen schreit) und Geduld (wenn jeder alles sofort angepackt sehen will).

Ganz entscheidend ist die Tatsache, dass der Verstand nur Vorschläge machen und Konsequenzen aufzeigen und die limbischen Zentren fragen kann, ob sie diese Konsequenzen wollen oder nicht (teurer Hauskauf, Annahme eines attraktiven, aber riskanten Berufsangebots usw.). Die Letztentscheidung wird immer emotional getroffen, und dies bestimmt die Motive unseres Handelns.

Aufgeschobene intuitive Entscheidungen

Diese Art von Entscheidungen wurde in der letzten Zeit viel diskutiert und wird häufig auch mit Bauchentscheidungen verwechselt. Es ist aber ein großer Unterschied, ob man rät: »Hör auf deinen Bauch!«, oder: »Folge deiner Intuition!« Bei intuitiven Entscheidungen geht es nämlich um Entscheidungen in relativ komplexen Situationen, bei denen man eine Zeit lang nachdenkt, dann die Sache für ein paar Stunden oder Tage ruhen lässt und sich schließlich relativ spontan entscheidet, wie dies in der im 7. Kapitel genannten Dijksterhuis-Studie der Fall war. Hier stellt sich die Frage: Wie kann es sein, dass das bloße »Nicht weiter Nachdenken« zu einer besseren Entscheidung führt als langes intensives Nachdenken?

Wir alle kennen die Situation, dass wir lange vergeblich über etwas nachdenken oder uns an etwas erfolglos zu erinnern versuchen. Wir geben schließlich auf, beschäftigen uns mit etwas anderem, und Stunden oder Tage später fällt uns die Lösung oder die Erinnerung ein, manchmal beim Aufwachen oder sonst wie aus »heiterem Himmel«. Eine Erklärung dieses Vorgangs ist folgende. Die Informationsverarbeitung in unserem Gehirn besteht nicht nur aus der Ebene des Bewusstseins, die in der Großhirnrinde lokalisiert ist, und der Ebene (oder besser den Ebenen) des Unbewussten, die im limbischen System außerhalb der Großhirnrinde beheimatet sind, sondern auch aus dem *Vorbewussten*.

Dieses Vorbewusste umfasst alles, was aktuell nicht bewusst ist, aber einmal bewusst war, ins Vorbewusste abgesunken ist und unter bestimmten Umständen bewusst gemacht werden kann. Hierzu gehört unser sprachlich berichtbares, deklaratives Gedächtnis. Es enthält alles, was mit uns passiert ist (das episodisch-autobiographische Gedächtnis) ebenso wie das, was wir an Wissen verfügbar haben (das semantische Gedächtnis). Dieses deklarative Gedächtnis ist ebenfalls in der Großhirnrinde lokalisiert – sonst könnten seine Inhalte ja nicht bewusst werden –, aber seine Inhalte befinden sich sozusagen knapp unterhalb der Bewusstseinsschwelle. Diese Schwelle wird entweder durch aktiven äußeren oder inneren Anstoß überschritten (uns fällt etwas ein, weil wir gerade etwas wahrnehmen, oder wir denken intensiv nach), oder es fällt uns scheinbar ganz zufällig ein. In Wirklichkeit gibt es einen solchen Zufall nicht, sondern die Tatsache, dass uns in einer bestimmten Situation etwas einfällt oder auch nicht, wird von vor- und unbewussten Prozessen in unserem Gehirn bestimmt, über die wir entsprechend keine direkte willentliche Kontrolle besitzen.

Dieses Vorbewusste ist seiner Verarbeitungskapazität gegenüber dem, was wir bewusst im Arbeitsgedächtnis verarbeiten können, schier unbegrenzt, denn im Prinzip behalten wir alles, was wir jemals erlebt haben, aber wir können nicht alles davon erinnern. Entsprechend ist auch die Fähigkeit des Vorbewussten zum Problemlösen sehr viel größer – dies geschieht vorbewusst, nicht unbewusst, und es geschieht nach anderen Prinzipien als unser rationales Denken – eben *intuitiv*. Man kann diesen Unterschied annäherungsweise als den Unterschied zwischen linear-sequenzieller und hochgradig parallel-vernetzter Verarbeitung von Informationen begreifen. Letztere haben eine um Größenordnungen höhere Kapazität der Informationsverarbeitung.

Aufgeschobene intuitive Entscheidungen sind am besten, wenn es um *komplexe Problemsituationen* geht. Wichtig ist dabei, nur eine begrenzte Zeit dem Nachdenken zu opfern. Man stellt die Problemlage dar und erläutert die Rahmenbedingungen möglicher Lösungen. Dabei sollte man sich auf die Hauptfaktoren konzentrieren und sich nicht im Nebensächlichen verlieren. Wichtig ist – und darauf hat Gigerenzer immer wieder hingewiesen –, dass man bei um sich greifender Ratlosigkeit nicht immer noch weitere Experten hinzuzieht, denn dadurch erhöht man nur die Ratlosigkeit. Nach dieser ersten Beratungsrunde sollte man nicht mehr nachdenken, sondern auseinandergehen, am besten die Sache »überschlafen« oder etwas ganz anderes tun und anschließend mehr oder weniger spontan entscheiden. Wenn man zum Beispiel etwas Bestimmtes kaufen will und sich im Geschäft nicht entscheiden kann, dann sollte man dem Drängen der Begleiterin oder des Verkäufers oder dem Zeitdruck nicht nachgeben, sondern das Geschäft verlassen, nach einer Stunde oder am nächsten Tag (aber nicht viel später!) wiederkommen und dann das kaufen, was einem spontan am günstigsten erscheint.

Natürlich sind diese aufgeschobenen intuitiven Entscheidungen keine Bauchentscheidungen, denn das rationale und emotionale Abwägen zu Beginn ist sehr wichtig. Dadurch werden nämlich Entscheidungsräume eingegrenzt, Netzwerke im Vorbewussten angestoßen, die dann weiterarbeiten, auch wenn wir nicht mehr bewusst über das Problem nachdenken. Das heißt nicht, dass sich die Probleme »von selbst« durch einfaches Ruhenlassen lösen, sondern es heißt, dass das Vorbewusste Zeit hat, sich damit zu befassen. Es rechnet sozusagen weiter, während sich der bewusste Verstand mit etwas anderem beschäftigt.

Was sagt uns das?

Wir haben erfahren, dass es sehr unterschiedliche Entscheidungssituationen gibt, nämlich solche mit oder ohne Zeitdruck und solche mit oder ohne Vorbereitungszeit, solche, in denen man eher rational entscheiden sollte, und solche, in denen es rational nichts zu entscheiden gibt, sowie solche mit einfachen und solche mit komplexen Problemen. Dies bedeutet, dass es *die eine* optimale Entscheidung nicht geben kann, sondern dass unterschiedliche Entscheidungssituationen unterschiedliche Strategien erfordern.

Bei der scheinbar besten Entscheidung, nämlich der automatisierten, ist uns die Situation, mit der wir konfrontiert sind, bekannt – wir haben sie vielfach erlebt und uns darauf gründlich vorbereitet. Hierbei müssen wir nur entscheiden, welche Vorgehensweise aus unserem Repertoire wir in welcher Problemlage anwenden. Das ist in der Regel auch in Situationen effektiv, die mit großem Stress verbunden sind – vorausgesetzt, es geschieht nichts Unerwartetes. Dann versagt nämlich meist die Routine, und oft tritt ein kopfloses Agieren ein – mit verhängnisvollen Folgen.

Die Bauchentscheidung im Sinne des impulsiv-affektiven Reagierens ist fast immer schlecht, weil sich dabei archaische Reaktionsweisen wie wütender Angriff, ziellose Verteidigung, Erstarren, panische Flucht Bahn brechen, die in unserem modernen Leben keinen Platz haben. Wir können ihr Auftreten am besten im Straßenverkehr beobachten.

Das vielgepriesene rational-reflektierende Vorgehen ist nur in vergleichsweise einfachen Entscheidungssituationen zweckmäßig, denn unser Verstand und unser Arbeitsgedächtnis sind durch die Komplexität der Lage schnell überfordert. Ausführliche Expertenbefragungen machen die Sache meist noch schlimmer – wem soll man denn glauben? Einfache Heuristiken sind in solchen Situationen ganz gut, vorausgesetzt es liegt viel Erfahrung vor, auf die man zurückgreifen kann, was oft aber nicht der Fall ist.

In komplexen Entscheidungssituationen empfiehlt sich das zweistufige Verfahren der aufgeschobenen intuitiven Entscheidungen: Zuerst findet eine rational vorgehende und zeitlich befristete »erste Lesung« statt, dann verabschiedet man sich voneinander für wenige Tage, ohne weiter über die Probleme und Entscheidungsmöglichkeiten nachzudenken. In dieser Zeit arbeitet das vorbewusste Erfahrungsgedächtnis, indem es mithilfe parallel verteilter Informationsverarbeitung befriedigende Lösungen sucht und meist auch findet. Nach einigen Tagen findet dann die »zweite Lesung« statt, in der man sich aufgrund der vorbewussten Arbeit des Erfahrungsgedächtnisses *intuitiv* und ohne erneutes Reflektieren und Diskutieren für eine der in der ersten Lesung angesprochenen Alternativen entscheidet.

Etwas Ähnliches empfiehlt sich in Situationen, in denen rationale Erwägungen entweder keinen Sinn machen, etwa in Dingen des Geschmacks und der Liebe, oder wo solche Erwägungen zumindest in unserer Kultur als nicht statthaft angesehen werden, z.B. in Eheangelegenheiten. Die anfängliche Verwirrtheit und Ratlosigkeit die uns eine schnelle Entscheidung verbieten, legt sich, wenn man die Sache erst einmal auf sich beruhen lässt (auch wenn das schwerfällt!). Nach einigen Wochen haben sich meist zwischen unserem Unbewussten, Vorbewussten und Bewussten auf fast wundersame Weise Motive und Ziele gegenseitig geklärt, und plötzlich sehen wir die Dinge viel klarer. Wir sagen uns dann: Gut, dass wir dem inneren Drang und dem äußeren Drängen nicht sofort nachgegeben haben!

EXKURS 3

Wie veränderbar ist der Mensch?
Ein zweiter Blick in die Kulturgeschichte

In der Ideen- und Kulturgeschichte des Westens hat man die Frage nach der Veränderbarkeit des Menschen ganz unterschiedlich beantwortet. Die seit der Antike bis in das späte 19. Jahrhundert hinein vorherrschende Vorstellung war diejenige der »Ent-Wicklung«, d. h., es entfaltet sich etwas, was zuvor im Keim, in der Anlage bereits da war. In den Sokratischen Dialogen Platons heißt es sogar, es gebe gar keinen Erwerb neuen Wissens, sondern dieses Wissen liege bereits in jedem Menschen angeboren vor und müsse durch den Lehrer nur hervorgeholt werden, so wie die Hebamme hilft, dass das Kind in die Welt kommt. Auch der Mensch hat seine Erbanlagen (wie diese genau aussehen, wusste man allerdings nicht), die ihn weitgehend bestimmen, und so entwickelt sich seine Persönlichkeit in denjenigen Bahnen, die bereits zu Beginn feststehen. Am eindrucksvollsten hat Goethe dies in dem Gedicht »Daimon« ausgedrückt:

> Wie an dem Tag der Dich der Welt verliehen,
> Die Sonne stand zum Gruße der Planeten,
> Bist alsobald und fort und fort gediehen
> Nach dem Gesetz wonach Du angetreten.
> So mußt Du sein, Dir kannst Du nicht entfliehen,
> das ändern nicht Sibyllen, nicht Propheten;
> Und keine Zeit und keine Macht zerstückelt
> Geprägte Form die lebend sich entwickelt.

Goethe selbst hat durchaus das Wechselspiel zwischen Anlage und Umwelt gesehen, wenn er 1828 im Gespräch mit Eckermann feststellte: »Wir bringen wohl Fähigkeiten mit, aber unsere Entwicklung verdanken wir tausend Einwirkungen aus einer großen Welt, aus der wir uns aneignen, was wir können und was uns gemäß ist.« Es besteht aber kein Zweifel daran, dass Goethe den Schwerpunkt auf Selbstentwicklung legte und die Funktion der Umwelteinflüsse darin sah, die verborgenen Fähigkeiten (»Was wir können und was uns gemäß ist«) ans Licht zu holen. Selbstverständlich war der Gedanke der biologischen Evolution, wenn er denn überhaupt gedacht wurde, vor Darwin derjenige der Entwicklung innerhalb vorgegebener Bahnen. Erst die Evolutionstheorie Darwins beinhaltet die seinerzeit revolutionäre Vorstellung, es könne eine stammesgeschichtliche Entwicklung geben, die nicht vorgezeichnet, »prästabiliert«, sei, sondern sich aus der teilweise völlig zufälligen Interaktion zwischen Anlage und Umwelt über den Prozess der »natürlichen Selektion« ergibt. Danach ist – wie Darwin in aller Schärfe erkannte – auch der Mensch ein zufälliges und vielleicht nur vorläufiges Produkt der Evolution, nicht ihr Endziel.

Die Idee, dass die Umwelt einen determinierenden und nicht nur geburtshelferischen Einfluss auf die Entwicklung der Fähigkeiten von Tier und Mensch hat, kam parallel und vehement Ende des 19. Jahrhunderts in Form der russischen Reflexlehre und des amerikanischen Behaviorismus auf. Beiden Richtungen lag die Überzeugung zugrunde, dass tierisches und menschliches Verhalten – abgesehen von trivialen Gegebenheiten wie dem Körperbau und dessen Grundfunktionen – von Einflüssen der Umwelt, beim Menschen von denen der Gesellschaft bestimmt wird. Dieser Einfluss erfolgt mehr oder weniger ausschließlich über den Prozess des assoziativen Lernens, nämlich der klassischen und der operanten Konditionierung.

Die Grundzüge der klassischen Konditionierung wurden von dem russischen Physiologen und Lerntheoretiker Iwan Pawlow um die Wende vom 19. zum 20. Jahrhundert entwickelt und auch Reflexlehre (»Reflexologie«) genannt. Hierbei geht es um den bekannten Zusammenhang: Eine Verhaltensreaktion eines Versuchstieres, zum Beispiel der Speichelfluss eines Hundes, wird durch einen natürlichen oder unbedingten Reiz (so genannt, weil dieser *ohne weitere Bedingungen* wirkt) verlässlich ausgelöst, etwa durch den Anblick oder den Geruch von Futter. Irgendein anderer Reiz, zum Beispiel ein Glockenzeichen, hat diese Wirkung anfangs nicht (dies muss im Zweifelsfalle überprüft werden). Wird aber das Glockenzeichen einige Male mit dem Anblick von Futter zeitlich gepaart (*assoziiert*), dann genügt schließlich das Glockenzeichen allein, um Speichelfluss auszulösen – also etwas, das es vorher nicht getan hat. Aus heutiger Sicht wird das Glockenzeichen zum *verlässlichen Vorhersager* des Anblicks von Futter. Pawlow meinte, man könne alles Lernverhalten durch solche klassische Konditionierung erklären, und zwar auch ziemlich komplexes Verhalten, indem an den ersten bedingten Reiz ein zweiter Reiz »angehängt« würde und an diesen ein dritter usw.

In Amerika machten diese Untersuchungen großen Eindruck, denn sie stimmten mit dem Anliegen des amerikanischen Behaviorismus überein, die exakten Gesetze der Veränderbarkeit tierischen und menschlichen Verhaltens gleichermaßen mit naturwissenschaftlichen Mitteln zu untersuchen. Das war natürlich revolutionär, denn bis dahin galt es als ausgemacht, dass Tiere *sich verhalten*, Menschen hingegen *handeln*, und dass man das eine nicht mit dem anderen vergleichen kann. Auch heute noch geht die Mehrzahl der Geistes- und Sozialwissenschaftler von einer solchen Annahme aus.

Das genannte Forschungsziel, die Gesetze des Verhaltens und seiner Veränderungen mit experimentellen Mitteln zu identifizieren, wurde in Amerika gegen Ende des 19. Jahrhunderts zuerst vom amerikanischen Psychologen Edward Thorndike (1874–1949) verfolgt. Thorndike entwickelte für das Studium des Lernverhaltens von Katzen und Hunden einen Versuchskäfig (»puzzle box«), in welchen das Versuchstier, etwa eine hungrige Katze, hineingesperrt wird. Vor dem Käfig ist ein Stück Futter ausgelegt. Die Katze versucht aus dem Käfig herauszukommen und an das Futter zu gelangen, kratzt, beißt und springt im Käfig umher und tritt irgendwann einmal auf eine Pedalvorrichtung, die eine Klappe öffnet. Die Katze entweicht und frisst das Futter. Anschließend wird sie erneut in den Käfig gesperrt, und das Ganze wiederholt sich einige Male. Man beobachtet dann, dass sich die Zeit, in der die Katze sich im Käfig »unmotiviert« verhält, zunehmend verkürzt und das Tier schließlich sofort das Pedal betätigt, um dem Käfig zu entkommen. Wir würden nun sagen, die Katze habe *gelernt*, dass das Pedalbetätigen den Käfig öffnet und ein Entkommen ermöglicht.

Wie lässt sich ein solches Lernverhalten erklären? Nach Thorndike wird die Auftrittswahrscheinlichkeit eines Verhaltens dadurch erhöht, dass es *positive Konsequenzen* hat. Im Falle der Katze sind dies zum einen das Entkommen aus dem »Problemkäfig« und zum anderen der Zugang zum Futter. Thorndike nannte dies das Gesetz des *Effektes* (oder der *Auswirkung*). Charakteristisch für diese Art von Lernen ist die langsame Änderung des Verhaltens, nicht eine plötzliche Einsicht. Diese Art von Lernen wurde später »Lernen am Erfolg«, »instrumentelle Konditionierung«, »Verstärkungslernen« oder »operante Konditionierung« genannt (s. unten). Im Falle von Thorndikes Katzenexperiment und dem Gesetz des Effektes handelt es sich nicht, wie bei Pawlow, um das Auslösen eines reflexhaften Verhaltens durch einen konditionierten Reiz, sondern um ein Verhalten, welches das Tier nicht oder bisher nicht in dieser Weise gezeigt hat. Es ist kaum anzunehmen, dass das Pedaltreten für Thorndikes Katze ein »natürlicher Reflex« ist, denn dann wäre dieses Verhalten spontan aufgetreten wie der Speichelfluss des Pawlow'schen Hundes. Es handelt sich also hier um zwei unterschiedliche Typen assoziativen Lernens, nämlich klassische Konditionierung und operante Konditionierung, auch wenn diese aus heutiger Sicht durchaus Gemeinsamkeiten aufweisen.

Der Psychologe John Broadus Watson (1879–1958) ist als der eigentliche Begründer des amerikanischen Behaviorismus anzusehen. Sein Ziel war es, die Psychologie zur Lehre von der Kontrolle und Voraussage von Verhalten zu machen. Bei der Erklärung menschlichen und tierischen Verhaltens lehnte er Begriffe wie Bewusstsein, Wille, Absicht und Vorstellung ab. Verhalten kann nach Watson ausschließlich über die Beziehung von Reiz und Reaktion erklärt werden und über die sich daraus ergebende Ausbildung von Gewohnheiten (*habits*). Diese sind nichts anderes als komplexe Verkettungen einfacher konditionierter Verhaltensweisen. Worte sind für Watson verbale Reaktionen auf Außenreize, Gedanken ein leises »zu sich sprechen«. Sie werden von außen angestoßen und können dann eine Zeitlang in sich kreisen. Innere Zustände sind »verdecktes Verhalten«. Nach Watson gelten für tierisches und menschliches Verhalten dieselben »objektiven« Gesetze; deshalb gibt es auch keine menschliche oder tierische Psychologie, sondern nur eine einzige Art von Psychologie, und zwar die Lehre von der Veränderung des Verhaltens nach den Prinzipien der klassischen und operanten

Konditionierung. *Alles* Verhalten ist hierdurch gezielt veränderbar, wenn dies auch manchmal in der Praxis schwierig zu erreichen ist.

In eine abweichende Richtung, die später bedeutsam werden sollte, ging der Behaviorist Clark Hull (1884–1952), indem er gegenüber der bloßen zeitlichen Paarung von Reizen die Bedeutung eines Reizes als *Belohnung* (»reward«) betonte. Nach Hull liegt jedem Lernen das Streben zugrunde, ein bestimmtes Bedürfnis zu befriedigen bzw. einen sich daraus ergebenden Triebzustand zu beseitigen (»need reduction«). »Kein Lernen ohne Belohnung!« – hieß es bei ihm, und wir werden noch sehen, dass dies eine wichtige Einsicht ist.

Der letzte große und vielleicht wichtigste Behaviorist war Burrhus F. Skinner (1904–1990). Skinner erlangte in der Lernpsychologie und Verhaltensbiologie große Bedeutung allein schon dadurch, dass er die experimentellen Bedingungen der Erforschung menschlichen und tierischen Verhaltens stark verbesserte und verfeinerte (Skinner, 1953). Er entwickelte die nach ihm benannte Skinner-Box, in der Versuchstiere, vor allem Tauben und Ratten, von störenden und verfälschenden menschlichen Einflüssen weitgehend ferngehalten werden können. Die Belohnung für einen Hebeldruck oder das Picken auf eine Glasscheibe, nämlich der kurzzeitige Zugang zu Futter, wurden dabei ebenso automatisiert wie die Registrierung des Verhaltens des Versuchstieres. Skinner nannte das von ihm detailliert studierte Verhalten »operantes Lernen«, da es sich hierbei um ein *aktives*, die Umwelt erkundendes und veränderndes Verhalten handle und nicht um ein rein *reaktives* (»respondentes«) Verhalten wie bei der klassischen Konditionierung. Durch die Konsequenzen des aktiven Verhaltens (Hebeldrücken, Scheibenpicken usw.) auf die Umwelt, nämlich das Erscheinen von Futter, verändert sich das Verhalten selbst. Die Konsequenzen wirken als Verstärker (»reinforcer«); deshalb wird dieses Lernverhalten auch »Verstärkungslernen« (»reinforcement learning«) genannt. Unterschieden werden hier drei Typen von Verstärkungslernen, nämlich Bestrafung, negative Konditionierung (Strafandrohung) und positive Konditionierung (Belohnung).

Mensch und Tier werden von Pawlow, Skinner und den meisten anderen Behavioristen als *extern determinierte und determinierbare Wesen* angesehen. Daraus resultierte ein ungehemmter *Veränderungsoptimismus*, der lautete, dass jedes Tier und jeder Mensch zu jedem erwünschten Verhalten erzogen werden können, vorausgesetzt sie können dies überhaupt körperlich vollbringen (eine Taube kann nicht zweihändig Klavierspielen lernen) und man macht es richtig, d. h. nach den von den Reflexologen und Behavioristen herausgefundenen Gesetzen der klassischen und operanten Konditionierung. Entsprechend hatten die Grundsätze des Reflextheorie und des Behaviorismus in Russland bzw. der Sowjetunion und in den USA einen überwältigenden Einfluss auf die damalige Psychologie und Verhaltensbiologie und weit darüber hinaus auf Pädagogik, Didaktik und Politik. Alternative psychologische Ansätze wie Freuds Psychoanalyse wurden aus dem Bereich »wissenschaftlicher« Psychologie herausgedrängt bzw. verabschiedeten sich freiwillig daraus, oder sie wurden wie die Gestaltpsychologie nur sehr am Rande beachtet.

Der große Fortschritt, der mit dem Aufkommen der Pawlow'schen Reflexlehre und des Behaviorismus verbunden war, bestand und besteht in einer Revolutionierung der Methoden der experimentellen Verhaltensforschung und in dem Aufstellen von Gesetzen, die den Vorgängen des assoziativen Lernens (d. h. der klassischen und operanten Konditionierung) universell zugrunde liegen. Nicht gesehen wurde, dass hierfür nur bestimmte, meist einfache Lernprozesse geeignet sind und bestimmte Versuchstiere wie Ratten und Tauben für bestimmte Lernaufgaben viel besser »funktionieren« als andere. Man wusste seit langem in Kreisen von Zirkusdompteuren, dass man keineswegs allen Tieren alles, was diese motorisch überhaupt leisten können, in gleicher Weise beibringen kann, sondern dass bestimmte Tiere bestimmte Dinge schnell und andere nur schwer oder gar nicht lernen.

So war die geringe Konditionierbarkeit vieler Tiere, zum Beispiel von Eseln oder Zebras, seit langem bekannt. Dem mit Skinner zusammenarbeitenden Tierpsychologen-Ehepaar Breland gelang es beispielsweise trotz vieler Konditionierungsversuche nicht, Schweine dazu zu bringen, ein Geldstück in ein Sparschwein (!) zu stecken, oder Hühner dazu, für auch nur 10–12 Sekunden ruhig auf einer Plattform zu verharren, ohne zu scharren. Die Autoren schlossen aus ihren Befunden, dass Tiere und Menschen keineswegs immer, wie von Skinner behauptet, den Weg des geringsten Aufwandes einschlagen, um zu einer Belohnung bzw. Verstärkung zu gelangen, und zwar dann nicht, wenn interne Tendenzen (zum Beispiel angeborene Verhaltensweisen) dem entgegenstehen. Daraus folgte die inzwischen allgemein akzeptierte Einsicht, dass operante Konditionierung dann am erfolgreichsten ist, wenn sie *angeborenen Lerndispositionen* eines Tieres oder Menschen entgegenkommt. So etwas durfte es aber in den Augen des klassischen Behaviorismus überhaupt nicht geben.

Die Schwierigkeiten der Reflextheorie und des Behaviorismus, komplexes Verhalten als Ketten von einfachen Reflexen oder von operant konditionierten Verhaltensweisen zu beschreiben, waren schon früh offensichtlich. Dennoch dauerte es lange, nämlich bis zum Ende der vierziger Jahre des 20. Jahrhunderts, ehe sich stärkerer Widerstand gegen den orthodoxen Behaviorismus formierte. Die beiden ersten bedeutenden Kritiker des Behaviorismus kamen interessanterweise aus den eigenen Reihen. Der erste war der Psychologe Edward C. Tolman (1886–1959). Nach Tolman ist die Grundeinheit des Verhaltens der zweckhafte, zielgerichtete Akt, der von »kognitiven Prozessen« geleitet ist. Solche kognitiven Prozesse überhaupt in Rechnung zu stellen war für den orthodoxen Behaviorismus ein Sakrileg. Der andere »Abweichler« war der Psychologe und Verhaltensforscher Karl S. Lashley (1890–1958). Während die klassischen Behavioristen es als völlig überflüssig ansahen, nach den Mechanismen zu fragen, welche dem beobachteten Lernverhalten zugrunde liegen, meinte Lashley, dass jede mentale Aktivität durch Hirnprozesse verursacht sei und dass es sich lohne, diese zu studieren.

In der Psychologie wurde schließlich die »kognitive Wende« durch Arbeiten der Psychologen Broadbent und Neisser eingeleitet. Dies führte zum sogenannten *Funktionalismus*, d. h. der Auffassung, dass Kognition »Informationsverarbeitung« ist, die mithilfe von logischen Berechnungsabläufen (sogenannten Algorithmen) nachgezeichnet werden kann. Interessanterweise wurde dabei der von Lashley eingeschlagene Weg wieder verlassen. Die Funktionalisten wie Jerry Fodor (1983) waren ebenso wie die Behavioristen der Überzeugung: Selbst wenn letztlich alle mentalen Prozesse neuronal im Gehirn verankert sind, so ist die Kenntnis dieser Verankerung völlig irrelevant. Die kognitive Psychologie hat sich entsprechend mit der Informationsverarbeitung im Bereich der Symbole, Regeln, Überzeugungen, nicht aber mit deren physiologischen Grundlagen zu befassen.

Erziehungsoptimismus als »Staatsreligion«

In Deutschland ergab sich eine paradoxe Situation dadurch, dass sich erst gegen Ende der sechziger Jahre des vorigen Jahrhunderts, als der Behaviorismus in den USA bereits vom »Kognitivismus« abgelöst wurde, in der Biologie und der Psychologie behavioristisches Denken langsam gegen traditionell »nativistische«, d. h. von einer Dominanz angeborener Faktoren ausgehende Vorstellungen durchsetzte. Die durch Konrad Lorenz und Niko Tinbergen begründete *Instinktlehre* wurde noch bis weit in die 1970er Jahre neben Lorenz durch seine Schüler wie Wolfgang Wickler, Irenäus Eibl-Eibesfeldt, Paul Leyhausen und Bernhard Hassenstein weitergeführt und übte einen außerordentlich starken und Einfluss auf alle Bereiche des intellektuellen Lebens einschließlich des Bereichs von Schule und Bildung aus. Hierbei wurde entsprechend ein konservatives didaktisch-pädagogisches Grundkonzept vertreten, dass den Hauptakzent auf Intelligenz und Begabung als genetisch weitgehend festgelegte Phänomene legte und einen »Bildungspessimismus« vertrat.

In zeitlichem und wohl auch ideologischem Zusammenhang mit dem politischen Wechsel Mitte der sechziger Jahre des vorigen Jahrhunderts und dem Beginn der ersten Bundesregierung unter sozialdemokratischer Führung kam es zu einem langsamen und sich dann beschleunigenden Wandel hin zu einer »Behaviorisierung« und »Soziologisierung« der Psychologie und der pädagogischen Wissenschaften. Am deutlichsten abzulesen ist dieser Wandel in dem berühmten, 1969 publizierten Band Nr. 4 »Begabung und Lernen« innerhalb der Gutachten und Studien der Bildungskommission, die im Auftrag des Bildungsrates seit 1966 tätig war.

Dieser Bildungsrat hatte den Auftrag, Empfehlungen für die Entwicklung und Reform des als veraltet angesehenen deutschen Bildungssystems zu entwickeln. Im Vorwort zu dem von meinem Namensvetter Heinrich Roth herausgegebenen Band wird programmatisch die Frage gestellt: »Wie ist in der Lernentwicklung des jungen Menschen das Verhältnis von naturgegebener Anlage und menschlicher Einwirkung durch Umwelteinflüsse und veranstaltete Lehr- und Lernvorgänge zu sehen?« Und die Antwort darauf lautete: »Das Verhältnis dieser beiden Faktoren lässt sich nicht auf eine einfache Formel bringen, es ist nicht eindeutig fixierbar ... Gesichert steht jedoch die negative Feststellung, dass die vorweg gegebenen psychischen Naturfaktoren wie Erbe und Reifung nicht den Grad von determinierender Bedeutung für die Begabungsentwicklung besitzen, der ihnen landläufig zugemessen wird, und dass umgekehrt demgegenüber den vom Menschen beeinflussbaren oder von ihm gesteuerten Einwirkungen durch Umwelt und schulisches Lernen ein für jede praktische Orientierung größeres Gewicht zukommt.«

In dem von Heinrich Roth geschriebenen Teil »Einleitung und Überblick« wird denn auch in aller Klarheit einem neuen Begriff von Lernen und Begabung das Wort geredet: »Man kann nicht mehr die Erbanlagen als wichtigsten Faktor für Lernfähigkeit und Lernleistungen (= Begabung) ansehen, noch die in bestimmten Entwicklungsphasen und Altersstufen hervortretende, durch physiologische Reifevorgänge bestimmte Lernbereitschaft. Begabung ist nicht nur Voraussetzung für Lernen, sondern auch dessen Ergebnis. Heute erkennt man mehr als je die Bedeutung der kumulativen Wirkung früher Lernerfahrung, die Bedeutung der sachstrukturell richtigen Abfolge der Lernprozesse, der Entwicklung effektiver Lernstrategien, kurz:

die Abhängigkeit der Begabung von Lernprozessen und die Abhängigkeit aller Lernprozesse von Sozialisations- und Lehrprozessen.«

In bemerkenswerter Weise hebt Roth in seiner Einleitung diesen neuen Lehr- und Lernoptimismus hervor und drängt die Bedeutung genetischer Faktoren bei Intelligenz und Begabung und fest vorgegebener kognitiver Entwicklungsstufen im Sinne des berühmten Biologen und Entwicklungspsychologen Jean Piaget zurück, oft auch unter erheblicher »Korrektur« der Aussagen der in diesem Band zu Wort kommenden Gutachter, die keineswegs alle einem strikten Bildungsoptimismus anhängen.

So werden die wissenschaftlichen Befunde der Intelligenzforschung, die bereits damals einen relativ hohen genetischen (und aus heutiger Sicht auch epigenetischen) Anteil und eine starke Entwicklungskonstanz von Intelligenz und Begabung ausfindig machten, in teilweise abenteuerlicher Weise abgewertet. Eine ungünstige Entwicklung der schulischen Leistungen ist neben ungünstigen gesellschaftlichen Bedingungen (Zugehörigkeit zu »unterprivilegierten« Gesellschaftsschichten) vor allem das Ergebnis »negativer Lernerfahrung«. Für Heinrich Roth stand fest, dass alles weiterführende Lernen nachweisbar stärker von vorausgegangenem Lernen, vor allem von der Qualität dieser Lernerfahrung, abhängig ist als von »Anlage und Reife«. Dies bürdet zum einen den Lehrern und dem gesamten Bildungssystem eine große Verantwortung auf, zugleich gibt es Anlass zu Optimismus, denn der Erfolg wird sich mit Sicherheit einstellen, wenn man die jungen Menschen »in der richtigen Weise« erzieht. Die Existenz von Reifephasen, die man insbesondere in der frühen Jugend abwarten müsse, wird schlicht geleugnet oder doch zu Trivialitäten heruntergargumentiert.

Der *Bildungsoptimismus*, der in den folgenden zweieinhalb

Jahrzehnten das Geistesleben in Deutschland nachhaltig beeinflussen sollte, ist hier in seinen behavioristischen Wurzeln mit Händen zu greifen, ebenso der extreme *Anti-Biologismus*. Dabei vertraten einige Autoren des Bandes »Begabung und Lernen«, wie etwa der bekannte Psychologe Heckhausen, ein differenziertes Bild, das dem modernen Konzept der Anlage-Umwelt-Interaktion bereits sehr nahekommt. Ein solches differenziertes Bild war aber sozialpolitisch unerwünscht – und ist es auch heute vielerorts noch. Es ist bezeichnend, dass man damals von Seiten staatlicher Aufsichtsämter jungen Biologielehrern den Gebrauch des Begriffs »angeboren« im Unterricht schlicht verbot. Ebenso galt es bis vor kurzem im sozialwissenschaftlichen Umfeld als »politisch inkorrekt«, die Frage nach biologischen Unterschieden im Verhalten von Jungen und Mädchen bzw. Mann und Frau auch nur zu diskutieren, und dasselbe galt für die Existenz von »Hochbegabungen«.

Es ist nicht ganz falsch, hier von einem seinerzeit politisch sehr erwünschten sozialwissenschaftlichen Meinungsterror zu sprechen, der zum Glück in jüngster Zeit einer zunehmenden Offenheit für Erkenntnisse der Neurowissenschaften und der experimentell-empirischen Psychologie weicht. Unglücklicherweise ist aber dadurch ein übertriebener Veränderungsoptimismus nicht beseitigt, sondern dieser beherrscht nach wie vor die in unserem Land und anderswo grundlegenden Konzepte von Erziehung und Bildung. Ohne ausreichende wissenschaftliche Begründung wird davon ausgegangen, dass Menschen *ein Leben lang* in ihren Persönlichkeitsmerkmalen gleichmäßig formbar sind, umfangreiches neues Wissen erwerben und neue Fertigkeiten erlernen können. Im Zuge der Rationalisierung, Globalisierung und Digitalisierung unserer Gesellschaft werden mehr denn je Flexibilität und Anpassungsfähigkeit bis ins hohe Alter hinein verlangt. Wie in diesem Buch dargestellt, ist es hingegen wichtig, die Möglichkeiten und die Grenzen der Veränderbarkeit der Persönlichkeit und des Verhaltens des Menschen zu erkennen und in der Praxis in Rechnung zu stellen.

KAPITEL 11

Veränderung und Stabilität

Wenn wir uns in den folgenden Kapiteln mit der Frage beschäftigen, wie wir bei anderen Personen und auch bei uns Veränderungen in einem von uns gewünschten Ausmaß herbeiführen können, so müssen wir die Möglichkeiten und Grenzen der Veränderbarkeit von Psyche und Persönlichkeit kennen – sonst rennen wir uns die Köpfe ein!

Stabilität der Persönlichkeitsmerkmale

In der psychologischen Literatur gehen die Meinungen über die Stabilität der Persönlichkeit bzw. der Persönlichkeitsmerkmale über die Lebensspanne weit auseinander. Während manche von einer genetisch bedingten *hohen Stabilität* von der Kindheit bis ins hohe Alter ausgehen, unterstellen populäre Autoren eine gleichbleibende lebenslange *Veränderbarkeit*. Die seriöse Forschung kommt jedoch zu der Erkenntnis, dass die Veränderbarkeit der sensorischen, motorischen, kognitiven und emotionalen Funktionen zu Beginn des Lebens groß ist und sich zum Erwachsenenalter hin aus äußeren wie inneren Gründen stabilisiert. Dies gilt auch für die Persönlichkeit. Allerdings sind unterschiedliche Persönlichkeitsmerkmale unterschiedlich dynamisch bzw. stabil.

Am stabilsten ist die Intelligenz, gemessen über den IQ, und zwar über einen Zeitraum zwischen 10 und 70 Jahren. Wie in Kapitel 4 erwähnt, lässt sich aufgrund der Kenntnis des IQ eines

Vierzehnjähren der IQ, den er als Vierzigjähriger haben wird, mit ziemlicher Wahrscheinlichkeit vorhersagen (Neyer und Asendorpf, 2018). Bei den Persönlichkeitsmerkmalen ergibt sich eine etwas niedrigere Stabilität, wobei die Merkmale Extraversion und Neurotizismus am stabilsten sind. Die Persönlichkeitsmerkmale werden im Allgemeinen in späterer Kindheit und der Jugend zunehmend stabiler, erfahren eine vorübergehende Destabilisierung im Pubertätsalter, stabilisieren sich dann wieder im frühen Erwachsenenalter bis zum 60. bis 70. Lebensjahr deutlich und werden zum höheren Alter hin wieder variabler, meist bedingt durch Abbauprozesse. Unseriöse Meldungen von Psychologen über eine erhöhte Plastizität im Alter gehen auf Fehlinterpretationen solcher Alterungsprozesse zurück. Das Ganze kann als ein Produkt der Interaktion von »Anlage« und »Umwelt« verstanden werden mit einer deutlichen Tendenz zur Selbststabilisierung. Diese Entwicklung ist aus Sicht von Experten vornehmlich durch zwei Faktoren bedingt, nämlich erstens durch die wachsende Möglichkeit, die eigene Umwelt selbst zu beeinflussen, und zweitens durch die Tendenz, sich diejenige Umgebung zu suchen, die zur eigenen Persönlichkeit passt (Asendorpf und Wilpers, 1998).

Das in Kapitel 3 vorgestellte »Vier-Ebenen-Modell« geht von einer unterschiedlichen Veränderbarkeit der dort beschriebenen Ebenen von Psyche und Persönlichkeit aus. Die *untere* limbische Ebene als Ort des Temperaments hat danach den stärksten Einfluss auf unser Verhalten, ist aber *am wenigsten veränderbar*. Dies können alle Eltern hinsichtlich ihrer Bemühungen bestätigen, das Temperament ihrer Kinder verändern zu wollen: Kurzfristig mag dies möglich sein, längerfristig sind die Anstrengungen meist vergeblich. Wir müssen jedoch berücksichtigen, dass es im Zusammenhang mit dem Temperament auch deutlichere intrinsische Veränderungen gibt, auf die die Umwelt aber keinen Einfluss hat.

Die *mittlere* limbische Ebene hat einen ebenfalls großen Einfluss auf unser Verhalten. Veränderungen sind jedoch auf dieser Ebene auch nur schwer zu erreichen. Das erscheint auf den ersten Blick paradox, denn im Gegensatz zu einer deutlichen genetisch-epigenetischen Bedingtheit des Temperaments geht es in der frühen nachgeburtlichen Entwicklung der kindlichen Psyche und Persönlichkeit wesentlich um Prozesse der emotionalen Konditionierung, also um Lernvorgänge. Diese verfestigen sich aber schnell aufgrund der Eigenschaften der beteiligten synaptischen Kontakte und sonstigen Netzwerkeigenschaften. Werden bestimmte emotionale Erfahrungen mehrfach gemacht, dann können sich entsprechende Gedächtnisinhalte derart »einbrennen«, dass sie nie wieder verloren gehen. Manchmal kann dies bei einer einzigen traumatischen Erfahrung passieren, aber meist handelt es sich um eine Abfolge mehrerer gleichartiger Erfahrungen. Hieraus resultiert die Erkenntnis, dass die Amygdala »nie vergisst« – außer wenn man unmittelbar nach traumatischen Geschehnissen pharmakologisch eingreift, was selten möglich ist.

Die Lerninhalte dieser mittleren limbischen Ebene stabilisieren sich also schnell und werden dann zunehmend resistent gegen weitere Erfahrungen. Je älter Menschen werden und je stärker die frühkindlichen Erfahrungen waren, desto stärker und gezielter müssen etwa in der Psychotherapie die Maßnahmen sein, um noch eine längerfristige Veränderung zu bewirken. Meist geht dies nur durch eine Kombination aus *Ansprechen und Verändern individuell-emotionaler Motive* und langem *Einüben* (vgl. Roth und Strüber, 2018).

Die *obere* limbische, d. h. sozial-emotionale Ebene hat einen *geringeren* Verhaltenseinfluss, und zugleich ist sie leichter veränderbar, und zwar im Wesentlichen durch *soziale Interaktion* und *Kommunikation,* aber natürlich auch durch Techniken der Verhaltensänderung. Häufig werden Veränderungen auf dieser Ebene mit Veränderungen der tieferen Persönlichkeitsstruktur verwechselt. So können ein eindringlicher, emotionsgeladener Appell oder eine flammende Rede einen Sturm der Zustimmung hervorrufen – meist noch mit Tränen in den Augen –, der aber schnell abflaut, kaum dass die Zuhörer wieder zu Hause sind und der Redner an seinem nächsten Vortragsort angelangt ist.

Die *kognitiv-sprachlich-rationale* Ebene hat, wie ausführlich dargestellt, von sich aus *keinen* Einfluss auf unser Verhalten, sondern immer nur in Verbindung mit den anderen Ebenen. Es ist deshalb falsch zu glauben, ein bloßer Appell an die Einsicht könne irgendetwas bewirken.

Ein weiterer kritischer Punkt hinsichtlich des komplexen Verhältnisses von Stabilität und Veränderung betrifft die seit langem bekannte Tatsache, dass die hier genannte Stabilität der Persönlichkeitseigenschaften keineswegs bedeutet, dass sich Menschen über unterschiedliche Situationen hinweg in einer bestimmten Weise verhalten. Vielmehr gehört es zum Wesen der Persönlichkeit einer gesunden Person, sich in unterschiedlichen sozialen Kontexten teilweise sehr unterschiedlich zu verhalten (Mischel, 2009; vgl. Myers, 2014). Die *Konstanz* bezieht sich dabei auf das gleichbleibende *Muster der Unterschiedlichkeit* des kontextabhängigen Verhaltens. Manche Kinder benehmen sich zu Hause aus Sicht der Eltern oft »unartig«, führen sich aber bei Geburtstagsfeiern in fremden Familien regelmäßig wohlerzogen auf. Berüchtigt ist der chamäleonartige Wechsel der Verhaltensweisen von Psychopathen wie Hitler, die schlimmste

Verbrechen begehen, in privaten Kreisen aber sehr charmant und sogar fürsorglich sein können. Die Ursachen solcher dramatischen Rollenwechsel sind allerdings noch weitgehend unerforscht.

Lebensläufe – wissenschaftlich untersucht

Die Frage der Veränderbarkeit der Persönlichkeit wissenschaftlich zu untersuchen ist ziemlich schwer und aufwendig. Nicht nur muss man sich darauf einigen, welche Persönlichkeitsmerkmale man messen will, sondern man muss dies bei einer großen Zahl von Versuchspersonen tun und sehr früh damit beginnen, am besten bereits unmittelbar nach der Geburt und dann über Jahrzehnte hinweg. Das bedeutet natürlich einen Riesenaufwand; auch haben solche Untersuchungen mit der Schwierigkeit zu kämpfen, dass Teilnehmer aus den verschiedensten Gründen aus der Untersuchung herausfallen. Deshalb ist es nicht verwunderlich, dass es nur wenige solcher Untersuchungen gibt. Dabei interessiert man sich nicht nur für die Stabilität oder Veränderbarkeit normaler Menschen, sondern insbesondere auch für Personen mit »abweichendem« Verhalten, vor allem für solche, die eine Neigung zu Gewalt oder anderer Schwerkriminalität haben. Hier stellt sich die Frage, woher diese Neigung kommt, aber auch die Frage, wie es mit solchen Personen in Zukunft weitergeht.

Was die Entstehung gewalttätigen und antisozialen Verhaltens betrifft, so ist die im neuseeländischen Dunedin durchgeführte Langzeitstudie des Forscherehepaars Anne Moffit und Avshalom Caspi, die »Dunedin Longitudinal Study«, besonders aufschlussreich (Moffitt und Caspi, 2001). In dieser Langzeitstudie wurden 1037 Kinder (52 % Jungen, 48 % Mädchen) des Jahrgangs 1972/73 aus den verschiedensten sozialen Verhältnissen zwischen ihrem 3. und 21. Lebensjahr begleitet.

Die Dunedin-Langzeitstudie stellt die bisher umfassendste Datensammlung zur Analyse der altersbedingten Veränderungen antisozialen Verhaltens dar und geht speziell auch auf die geschlechtsspezifische Entstehungsgeschichte ein. Diese Studie bestätigt das, was Kriminalstatistiken seit langem ausweisen, dass nämlich gewalttätiges, gegen Strafgesetze verstoßendes Verhalten gehäuft bei männlichen Jugendlichen auftritt: Jungen und junge Männer im Alter zwischen 13 und 21 Jahren sind für den Großteil aller registrierten antisozialen Verhaltensformen verantwortlich. Dabei ist der Geschlechtsunterschied bei Gewaltvergehen am deutlichsten, gefolgt von Diebstahl. Der geringste Unterschied zwischen den Geschlechtern findet sich im Zusammenhang mit Drogen- und Alkoholkonsum.

Die Dunedin-Studie belegt auch einen weiteren wichtigen Umstand: Die meisten Jugendlichen, auch die Mädchen, begehen irgendwann einmal kleine Straftaten wie Ladendiebstähle oder Schwarzfahren, aber dieser Hang zur Kleinkriminalität verliert sich bei den meisten von ihnen zum Erwachsenenalter hin. Hingegen wird der größte Teil der Straftaten, insbesondere der schweren Delikte, von einer verhältnismäßig kleinen Gruppe von Jungen, aber auch von Mädchen begangen. In der Dunedin-Studie wurden alle männlichen Teilnehmer mit einem Alter von 21 Jahren über ihre im letzten Jahr verübten Straftaten befragt. Es zeigte sich, dass von den Straftaten, die insgesamt begangen wurden, die Hälfte auf das Konto von lediglich 41 jungen Männern ging, die 8 % der Befragten ausmachten und deshalb als *Intensivstraftäter* gelten. Bei den Mädchen war dies nicht anders: 6 % waren für die Hälfte der Straftaten verantwortlich. Allerdings zeigte sich auch hier, dass junge Männer weitaus häufiger kriminell werden als Mädchen und junge Frauen, und zwar im Durchschnitt in einem Verhältnis von zehn zu eins, bei schweren Gewaltverbrechen bis zu hundert zu eins.

Insgesamt zeigt sich in der Dunedin-Studie folgendes Bild: Ein gewisses gewalttätiges Verhalten sowie Kleinkriminalität treten gehäuft im Jugendalter von 15 Jahren und überwiegend bei Jungen auf und klingen zum 18. Lebensjahr hin wieder deutlich ab. Dies ist ganz offenbar ein mehr oder weniger natürlicher Entwicklungsgang, der sich überall auf der Welt findet – in den einen Kulturen mehr (»Macho-Kulturen«), in den anderen weniger. Davon deutlich unterschieden ist eine kleine Gruppe (ca. 5 %) überwiegend männlicher Jugendlicher, die bereits in früher Kindheit, zum Beispiel im Kindergarten, als Prügler oder sonstige Störenfriede auffallen und darin lebenslang fortfahren. Sie begehen den Großteil aller Straftaten, widerstehen in aller Regel den üblichen Erziehungs- und Besserungsmaßnahmen (Heime, Gefängnis, Therapie) und bilden die Gruppe der Intensivstraftäter.

Natürlich ist es für die Gesellschaft sehr wichtig herauszufinden, welches die Ursachen für solch unbelehrbares Verhalten sind. In der Dunedin-Studie zeigte sich, dass nur wenige Faktoren für das kriminelle Verhalten dieser Kerngruppe hauptsächlich verantwortlich sind. Hierzu gehören Kriminalität der Eltern, Armut, überstrenge oder inkonsequente Erziehung, ein schwieriges Temperament und Hyperaktivität, frühzeitiger »schlechter«, d. h. krimineller Umgang und kognitiv-neurologische Störungen. In den vergangenen Jahren haben viele weitere Untersuchungen, die wir in der »Delmenhorster Gewaltstudie« zusammengetragen haben (Lück, Strüber und Roth, 2005), diese Befunde bestärkt.

Dabei zeigte sich, dass Angehörige der gewalttätigen Kerngruppe in der Regel eine gewisse genetische oder epigenetische Vorbelastung (*Prädisposition*) in Richtung auf eine leichte Erregbarkeit, mangelnde Impulshemmung, eine niedrige Frustrationsschwelle und Trotzverhalten aufweisen, was vor allem mit einem niedrigen Spiegel des Neuromodulators Serotonin zusammenhängt. Von Serotonin haben wir bereits gehört, dass es psychisch beruhigend wirkt und ein Mangel an Serotonin das Gefühl des Bedrohtseins und – zumindest bei Männern – reaktive Aggression hervorruft. Hinzu kommen typische kognitiv-emotionale Defizite wie die Unfähigkeit, das Verhalten anderer richtig zu deuten, was oft dazu führt, dass neutrale oder gar positive Gesichtsausdrücke und Gesten der Mitmenschen als bedrohend fehlinterpretiert werden und man zuschlägt, »weil man sich ja wehren musste!«

Diese neurobiologischen Defizite sind aber nicht die alleinigen Verursacher von Kriminalität, sondern fast immer finden sich auch deutliche Defizite in der frühkindlichen Bindungserfahrung. Von den damit verbundenen Risiken haben wir im ersten Kapitel gehört. Es zeigt sich, dass die Mehrzahl der späteren Kriminellen hoch unsicher gebundene Kleinkinder waren. Dieses Defizit wird in vielen Fällen weiter verstärkt durch eine problematische familiäre Situation und ungünstige ökonomische Bedingungen wie Armut und Arbeitslosigkeit des Vaters bzw. der Eltern und – besonders wichtig – durch eine frühe Erfahrung von Gewalt in der engeren oder weiteren Familie und im Freundeskreis.

All dies bekräftigt die Auffassung, dass sich eine kriminelle Persönlichkeit, zumindest im Bereich gewalttätigen Verhaltens, aufgrund einer *Kombination* von genetischen und epigenetischen sowie hirnentwicklungsmäßigen Faktoren, frühen negativen psychischen Erlebnissen und negativen sozioökonomischen

Bedingungen bereits früh ausbildet und stabilisiert. Es sind also weder allein die Gene bzw. die Hirnentwicklung noch allein die frühe Mutter-Kind-Beziehung oder die sozioökonomischen Bedingungen, die eine Person normal oder kriminell machen, sondern bestimmend ist das Zusammenwirken dieser Faktoren. Ist nur ein Faktor negativ, so zeigt sich – von schweren genetischen Belastungen und Schäden in der Hirnentwicklung abgesehen – meist keine abnorme Persönlichkeitsentwicklung. Bei einem gemeinsamen Auftreten von zwei der drei Faktoren können sich hingegen schon deutlichere Entwicklungsauffälligkeiten ergeben, die aber – rein theoretisch – noch therapiefähig sind. Doch beim Zusammentreffen aller genannten Faktoren sieht die Prognose sehr ungünstig aus.

Dieses *Interaktionsmodell* gilt natürlich nicht nur für sozial abweichendes, sondern auch für ganz normales Verhalten. Nie ist es ein Faktorbereich allein, Gene bzw. Hirnentwicklung, Bindung oder Umwelt, der die Persönlichkeit und ihre Entwicklung bestimmt, sondern immer eine positive oder negative Kombination dieser Faktoren.

Wovon hängt die Zufriedenheit ab und wie beständig ist sie?

Regelmäßig kann man in der Tageszeitung oder in Boulevardzeitschriften Aussagen wie »Die Deutschen sind ein Volk von Unzufriedenen« oder »Die Ostdeutschen sind alle Meckerer« lesen. Allgemein glaubte die Mehrheit der Deutschen, Deutsche seien eher unzufrieden. Erst die Fußballweltmeisterschaft (»Deutschland – ein Sommermärchen«) habe sie zufriedener und optimistischer gemacht, und schwupp sei es auch mit der Volkswirtschaft wieder aufwärts gegangen. Dass es seit der zweiten Hälfte des Jahres 2006 volkswirtschaftlich aufwärts ging bis zur

Weltwirtschaftskrise in den Jahren 2008–2009, ist unbestritten. Dass dies mit einem steigenden Optimismus der Leute zusammenhing, der wiederum mit dem – relativ – günstigen Ausgang der damaligen Fußballweltmeisterschaft für die Deutschen zusammenhing, ist nicht wissenschaftlich belegt, und dass die Deutschen ein Volk von Unzufriedenen sind, ist erwiesenermaßen falsch (s. unten).

Um so etwas zu überprüfen, wird enormer Aufwand betrieben, zum Beispiel in einer vom Deutschen Institut für Wirtschaftsforschung (DIW) in Berlin durchgeführten, »Sozioökonomisches Panel« (SOEP) genannten Untersuchungsreihe. Diese Untersuchung umfasst eine Befragung von 12 000 deutschen Privathaushalten mit insgesamt mehr als 20 000 Personen, die seit dem Jahr 1984 zuerst in Westdeutschland und später auch in den neuen Ländern in einem jährlichen Rhythmus abgehalten wird, d. h., es werden immer dieselben Personen befragt. Gefragt wird nach der Haushaltszusammensetzung, der Erwerbstätigkeit und dem Schicksal der Familienangehörigen, der beruflichen Mobilität, der Einkommensentwicklung, aber auch nach der Gesundheit und – insbesondere – der Zufriedenheit. Neuerdings werden auch andere Persönlichkeitsmerkmale erhoben.

Das Persönlichkeitsmerkmal »Zufriedenheit« ist von besonderem Interesse, denn hier gibt es die unterschiedlichsten Alltagsvorstellungen. In der Wissenschaft galten lange Zeit Selbstwertgefühl und Zufriedenheit als Merkmale, die nur eine geringe Stabilität aufweisen, denn diese Merkmale schienen stark von den wechselnden Lebensumständen abzuhängen. Dies stand und steht in deutlichem Gegensatz zu Untersuchungen des amerikanischen Sozialpsychologen Brickman und seiner Kollegen aus den 1970er und 1980er Jahren (Brickman und Campbell, 1971). Brickman fand, dass Menschen im Großen und Ganzen eine stabile, eher *neutrale* Haltung gegenüber dem Leben einnehmen und dass große positive oder negative Ereignisse im Leben des Einzelnen nur einen vorübergehenden Effekt haben. Als Stütze für diese Aussage führte er an, dass etwa Lotteriegewinner längerfristig nicht glücklicher sind als diejenigen, die nie eine größere Summe gewonnen haben, und dass Körperbehinderte oder Blinde nicht unglücklicher sind als körperlich Unversehrte oder Sehende.

Diese Theorie wird »hedonische Tretmühle« genannt. Dies soll besagen, dass man sich in der Suche nach dem Glück abmühen kann, wie man will, man kehrt nach dem kurzen Glücksrausch wieder in den alten und eher neutralen Emotionszustand zurück; dasselbe gilt natürlich auch für das Negative im Leben. Der Grund ist nach dieser Theorie ein äußerst effektiver *emotionaler Adaptationsmechanismus* in unserem Gehirn: Jeder Glücksrausch schwindet schnell dahin, aber auch fast jeder psychische Schmerz wird durch die Zeit gelindert.

Untersuchungen neuerer Art, denen auch die oben erwähnten Daten des SOEP zugrunde lagen, bestätigten diese Theorie zumindest im Grundsatz. Es zeigte sich in der Tat, dass stärkere positive/freudige Ereignisse wie der Lottogewinn oder negative/schmerzhafte Ereignisse wie der Tod des Lebenspartners nur für wenige Monate das Gefühlsleben eines Menschen deutlich beeinträchtigen, danach beginnt für die meisten Menschen wieder die Rückkehr zum individuellen emotionalen Gleichgewicht. Entgegen der erwähnten populären Auffassung zeigte sich auch für die Deutschen, dass die meisten Menschen in ihrer generellen Lebenshaltung eher positiv bzw. glücklich als negativ bzw. unglücklich sind. Verhaltensgenetische Untersuchungen wiesen zudem nach, dass diese eher positive Haltung zum beträchtlichen Teil genetisch-epigenetisch bedingt ist (vgl. Diener et al., 2006), wodurch sich ihre Stabilität zu erklären scheint. Weiterhin stellte sich heraus, dass Zufriedenheit kein einheitliches Phänomen ist, sondern sich aus mehreren Komponenten zusammensetzt, die sich unterschiedlich entwickeln können. So bleibt bei den meisten Menschen die Lebenszufriedenheit vom 20. bis zum 60. Lebensjahr fast völlig konstant, und die Zufriedenheit mit dem häuslichen Leben und der Arbeit steigt in diesem Zeitraum sogar an. Die positive Stimmung hingegen nimmt mit zunehmendem Alter leicht ab – aber es sinkt auch die negative Stimmung, wenngleich nicht so stark wie die positive, d. h., man wird zum Alter hin meist etwas gleichgültiger.

Ausschlaggebend für die Lebenszufriedenheit ist nach dieser Forschung die individuelle Strategie der Bewältigung von Belastungen (das »Coping«). Diejenigen Personen, die sich bewusst mit Lebensproblemen auseinandersetzen, sind danach zufriedener als diejenigen, die diese Probleme verdrängen. Solche Bewältigungsstrategien variieren jedoch mit den individuellen Persönlichkeitseigenschaften: Personen mit einem hohen Grad an Neurotizismus und Introversion zeigen schlechte Bewältigungsstrategien im Gegensatz zu offenen, extravertierten Persönlichkeiten. Insgesamt zeigt sich, dass die höchst moralische Warnung, man soll im Leben nicht zu sehr dem Glück hinterherjagen, eine reale Basis besitzt: Glücklich – oder besser: zufrieden – ist man überwiegend aufgrund genetischer, epigenetischer und frühkindlich erworbener Ausrüstung, und positive oder negative Lebensereignisse führen bei den meisten Menschen nur zu vorübergehenden Abweichungen von dieser höchst individuellen Zufriedenheitsnorm.

Dass Menschen tatsächlich eine individuelle Zufriedenheitsnorm haben, zeigt eine Studie des australischen Sozialpsychologen Bruce Headey, der auch die SOEP-Daten zugrunde lagen (Headey, 2006). Dabei ergab sich Folgendes: Die Mehrzahl der Menschen ist in ihrer positiven oder negativen Lebenshaltung ziemlich stabil, eine Minderheit zeigt starke Schwankungen. Sieben Muster werden ersichtlich, die sich auch mit den Persönlichkeitsfaktoren Extraversion und Neurotizismus gut verbinden lassen. Der erste und häufigste Typ ist der »ausgeglichene Typ«: Er hat mittlere Werte für Extraversion und Neurotizismus und erlebt subjektiv meist nur mäßige positive oder negative Ereignisse – schockartige emotionale Erlebnisse sind selten bzw. werden schnell weggesteckt. Der zweite und der dritte Typ verhalten sich spiegelbildlich zueinander: Die »ständigen Optimisten« haben hohe Extraversionswerte und mittlere bis niedrige Neurotizismuswerte, erleben positive Ereignisse intensiv und negative weniger intensiv; bei den »ständigen Pessimisten« ist dies genau umgekehrt. Der vierte Typ zeigt über alles gesehen eine indifferente Lebenshaltung, aber die Abweichungen nach oben (Extraversion, Erleben positiver Ereignisse) und nach unten (Neurotizismus, Erleben negativer Ereignisse) sind viel stärker als beim ersten Typ. Der fünfte Typ ist wiederum das genaue Gegenteil des vierten Typs in dem Sinne, dass alle Abweichungen geringer sind als beim ersten Typ. Man könnte diesen Typ auch als gefühlsarm ansehen.

Bei einer Minderheit gibt es in den mittleren Werten der Lebenszufriedenheit deutliche Brüche nach oben oder nach unten (sechster und siebter Typ), und zwar aufgrund größerer positiver oder negativer Ereignisse. Es sind die »Jumper«. Dies bedeutet: Der Millionen-Lottogewinn kann durchaus *bleibend* glücklicher und das Miterleben von Katastrophen *bleibend* unglücklicher machen, aber das geschieht nur bei wenigen Personen. Es ist natürlich nicht so, dass die große Mehrheit der Menschen von solchen aufwühlenden Ereignissen verschont bliebe, aber sie stecken diese eben einfach besser weg.

In dieselbe Richtung zielen die Ergebnisse von Längsschnittuntersuchungen von Asendorpf (vgl. Neyer und Asendorpf, 2018). Hierbei wurden unter anderem junge Menschen vor und nach dem Übergang von der Schule zur Universität auf Veränderungen in ihrer Persönlichkeit, d. h. in den Big-Five-Merkmalen untersucht. Wenn man – wie allgemein üblich – annimmt, die Persönlichkeit des Menschen werde in hohem Maße von den aktuellen Umwelteinflüssen geformt, dann könnte man erwarten, ein derart wichtiger Schritt im Leben eines jungen Erwachsenen sei mit stärkeren Veränderungen in der Persönlichkeit der untersuchten Individuen verbunden. Dies war aber nicht der Fall: Die zum Teil stark veränderten Lebensbedingungen (neues berufliches Umfeld, neuer Freundeskreis, neue Liebesbeziehungen, Heirat, Nachwuchs) hatten *keinen* merklichen Einfluss auf die Persönlichkeit. Dies wurde auch durch eine nachfolgende Längsschnittstudie an Erwachsenen in einem etwas höheren Alter (Schnitt 28,6 Jahre) bestätigt. Die Einsicht hieraus lautet wieder einmal, dass sich Persönlichkeit in früher Kindheit in den Grundzügen stabilisiert und zunehmend immun gegen Umwelteinflüsse wird. Menschen – so Asendorpf – suchen sich eher diejenigen Umwelten und Lebensbedingungen, die zu ihnen passen, anstatt sich der Umwelt aktiv anzupassen.

In einer kürzlich erschienenen Studie, die deutsche SOEP-Daten und entsprechende australische Daten miteinander verband, verglichen Headey und Wagner (2018) Aussagen deutscher und australischer Teilnehmer hinsichtlich ihrer Lebenszufriedenheit. Dabei verglichen sie ein *materialistisches* und ein *altruistisches* Lebenskonzept, wobei ersteres mit einer Fokussierung auf Einkommen und Karriere, letzteres mit einer familienfreundlichen und religiösen Orientierung einherging. Dabei schnitten Vertreter des altruistischen Konzepts hinsichtlich der Lebenszufriedenheit deutlich besser ab, hatten mehr Kinder, verbrachten mehr Zeit mit Familie und Verwandten und beteiligten sich mehr an der Hausarbeit. Auch waren sie eher bereit zu ehrenamtlichen Tätigkeiten. Die religiöse Komponente hing allerdings nicht mit der inhaltlichen Ausrichtung des jeweiligen Glaubens zusammen. Die »materialistisch« Orientierten hatten weniger Kinder, verbrachten mit ihnen und der restlichen Familie zusätzlich weniger Zeit und beteiligten sich weniger an der Hausarbeit. Sie hatten auch eine geringere Neigung zu ehrenamtlichen Tätigkeiten.

Die Autoren betonen, dass die für die Lebenszufriedenheit wichtige altruistische Haltung wenig mit den Zielen der sogenannten Positiven Psychologie wie Glück und Optimismus, übereinstimmt, wie sie etwa der umstrittene amerikanische Psychologe Martin Seligman propagiert, denn bei ihm geht es vornehmlich um die Steigerung individueller hedonischer Glücksgefühle (Seligman, 2012). Bekanntlich gibt es eine nur geringe Korrelation zwischen momentanen Glücksgefühlen und der Lebenszufriedenheit, die auch ein Auf und Ab von Glück kennt, und die jeweils zugrunde liegenden neurobiologischen Prozesse sind sehr verschieden (Roth, 2003).

Die SOEP-Daten wurden auch kürzlich dazu genutzt, um das verbreitete Absinken der Lebenszufriedenheit im Alter um die 70 Jahre zu untersuchen (Brandmaier et al., 2017). Die drei wichtigsten Faktoren, die dieses Absinken deutlich hinauszögerten, sind körperliche Gesundheit, das subjektiv empfundene Ausmaß der Kontrolle über das eigene Leben sowie die soziale Integration und Partizipation. Vorhergehende Untersuchungen von Lyubimirsky und Layous (2013) hatten die Bedeutung von Kompetenzgefühl, personaler Kontrolle und Selbstachtung betont. Eine deutlich reduzierte Lebensfreude im Alter geht zusätzlich zu gesundheitlichen Problemen und zum Mangel in den genannten Faktoren mit einem niedrigen sozioökonomischen Status und einem niedrigen Bildungsstand einher.

In einer nahezu zeitgleichen SOEP-Studie untersuchten Mueller et al. (2017) den Zusammenhang von Big-Five-Merkmalen und Lebenszufriedenheit im Alter. Sie fanden, dass eine Kombination von niedrigem Neurotizismuswert und einem hohen Gewissenhaftigkeitswert die Lebenszufriedenheit bis ein Jahr vor dem Tod deutlich befördert. Ähnliches war für einen hohen Verträglichkeits- und Extraversionswert der Fall. Überraschend war jedoch, dass im letzten Jahr des Lebens der »Absturz« in einen negativen Zustand viel stärker ausfiel als bei Personen, die geringere Werte in den genannten Merkmalen aufwiesen und denen es schon viel früher schlecht ging. Es scheint, dass die bei den erstgenannten Menschen besser genutzten Ressourcen schließlich doch erschöpft waren.

Fazit: Bereiche der Veränderbarkeit des Menschen

Wie sieht die Veränderbarkeit des Menschen aus Sicht der Neurobiologie aus? Hierbei können wir drei Bereiche unterscheiden, die jeweils mit drei unterschiedlichen Typen des Lernens und der Gedächtnisbildung einhergehen, nämlich erstens motorisches oder prozedurales Lernen, zweitens kognitiv-intellektuelles bzw. deklaratives Lernen und drittens emotionales Lernen.

Beim motorisch-prozeduralen Lernen, d. h. dem Erwerb von Bewegungsweisen und Fertigkeiten, sind Kinder natürlich sehr gut, aber wir können bis ins spätere Erwachsenenalter, d. h. noch als Siebzigjährige, ganz passabel bestimmte Bewegungsabläufe erlernen. Hierbei ist der *Übungseffekt* sehr wichtig: Menschen, die ein Leben lang körperlich aktiv waren und bestimmte Fertigkeiten kontinuierlich trainiert haben, zeigen entsprechende Leistungen noch mit siebzig oder mehr Jahren – man denke nur an ältere Hochleistungssportler oder weltberühmte Klavierspieler. Letztere wie etwa Wladimir Horowitz können zum Teil mit achtzig oder mehr Jahren phantastische feinmotorische Leistungen vollbringen. Bekannt ist, dass sich beim Erwerb und der jahrelangen Ausübung motorischer Fertigkeiten noch nach zehn Jahren und mehr deutliche Übungseffekte und damit Verbesserungen einstellen. Das bedeutet, dass man auch als älterer Erwachsener bei einer manuellen Tätigkeit immer noch (wenngleich geringfügig) besser werden kann, wenn man nur ständig übt. Ebenso gibt es für stark eingeübte motorische Fertigkeiten kaum ein Vergessen. Es passiert häufig, dass eine Person über Jahrzehnte nicht mehr Schlittschuh gelaufen ist oder Klavier gespielt hat – sobald sie es wieder tut, merkt sie völlig überrascht, dass sie es »noch ganz gut kann«.

Im Bereich des kognitiv-intellektuellen Lernens sieht dies nicht ganz so günstig aus. Hierbei müssen wir allerdings zwischen der Fähigkeit, Dinge schnell zu verarbeiten, und jener, Wissen zu erwerben, unterscheiden. Letztere nimmt bis zu einem Alter von 70–75 Jahren kaum ab (vgl. dazu Neubauer und Stern, 2007). Der geistig Geübte arbeitet sich auch in höherem Alter mit Erfolg in neue Sachverhalte ein, er kann beispielsweise eine neue Fremdsprache lernen. Mögliche Defizite werden durch die Anschlussfähigkeit neuen Wissens an das vorhandene Wissen und durch die Kenntnis darüber kompensiert, wie man individuell am besten lernt. Anders sieht es bei der »fluiden Intelligenz« aus, der geistigen Beweglichkeit, die vornehmlich an das Arbeitsgedächtnis gebunden ist. Dessen Leistungsfähigkeit nimmt bereits nach dem 20. Lebensjahr ab, auch wenn insgesamt unsere geistigen Kräfte zwischen 30 und 40 Jahren ihren Höhepunkt erreichen. Der über Vierzigjährige merkt langsam, dass er nicht mehr alles so schnell kapiert wie früher, und der über Sechzigjährige muss sich beim Anhören eines Vortrags mit neuen Inhalten schon ganz schön anstrengen. Natürlich hat dies auch mit der abnehmenden Leistungsfähigkeit der Sinnesorgane zu tun, insbesondere im Bereich des Hörens, wo die Verarbeitung von Lauten in Frequenzbereichen, die für die menschliche Sprache wichtig sind, einbrechen kann und unser kognitives System sich besonders anstrengen muss, um herauszubekommen, was gerade gesagt wurde. Nichtsdestoweniger sinkt die Verarbeitungsgeschwindigkeit der assoziativen Netzwerke in unserer Großhirnrinde aufgrund natürlichen Alterns ab 50 Jahren dramatisch.

Unsere Gehirn hat sich zum Ausgleich dieser betrüblichen Tatsache offenbar etwas Besonderes einfallen lassen. Während nämlich bei jungen Leuten das verbale Arbeitsgedächtnis überwiegend linkshemisphärisch und das räumliche Gedächtnis überwiegend rechtshemisphärisch angesiedelt sind, findet man bei älteren Leuten, dass sie für beide Funktionen, also auch für die Sprache, eher beide Hemisphären benutzen und die nachlassenden Funktionen hierdurch kompensieren (Roth, 2003). Ein ähnliches Phänomen findet man im Übrigen bei Defekten in all den Hirnfunktionen, die normalerweise nur oder vorwiegend in einer Hemisphäre der Großhirnrinde angesiedelt sind. Hier bildet sich auf der anderen Seite an entsprechenden Stellen ein Ersatznetzwerk aus, wodurch der Defekt zumindest teilweise ausgeglichen wird. Zum anderen lässt sich die Leistungsfähigkeit des Arbeitsgedächtnisses in gewissen Grenzen durch Übung und den Gebrauch von Gedächtnishilfen (»Eselsbrücken«) verbessern, und diese Tricks kann man auch noch als älterer Mensch lernen – und sollte dies unbedingt tun! Und schließlich wird, wie schon erwähnt, häufig das abnehmende Arbeitsgedächtnis durch Expertenwissen kompensiert, d. h., man kann nicht mehr so schnell denken, aber man weiß mehr!

Das Wichtigste im Bereich des kognitiv-intellektuellen Lernens und Gedächtnisses ist, wie alle einschlägigen Untersuchungen zeigen, ein ausdauerndes Training, und darin ähnelt das kognitive Lernen dem motorischen Lernen und Gedächtnis. Wer jeden Tag intellektuell anspruchsvolle Dinge tut, gleichgültig ob beruflich oder aus Spaß (am besten in Kombination), der hat eine gute Chance, noch bis ins hohe Alter hinein geistig leistungsfähig zu sein. Dabei gilt das Gesetz: Je anstrengender die geistige Tätigkeit, desto besser – außer sie artet in Stress aus.

Ungünstig sieht es beim emotionalen Lernen aus. Dieses Lernen setzt sehr früh ein, nämlich bereits vorgeburtlich, und erlebt seinen Höhepunkt in den ersten Lebensjahren nach der Geburt. Hierbei bilden sich Charakter und Persönlichkeit in ihrem Kern aus. Während der ersten Schulzeit stabilisiert sich diese Persönlichkeit zunehmend, gerät aber während der Pubertät noch einmal in Aufruhr und verfestigt sich zum Erwachsenenalter hin. Wir sind in der Ausbildung unserer Persönlichkeit nie fertig, aber die Dynamik dieses Prozesses nimmt zum Erwachsenenalter hin stark ab. Es ist sogar so, dass das Erwachsenwerden ganz typisch mit dieser Stabilisierung der Persönlichkeit verbunden ist – man sagt, dass eine Person endlich »zu sich gefunden hat«. Dies hat auch etwas Tröstliches an sich.

KAPITEL 12

Was können wir tun, um andere zu ändern?

Die Veränderbarkeit des Menschen wird höchst unterschiedlich eingeschätzt. Viele Vertreter der Wirtschaft und der Politik gehen von einer lebenslang mehr oder weniger gleichbleibenden Veränderung der Menschen aus, sofern man nur auf den »richtigen Knopf« drückt. Entsprechend vertreten sie Visionen etwa derart, dass man in seinem Leben drei unterschiedliche Berufe ausüben kann, den letzten Beruf ab 50 Jahren. Viele populärwissenschaftliche Darstellungen suggerieren uns, dass wir noch im höheren Alter von über 70 Jahren problemlos alles lernen und uns grundlegend verändern können.

Viele Persönlichkeitspsychologen und Neurowissenschaftler sind erheblich skeptischer und gehen davon aus, dass die Grundzüge unserer Persönlichkeit sich früh ausbilden und den Rahmen vorgeben, in dem Veränderungen möglich sind. Ebenso lassen – wie wir gehört haben – Lernfähigkeit und Gedächtnis nach. Der Rahmen der Veränderbarkeit wird mit zunehmendem Alter enger, auch wenn der Grad der emotionalen und kognitiven Veränderbarkeit stark von der Persönlichkeit eines Menschen abhängt, d. h., die einen Menschen, die Dynamischen, sind von Kindesbeinen an flexibel und behalten diese Flexibilität fast ihr ganzes Leben lang bei, während andere, die Stabilen, gegenüber Veränderungen eher zurückhaltend sind.

Deshalb ist es wichtig, bei Veränderungsmaßnahmen das individuelle Ausmaß von Flexibilität und Stabilität einer Person festzustellen. Wie wir gehört haben, kann der Dynamische zu einem *Veränderungssüchtigen* ausarten, der Stabile zu einem Erzkonservativen und *Veränderungsscheuen*. Wir sollten also herauszufinden versuchen, zu welchem Typ von Menschen ein Bewerber gehört, bevor wir damit beginnen, ihn zu verändern.

Es gibt aber auch übergreifende Gemeinsamkeiten zwischen Menschen im Umgang mit Veränderungen und Veränderungsinitiativen, die wir ebenfalls beachten müssen. Ganz generell tun Menschen das, was die in ihrer Persönlichkeit verankerten unbewussten Motive und bewussten Ziele ihnen vorgeben – sie sind überwiegend *binnengesteuert*. Wenn sie sich ändern, dann überwiegend »von innen heraus«. Größere Veränderungen sind aber, wie wir gehört haben, im Erwachsenenalter relativ selten, wenn sie nicht Nebensächlichkeiten, sondern Dinge der Lebensführung betreffen. Einflüsse von außen werden meist in bemerkenswerter Weise ausgeglichen, auch wenn sie erheblich sind, und nur eine Minderheit lässt sich von ihnen positiv oder negativ nachhaltig beeinflussen.

Irritierende Einsichten beim Versuch, Mitmenschen zu ändern

Wir gehen im Privatleben ebenso wie im Berufsleben davon aus, dass Menschen sich ändern, wenn wir ihnen nur triftige Argumente dafür nennen. Wir stellen aber oft fest, dass Menschen entweder

(1) unsere Argumente nicht akzeptieren, oder
(2) unsere Argumente zwar akzeptieren, auch Einsicht zeigen und versprechen, sich zu ändern, dies aber nicht tun, oder
(3) sich nur vorübergehend ändern, dann aber wieder zum früheren Verhalten zurückkehren.

Nur in der Minderheit der Fälle erfolgt die Veränderung langfristig genau so wie von uns gewünscht. Warum ist dies so?

Im ersten Fall stellen wir irritiert fest, dass man unseren Argumenten nicht folgt, auch wenn sie verstanden werden, obwohl diese doch höchst logisch und plausibel (»alternativlos«) sind. Wir vergessen dabei, dass Gründe und Argumente, wenn sie Handeln und dessen Veränderung betreffen, niemals *an sich* logisch und plausibel sind. Logik und Plausibilität sind immer eingebettet in einen Kontext von bewussten oder unbewussten Interessen und Handlungszielen, der wiederum in der Persönlichkeit der beteiligten Personen verankert ist, und diese Persönlichkeit ist wiederum mit seiner Lebenssituation verknüpft. Es ist eben *meine* Logik, die ich darlege, bzw. die Logik der Gruppe von Menschen (Akademiker, Unternehmer, Mitarbeiter usw.), der ich angehöre!

So mag eine Verlängerung der Arbeitszeit bei gleichbleibendem Lohn für den Betrieb zwingend erforderlich und damit rational sein, um konkurrenzfähig zu bleiben, aber für den betroffenen Mitarbeiter ist dies überhaupt nicht rational – er soll nichts dafür kriegen, dass er mehr arbeitet! Ähnliches gilt für Maßnahmen zugunsten eines besseren und umweltschonenderen Umgangs mit Energie. Natürlich ist nahezu jeder Deutsche im Prinzip für die Energiewende, aber es fehlt das Verständnis, warum die geforderten Veränderungen etwas mit einem selbst zu tun haben! Schließlich zahlen wir alle genügend Steuern, und der Staat soll gefälligst die Sache erledigen.

Ein wichtiger Umstand ist die *Glaubwürdigkeit* dessen, der die Veränderungen propagiert. Wie hat sich diese Person in der Vergangenheit verhalten? Konnte man ihr trauen oder gab es Fälle, in denen man von ihr hinters Licht geführt wurde? Wie viele Versprechen wurden eingehalten oder gebrochen? Gehen die propagierten Veränderungen wirklich auf die sachlichen Gründe, die genannt wurden, zurück, oder handelt es sich um schlichtes Profitstreben? Wie notwendig sind die geforderten Veränderungen denn wirklich? Dies ist insbesondere in der Politik, wo schnell der Verdacht aufkommt, man handle nur im Blick auf die nächste Wahl, ein großes Problem.

Die *zweite Situation* ist schwieriger zu verstehen. Hier wird doch Verständnis geäußert, Akzeptanz gezeigt. Wie kann ein vernünftiger Mensch gegen die Energiewende, gegen die Stromtrassen, gegen einen humanen Umgang mit hilfsbedürftigen Migranten sein? Natürlich nicht! Bohrt man aber tiefer, so erkennt man, dass ein Teil des *bewussten Ich* des Mitarbeiters den rationalen und sozialen Teil der Argumente zwar akzeptiert, dass aber andere Teile wie individueller Egoismus oder die Angst vor Veränderungen dagegen sprechen und der Betroffene nur für die Zeit des Gesprächs diesen Widerspruch verdrängen kann. Kaum hat er die Versammlung verlassen, kommen ihm Bedenken: »Kann ich das mitttragen?« Bedenken kommen fast unausweichlich, wenn man feststellt, mit welchen Kosten und sonstigen Nachteilen und Umstellungen die propagierten Veränderungen verbunden sind. Bin ich tatsächlich bereit, mein Auto häufiger stehen zu lassen und durch Regen und Kälte zur Straßenbahnhaltestelle zu marschieren? Soll ich die Kabeltrassen über meine Felder ziehen lassen? Soll ich als männlicher Bewerber um einen lukrativen Posten wirklich eine Frauenquote von 50 % akzeptieren? Zumindest fällt bei den meisten von uns die Erkenntnis schwer, dass bei den anstehenden Veränderungen *ich selbst* gefordert bin, nicht die Gesellschaft, nicht allein die anderen!

Im *dritten und schwierigsten Fall* werden die vorgetragenen Argumente auf bewusster Ebene voll akzeptiert, und die Veränderungen werden durchaus in Angriff genommen, aber diese

Maßnahmen sind nicht von Dauer, die frische Energie erlahmt. Oder man tut etwas, das in dieser Weise gar nicht vorgesehen war – am ehesten das, was man immer schon getan hat, wenn auch unter einer anderen Überschrift. Es fallen einem Dinge ein, die seit langem unerledigt sind, man muss erst einmal im Büro oder im Lager Ordnung schaffen. Bei größeren Anforderungen wird man krank, geht dann von einem Arzt zum anderen, ohne dass dieser irgend etwas Handfestes findet, da die Ursache der Erkrankung nicht somatisch, sondern psychisch war, oder man kündigt, sofern man sich dies leisten kann.

Solchem Verhalten liegt ein tiefer, oft vom Betroffenen nicht realisierter Konflikt, eine *Inkonsistenz* zwischen den bewussten Zielen und den unbewussten Motiven zugrunde. Das *bewusste* Ich des Betroffenen stimmt allem zu, was von ihm an Veränderungen gefordert wird, aber sein *unbewusstes* Ich oder zumindest ein wichtiger Teil davon tut dies nicht. Das Unbewusste fragt unvermeidlich, wo denn der persönliche Gewinn steckt hinsichtlich der Grundmotive Geld, Macht, Anerkennung und Bindung/Anschluss oder hinsichtlich der einfachen Frage: »Warum soll ich denen da oben einen Gefallen tun, wenn ich selbst nichts oder nicht genügend davon habe?« Dann werden Veränderungen – wenn überhaupt – nur halbherzig in Angriff genommen, weil nicht die »ganze Person« dahinter steht.

Ein Konsens zwischen unbewussten Motiven und bewussten Zielen ist also unverzichtbar für längerfristige Veränderungen. Gerade wenn dieser Konsens nicht selbstverständlich ist (welche tiefgreifenden Veränderungen in Betrieben sind schon selbstverständlich?), muss derjenige, der Veränderungen verlangt, besonders geduldig auf ihn hinarbeiten. Konkret gesagt: Das Unbewusste des Betroffenen muss Zeit haben, sich an die Herausforderungen, die mit den Veränderungen verbunden sind, zu gewöhnen. Das dauert viel länger als die bewussten Einstellungsänderungen. Tut man das nicht, so ist das »Tal der Tränen«, von dem noch die Rede sein wird, besonders lang und tief.

Was kann man überhaupt tun, um Veränderungen zu erreichen?

Mit dieser Frage will ich mich im Folgenden auf der Grundlage des bisher Gesagten befassen. Dabei will ich drei mögliche Strategien diskutieren; dies sind (1) »der Befehl von oben«, (2) »der Appell an die Einsicht« und (3) »Orientierung an der Persönlichkeit«.

Erste Strategie: Der Befehl von oben

Diese Strategie ist von Seiten der Vorgesetzten die schnellste, bequemste und deshalb am häufigsten praktizierte, aber auch die wirkungsloseste. Sie findet etwa in einem Betrieb nach einer Übernahme durch ein anderes Unternehmen, nach einem Wechsel in der Führungsspitze oder nach einer Beratung durch eine Consulting-Firma statt. Es wird irgendeine neue Strategie beschlossen, und diese muss *von oben nach unten* umgesetzt werden. Im einfachsten Fall heißt dies: »Alle mal herhören, ab sofort wird das Ganze so und so gemacht, weil das so beschlossen wurde (von mir, von meinen Vorgesetzten, vom Vorstand usw.)! Wer mitmacht, kann bleiben, wer nicht mitmacht, fliegt raus oder wird versetzt.«

Es wird hierbei gegenüber den Betroffenen meist weder inhaltlich begründet, warum jetzt etwas anders gemacht wird, es wird auf die Persönlichkeitsstruktur der Mitarbeiter nicht einmal oberflächlich eingegangen: Die Veränderungen sind ja zwingend, und dagegen kann keiner sein! Ein solches Vorgehen ist aber grundfalsch. Was der Vorgesetzte mit dieser Strategie praktiziert, ist eine *Strafandrohung*, die – so zeigt die Lernpsychologie – in der Regel negative Konsequenzen nach sich zieht, nämlich Vermeidungsverhalten (den Kopf einziehen, sich totstellen), das Entstehen von Aversionen gegen den Drohenden, Stress und mentale Einschränkungen. Dies alles tötet die Kreativität, die gerade bei Umstellungen nötig ist. Diejenigen Mitarbeiter, die es sich leisten können, werden kündigen, die anderen werden notgedrungen das tun, was man von ihnen erwartet, allerdings nur genau dasjenige, was den Eintritt der angedrohten Maßnahmen verhindert, und auch nur für eine gewisse Zeit, um möglichst bald wieder zum Gewohnten zurückzukehren. Es folgt das nächste Donnerwetter, das Ganze wiederholt sich, bis der Chef einige Leute wirklich raussetzt. Dadurch wird aber nur der Druck erhöht, die Leistung jedoch nicht besser.

Der Mitarbeiter wird gezwungen, sein Verhalten zu ändern, ohne dass er eine Belohnung dafür erwarten kann. Das ist eine sehr ungünstige Ausgangslage, denn er wird seiner bisherigen Tätigkeit und Stellung umso stärker nachtrauern, je mehr ihn die neue Aufgabe fordert. Selbst wenn sich der Mitarbeiter in sein Schicksal fügt, so wird sein Bewusstsein und sein Unbewusstes sich ständig fragen: »Was habe ich davon?« Eine Variante dieser Situation ist die Ankündigung: »Leider läuft das Geschäft nicht besonders gut, und wir kommen um Entlassungen nicht herum! Allerdings werden die meisten, insbesondere diejenigen, die bisher gute Arbeit geleistet haben, bleiben können!« In der Regel kündigen dann ebenfalls die Besten, wie kürzlich in einem größeren norddeutschen Betrieb geschehen, wo diese Ankündigung vom Chef auch noch per Fax kam. Die schlauen Mitarbeiter nehmen dann mit Recht an, dass es besser ist, einen solchen Betrieb schnell zu verlassen.

Zweite Strategie: Der Appell an die Einsicht

Auch hier geht es um Neuerungen, oft verbunden mit Entlassungen oder Versetzungen. Der Vorgesetzte stellt die bedrohliche Situation plausibel dar, schildert die Notwendigkeit, sich infolge der Globalisierung auf neue Marktbedingungen und Konsumentenverhalten einzustellen usw. Man müsse auf Seiten der Mitarbeiter für das Vorgehen der Betriebsleitung Verständnis haben, denn »schließlich sitzen wir alle in einem Boot!«. Man vereinbart das Vermeiden betriebsbedingter Kündigungen und entwickelt Sozialpläne. Wenn der Chef, Betriebsleiter oder Vorstandsvorsitzende das gut macht, dann erreicht er bei einigen oder gar bei vielen ein momentanes Verständnis. Eine Variante dieser Strategie ist der Appell an die Solidarität, zum Beispiel »diejenigen, die länger in der Firma sind, die Familienväter (oder -mütter), die Älteren müssen vorrangig bedacht werden«. Das hört sich zumindest gut an.

Der Nachteil dieser Strategie ist, dass auf Seiten der Mitarbeiter, die bleiben müssen oder wollen, zwar das soziale Ich der oberen limbischen Ebene angesprochen wird, nicht aber das egoistische Ich/Selbst der mittleren Ebene und die elementare Bedürfnisbefriedigung auf der unteren Ebene. Der Mitarbeiter wird sich sagen: »Ich sehe ein, dass Veränderungen stattfinden müssen; ich kann nicht immer nur an mich selbst denken!« Er wird sich vergegenwärtigen, dass in seinem Betrieb alles noch ganz glimpflich abläuft. Aber sein unbewusstes Ich wird immer wieder fragen: »Warum muss ausgerechnet ich dabei draufzahlen und andere nicht, insbesondere nicht die Chefs? Bin ich nichts mehr wert?« Verständnis wird zwar gezeigt, aber die Kränkung bleibt. Falls keine Entlassungen, sondern nur Umsetzungen und neue Aufgabenverteilungen stattfinden, wird der entsprechende Mitarbeiter, genauer sein unbewusstes limbisches Ich, sich rächen, auch wenn er dies bewusstermaßen nicht will. Der Mitarbeiter wird in seinem Arbeitseifer und seinem Erfolg nachlassen, krank werden, immer schweigsamer und teilnahmsloser oder in seinen Äußerungen kritischer werden bis hin zu Nörgelei und Querulantentum.

Dritte Strategie: Orientierung an der Persönlichkeit

Diese Strategie ist die schwerste. Sie ist darauf ausgerichtet, bei größeren Umstrukturierungen im Betrieb diejenigen zu halten, die man für unersetzlich hält, diejenigen zu Veränderungen zu bewegen, die man als noch veränderbar ansieht, und diejenigen loszuwerden, die man nicht mehr zu benötigen glaubt. All dies aber unter Wahrung der Selbstachtung der betroffenen Person und unter Berücksichtigung ihrer Fähigkeiten.

Es dürfte hinreichend klar sein, dass man dies nur erreicht, wenn man die spezifische Persönlichkeit des Mitarbeiters erkennt und nutzbar macht. Das Schwere daran ist, dass es sich bei letzterem zum großen Teil um nicht direkt erfragbare und teilweise unbewusste Persönlichkeitsmerkmale handelt. Der Vorgesetzte oder Personalchef muss das Verhalten des Mitarbeiters genau beobachten und dessen halb- oder unbewusste Reaktionen genau studieren oder studieren lassen. Er muss abschätzen können, welchen Persönlichkeitstyp er vor sich hat: den Zuversichtlichen bzw. Zuverlässigen oder den Ängstlichen bzw. Vermeider oder den forschen Macher bzw. den Impulsiven. Er muss das Stressmanagement der Person kennen, ihre besonderen Vorzüge und Fehler, er wird wissen müssen, ob sich die Person gern anleiten lässt und dabei das Gespräch mit dem Vorgesetzten sucht oder gern Dinge selber entscheidet (selbstverständlich in einem vorgegeben Rahmen) und lieber für sich ist.

Insbesondere muss er die unbewussten Motive (soweit dies herauszufinden möglich ist), die bewussten Ziele erkennen und die daraus sich ergebende individuelle Belohnungserwartung identifizieren. Wie man das am besten macht, wollen wir im nächsten Kapitel untersuchen. All dies dient dazu, den Mitarbeiter dazu zu bringen, in der neuen Aufgabe eine Chance zu sehen, sich zu verwirklichen, und ihm diejenigen Belohnungen zu liefern, die er für eine kreative Tätigkeit benötigt. Das kann bei jedem Mitarbeiter völlig anders ausfallen, aber nur so erreicht man das Ziel, das Verhalten der Mitarbeiter in gewünschter Weise zu verändern.

Man darf damit nicht erst beginnen, wenn die Veränderungen aktuell notwendig werden. Dann hat man meist keine Zeit, die Mitarbeiter ausführlich zu studieren, sondern dies muss weit vorher passiert sein. Auf einer Personalführungsveranstaltung, auf der ich hierüber sprach, meinte eine Führungskraft: »Dann müsste ich ja einen beträchtlichen Teil meiner Zeit damit zubringen, mit den Leuten zu reden!« Diese Person meinte das eher abfällig, und ich antwortete ihm: »Genau das müssen Sie tun!«

Wie motiviere ich meine Mitarbeiter?

Psychologen haben schon vor langer Zeit herausgefunden, mit welchen Mitteln man langfristig Verhalten ändern kann. Diese Prinzipien werden in der Verhaltenstherapie erfolgreich eingesetzt, ansonsten aber oft scheel angesehen, insbesondere von Vertretern rein gesprächsorientierter Therapierichtungen, jedoch völlig zu Unrecht, wenn man zugleich die Grenzen der operanten Verhaltensänderung beachtet.

Generell unterscheidet man vier Methoden der Verhaltensänderung, nämlich Bestrafung, Vermeidungslernen, Belohnungsentzug und Belohnung (Pearce, 1997; Myers, 2014).

Bestrafung

Natürlich sind die Zeiten vorbei, in denen in den Betrieben körperlich gestraft wurde, aber es gibt auch heute noch nichtkörperliche Bestrafungsmethoden, mit denen Führungskräfte bei ihren Mitarbeitern ihren Willen durchzusetzen versuchen. Dazu gehören neben dem Androhen des »Rausschmisses«, gegen den man sich inzwischen ganz gut arbeitsgerichtlich wehren kann, das Versetzen in einen neuen Arbeitsbereich mit besonders hohen oder besonders anspruchslosen Anforderungen, das Übergehen bei der Besetzung einer attraktiven Stelle im Betrieb, eine Nichtbeförderung, das Schikanieren, Missachten, Abkanzeln vor versammelter Mannschaft usw. Solche Maßnahmen, obwohl häufig angewandt, verderben allgemein das Betriebsklima und wirken sowohl bei Betroffenen als auch bei Nichtbetroffenen demotivierend, denn letztere können sich ausrechnen, dass es sie bald auch trifft.

Bestrafung ist generell die am wenigsten geeignete Form der Motivation, und zwar aus folgenden Gründen: (1) Bestrafung führt fast nie zu einer vollständigen Unterdrückung der unerwünschten Verhaltensweise. (2) Die Beendigung von Strafe wirkt als Verstärkung der unerwünschten Verhaltensweise. (3) Bestrafung wirkt beim Bestraften demotivierend, insbesondere erzeugt sie das Gefühl, ungerecht behandelt zu werden, woraus sich meist das Bedürfnis nach Rache und Vergeltung ergibt. (4) Man kann durch Strafe nur eine bestimmte Verhaltensweise (teilweise) unterdrücken, nicht aber eine neue Verhaltensweise etablieren. Die Folgen von Bestrafung sind unkreativ und weitgehend unkontrollierbar.

Vermeidungslernen oder »negative Konditionierung«

Diese Maßnahme besteht darin, dass eine unangenehme Situation angedroht wird, der Betroffene aber die Chance hat, durch eine bestimmte Verhaltensweise diesen negativen Zustand zu vermeiden. Vermeidungslernen ist stark motivierend und wirkt schnell, hat aber folgende Nachteile: (1) Es geht es um das *Vermeiden* bestimmter Situationen und nicht um Verhaltensweisen, die dem Betroffenen positiv erscheinen; (2) das Verhalten ändert sich nur in dem Maße, in dem die Strafe gerade vermieden wurde. Nimmt das Risiko der Strafe oder des Leidens ab, so fällt der Betroffene wieder in das frühere Verhalten zurück, bis erneut eine Strafandrohung kommt; (3) die Strafandrohung muss glaubhaft sein und am besten ab und zu in die Tat umgesetzt werden, sonst lernen die Betroffenen schnell, einfach die Androhungen »auszusitzen«, bis der Chef sich wieder beruhigt hat. Fazit: Negative Konditionierung kann also nur zu einer begrenzten und eiligen Verhaltensänderung eingesetzt werden.

Belohnungsentzug

Hierbei wird dem Individuum ein normalerweise erwartetes positives Ereignis vorenthalten, zum Beispiel eine Gehaltserhöhung oder eine Beförderung, oder es wird mit einer Versetzung, Entlassung oder zumindest einer Gehaltskürzung gedroht, woraus ein Mangel oder Bedürfnis entsteht. Der Betroffene versucht durch Verhaltensänderung, den früheren Zustand wiederherzustellen, d. h. härter oder länger zu arbeiten, um auf dasselbe Gehalt zu kommen oder den Arbeitsplatz zu sichern. Dies funktioniert gut in tatsächlichen oder angeblichen Krisenzeiten: Es wird mit radikalen Einschnitten gedroht, was die Betroffenen einschüchtert, und dann nimmt man »nach zähen Verhandlungen« einen Teil der Einschnitte wie Entlassungen oder Gehaltskürzungen wieder zurück. Dann sind die Betroffenen heilfroh, dass sie noch glimpflich davon gekommen sind, und Arbeitgeber sowie Arbeitnehmervertreter können sich ihres »Sieges« freuen. Freilich kann man so etwas nicht häufig vornehmen, sonst geht die Glaubwürdigkeit der Drohungen verloren. Auch erzeugt ein Belohnungsentzug die Furcht, dies könne sich wiederholen, und Furcht vermindert Kreativität.

Belohnung

Das Individuum versucht durch Verhaltensänderung einen positiven Zustand (Belohnung) zu erreichen. Belohnungslernen setzt ein *Bedürfnis* und eine *Belohnungserwartung* voraus. Belohnung ist das beste Mittel zur Motivation, richtig belohnen ist jedoch ein schwieriges Geschäft. Dabei gelten folgende Grundsätze:

Erster Grundsatz: Menschen verändern sich nur dann, wenn sie sich davon bewusst oder unbewusst eine Belohnung versprechen.

Zweiter Grundsatz: Weitermachen wie gehabt trägt eine starke Belohnung in sich. Am Bewährten festzuhalten vermittelt das Gefühl der Sicherheit und Geborgenheit und mindert die Angst vor der Zukunft. Die Ausbildung von Gewohnheiten und Routinen und das Festhalten an ihnen entlastet auch unser Gehirn kognitiv, und dies ist ebenfalls eine starke Belohnung.

Dritter Grundsatz: Eine Verhaltensänderung tritt nur dann ein, wenn sie eine *wesentlich stärkere Belohnung* verspricht, als es das Festhalten am Gewohnten liefert. Geringe Belohnungsaussichten sind deshalb nicht in der Lage, das Verhalten von Personen zu ändern.

Vierter Grundsatz: Belohnungen müssen klar sein und möglichst zeitnah erfolgen. Je weiter eine Belohnung in der Zukunft liegt, desto weniger wirkt sie (sie »diskontiert«). Daraus folgt: Je ferner in der Zukunft eine Belohnung liegt, desto stärker (»leuchtender«) müssen die damit verbundenen positiven Erwartungen sein.

Fünfter Grundsatz: Belohnungen müssen in der Häufigkeit ihres Auftretens richtig dosiert und variiert werden. *Immer-Belohnen* führt anfänglich zu schnellen Erfolgen bei Verhaltensänderungen. Diese verschwinden aber ebenso schnell, wenn nicht mehr belohnt wird (»Auslöschung«). Robuster gegen das Auslöschen ist das *Belohnen in zeitlich festen, meist längeren Intervallen*. Am besten ist die Belohnung in *zeitlich veränderlichen Intervallen* (Pearce, 1997; Edelmann, 2000). Dies erklärt die hohe Wirkung des überraschenden Lobes oder einer unerwarteten Bonuszahlung.

Arten der Belohnung

Belohnungen könnten materieller, sozialer und intrinsischer Art sein. Menschen unterscheiden sich beträchtlich in ihren Reaktionen auf diese unterschiedlichen Arten von Belohnungen. Außerdem haben materielle, soziale und intrinsische Belohnungen unterschiedliche Wirkungen. Beides muss bei Veränderungsmaßnahmen unbedingt in Rechnung gestellt werden.

Materielle Belohnungen wie eine Gehaltserhöhung, die Zahlung von Boni und das Gewähren von Privilegien sind bei den meisten Menschen kurzfristig hochwirksam, verlieren ihre Wirkung aber bei jeder Wiederholung. Die Gehaltserhöhung, insbesondere wenn überraschend oder langersehnt, erregt beim ersten Mal Freude, beim zweiten Mal Beruhigung und beim dritten Mal wird sie kaum mehr wahrgenommen – sie ist »eingepreist! Diese »Diskontierung« des Belohnungswertes geht oft sehr schnell, und zwar entweder negativ exponentiell (der Belohnungswert verringert sich jedes Mal um die Hälfte) oder sogar negativ hyperbolisch (schon nach einer Wiederholung ist die Freude vorbei!). Auch stellt sich ein scheinbar irrationaler Enttäuschungseffekt bei Eintritt einer Belohnung in *erwarteter* Höhe ein, denn unser Gehirn erwartet, dass es mit der materiellen Belohnung weiter aufwärtsgeht. Deshalb wird die materielle Belohnung meist ständig gesteigert (etwa in Form von Bonuszahlungen), um den Diskontierungseffekt auszugleichen, bis ein »Deckeneffekt« eintritt und noch höhere Belohnungen keinen weiteren positiven Effekt mehr haben, wenn sich das Unternehmen hierdurch nicht bereits ruiniert hat. Es kann sich hier eine ungehemmte Geldgier entwickeln, die nach sehr einfachen Prinzipien der Ausbildung von Drogensucht abläuft. Die Banken- und Wirtschaftskrisen der vergangenen Jahre liefern hierfür ein wunderbares Anschauungsmaterial.

Materielle Belohnungen haben einen starken *negativen* Effekt, wenn sie wieder rückgängig gemacht werden, zum Beispiel mit der Begründung, dass sie ja eigentlich »Sondervergütungen« waren: Verlust wird im Allgemeinen doppelt so stark empfunden wie Gewinn (Kahneman, 2012). Das zeigt sich schon in der Kindheit. Wenn ein Spielzeug, das lange unbeachtet in der Ecke lag, plötzlich weggenommen wird, dann erlangt dieses Spielzeug unglaublichen Wert – solange man darum kämpfen muss. Auch hier gibt es eine enge Parallele zur Drogenabhängigkeit: Man freut sich nicht mehr über die Belohnung, leidet aber unter dem Drogenentzug.

Da diese Problematik der materiellen Belohnung inzwischen sattsam bekannt ist, wendet man sich in vielen Unternehmen vermehrt der *sozialen Belohnung* zu in Form von Lob, Anerkennung durch Vorgesetze, Kollegen und Mitarbeiter, Auszeichnungen und soziale Privilegien. Allerdings lassen auch solche Maßnahmen in ihrer Wirkung stetig nach, wenngleich langsamer. Je häufiger belobigt und ausgezeichnet wird, insbesondere nach demselben Ritual, desto schneller verlieren diese Maßnahmen ihre Wirkung. Ein Schüler, der immer Bestnoten schreibt, wird kaum mehr auf das Lob seines Lehrers erfreut reagieren, sondern eher fürchten, dass der Neid der Mitschüler wächst. Aber genauso wie bei der materiellen Belohnung kann das unerwartete Ausbleiben einer sozialen Belohnung sehr negative Folgen haben (»Warum werde ich jetzt plötzlich nicht mehr gelobt? Was habe ich falsch gemacht?«). Entsprechend kann es auch hier zu einer Belobigungssucht mit den entsprechenden Entzugserscheinungen kommen.

Auszeichnungen »verdienter« Mitarbeiter rufen zudem fast automatisch Neid und Missgunst hervor. Hier muss besonders auf Transparenz und Gerechtigkeit der Kriterien und des Bewertungsprozesses geachtet werden, insbesondere auf den sparsamen Gebrauch. Ein erwartetes Lob ist kein richtiges Lob!

Die *intrinsische Belohnung*, von der bereits im achten Kapitel die Rede war, ist die einzige Belohnung, die nicht in Sättigung geht. Sie besteht unter anderem in (1) der Freude am Gelingen, (2) der Selbstbestätigung, (3) dem Gefühl der Verwirklichung eigener Fähigkeiten und Wünsche (Selbstwirksamkeit), (4) dem Gefühl, besser zu sein als andere, und (5) – für Betriebe besonders wichtig – der Überzeugung, an einer wichtigen Sache mitzuarbeiten.

Zur intrinsischen Belohnung werden auch das Streben nach Kompetenz, nach dem Dazugehören und nach Selbstbestimmung/Autonomie gezählt. Bei Mitarbeitern den Zustand intrinsischer Belohnung herbeizuführen ist also ein wichtiges Ziel der Personalführung und gleichzeitig besonders schwierig zu realisieren. Hier spielt die Passung zwischen der individuellen Persönlichkeit und der Position, um die es geht, eine entscheidende Rolle. Diese Passung kann sich der Kandidat aber keineswegs selbst aussuchen, sondern dafür muss auch die Führungskraft sorgen. Diese muss erkennen (gleichgültig ob selbst oder vermittels eines Experten), was die bewussten Ziele und insbesondere auch die unbewussten Motive des Kandidaten sind. Darum wird es im nächsten Kapitel gehen.

Das Beharrungsvermögen

Das wichtigste und meist stark unterschätzte Hindernis gegen Veränderungsmaßnahmen ist die Beharrungstendenz, das »Weitermachen wie bisher«, und zwar auch dann, wenn die Vorteile einer Änderung offensichtlich sind. Das kann zu scheinbar irrationalem Verhalten führen: »Ich habe ihm genau erklärt, dass mein Angebot nur Vorteile für ihn hat, aber er akzeptiert es nicht!« Ein solches Verhalten kann oberflächliche, aber auch tiefliegende Gründe haben. Erstens kann der Angesprochene ein gesundes Misstrauen gegenüber dem angeblichen Vorteil der Veränderung haben: »Wo ist der Haken bei der Sache? Ist die Veränderung – zum Beispiel eine andere Tätigkeit, ein anderer Tätigkeitsort – wirklich so vorteilhaft, oder denkt der Chef dabei eher an sich bzw. an den Profit des Betriebes?« Auch ist unklar, ob wirklich alle Gesichtspunkte der vorgeschlagenen Veränderung gegeneinander abgewogen wurden (»München ist ja eine schöne Stadt, aber die Wohnungskosten sind um ein Mehrfaches teurer als in X, ganz abgesehen von der viel längeren Anfahrt« usw.). Ebenso stellt sich die Frage, was die Familie zu dem möglicherweise anstehenden Ortswechsel sagt, was Mitarbeiter sagen, die man mitnehmen will, weil man nicht auf sie verzichten kann (im universitären Bereich ein häufiges Problem).

Tiefer geht die Furcht vor den üblichen unkalkulierbaren Risiken, denn sie betrifft Dinge, die nicht nur bewusst vorhanden, sondern auch unbewusst auf der mittleren oder gar unteren limbischen Ebene angesiedelt sind und unsere Kernpersönlichkeit berühren. Wie in Kapitel 2 und 3 dargelegt, ist die Art des Umgangs mit Risiken und Unsicherheiten ein Kernmerkmal der Persönlichkeit: Während der Dynamiker sich über neue Herausforderungen freut und der »Sensation Seeker« die Veränderungen gar nicht abwarten kann, ist der Stabile eher zurückhaltend und kann monatelang damit beschäftigt sein, Vor- und Nachteile sorgfältig gegeneinander abzuwägen; der von Veränderungsangst Getriebene schließlich wird jedes wohlgemeinte und tatsächlich günstige Angebot ausschlagen, weil er den mit Veränderungen verbundenen psychischen Aufruhr scheut. Weitermachen wie bisher beruhigt ihn, die lieben Gewohnheiten sind ihm eben besonders lieb, weil sie Sicherheit versprechen.

Eine grundlegende Tendenz des Gehirns steht jeglichen Veränderungen entgegen, nämlich die aus gehirnökonomischen (stoffwechselphysiologischen), aber auch psychischen Gründen stattfindende Ausbildung von Gewohnheiten des Fühlens, Denkens und Handelns, die sich in den Basalganglien verankern, und zwar in der Regel immer stärker, je älter wir werden. Unser Gehirn belohnt die Ausbildung von Gewohnheiten dadurch, dass es hierbei Belohnungsstoffe, d. h. hirneigene Opioide, ausschüttet. Deshalb sprechen wir von den »lieben« Gewohnheiten: Ihre Ausführung beruhigt uns, wir fühlen uns dabei wohl.

Umgekehrt beunruhigen uns (oder zumindest die meisten von uns) Abweichungen, und sei es auch nur, dass das Teetrinken um 16 Uhr ausfällt oder das bevorzugte Haarwaschmittel ausverkauft ist. Eine neue Interpretation des Pianisten X der Goldbergvariationen von Bach können wir »schrecklich« finden, weil wir die Einspielung des Pianisten Y oder eine frühere Einspielung von X so lieben. Nur selten sagen wir uns: »Wie interessant – endlich mal was Neues!«

Widerstände gegen Veränderungen sind sprichwörtlich, und die Einführung von Neuem war und ist in manchen Lebensbereichen (zum Beispiel im Agrarbereich gering industrialisierter Länder) manchmal lebensgefährlich. Aber auch hier erleben wir die merkwürdige Folge des Verhaltens von Menschen gegenüber dem Neuen: Zuerst wird es abgelehnt, dann befassen sich besonders Mutige damit, und erst deren positives Vorbild ermutigt auch die Vorsichtigeren – vorausgesetzt, der individuelle Vorteil wird hinreichend sichtbar. Das Neue bedeutet, außer für notorische »Sensation Seekers«, immer Gefahr und Risiko, und eine solche Alarmmeldung klingt nur langsam ab, auch wenn sie nicht bestätigt wird.

Dies bedeutet, dass jegliche Einführung von Neuerungen in Betrieben, zumal tiefergreifender Art, höchst sorgfältig vorbereitet werden muss. Wichtig für Neuerungen ist das *Vorbild der Führungskräfte*. Wenn deutlich wird, dass die Führungskräfte nicht voll dahinter stehen, ist die Sache eigentlich schon verloren. Am schlimmsten ist die kurzfristige Anordnung »von oben«; dies führt unweigerlich in ein langes und tiefes Tal der Tränen, d. h. der Enttäuschung und der Rückschläge, die Millionen kosten können. Aber auch die Begeisterungsrede kurz vor Start der Neuerungen hilft kaum etwas, denn sie spricht höchstens die obere limbische Ebene an und reicht nicht an die verhaltenswirksamen Mechanismen im Gehirn heran. Noch schlimmer: Je größer die anfängliche Begeisterung, desto größer fällt die nachfolgende Enttäuschung aus.

Was sagt uns das?

Das beste Mittel zur Vermeidung eines ausgedehnten und tiefen Tals der Tränen ist eine geduldige und langanhaltende Vorbereitung der Betroffenen. Wir wissen inzwischen: Auch bei denjenigen, die auf bewusster Ebene der Veränderung zugestimmt und ihre Vorteile eingesehen haben, brauchen die unbewussten Ebenen viel Zeit, sich darauf einzustellen und Veränderungsängste abzubauen. Umgekehrt gilt: Wenn jemand erfreulich schnell auf die Veränderungen abfährt, dann wird er ebenso schnell die Lust daran verlieren – wie es sich für einen Erlebnishungrigen gehört!

In vielen und zuweilen außerordentlich teuren Fällen des Scheiterns von Veränderungsmaßnahmen wurde nicht nur die Vorbereitungsphase viel zu kurz gehalten, sondern es wurden zwei weitere Kardinalfehler gemacht. Der erste bestand darin, dass die Führungskräfte nicht selbst hinter den Veränderungen standen oder mit ihnen verfahrensmäßig gar nicht umgehen konnten (»Macht ihr das mal – ich habe anderes zu tun!«). Das untergrub massiv ihre Vertrauenswürdigkeit – anstatt dass die Führungskraft vorneweg marschierte.

Die zweite bestand darin, dass diejenigen, die für die Einführung der Veränderungen vor Ort zuständig waren, zum Beispiel IT-Spezialisten, überhaupt nicht die notwendigen psychologischen Kenntnisse hatten (woher auch!), die nötig gewesen wären, um die Veränderungen einigermaßen glatt über die Bühne zu bringen. Das »Change Management« war also insgesamt miserabel, und das ist es leider noch viel zu häufig.

Es bleibt die Frage, wie Führungskräfte sich aufstellen müssen, um mit den in diesem Kapitel geschilderten Zusammenhängen umzugehen. Damit werden wir uns im 15. Kapitel beschäftigen. Im nächsten Kapitel wird es um die Frage gehen, wie wir lernen, Mitmenschen, insbesondere potenzielle Kandidaten für Posten und Aufgaben, hinreichend zu beurteilen.

KAPITEL 13

Wie kann ich andere Menschen verstehen?

Viele Patentrezepte werden angeboten für die Frage, wie man Menschen verstehen kann. Manche Coaching-Richtungen vertreten die Auffassung, die Blickrichtung des Gegenüber verrate einem Beobachter, ob diese Person lüge oder die Wahrheit sage (was freilich widerlegt ist), andere vertrauen auf den Rohrschach-Test mit seiner »Klexographie«, wieder andere versuchen aus der Farbpräferenz eines Menschen etwas über dessen Charakter und Absichten zu erfahren (beides ist widerlegt). Psychologen wie Paul Ekman propagieren, man könne verlässliche Schlüsse aus der Mimik des Gegenüber ziehen, andere vertrauen auf die Aussagekraft der Körperhaltung (»Körpersprache«) und der Stimmführung.

Die traditionelle Vorgehensweise ist indes die Befragung aufbauend auf Selbstauskunft. Im Alltag ist es zu diesem Zweck meist üblich, Menschen nach ihrer Meinung und ihren Absichten zu fragen, und wir verlassen uns dann mehr oder weniger darauf, dass sie uns ehrlich antworten. Das ist bei rein sachlichen Fragen, etwa »Wann geht dein Zug?« oder »Wo wirst du in diesem Sommer Urlaub machen?«, meist unproblematisch. Warum sollte diese Person dabei lügen? Geht es aber um persönliche oder kritische Fragen wie »Bist du mit deiner neuen Stelle zufrieden?« oder »Wirst du bei der Wahl für mich stimmen?«, dann benötigen wir schon ziemliche Kenntnis und Fingerspitzengefühl, und wir können uns sehr täuschen.

Menschen neigen dazu, bei sehr persönlichen und für sie kritischen Fragen nicht vollkommen ehrlich zu sein. Dabei muss es sich nicht immer um eine bewusste Lüge handeln, sondern es kann auch eine »Schutzbehauptung« sein, wenn man befürchten muss, dass die Wahrheit einem schaden könnte bzw. sozial unerwünscht oder einfach peinlich ist. Bei den in großen Betrieben regelmäßig erhobenen Stimmungsbarometern ist dies ein bekanntes Phänomen, ebenso bei Wählerumfragen, die komplett danebengehen können wie bei der Brexit-Umfrage oder der letzten US-Präsidentenwahl.

Dies ist ein Grundproblem aller auf Befragung bzw. Interviews beruhenden psychologischen Verfahren, die darauf abzielen, verlässliche Auskunft über Meinungen, Überzeugungen, Einstellungen, Handlungsabsichten usw. von einzelnen Menschen und Menschengruppen zu erhalten. In Kapitel 2 haben wir bereits den Big-Five-Test zur Persönlichkeitsdiagnostik dahingehend kritisch bewertet. Hierbei geht es um Selbstauskunft, wobei der Befragte entweder eine mögliche Antwort ankreuzt oder dies ein Interviewer übernimmt. Man muss sich dabei darauf verlassen, dass der Befragte erstens ehrlich ist und zweitens sich selbst gut einschätzen kann, zum Beispiel bei der Frage: »In welchem Ausmaß sind Sie gefühlsmäßig stabil?«

Jeder von uns weiß, dass dies eine heikle Frage ist, besonders dann, wenn es um wichtige Dinge geht, zum Beispiel ob ich einen heiß begehrten Job bekomme oder nicht. Wer würde schon zugeben, dass er gelegentlich unter Depressionen oder Versagensängsten leidet! Daher muss der Interviewer damit rechnen, dass der Befragte sich günstiger darstellt, als er in Wirklichkeit ist. Aber es kann auch um mangelnde Selbstkenntnis gehen wie bei der Frage: »Sind Sie jemand, der bei einer schwierigen Aufgabe bis zum Ende durchhält?«

Viele psychologische Untersuchungen zeigen, dass Selbstauskünfte aus Gründen mangelnder Ehrlichkeit oder mangelnder Selbstkenntnis nicht zuverlässig sind. Wie erwähnt, kann man inzwischen in den gängigen Psychologie-Lehrbüchern und anderen seriösen Darstellungen (vgl. Kahneman, 2012; Myers, 2014) lange Listen von Einschränkungen (»biases«) des Wahrheitswertes von Selbstauskünften finden. Man hält dennoch an der »Fragebogen-Psychologie« mit möglichst einfachen Fragen und Antworten fest, weil dies bei der üblichen großen Zahl an Befragten eine billige, schnelle und oft automatisierte Auswertung zulässt.

Der deutsche bzw. europäische Diagnostikmarkt bietet zusätzlich zu den Interviews oder stattdessen das Verfahren der Assessment-Center an. Hierbei werden neben strukturierten Interviews Gruppendiskussionen, Postkorbübungen, Rollenspiele und Präsentationsaufgaben einzeln oder in Kleingruppen durchgeführt. Die Validität der Ergebnisse solcher Assessment-Center-Verfahren wird von Experten gegenüber anderen Verfahren, zum Beispiel dem IQ-Test, als verhältnismäßig gering eingeschätzt, weil hier Manipulationen leicht sind und man sich mit entsprechendem Vorwissen gut auf die Anforderungen einstellen kann.

Besonders schlecht schneidet die beliebte »Postkorbaufgabe« ab, bei der Effektivität und Stresstoleranz eines Bewerbers überprüft werden sollen. Gegenüber einem Vorgesetzten-Interview und einem IQ-Test bringen nach Neyer und Asendorpf (2018) die Assessment-Center kaum einen zusätzlichen Erkenntniswert hinsichtlich der Eignung von Bewerbern, ausgenommen in dem Fall, dass Intelligenzunterschiede unter den Bewerbern gering sind, etwa wenn gute Abiturnoten oder überdurchschnittliche akademische Leistungen Voraussetzung sind, denn diese fallen dann als diagnostisches Differenzierungsmittel fort. Viele Experten wie der Psychologe und Hochbegabten-Spezialist Rost empfehlen stattdessen die Kombination eines Persönlichkeits- und eines IQ-Tests (Rost, 2013). Während der IQ-Test auch nichtverbale Anteile enthält, haben wir allerdings beim Persönlichkeitstest wieder die Problematik der Selbstauskunft.

Persönlichkeitspsychologen stellen fest, dass der beste Prädiktor für zukünftige Leistungen *vergangene* Leistungen sind, also Schulnoten, akademische Abschlüsse und sonstige Prüfungsergebnisse, und der beste Prädiktor für zukünftiges Verhalten *früheres* Verhalten ist. Ein Blick in die Bewerbungsunterlagen und auf die Zeugnisse lohnt sich also! Dies baut auf der Einsicht auf, dass sich im späten Jugend- und im Erwachsenenalter Persönlichkeit und Verhalten nicht mehr wesentlich ändern. Ist dies aber der Fall, so ist die Bewertung eines Bewerbers schwer. Leider geht es oft bei der Beurteilung eines Bewerbers auf eine Stelle bei einer Neueinstellung oder einer Umsetzung bzw. Beförderung in ein neues Tätigkeitsfeld genau um diese Problematik. Wie soll man herausbekommen, ob der Bewerber, der gerade seine Ausbildung hinter sich gebracht hat oder in dem zur Rede stehenden Aufgabenbereich unerfahren ist, die Leistungen vollbringen wird, die gefordert werden?

Die hohe Zahl an Fehlurteilen und Fehlgriffen bis hin zu katastrophale Besetzungs- und Beförderungsfehlern bei Spitzenpositionen in Weltkonzernen zeigen, dass es sich hier um ein grundlegendes Problem handelt. Hier versagt auch dasjenige Mittel, das neben den genannten Verfahren von Unternehmen am meisten eingesetzt wird, nämlich das sogenannte 360-Grad-Feedback-Verfahren, bei dem zusätzlich zur Selbsteinschätzung das Urteil von Vorgesetzten und Kollegen, Mitarbeitern und Kunden erfragt wird. Auch hier ist die Aussagekraft der Einschätzung der an diesem Verfahren beteiligten Personen problematisch. Es ist davon auszugehen, dass die befragenden Personen in aller Regel bewusst oder unbewusst von ihren subjektiven Interessen ausgehen. Dies gilt insbesondere für das Urteil von Vorgesetzten und Kollegen, die von der Art der Beurteilung meist selbst stark betroffen sind. Vorgesetzte – so zeigen Untersuchungen – wählen in aller Regel diejenigen Bewerber aus, die ihren Wertvorstellungen entsprechen und ihrem eigenen Vorankommen nützen. An den Universitäten wählt man entsprechend meist nicht den Besten als zukünftigen Kollegen aus, sondern denjenigen, der einem hinsichtlich des Ansehens, der Dienst- und Laborräume und der Forschungsmittel am wenigsten gefährlich werden kann.

Die genannten Verfahren könnten eingesetzt werden, wenn es um eine Vorauswahl unter zahlreichen Bewerbern geht und die Folgen einer Fehlentscheidung noch gering sind. Handelt es sich aber um eine Endauswahl bzw. eine »schwergewichtige« Stelle bzw. Tätigkeit, dann bleibt nur eine Beurteilung durch einen neutralen Experten in Form eines längeren Interviews übrig. Ein solches Interview sollte jedoch *nicht* – abgesehen von sachlichen Fragen etwa bezüglich des Werdegangs – in Form eines starren Fragenkatalogs abgearbeitet werden, der *geschlossene* Fragen enthält, auf die man in der Regel in einer bestimmten, meist erwartbaren Weise antwortet (am meisten »ja« oder »nein« oder in Form einer Likert-Skala), wie es bei den meisten Persönlichkeitstests der Fall ist. Vielmehr muss man mit *offenen* Fragen arbeiten, bei denen der Befragte überlegen muss, wie er denn antwortet, so dass es möglichst günstig für ihn erscheint. Um diesen Vorteil zu verstehen, müssen wir uns noch einmal genauer mit der Persönlichkeitsstruktur eines Menschen einschließlich seiner Kommunikationsstruktur befassen.

Wer gibt Auskunft, wenn wir jemanden befragen?

Im dritten Kapitel dieses Buches habe ich das Vier-Ebenen-Modell der Persönlichkeit und Psyche dargestellt. Hier gibt es die *rational-kommunikative* Ebene. Dies ist die Ebene der durch Erfahrung und Konventionen gesteuerten Kommunikation, vornehmlich der verbalen Auskunft über die eigenen Gedanken, Gefühle und Motive. Dies geschieht im Rahmen der in später Kindheit, Jugend und im Erwachsenenalter gemachten sozialen Erfahrungen. Der Befragte konzentriert sich dabei darauf, wie er sich unter Beachtung sozialer Regeln in ein günstiges Licht setzen und was er von sich preisgeben kann, ohne sich zu schaden, aber auch ohne sich zu sehr zu verstellen, denn das könnte der Interviewer bemerken. Dies erfordert eine hohe Konzentration, und gelegentlich werden ihm auch bestimmte Bemerkungen »herausrutschen«, die nicht intendiert waren, es sei denn, der Bewerber hat eine große Erfahrung in der Selbstdarstellung.

Diesen Umstand sollte der Interviewer für seine Zwecke nutzen und versuchen, Fragen so zu stellen, dass der Bewerber nicht routiniert und »glatt« darauf antworten kann. Eine solche Frage könnte beispielsweise lauten: »Wie würden Sie sich selbst beschreiben?« Hier könnte der Befragte auf die Idee kommen, sich in einem unglaubwürdig positiven Licht darzustellen, oder alternativ, sich unvorteilhaft bescheiden zu geben. Aber wie ehrlich soll sich der Bewerber denn beschreiben? Er muss also nachdenken und verliert dadurch die bewusste Kontrolle über die zurechtgelegte Antwortstrategie. Eine andere solche Frage lautet: »Gibt es nicht doch Situationen, in denen Sie Angst haben zu versagen?« Es wäre sicherlich unglaubwürdig zu antworten, es gebe solche Situationen überhaupt nicht, und ebenso ungünstig, viele solcher Situationen aufzuzählen. Aber was ist eine tige und zugleich ehrlich wirkende Antwort?

Solche offenen Fragen geben eine gute Auskunft über die *hinter* dem bloß Gesagten stehenden Gedanken, Einstellungen, Wünsche und Pläne, insbesondere in Hinblick darauf, wie sehr der Befragte um eine »glaubhafte« Antwort ringt, wie konfus das Gesagte ist usw. Dies nennen wir die *paraverbale* Kommunikation, also die Art, *wie* etwas gesagt wird. Dazu gehört auch dasjenige, was *nicht* gesagt wurde, worauf der Befragte bewusst oder unbewusst nicht einging oder wozu er sich nur vage äußerte. Die dabei gewonnene Information ist umso größer, je weniger der Befragte Zeit und Möglichkeit hat, sich auf eine Antwort zu konzentrieren bzw. sich daran zu erinnern, was er bereits gesagt hat. Deshalb ist es günstig, bestimmte Fragen noch einmal in etwas veränderter Form zu wiederholen und die Konsistenz der Antworten zu prüfen.

Ein solches Vorgehen verrät uns etwas über die *bewusst* arbeitende kognitive und obere limbische Ebene, also darüber, was der Befragte fühlt und denkt, *während* er etwas sagt. Es sagt wenig über Inhalte der mittleren und unteren limbischen Ebene aus, die ja unbewusst arbeiten und einen größeren Einfluss auf das tatsächliche Verhalten haben. Dies sind die Ebenen des Temperaments und der frühen emotionalen Konditionierung. Hier geht es um die unbewussten Antriebe, Defizite, Sehnsüchte und Ängste. Wie aber kommen wir an diese Inhalte heran? Wie erwerben wir Kenntnis vom Unbewussten des Befragten?

In Kapitel 5 habe ich dargestellt, dass es zu den Inhalten des Unbewussten, die auf der unteren und mittleren Ebene angesiedelt sind, keinen *direkten* Zugriff gibt. Die Begründung war, dass diese Inhalte etwa in der Amygdala, im mesolimbischen System oder in den Basalganglien nicht in einem »bewusstseinsfähigen«

Format und damit nicht in Form von Bildern, Tönen, Gedanken, Vorstellungen, Gefühlen und auch nicht in Träumen vorliegen. Es sind neuronale Netzwerke, deren Bedeutung vom Betroffenen erst erfasst wird, wenn ihre Erregungsmuster in die assoziativen Areale der Großhirnrinde eindringen. Aber sie vermischen sich untrennbar mit den dort vorhandenen Inhalten des deklarativen Gedächtnisses mit seinen Bildern, Worten und Tönen. Die Inhalte des Unbewussten können deshalb auch durch den begnadetsten Analytiker nicht direkt erfragt, sondern nur indirekt erschlossen werden.

Dies ist eine bittere Pille für den ursprünglichen psychoanalytischen Ansatz Freuds. Freud war der Meinung, man könne mithilfe verschiedener Methoden, zum Beispiel der »freien Assoziation« des auf dem Sofa liegenden Patienten, eines bohrenden Nachfragens oder der Analyse von Träumen tatsächlich etwas Verlässliches über das Unbewusste herausbekommen. Das aber hat sich, wie im 5. Kapitel dargestellt, als Irrtum erwiesen. Die Geschichte der Psychoanalyse ist voll von Fehldeutungen mit schrecklichen Folgen, etwa beim vermeintlichen Aufdecken kindlichen Missbrauchs. Es ist nutzlos, einen Menschen über etwas auszufragen, das ihm gar nicht bewusst ist.

Es besteht zwar die Chance, dass ein Patient oder Klient sich aufgrund hartnäckigen Fragens plötzlich an irgendetwas erinnert, zum Beispiel einen tatsächlichen Missbrauch, aber dann muss dies im *tiefen Vorbewussten* vorhanden gewesen sein und nicht im Unbewussten, denn der Patient oder Klient erlebt ja dabei Bilder und Szenen und hört Worte, und die gibt es nur im corticalen deklarativen Gedächtnis. Aber auch dann ist es keineswegs gewiss, dass das »plötzlich Erinnerte« auch tatsächlich geschehen ist, wie die Erforschung der »false memories« durch Elisabeth Loftus und andere gezeigt hat, die etwa durch Suggestivfragen verursacht wurden (Loftus und Pickrell, 1995).

Das mutmaßliche Erschließen des Unbewussten kann also nicht verbal, sondern nur auf andere Weise vonstattengehen, nämlich *paraverbal* und *nonverbal* durch Beobachtungen (1) auf der Ebene des Verhaltens, (2) auf der Ebene der Augenbewegung, Mimik, Gestik und Stimmführung und (3) auf der Ebene der Körperhaltung. Die Ebene unseres Verhaltens umfasst alle unsere Fertigkeiten und Handlungsgewohnheiten, aber auch alle Wahrnehmungs-, Denk- und Fühlgewohnheiten, die wir bewusst gar nicht (mehr) wahrnehmen. Sie umfasst Prozesse, die in den primären sensorischen und motorischen Cortexarealen, in den Basalganglien und im Kleinhirn angesiedelt sind. Sobald Menschen sich auf irgendeine komplexe Sache konzentrieren, zum Beispiel auf die Antwort, die sie gleich geben wollen, fallen sie in solche Gewohnheiten und Automatismen zurück, ohne dass sie dies recht merken.

Auch für die nonverbale Kommunikation über Augenbewegungen, Mimik, Gestik und Stimmführung gilt, dass eine Person sie entweder überhaupt nicht willentlich kontrollieren kann oder zumindest dann nicht, wenn sie sich intensiv mit einer anderen Sache beschäftigt, zum Beispiel darüber nachzudenken, was man auf die Frage des Interviewers antworten will (zur Mimik s. Winston et al., 2002). Dies betrifft etwa die Augenbewegungen, das Verziehen des Mundes, das Augenbrauen-Hochziehen, bestimmte Handbewegungen und insbesondere die Stimmführung. Es gelingt nur einem virtuosen Selbstdarsteller, seine Stimme in Geschwindigkeit und Intonation längerfristig und glaubwürdig zu verstellen, auch wenn er abgelenkt ist – in aller Regel fällt man schnell in einen Duktus, der dem inneren emotionalen Zustand entspricht.

Allerdings sind diese Signale viel kultur- und kontextabhängiger, als man früher glaubte (s. Kapitel 6), und deshalb muss der Interview-Experte diese Kultur- und Kontextabhängigkeit kennen und in Rechnung stellen. Das System der nonverbalen Kommunikation gibt dem Experten Auskunft über unbewusste Prozesse, weil es über unbewusst-unwillkürlich arbeitende Systeme wie die Amygdala, das mesolimbische System und motorische Anteile des mittleren Gyrus cinguli kontrolliert wird (vgl. Kapitel 1).

Die dritte Ebene der nonverbalen Kommunikation ist diejenige, die durch unser muskulo-skeletales System repräsentiert wird und sich als Körperhaltung und Körperanspannung manifestiert. Sie wird über das sogenannte extrapyramidale System und die Muskeln, Sehnen und Bänder kontrolliert, die ebenfalls unwillkürlich arbeiten. Die Amygdala hat neben anderen subcorticalen Zentren wie der septalen Region und den Basalganglien vermittels des sympathischen und parasympathischen Systems auch hierauf einen starken Einfluss. Dies erklärt zum Beispiel, warum wir uns verkrampfen oder ins Schwitzen geraten, wenn wir innerlich unter Druck stehen. Dies geschieht dann, wenn innere Konflikte herrschen, etwa zwischen dem, was der Befragte sagt, und dem, was er tatsächlich denkt und fühlt, aber auch, wenn Inhalte auf der Bewusstseinsebene mit Inhalten auf der mittleren und unteren limbischen Ebene nicht übereinstimmen.

Wir erfahren nicht direkt »Jetzt lügt er!« oder »Das meint er nicht wirklich!«, sondern erst einmal nur, dass er bei bestimmten Aussagen unter Spannung steht. Die Interpretation der para- und nonverbalen Kommunikationssignale ist nicht trivial, sondern verlangt ein gehöriges Ausmaß an Training. Auch ist es schwierig, gleichzeitig auf dasjenige zu achten, was der Befragte sagt und auf seine para- und nonverbalen Kommunikationssignale. Deshalb ist es ratsam, zu zweit aufzutreten, wobei eine Person das Gespräch führt, die andere die Beobachtung der para- und nonverbalen Kommunikation übernimmt.

Wonach sollen wir fragen?

Voraussetzung für jedes Einstellungs- und Eignungsinterview ist die Abklärung der Frage, nach welchen Eigenschaften der befragten Personen wir suchen sollen. Es gibt inzwischen zahlreiche Listen mit Eigenschaften von Führungskräften, welche diese zu übernatürlichen Wesen machen würden – weit entfernt von der Realität. In Wirklichkeit geht es um die ganz konkrete Frage, welcher Typ von Person denn benötigt wird. Aufgrund dessen, was in Kapitel 3 gesagt wurde, muss neben rein sachlichen Voraussetzungen die allererste Frage lauten: Wollen wir einen Stabilen oder einen Dynamiker? Sollen in den Betrieb oder in das Amt endlich Ruhe und Ordnung einkehren, oder ist im Gegenteil mehr Schwung, mehr Kreativität gefragt? Danach fragen wir uns, ob wir bei dem Dynamiker eher den Innovativen oder den Ehrgeizigen haben wollen, denn auch diese zeigen in unterschiedlichen Situationen unterschiedlich brauchbare Eigenschaften. Schließlich müssen wir prüfen, ob eine Gefährdung in Richtung auf einen deutlich veränderungssüchtigen oder einen karriereorientierten Typ besteht. Wollen wir hingegen einen Stabilen, so müssen wir prüfen, ob wir eher einen Feinfühligen oder eher einen Gewissenhaften brauchen. Dann stellen wir die Gefährdung entweder in Richtung auf den ängstlich-unsicheren oder auf den zwanghaft-dogmatischen Typ fest.

In Kapitel 3 haben wir sechs psychoneurale Systeme genannt, welche die Grundlage des Psychischen bilden. Es sind dies:

Stressverarbeitung, emotionale Kontrolle und Selbstberuhigung, Belohnung und Belohnungserwartung (Motivation), Bindungsverhalten und Empathie, Impulskontrolle, Realitätssinn und Risikowahrnehmung. Es geht nun darum, durch geeignete Fragestellungen das Vorhandensein und die Stärke dieser psychoneuralen Systeme bei der befragten Person festzustellen.

Bei der Stressverarbeitung müssen wir herausbekommen, wie Menschen mit Aufgaben, Problemen und Belastungen umgehen. Gehen sie Herausforderungen ruhig und realistisch an, oder neigen sie dazu, sich zu viel Arbeit aufzubürden, entweder weil sie zu ehrgeizig sind oder der Chef drängelt? Oder tendieren sie eher dazu, Arbeiten vor sich herzuschieben? Haben sie ein hohes oder niedriges Kompetenzgefühl? Wie schätzen sie das eigene Leistungsniveau ein? Halten sie durch oder geben sie früh auf? Reagieren sie besonnen oder leicht kopflos? Suchen sie Rat der anderen oder entscheiden sie gern auf eigene Faust?

Bei der emotionalen Kontrolle und Selbstberuhigung geht es um die Fragen: Wie zufrieden oder unzufrieden ist die befragte Person mit der gegenwärtigen Situation? Wie weit kennt sie ihre eigenen Gefühle? Wie weit kann sie diese kontrollieren? Lässt sie sich häufig von ihnen überwältigen oder ist sie eher gefühlsarm? Kennt sie Mittel, wie sie sich in Stresssituationen beruhigen kann? Inwieweit kann sie sich von der gegenwärtigen Situation emotional distanzieren?

Beim System der Belohnung und Belohnungserwartung bzw. Motivation geht es um die Fragen: Welche Grundmotive (Geld, Macht, Karriere, Einfluss, Lob, Anerkennung, Selbstbestätigung, Sinnhaftigkeit, Selbstwirksamkeit, Erlebnishunger) treibt die befragte Person an? Welche Lebensziele hat sie? Gibt es eine Übereinstimmung (Konsistenz) zwischen unbewussten Motiven und ~ Zielen? Wie weit ist sie davon überzeugt, dass der jetzige bzw. angestrebte Job wirklich hierzu passt? Welche Kompromisse ist sie bereit einzugehen, um ihre Ziele zu erreichen?

Beim System des Bindungsverhaltens und der Empathie muss man herausfinden: Ist die Person gern mit Menschen zusammen, genießt sie das Miteinander oder geht sie lieber gern auf Distanz? Hat sie Respekt vor Menschen, interessiert sie sich für deren Gedanken, Vorstellungen und Sorgen oder ist sie nur am eigenen Vorankommen orientiert? Setzt sie sich für andere ein oder nur für die eigenen Interessen? Hat sie ein hinreichendes Einfühlungsvermögen? Versucht sie immer fair und gerecht zu sein, oder sind aus ihrer Sicht manchmal andere Mittel nötig?

Hinsichtlich der Impulskontrolle fragen wir: Wie gelassen oder spontan reagiert die Person? Wie schnell lässt sie sich aus der Fassung bringen, sich provozieren? Wie schnell reagiert sie eine aufkommende Wut ab? Wie schnell müssen Belohnungen erfolgen, wie geduldig ist sie? Wie geht sie mit Enttäuschungen und Niederlagen um – gerät sie dann in Rage oder Depression? Wie verarbeitet sie diese?

Beim Realitätssinn und der Risikowahrnehmung ist zu fragen: Wie stark kümmert sich die befragte Person um Details, wie gewissenhaft ist sie? Wie stark informiert sie sich vor einer wichtigen Entscheidung? Wie sehr denkt sie über mögliche Konsequenzen nach? Fürchtet sie Risiken oder nimmt sie die Chancen wahr? Wie geht sie mit Ungewissheit um? Kann sie in Entscheidungssituationen planvoll handeln?

Aufbau des diagnostischen Interviews

Wenn es um junge Einsteiger geht, sollte das Interview 30 Minuten dauern, geht es um verantwortungsvollere Posten, sollte es 60 Minuten umfassen. Es ist halb-strukturiert, d. h., die groben Themen sind wie oben erläutert vorgegeben, aber es gibt viel Spielraum für die Gestaltung der Fragen. Nach dem international anerkannten Konzept der Operationalisierten Psychodynamischen Diagnostik (OPD) wollen wir dabei folgendermaßen vorgehen:

Die momentane Befindlichkeit, das Eigenerleben der jetzigen Situation

Hier geht es darum, wie sich der Bewerber oder Mitarbeiter *in seiner jetzigen Situation* fühlt. Beim Mitarbeitergespräch kommt es darauf an festzustellen, wie schnell oder zögerlich, kohärent oder inkohärent, oberflächlich oder fragenbezogen, zurückhaltend-höflich oder genervt-aggressiv der Befragte redet. Dies zeigt, ob er das Gespräch als lästige Pflicht bzw. Zeitverschwendung und als Bedrohung oder als Chance sieht. Ob er seine Situation neutral zu schildern versucht, offensichtliche Probleme beschönigt oder verharmlost, oder ob er gleich klagt und anklagt, von Missständen und Problemen redet und dabei nicht zu bremsen ist. Bei einem Bewerbungsgespräch kann man den Kandidaten danach fragen, was ihn dazu bewogen hat, sich zu bewerben, wie seine Erfahrungen auf der bisherigen Stelle waren, was er sich von der neuen Tätigkeit verspricht usw.

Es kommt in beiden Situationen nicht so sehr darauf an, *was* die Person sagt, sondern *wie* sie es sagt, worauf sie nicht eingeht, was sie nicht beantwortet, welche Mimik, Gestik, Blickbewegung und Körperhaltung sie dabei zeigt.

Die Beziehungsebene

Hier geht es um die aktuellen wie auch längerfristigen Beziehungserfahrungen im Betrieb und – sofern nötig und möglich – im Privatleben, und um die Frage, welchen Stellenwert gute Beziehungen für die Person haben. Berufliche Beziehungen kann man direkt erfragen, private behutsam und diskret, zum Beispiel hinsichtlich der Unterstützung und der Solidarität des Partners bzw. der Familie. Hier geht es um Themen wie Sicherheit in der Beziehung, Vertrauen, Zufriedenheit und Unzufriedenheit, Kommunikationsfähigkeit und -bereitschaft, Über- und Unterforderung, Motivation und Handlungsbereitschaft. Es soll herausgefunden werden, ob der Mitarbeiter in seinen Beziehungen zu Vorgesetzten, Kollegen und eigenen Mitarbeitern relativ feste Beziehungsschemata und -erwartungen hat oder flexibel ist.

Die Konfliktebene

In dieser Phase des Interviews soll – ohne den Mitarbeiter zu verunsichern – mehr in die Tiefe gegangen werden. Es soll festgestellt werden, zu welchem der oben genannten Typen der Befragte gehört, zum Dynamiker oder zum Stabilen, und ob es Anzeichen zu einer Entwicklung hin zu den jeweiligen Abweichungstypen gibt. Dies ist immer dann der Fall, wenn stärkere Konflikte herrschen zwischen verschiedenen Zielen auf der bewussten und verschiedenen Motiven auf der unbewussten Ebene oder zwischen Zielen und Motiven. Hier ist es wichtig herauszufinden, wie der Mitarbeiter damit umgeht. Solche Konflikte sollen behutsam angesprochen werden, und zwar immer in einer wertschätzenden Form, wie »Habe ich es richtig verstanden, dass Sie den Eindruck haben …, der Überzeugung sind …, die Erfahrung machen …?«, »Könnte es sein, dass …«, »Können Sie ausschließen, dass …?« Informativ ist die Aufforderung, die Perspektive der anderen einzunehmen: »Was meinen Sie, wie die anderen Sie sehen? Was meinen wohl die anderen, wie Sie sie sehen?«

Hierbei sind die paraverbalen und nonverbalen kommunikativen Signale besonders wichtig. Es ist deshalb zweckmäßig, das Interview zu zweit durchzuführen, mit einem reinen Interviewer und einem reinen Beobachter, die dann beide das Interview auswerten.

Was sagt uns das?

Eine verlässliche Beurteilung der Persönlichkeit eines Menschen und deren Passung mit der Position bzw. der vorgesehenen Tätigkeit bilden die Grundlage guter Personalarbeit. Dies wird in vielen Betrieben und Institutionen falsch angegangen. Teils wird auf Mittel gesetzt, die wissenschaftlich gesehen wertlos sind, wie der Rorschachtest oder Farbpräferenzentests, oder die in ihrer Aussagekraft problematisch sind, wie die Assessment-Centers. Aber auch die gängigen Big-Five-Tests haben Nachteile. Die Gründe hierfür liegen zunächst einmal im Verfahren der Selbstauskunft des Befragten. Menschen geben aus vielerlei Gründen selten eine subjektiv ehrliche Auskunft über sich selbst. Erschwerend kommt hinzu, dass sie grundsätzlich keinen verlässlichen Zugang zu ihren grundlegenden Persönlichkeitseigenschaften und Motiven haben. Ihnen bleibt also, selbst wenn sie »völlig ehrlich« sein wollen, nichts anderes übrig, als eine »Story« über sich selbst zusammenzureimen. Dabei neigen sie in den meisten Fällen (und insbesondere Männer) zu Selbsttäuschung, zuweilen in gigantischem Ausmaß.

Um einen verlässlicheren Zugang zur Persönlichkeit und den tiefliegenden Motiven und Belohnungserwartungen eines Menschen zu erlangen, müssen wir neben den verbalen Äußerungen die paraverbalen Signale (wie sie etwas sagen, was sie nicht sagen) und die nonverbalen Signale (Mimik, Gestik, Stimmführung, Körperhaltung, Verhalten) erfassen. Aber auch bei einem solchen Interview werden wir nicht die volle Wahrheit über die befragte Person herausfinden, sondern nur Mutmaßungen anstellen können, insbesondere hinsichtlich ihrer weiteren Entwicklung. Es ist aber das beste Verfahren, das wir unter den gegebenen Bedingungen anwenden können.

Die Fragen, die wir stellen, sollten *offen* sein, d. h., es sollte nicht leicht zu erraten sein, welche Antwort wir uns wünschen. Sie sollten sich an den sechs psychoneuralen Systemen orientieren, d. h., den Umgang mit Belastungen, emotionale Selbstkontrolle, Motivation und Ziele, Bindungsverhalten, Impulskontrolle und Realitätssinn-Risikowahrnehmung betreffen. Es sollte dann unser Ziel sein, eine schrittweise Einstufung nach grundlegenden Persönlichkeitstypen vorzunehmen, die besser wissenschaftlich fundiert sind als die »Big Five«, obgleich sie sich mit ihnen teilweise überschneiden. Dies ist deshalb notwendig, weil in den Unternehmen und Institutionen niemals nur *der* optimale Mitarbeiter oder *die* ideale Führungskraft gebraucht werden, sondern Personen, die in der Lage und willens sind, konkrete und oft sehr unterschiedliche Aufgaben zu übernehmen. Die grundlegende Unterscheidung betrifft diejenige zwischen dem Dynamiker, der wiederum entweder der Kreative oder der Ehrgeizige sein kann, und dem Stabilen, der entweder als der Feinfühlige oder der Gewissenhafte auftreten kann. Diese Grundtypen können nun unter bestimmten Bedingungen zu negativen Ausprägungen abgleiten, so zum Veränderungssüchtigen oder

Karrierebesessenen, zum Ängstlich-Besorgten oder Starrsinnig-Dogmatischen. Wenn wir uns mit diesen Gefahren in der Persönlichkeitsentwicklung befassen, können wir uns viele böse Überraschungen ersparen.

KAPITEL 14

Über die Möglichkeit, sich selbst zu verstehen und zu verändern

Die Frage »Wer bin ich?« ist zentral für unser westliches Denken, das man im Gegensatz zu vielen anderen Kulturen *ich-zentriert* genannt hat. Entsprechend steht die Verwirklichung des eigenen Ich im Mittelpunkt der populären Ratgeberliteratur. Auch in vielen psychotherapeutischen Ansätzen und Coaching-Konzepten ist die Stärkung des Ich ein wichtiger Bestandteil. Indes rufen uns andere Coaching-Richtungen auf, diese Ich-Zentriertheit (oder gar »Ich-Besessenheit«), wie sie etwa in den sozialen Medien vorherrsche, mithilfe von erhöhter Achtsamkeit, Meditation, Spiritualität usw. zu überwinden.

Um in dieser Problematik Klarheit zu erlangen, müssen wir ergründen, was das »Ich« denn eigentlich ist. Eine Minderheit von Philosophen wie David Hume hat die Existenz des Ich als einer kausal wirkenden Instanz geleugnet und es als ein dynamisches, von Sekunde zu Sekunde wechselndes Konglomerat unterschiedlicher Komponenten angesehen. Problematisch wird die Suche nach dem Wesen des Ich dadurch, dass dieses Ich, sei es ungeteilt oder ein »Bündel« unterschiedlicher Zustände, uns nur teilweise, nämlich in seinen bewussten Anteilen, direkt zugänglich ist. Von dem größten Teil des Ich oder *Selbst*, nämlich dem unbewussten, merken wir erst einmal gar nichts.

Andere kluge Menschen hatten ebenfalls Zweifel hinsichtlich der Möglichkeit, das eigene Ich »wahrhaft« zu erkennen. »Erkenne dich selbst!« war zwar der Wahlspruch des griechischen

Philosophen Sokrates, aber er hat dies für eine sehr schwierige Forderung gehalten, vielleicht die schwierigste überhaupt. Wilhelm von Humboldt meinte: »Ich halte die Selbsterkenntnis für schwierig und selten, die Selbsttäuschung dagegen für sehr leicht und gewöhnlich.« Einige haben von der Suche nach Selbsterkenntnis geradezu abgeraten, so auch Johann Wolfgang von Goethe, der sagte: »Man hat zu allen Zeiten wiederholt, man solle danach trachten, sich selbst zu erkennen. Dies ist eine seltsame Forderung, der bisher niemand genüget hat und der auch niemand genügen soll.«

Die Ich-Erkenntnis stellt sich also als schwierig dar, und noch schwieriger ist es anscheinend, sich selbst zu verändern. Es ist zu prüfen, was dennoch möglich ist. Wir wollen mit einer Analyse des Ich-Erlebens beginnen.

Ich-Zustände

Dasjenige, was wir Menschen bewusst erleben, gehört drei Bereichen an. Dies sind die uns umgebende Umwelt, unser Körper und wir selbst als geistige und fühlende Wesen. Wir erfassen die Dinge um uns herum, unsere *Umwelt*, mit unseren Sinnesorganen und wirken durch unser Verhalten auf sie ein. In eigenartig anderer Weise erleben wir unseren Körper: Er ist *unser* Körper, wir empfinden mit ihm Lust und Schmerz, und irgendwie *sind* wir auch unser Körper, und doch fühlen wir uns manchmal von ihm getrennt. Am meisten fühlen wir uns eins mit unseren Gefühlen, Wünschen, Gedanken, Vorstellungen und Erinnerungen. Letztere können sich als rein geistige Zustände scheinbar völlig vom Körper lösen, während Gefühle und Wünsche häufig mit ihm verbunden oder sogar in ihm zu stecken scheinen: Das Herz hüpft vor Freude, die Furcht schlägt uns auf den Magen, die Angst schnürt uns die Kehle zu, der Schrecken fährt uns in die Glieder. Diese Gefühlswelt ist unglaublich vielfältig, aber dasselbe trifft für die Welt der Gedanken, Wünsche, Vorstellungen und Erinnerungen zu. *Wir* sind eine Unmenge verschiedener Erlebniszustände, und das scheint David Hume recht zu geben.

Und doch scheint eine Konstante in diesem Wirrwarr zu existieren: Das *Ich*. Ein Blick in den Spiegel oder auf ein Foto sagt mir (in aller Regel, s. unten): »Das bin ich!« Ich wache morgens auf und weiß (in aller Regel!), *wer* ich bin, und meist weiß ich (zuweilen mit einiger Verzögerung), *wo* ich bin. Denken wir aber darüber nach, wer oder was dieses Ich eigentlich ist, dann werden wir nicht fündig. Es sind Fetzen von Selbsterkenntnis vermischt mit Aussagen von anderen über uns. Wir reflektieren über unsere Gefühle, Wünsche, Gedanken, Vorstellungen, Erinnerungen und Verhaltensweisen und scheinen uns dabei im Kreise zu drehen. Nach langem Nachdenken und in der Nachfolge des Nachdenkens vieler berühmter Leute über sich selbst kommen wir zu zwei wichtigen Erkenntnissen: Wir sind nicht *ein* Ich, sondern mehrere Iche, die irgendwie miteinander zusammenhängen. Und: *Wir sind uns letztlich selber undurchdringlich*. Das Ich kann sich nicht oder nicht gründlich, d. h. auf den Grund durchschauen!

Schon die erste Erkenntnis, nämlich dass wir ein Konglomerat von vielen bewussten Ich-Zuständen sind, ist für viele Menschen beängstigend, wird aber durch neuropsychologische Untersuchungen bestätigt. Es gibt in uns in der Tat ganz unterschiedliche Bewusstseinsinhalte, die jeweils mit einer Ich-Vorstellung verbunden sind. Hierzu gehören (1) die Wahrnehmung von Vorgängen in der Umwelt und im eigenen Körper (»*ich* nehme bzw. empfinde gerade das und das«); (2) mentale Zustände wie Denken, Vorstellen und Erinnern (»*ich* denke, erinnere mich, stelle mir gerade dies oder jenes vor«); (3) Bedürfniszustände, Affekte, Emotionen (»*ich* habe Hunger, bin müde, fürchte mich«); (4) das Erleben der eigenen Identität und Kontinuität (»*ich* bin der, der ich gestern war«); (5) die »Meinigkeit« des eigenen Körpers (»dies ist *mein* Körper«); (6) die Autorschaft der eigenen Handlungen und mentalen Akte (»*ich* will bzw. habe gewollt, was ich gerade tue«); (7) die Verortung des Selbst und des Körpers in Raum und Zeit (»es ist Samstag, der 12. 3. 2019, und *ich* befinde mich gerade in X«); (8) die Unterscheidung zwischen Realität und Vorstellung (»was *ich* sehe, existiert tatsächlich und ist kein Traum oder Wahn«); (9) das selbstreflexive Ich (»wer oder was bin *ich* eigentlich? Was tue *ich* da, und warum?«) und schließlich (10) das sozial-kommunikative Ich (»wenn die Leute jemandem mit meinem Namen anreden, dann meinen sie *mich*«).

Wie kommen Neuropsychologen zu diesen Unterscheidungen? Der Grund hierfür ist die Tatsache, dass diese unterschiedlichen Ich-Zustände mit der Aktivität unterschiedlicher Hirnregionen zusammenhängen und dass bei neurologischen Patienten einzelne solcher bewussten Ich-Zustände *selektiv*, also ohne Beeinträchtigung der anderen Ich-Zustände, ausfallen (»dissoziieren«) können (Kolb und Wishaw, 1996). So gibt es Patienten, die sich nicht im Spiegel erkennen können, die nicht wissen, wer sie sind, oder die das Gefühl haben, sie steckten im »falschen Körper«, obwohl sie ansonsten keinerlei geistige oder psychische Störungen aufweisen. Diese verschiedenen Ich-Zustände bilden funktionale Einheiten oder *Module*, und deshalb spricht man von einer *Modularität* der Ich-Zustände.

In der Tat: Wenn wir uns ganz genau beobachten, so entdecken wir, dass wir ein Auf und Ab ganz unterschiedlicher ichbezogener Bewusstseinsinhalte sind. Einmal dominiert die körperliche Empfindung, dann das denkende, das furchtsame oder das Handlungs-Ich.

In Abbildung 14 ist dargestellt, wie unterschiedliche bewusste Ich-Zustände mit bestimmten Großhirnarealen zusammenhängen. Das Körperbewegungs-Ich und das räumliche Verortungs-Ich haben vornehmlich mit Aktivität im hinteren unteren Parietallappen zu tun. Wir erinnern uns, dass dieser Cortex-Teil wesentlich mit Raumorientierung und Bewegungswahrnehmung zu tun hat. Das Ich als erinnernde oder vorstellende (imaginierende) Instanz ist ebenfalls eine Funktion von Arealen im Parietallappen bzw. im Temporallappen, je nachdem, ob es sich um räumliche oder bildliche Vorstellungen handelt oder eine Kombination davon. Das Ich als Träger von Emotionen ist auf komplexe Weise gebunden an Aktivitäten im orbitofrontalen, ventromedialen und anterioren cingulären Cortex und im rechten unteren Temporallappen, und zwar im Zusammenwirken mit der Amygdala und anderen subcorticalen limbischen Zentren. Das Körperlichkeits-Ich einschließlich der Eingeweide- und Schmerzempfindungen ist eine Funktion des insulären Cortex (vgl. Abbildung 4 A, B, S. 36). Das Autorschafts- und Zurechnungs-Ich hat mit Aktivitäten im cingulären Cortex und im prä-supplementärmotorischen Areal zu tun. Das autobiographische Ich entsteht aufgrund von Aktivität im vorderen Pol des Temporallappens und im hinteren cingulären Cortex. Das reflexive Ich ist eine Funktion des präfrontalen Cortex und das ethische Ich, das *Gewissen*, ist gebunden an Funktionen des orbitofrontalen und ventromedialen präfrontalen Cortex. Allgemein gilt, dass emotionale Ich-Zustände eher rechtshemisphärisch, kognitive und sprachvermittelte Komponenten eher linkshemisphärisch angesiedelt sind.

Das Ich ist also gar keine einheitliche Instanz, sondern ein je-

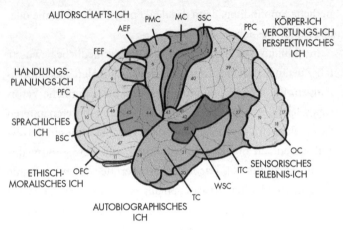

Abbildung 14: Zuordnung von Ich-Zuständen und Arealen der Großhirnrinde. Die Zahlen geben die Einteilung in cytoarchitektonische Felder nach K. Brodmann an. Abkürzungen: AEF vorderes Augenfeld; BSC Broca-Sprachzentrum; FEF frontales Augenfeld; ITC inferotemporaler Cortex; MC motorischer Cortex; OC occipitaler Cortex (Hinterhauptslappen); OFC orbitofrontaler Cortex; PFC präfrontaler Cortex (Stirnlappen); PMC dorsolateraler prämotorischer Cortex; PPC posteriorer parietaler Cortex; SSC somatosensorischer Cortex; TC temporaler Cortex (Schläfenlappen); WSC Wernicke-Sprachzentrum. Weitere Erläuterungen im Text.

weils kurzfristiger Zusammenschluss vieler Aktivitäten in zahlreichen corticalen und subcorticalen Zentren. Zugleich ist es keine Wirkinstanz, sondern ein Etikett, das sich an unterschiedliche Bewusstseinsoperationen anheftet: »Das bin *ich*, der dies oder jenes gerade denkt, fühlt oder tut« (auch dieses Gefühl kann bei neurologischen Patienten gestört sein). Dieses Ich-Bündel wird im Wesentlichen durch das Arbeitsgedächtnis in Zusammenarbeit mit dem autobiographischen Gedächtnis erzeugt. Dies geschieht nach dem bekannten gestaltpsychologischen Prinzip des »gemeinsamen Schicksals«: Die Inhalte bilden zusammengenommen eine »Gestalt«, also unter den verschiedensten Bedingungen eine dynamische Einheit. In der Tat: Was auch immer mit mir passiert, es handelt sich um einen ganz bestimmten – nämlich *meinen* – Körper, der in einer individuellen Weise wahrnimmt, denkt, fühlt und handelt. Schließlich gibt es auch einen wichtigen psychosozialen Grund für das Entstehen des Ich: Wir werden von unseren Eltern und Geschwistern, Freunden, Schulkameraden als ein *Individuum*, eine »ungeteilte Einheit« behandelt und angeredet, und zwar mit einem Du, das jeweils mit einem Ich korrespondiert. So *lernen* wir uns selbst als eine Einheit zu betrachten und als Ich zu benennen.

Was ist an der Selbsterkenntnis so schwierig?

Eigentlich sollte die Selbsterkenntnis ganz einfach sein, wenn man von der unter Philosophen immer noch weit verbreiteten Annahme ausgeht, dass man zu seinem eigenen Ich einen *privilegierten* Zugang habe: »Nur ich weiß mit Sicherheit, was in meinem Kopf vorgeht!« Ich führe zum Beispiel ein schwieriges Gespräch mit einem einflussreichen, aber mir unsympathischen Menschen, und nur ich weiß, welche Gedanken dabei in meinem Kopf kreisen, und das ist sicher gut so. Ich kann über mich nachdenken und feststellen, wie ich mich fühle (unsicher, freudig, ängstlich). Ich kann in dem Gespräch äußerlich freundlich und verbindlich sein, und innerlich denken: »Du blöder Kerl, dir werde ich's zeigen!«, und erst einmal weiß nur ich von diesem doppelten Spiel. Das bleibt aber immer an der Oberfläche des Selbstkennens.

Hingegen führt der Versuch, mich selbst zu ergründen, meist nicht dazu, die wahren eigenen Motive zu entdecken, d. h., die Frage zu beantworten, warum ich so und nicht anders gehandelt habe, oder warum ich mich vor einem bestimmten Ereignis ängstige, das objektiv gar nicht bedrohlich ist, warum ich jetzt zornig oder entmutigt bin, zuversichtlich oder depressiv. Bedeutende Menschen haben festgestellt: »Gehe in dich, und du wirst nichts Eindeutiges und Aussagekräftiges finden.« Das eigene Ich verflüchtigt sich typischerweise, wenn man nach ihm sucht. So heißt es auch, man könne nicht *hinter* das Ich blicken. Es ist wie der Selbstanblick im Spiegel: Ich sehe mich und meine Welt, aber wenn ich nach der Welt hinter dieser Welt suche, so ist da nichts.

Die unbewussten Anteile unserer Existenz umfassen, so haben wir gehört, diejenigen, die zuerst entstehen und die wichtigeren sind. Zugleich sind sie dem Bewusstsein nicht zugänglich: Wir können per definitionem nicht bewusstseinsmäßig in das Unbewusste eindringen (s. Kapitel 5). Gleichzeitig aber empfinden wir doch Affekte und Gefühle, und damit sind wir doch offensichtlich in der Lage, sie zu ergründen! Ist dies nicht ein Widerspruch?

Nein, denn was wir bewusst fühlen, geht auf die Erregungen zurück, die in der Großhirnrinde entstehen, wenngleich teilweise aufgrund von Einwirkungen, die von den subcorticalen Zentren wie der Amygdala oder dem mesolimbischen System stammen. Es sind nicht die Erregungen von der bild- und wortlosen Amygdala oder des Nucleus accumbens, die wir empfinden, sondern die *Lesarten*, die der Cortex davon herstellt. So könnten Erregungen der Amygdala ein sprachloses Warnzeichen sein, und die Großhirnrinde macht daraus die Aussage: »Nimm dich in acht, das ist gefährlich!« und erzeugt das erlebbare und benennbare Gefühl der Furcht. Oder der Nucleus accumbens signalisiert wortlos ein bestimmtes Geschehen und der Cortex macht daraus: »Das war angenehm, das mach noch einmal!« Was in der Großhirnrinde als bewusste Gefühle oder als Motive entsteht, sind *Interpretationen* der Erregungen aus den unbewusst arbeitenden limbischen Zentren auf den Ebenen des Bewusstseins. Wir erfahren bewusst nur diese Interpretationen.

Die Inhalte des Bewusstseins und des Vorbewussten sind zum großen Teil die angeeigneten Regeln des sozial erwünschten Verhaltens in einer bestimmten gesellschaftlichen Umgebung, Regeln, die wir uns einverleibt haben und als *eigene* Überzeugungen ansehen. Die Inhalte des Unbewussten stammen hingegen aus einer Zeit, die längst vergangen scheint und uns heute gar nicht direkt verständlich wäre. Auch werden die Botschaften dieses Systems gefiltert durch das Vorbewusstsein. Das Vorbewusstsein wacht darüber, was von den Botschaften aus dem unbewussten Teil des Selbst an die Grenzen des Bewusstseins dringt, und es bestimmt, was davon in welcher Weise bewusst werden soll.

Schließlich dringen die gefilterten Botschaften in unser Bewusstsein, und wir erleben sie als *unsere* Gefühle, Wünsche, Gedanken, Motive und Ziele, d. h., das bewusste Ich schreibt sie sich fälschlich als von ihm selbst hervorgebrachte Zustände zu. Das ist die *Illusion der Urheberschaft des bewussten Ich*. Diese Zustände geraten in den bewusst-emotionalen und sprachlich-rationalen Kontext und erhalten dadurch ganz bestimmte Assoziationen, die sie vorher nicht hatten. Zuvor sprachlose Gefühle der Furcht und Angst erhalten in dieser illusionären Welt eine bestimmte Deutung: Sie heften sich an bestimmte Geschehnisse, die im Zweifelsfall primär gar nichts mit ihnen zu tun haben. Sie entstammen etwa einer negativen frühkindlichen Bindungserfahrung, dem Erleben der Hilflosigkeit und Einsamkeit des Säuglings und treten im Erwachsenenalter in Form der Trennungsangst gegenüber dem Partner auf. Dies meinte Sigmund

Freud, wenn er sagte, dass unbewusste kindliche Konflikte in »verkleideter Form« im Erwachsenenalter auftreten. Allerdings meinte er Konflikte in einem kindlichen Alter, in dem es bereits erinnerungsfähiges Erleben gibt, das verdrängt werden kann. Die nicht erinnerungsfähige Bindungserfahrung des Säuglings und Kleinkindes war für ihn kein Thema und ist in der Psychoanalyse erst viel später thematisiert worden.

Selbsttäuschungen

Eine kluge Person sagte, die Intelligenz des Menschen werde nur noch durch seine Fähigkeit zur Selbsttäuschung übertroffen. Diese beiden Fähigkeiten haben allerdings wenig bis nichts miteinander zu tun, d. h., es gibt Menschen mit einem eher schlichten Verstand, die ihre Fähigkeiten und Grenzen relativ gut einschätzen können, und hochintelligente Menschen, die ein Bild von sich haben, das aus Sicht von Außenstehenden unzutreffend und meist geschönt ist. Natürlich ist dieses Letztere gehäuft in solchen Bereichen zu finden, wo es um Ehrgeiz, Wettbewerb und Selbstdarstellung geht, d. h. in den höheren Etagen von Politik, Wissenschaft, Kunst, Kultur und Wirtschaft.

Beruflicher Erfolg korreliert bekanntlich in hohem Maß mit einem starken Glauben an die eigenen Kräfte. Ohne die Überzeugung »Ich werde das schon schaffen!« erreicht man wenig bis gar nichts, und dazu gehört auch, dass Selbstzweifel nicht zu laut werden. Sozialpsychologische Untersuchungen haben ergeben, dass dies eher ein männliches, dominant-aggressives Verhalten ist, das sich neurobiologisch gesehen auf der Grundlage einer Kopplung von Testosteron und Dopamin vollzieht (vgl. Roth und Strüber, 2018). Der Hang zur Selbstdarstellung bis hin zur grandiosen Selbstüberschätzung junger Männer lässt sich auf jeder wissenschaftlichen Tagung feststellen, auf der – wenngleich in deutlicher Minderzahl – auch junge Frauen auftreten. Während junge Frauen Kritik durchaus akzeptieren (»Gut, man kann dies eventuell auch anders sehen!«), sich sogar verunsichert fühlen und sich dann zurücknehmen, reagieren junge Männer auf Kritik oft aggressiv und auftrumpfend. Selbstverständlich zeigen sich diese Unterschiede auch in späteren Lebensjahren, aber dann ist der »Kampf« der Männer viel ritualisierter, und allein schon die berufliche Stellung bzw. Machtposition des Vortragenden schüchtert mögliche Kritiker ein.

Ehrgeiz und Machthunger sind wichtige Quellen der Selbsttäuschung, Versagen und Niederlagen noch wichtigere. Hier geht es darum, eine tiefe Verwundung, die durch Fehlleistungen, Niederlage und Beschämung hervorgerufen wurde, durch Verleugnung oder Uminterpretation so zu kompensieren, dass das unbewusste Selbst damit fertig wird. Die oft belächelte Tatsache, dass es nach vielen politischen Wahlen auf allen Seiten meist nur Sieger gibt, ist hierfür ein gutes Beispiel. Das Nichterreichen eines wichtigen persönlichen Ziels, zum Beispiel Betriebsleiter, Vorstandsmitglied, Ordinarius, Präsident oder Bundeskanzler zu werden, oder der Verlust eines solchen »Jobs« müssen *wegerklärt* werden, sonst droht die nackte Verzweiflung. Natürlich könnte man sich sagen: »Niederlagen gehören nun einmal zum Machtspiel«, aber dies beruhigt höchstens das *bewusste* emotionale Selbst. Unser unbewusstes emotionales Selbst, das *Kleinkind* in uns, wollte ja aus Macht und Erfolg (bzw. deren Fortdauer) diejenige Befriedigung saugen, die es für die Selbststabilisierung benötigt. Und jetzt wird diese (potenzielle) Lustquelle weggenommen!

Eine weitere Verzerrung der Selbsterkenntnis besteht in der

kognitiven und bewusst-emotionalen *Selbstberuhigung*. Der entgangene oder verlorene Job war nicht eigentlich ein Herzenswunsch, sondern man hat seine Pflicht getan, und das ist jetzt zum Glück zu Ende – es gibt schließlich Wichtigeres im Leben. Allerdings beruhigt diese Strategie das unbewusste limbische Selbst nicht oder nur wenig, und die Verwundung bleibt. Man schreibt dann wehmütige Autobiographien oder sucht Ersatzjobs.

Schließlich gibt es die Möglichkeit der Fremd-Schuldzuweisung: Der Gegner hat unfaire oder gar illegale, unmoralische Mittel angewendet, es hat an Loyalität der eigenen Reihen gefehlt; Dinge, die nicht zu beeinflussen waren, sind einfach schlecht gelaufen (zum Beispiel eine Wirtschaftskrise), die Findungskommission war inkompetent usw. Diese Strategie ist besser, denn sie ermöglicht es dem Selbst der betroffenen Person, die durch die Niederlage erzeugten Energien von sich auf andere Objekte umzulenken und sogar nutzbar zu machen. Man kann sich reinwaschen, weil man das Opfer finsterer Intrigen oder starker Gegenkräfte war, und sich im Kampf dagegen neu aufbauen.

Das Prinzip ist dabei immer dasselbe: Das limbische Unbewusste erträgt die Kränkung nicht – und dies umso weniger, je schwächer es sich in Kindheit und Jugend entwickelte. Es variiert die bewussten Motive und Erklärungsmuster so lange, bis die Kränkung halbwegs erträglich ist. Dasselbe geschieht mit allen anderen unbewussten störenden Antrieben und quälenden Wünschen. Vorstellungen, Absichten und Wünsche werden so lange verändert und verbogen, bis sie ein rundes Bild ergeben – ein Bild, das uns ein subjektiv befriedigendes Fühlen und Handeln ermöglicht. Rund muss das Bild im ersten Schritt vor meinem bewussten egoistischen Selbst sein und im zweiten Schritt vor meinem sozialen Selbst. Zuerst glaube ich im (bewussten)

Innern meines Herzens an diese Selbst-Interpretation, dann formuliere ich sie so, dass auch die anderen daran glauben oder zumindest damit leben können.

Was kann man bei der Selbsterforschung dennoch erreichen?

Es ist außerordentlich schwer, diesem Zwang zur Selbsttäuschung entgegenzuwirken. Man muss die Schmeicheleien der anderen als in der Regel zwecksteuert durchschauen, und man muss, so schmerzlich dies ist, die Kritik der anderen sammeln und auswerten! Ein Redner fürchtet nichts so sehr wie die Buh-Rufe, ein Literat und Schauspieler nichts so sehr wie den »Verriss« in einer überregionalen Zeitung, und deshalb gibt es bei letzteren viele, die Kritiken erst gar nicht lesen. Diktatoren und andere Herrscher umgeben sich seit jeher mit Schmeichlern oder werden von Ja-Sagern aus deren Eigennutz von der harten Wirklichkeit abgeschirmt. Am besten, man schreibt seine Kritiken selber, wie dies Stalin und Goebbels taten (und wahrscheinlich viele andere).

Sich der Kritik zu stellen heißt ja nicht, alles von der Fremdkritik unbedingt für bare Münze zu nehmen, aber man muss den jeweiligen Wahrheitsanteil erkennen. Wird ein eigenes Buch von einem Kritiker unfair verrissen, so zeigt dies nicht nur dessen miesen Charakter, sondern auch, welchen Nerv man bei ihm getroffen hat – und lernt daraus, dass man seine Argumente sachlicher und zugleich unangreifbarer formuliert. Wenn in der Schule eine Klassenarbeit und in der Universität eine Klausur überraschend schlecht ausfallen, so liegt dies nicht allein am Unvermögen der Schüler oder Studierenden, sondern auch daran, dass man als Lehrender Dinge nicht klar und eindringlich genug vermittelt und wiederholt hat. Tun Mitarbeiter im eigenen Betrieb nicht das, was man von ihnen verlangt hat, so hat man als Vorgesetzter in irgendeiner Hinsicht versagt, d. h. die Mitarbeiter nicht genügend instruiert, motiviert, vorbereitet und betreut. »Suche für das Versagen zuerst die Schuld bei dir und erst dann bei den anderen«, heißt ein kluger Spruch.

All dies muss Anlass für eine manchmal sehr schmerzliche Selbstprüfung sein, die allerdings nicht – und das ist natürlich auch eine Frage der Persönlichkeit – in einer Selbstzerfleischung enden darf. Jedoch ist die Gefahr der Selbstzerfleischung meist viel geringer als die der Selbsterhöhung und Verblendung, zumindest im männlichen Geschlecht!

Die *Summe* aller lobenden und kritischen Urteile unterschiedlichster Menschen – solcher, die uns gut und auch solcher, die uns kaum kennen – ergibt ein brauchbares Bild von uns. Es braucht freilich eine gehörige Menschenkenntnis, neben kritischen Urteilen auch positive Urteile zu relativieren. Hinter (fast) jedem Lob steckt ein Selbstlob. Wenn der Gastgeber darauf hinweist, welch bedeutenden Menschen er eingeladen hat, unterstreicht er damit seine eigene Bedeutung.

Ebenso hilfreich wie das Aufsummieren negativer und positiver Urteile über einen selbst ist ein Rückblick auf den eigenen Lebensweg und die eigenen Handlungen. War meine Karriere wirklich so glatt, wie ich glauben möchte? Hat neben meinem Können nicht auch der Zufall eine wichtige Rolle gespielt – oder die Tatsache, dass meine Handlungen nicht nur mir, sondern auch denen nützlich waren, die mich unterstützten? Wie viele für mich selbst unerklärliche Entscheidungen und Handlungen hat es gegeben? Dies wäre ein Indiz für ein tiefliegendes, oft unbewusstes und meist konflikthaftes Motiv.

Machen wir uns aber nichts vor: Sich selbst zu beurteilen ist viel schwerer, als andere zu beurteilen. Und es stimmt auch nicht, dass das Urteil derer, die uns nahe stehen und uns scheinbar besser kennen, zutreffender ist als das derjenigen, die uns eher aus der Distanz einschätzen. Letztere sind meist vorurteilsloser und deshalb auch objektiver.

Möglichkeiten und Grenzen der Selbstveränderung

Noch viel schwerer, als sich selbst zu erkennen, ist es, sich selbst zu *ändern*. Kluge Menschen sagen, eine Selbstveränderung »ganz aus sich heraus« gebe es gar nicht und man benötige zumindest einen erheblichen *Anlass* oder besser die *Hilfestellung* von Mitmenschen, zum Beispiel eines guten Freundes, des Lebenspartners, eines Coaches oder eines Therapeuten. Dennoch gibt es in meinen Augen die Möglichkeit zur Selbstveränderung – ja sie ist der Angelpunkt, an dem jede Veränderung durch andere ansetzen muss, wie wir gehört haben. *Jede Motivation von außen ist nur dann langfristig wirksam, wenn sie zur Selbstmotivation wird, und jede externe Belohnung muss schließlich zur Selbstbelohnung werden.*

Zugleich kann sich Selbstveränderung nur auf begrenzte Abänderungen der persönlichen Lebensführung beziehen, nicht auf große Charakterumbrüche. Vielmehr machen wir alle, wenn wir ehrlich sind, die Erfahrung, dass wir »nicht aus unserer Haut können«. Die Gründe für die Tatsache, dass wir uns nicht grundlegend aus bewusster eigener Kraft ändern können, sind nicht trivial. Man könnte nämlich meinen, dass wir gerade in Hinblick auf uns selbst größere Macht haben als andere. Wenn andere uns sagen: »Du musst das jetzt so und so machen!«, dann können wir uns zumindest im Prinzip dem verweigern, und zwar entweder offen oder durch stumme Verweigerung. Wenn wir das zu uns selbst sagen, wie können wir uns selbst verweigern?

Hier aber liegt gerade das Problem. Was sich in letzter Instanz dem äußeren Einfluss entgegenstellt, ist nicht mein bewusster Wille, sondern mein unbewusstes Selbst auf der unteren und mittleren limbischen Ebene. Dies ist diejenige Instanz, die sich dem Einfluss von außen fügen muss, falls es überhaupt zu Veränderungen kommen soll. Wir haben gehört, dass dies im Wesentlichen nur emotional und nichtverbal wirken kann, also durch Glaubwürdigkeit, Vorbild und Einfühlsamkeit von Vorgesetzten und Leitbildern und über entsprechende Belohnungsstrategien. Wie aber soll dies bei und in mir selbst funktionieren? Wie soll ich mir selbst gegenüber glaubwürdig, vorbildlich und einfühlsam sein, um mein unbewusstes Selbst zu Änderungen zu bewegen (so als ob ich mein eigener Vorgesetzter bin)? Vielmehr ist es genau umgekehrt: Ich fühle mich auf bewusster Ebene und in meinem Verhalten glaubwürdig, vorbildlich und einfühlsam, weil meine unbewussten Ebenen mich dazu gemacht haben. Entsprechend erlebe ich genau diejenigen beschränkten Einwirkungsmöglichkeiten, die seit jeher im Rahmen der bewussten Kontrolle meiner Impulse, Gefühle, Motive und Ziele bestehen.

Tiefgreifende Persönlichkeitsveränderungen und ihre Ursachen

Viele Menschen würden der hier geäußerten skeptischen Meinung widersprechen und behaupten, sie hätten sich aus den und den Gründen radikal verändert. Gelegentlich stellen wir bei einer Begegnung mit einem Menschen, den wir lange nicht mehr gesehen haben, fest: »Der ist ja ein ganz anderer Mensch, seit dies und dies passiert ist« (meist eine Lebenskrise, eine große berufliche Herausforderung oder eine neue Partnerschaft). Und schließlich gibt es in den Lebensgeschichten bedeutender Menschen oft Sprünge in Form von großen Entschlüssen, Bekehrungen, Erleuchtungen und Erweckungserlebnissen.

Dramatische Erweckungserlebnisse und Spontanbekehrungen sind oft auf hirnorganische Störungen zurückzuführen. Viele Menschen, die Offenbarungen und Erweckungserlebnisse religiöser Art hatten, waren Epileptiker. Der berühmteste unter ihnen war der Apostel Paulus, und sein Damaskus-Erlebnis, bei dem er »vom Saulus zum Paulus« wurde, war mit ziemlicher Sicherheit ein »Grand-mal«, d. h. ein großer epileptischer Anfall mit Halluzinationen. Dieser berühmteste Fall eines »Erweckungserlebnisses« hat einen klaren neurologischen Hintergrund!

Es gibt nämlich den typischen Befund einer »Temporallappen-Epilepsie«, d. h. einer epileptischen Erkrankung meist des rechtshemisphärischen Temporallappens. Solche Störungen können zu tiefgreifenden Persönlichkeitsstörungen führen (vgl. Kolb und Wishaw, 1996). Zu den Folgen von Beeinträchtigungen des rechten Temporallappens gehören die Ausbildung einer pedantischen Sprache, Egozentrik, das Beharren auf persönlichen Problemen im Gespräch, paranoide Züge, eine Neigung zu aggressiven Ausbrüchen und eine Überbeschäftigung mit religiösen Problemen. Viele fromme Erzählungen innerhalb und außerhalb der heiligen Schriften des Christentums und anderer, auf Offenbarung beruhender Religionen über spirituelle Zustände heiliger Männer und Frauen ähneln stark diesen neuropsychologischen Befunden.

Religiöse oder mystische Erweckungs- und Erleuchtungserlebnisse haben in ganz unterschiedlichen Religionen häufig denselben Verlauf oder Inhalt. Typischerweise geht es um das Erscheinen einer Gestalt, umgeben von hellem Licht (Gott, Jesus, die Jungfrau Maria/Mutter Gottes, Engel oder Propheten bzw. Heilige), die dann mit sehr eindrucksvoller Stimme mehr oder weniger konkrete Botschaften verkündet und zu deren Niederschrift und Verbreitung aufruft. Auch kommt es häufiger zu Einblicken in das Paradies bzw. das Jenseits, die Hölle oder die Zukunft und zu entsprechend angenehmen oder furchterregenden Ereignissen. Schließlich gibt es das Stimmenhören (wie beim heiligen Augustinus das »Nimm und lies!«) oder die plötzliche Einsicht oder Berufung – man denke an die Berufung des heiligen Franziskus. In den meisten Fällen kommt es anschließend zu einem radikalen Wechsel in der Lebensführung.

Solche Ereignisse sind, wenn sie nicht direkt hirnorganische Ursachen haben wie bei der Epilepsie, in der Regel verbunden mit einer überstandenen Lebensgefahr, schweren Krankheit oder sonstigen Lebenskrise oder Katastrophe (Krieg oder Unfall). Dasselbe geschieht im Übrigen bei einer »Gehirnwäsche«, die meist aus starker sensorischer Isolation, einer radikalen Änderung des Tagesablaufs, völliger Abhängigkeit von Dritten (wann das Essen gebracht wird, wann man schlafen und sich waschen darf), Demütigung und der ständigen Furcht vor dem Drangsaliertwerden besteht, meist verbunden mit der angeblichen Aussicht auf Besserung, wenn man nur Reue und Unterwerfung zeigt. Es handelt sich in all diesen Fällen um starke emotionale Einwirkungen, welche die mittlere limbische Ebene »weich machen« und somit für tiefgreifende Persönlichkeitsveränderungen vorbereiten sollen.

Menschen können sich also scheinbar »von innen heraus« tiefgreifend ändern, aber hierbei sind immer ein starker externer Auslöser oder eine besondere affektiv-emotionale Situation nötig. Eigentlich *werden* sie auch hierbei eher *geändert*, als dass sie sich »von selbst« ändern – manchmal berichten sie auch, dass es sie »überkommt«. Zudem reagieren keineswegs alle Menschen mit langfristigen Persönlichkeitsveränderungen auf solche dramatischen Situationen. Es ist eher so, dass – wie wir in Kapitel 11 gehört haben – die Mehrzahl nach einiger Zeit zu ihrer ursprünglichen Lebenshaltung und -führung zurückkehrt.

Wenn wir einmal von den geschilderten dramatischen Umbrüchen in Persönlichkeit und Lebensführung absehen, so halten sich die Möglichkeiten, das eigene Leben zu ändern, in engen Grenzen. Klar ist, dass niemand sich ändert, nur weil er sich, wie es in Rilkes »Duineser Elegien« heißt, jetzt das Kommando gibt: »Du musst dein Leben ändern!« Wenn ich morgens noch sehr müde im Bett liegt, kann ich mir ganz fest das Kommando geben: »Du stehst jetzt auf!« – aber nichts passiert. Ich stehe stattdessen dann auf, wenn meine bewussten und unbewussten Motive dies sagen und nicht bloß mein Mund und meine linke Großhirnhemisphäre, bzw. wenn es wirklich bedrohlich spät ist und mir die Rüge meines Vorgesetzten schon jetzt in den Ohren klingt. Ebenso wenig wirkt die bloße Einsicht in die Notwendigkeit einer Veränderung. Diese ist meist längst da, aber es geschieht nichts – aus demselben Grund wie beim vorherigen Beispiel, denn an diese Einsicht koppeln sich keine Motive, die von der Veränderung einen beträchtlichen Vorteil erwarten. Typischerweise heißt es dann: »Ich will zwar, aber ich kann nicht!«

In Hinblick auf die Selbstveränderung per großer Willensanstrengung gibt es einen bemerkenswerten Grad an Selbsttäuschung. Zwar nehmen die meisten Mitmenschen in diesem Zusammenhang einen durchaus realistischen Standpunkt ein und sagen von sich, dass sie sich über die Jahre und Jahrzehnte wohl eher wenig geändert haben, aber manche glauben offenbar selbst, dass sie bei dieser oder jener Gelegenheit »ein anderer Mensch« geworden sind. Meist stimmt dies aber nicht mit der Einschätzung dieser Personen durch andere überein.

Eine Ausnahme bilden allerdings die Fälle, in denen eine neue Partnerbeziehung eingegangen wurde. Natürlich muss man hier die anfängliche Phase der Verliebtheit ausklammern, in der man sich völlig verwandelt fühlt und aufgrund des Einflusses von Hormonen tatsächlich Dinge tut, die man zuvor niemals getan hätte. Das aber legt sich schnell. Vielmehr geht es darum, dass man einen langsamen und schwierigen Anpassungsprozess der Gefühle, Motive, Ziele und Gewohnheiten vollzieht, der im Grunde nichts anderes ist als eine wechselseitige Konditionierung mit Belohnungen, Bestrafungen, Vermeidungslernen und Belohnungsentzug. Hinzu kommt oft der Wille, es »diesmal besser zu machen«, der von starken Erinnerungen an frühere gescheiterte Partnerbeziehungen angetrieben wird.

Menschen können sich unter derartigen Bedingungen durchaus ändern, aber die häufige Tatsache des Scheiterns solcher Vorgänge oder der Rückzug in die Resignation zeigt uns, dass es sich hier in der Regel ebenfalls um begrenzte Veränderbarkeit in höchst individuellem Ausmaß handelt. Lebensweisheit und empirische Untersuchungen sagen uns, dass zwei Menschen von ihrer Persönlichkeit her schon vorher zueinander passen müssen, damit sie eine längerfristige harmonische Beziehung zueinander haben können, und dass die Möglichkeit, den anderen den eigenen Vorstellungen gemäß langfristig zu ändern, sehr begrenzt ist. Nach dem ersten Rausch der Gefühle, während dessen man sich besondere Mühe gibt, kehrt man in diejenigen Bahnen zurück, die einem die eigene Persönlichkeit vorschreibt. Diese Bahnen können allerdings weit oder eng gezogen sein, und entsprechend passt man sich dem Partner in einigen Dingen an, oder man tut es nicht, weil man es nicht kann. Der Partner kann beim anderen bisher schlummernde Veränderungsmöglichkeiten realisieren helfen, aber wirklich ändern kann er ihn nicht.

Letzte Rettung: Selbstmotivation

Selbstmotivation ist dasjenige, was bleibt, wenn man von Erweckungs- und Erleuchtungserlebnissen, stark emotionalisierenden oder traumatisierenden Ereignissen und einer neuen, fordernden Partnerbeziehung absieht (all dies klappt ja nicht mit Sicherheit, wie wir gehört haben). Selbstmotivation ist nötig, wenn ich keinen Spaß mehr an meiner Tätigkeit habe, wenn ich den Sinn dieser Plackerei nicht mehr einsehe, wenn ich glaube, »das alles« sei nicht mehr zu schaffen.

Hierbei erleben wir deutlich, dass wir in der Tat aus unterschiedlichen motivationalen Ebenen bestehen. Auf der einen Seite will ich etwas fertig bringen, zum Beispiel endlich ein Buch zu Ende schreiben, aber es zieht sich hin, ich kann mich nicht konzentrieren, mir fehlt die nötige Ruhe, ich zweifle daran, dass es ein gutes Buch wird oder dass sich ein größerer Leserkreis dafür interessieren wird – oder dass es überhaupt sinnvoll ist, über dieses Thema zu schreiben. Meine Bewusstseinsebenen sagen mir: »Streng dich an, du schaffst das schon!«, aber meine unbewussten limbischen Ebenen fürchten den Misserfolg, die Niederlage und flüchten sich in Vermeidungsverhalten. Natürlich kann es auch das Umgekehrte geben! Dasselbe gilt für das Dasein als älterer Lehrer in einer durchschnittlichen deutschen Schule, als Abteilungsleiter in einem Betrieb, in dem es mehr schlecht als recht läuft oder das Betriebsklima miserabel ist.

Der erste Schritt zur Selbstveränderung ist die Frage: Welche Alternativen habe ich? Konkret: Was passiert, wenn ich das Buch nicht fertig schreibe? Wird das überhaupt jemanden interessieren? Kann ich meinen jetzigen ungeliebten Job dann an den Nagel hängen? Wenn ja, mit welchen Risiken? Habe ich als Abteilungsleiter auch anderswo eine Chance? Sollte ich mich innerhalb meines Betriebs verändern? Das Gespräch mit meinem Chef suchen?

Wenn ich tatsächlich Alternativen habe, so muss ich mich eventuell zu solchen Schritten durchringen. Ob und wie ich das tue, hängt natürlich vornehmlich von meiner Persönlichkeitsstruktur ab. Wenn ich entmutigt bin, bin ich es meist auch in Bezug auf die Veränderung. Ich sitze dann in der Falle zwischen der Notwendigkeit zur Veränderung und der Furcht vor Veränderungen.

Wenn ich diese Alternativen jeweils *nicht* habe und die äußeren Umstände nicht ändern kann, dann muss ich *mich* ändern. Wenn der Verlag dringend auf das Buch wartet (es ist bei den Buchhändlern schon angekündigt!), wenn ich als älterer Arbeitnehmer vermutlich keinen anderen Job mehr finde, aber auch nicht in den Vorruhestand gehen kann, wenn ich als Abteilungsleiter zumindest kurzfristig weder einen neuen Job finden noch mich innerhalb des Betriebs umorientieren kann, dann muss ich an mir arbeiten, *mich selbst motivieren*. Ich bin dann mir gegenüber interessanterweise in derselben Situation wie ein Vorgesetzter gegenüber seinem Mitarbeiter, den er zu ändern trachtet. All das, was dort zwecklos ist, ist auch hier zwecklos, und was dort möglicherweise geht, kann auch hier probiert werden.

Selbstmotivation kann auf drei Vorgehensweisen beruhen. Die erste besteht im *Nacheifern eines Vorbildes*. Ich erfahre, dass irgendjemand, den ich bewundere oder achte, sich in einer ähnlichen Situation befand wie ich und sie meisterte. Viele bedeutende Werke (natürlich auch viele unbedeutende!) wurden unter großen seelischen Mühen vollendet, ganz abgesehen von äußeren Widerständen. Zu bewundern sind diejenigen großen Dichter, Komponisten und Maler, die für die Schublade und die zukünftige Leser-, Zuhörer- und Zuschauerschaft schufteten, weil ihnen zu ihrer Zeit jegliche öffentliche Anerkennung oder ein öffentlicher Auftritt versagt waren. Hier kann man sich sagen: »Der hat es geschafft, warum nicht auch ich?« Natürlich gehört schon eine gehörige Portion Selbstgewissheit dazu, sich unter diese großen Verkannten zu zählen – aber es hilft gelegentlich! Natürlich ist hierfür meist eine *große Selbstdisziplin* nötig!

Die zweite Vorgehensweise besteht darin, sich *klare und leuchtende Ziele* zu setzen, am besten in Form einprägsamer Bilder: »Genau das will ich erreichen, da will ich hin!« Es ist wichtig, sich das Ziel, das man erreichen will, bzw. die einfachen und klaren Bilder davon jeden Tag zu wiederholen: »Ich will genau diese Prüfung schaffen, ich will dieses Buch zu Ende schreiben, ich will Abteilungsleiter werden, ich will in diesem Betrieb ganz oben stehen!« Man kann sich natürlich auch in die Gegenrichtung bewegen und sich jeden Tag sagen: »Lerne, deine Ungeduld zu beherrschen, lerne Rücksichtnahme, lerne Verzicht oder Mäßigung, lerne, auch mal den Mund zu halten!«, aber das muss wiederum mit ganz konkreten, oft negativen Vorstellungen und Situationen verbunden sein, sonst funktioniert es nicht. Man muss sich entsprechend vornehmen: »Bei der nächsten Auseinandersetzung mit dem Lebenspartner hast du *nicht* das letzte Wort; du verzichtest bei Wortgefechten genau auf die verletzende Äußerung, die du sonst so gern vorbringst.« Oder: »Du redest deinem Chef nicht wieder nach dem Mund!«, »Du fährst bewusst langsamer und hältst dich an die Geschwindigkeitsbeschränkungen, obwohl sie lächerlich erscheinen!« usw.

Diese Vorgehensweise ist immer an *Einübung* und *Automatisierung* gebunden. Man muss dabei wenige und möglichst konkrete Situationen auswählen, in denen man die neuen Verhaltensweisen täglich oder sogar mehrmals täglich einüben kann und sich die Ziele und Bilder immer wieder vor Augen hält. Solche Veränderungen werden eben nicht per einmaligem Willensakt, sondern nur durch anhaltende Selbstkonditionierung erreicht.

Die dritte Vorgehensweise ist die der *kleinen Schritte*, kombiniert mit Selbstbelohnung. Anstatt einem großen Ziel nachzueifern, einigt man sich mit sich selbst auf kleine Fortschritte, für die man sich ebenso kleine Selbstbelohnungen ausdenkt. Im Falle des nur mühsam fertig zu schreibenden Buches könnte dies heißen: »Jeden Tag zwei Seiten!«, und am Ende einer Woche leistet man sich eine besonders gute Flasche Rotwein. Oder: »Am Samstag werden die restlichen Gutachten geschrieben!«, und man darf dann am Sonntag faulenzen (für einen Tag nichts Berufliches zu tun ist für einen gestressten Wissenschaftler schon eine erhebliche Selbstbelohnung). Als Belohnung dafür, dass man sich bei einer Diskussion der Abteilungsleiter nicht wie üblich in den Vordergrund gedrängt hat, kauft man sich einen schönen Bildband. Oder man macht sich einen ganz rigiden Tagesplan, der einem vorschreibt, dass die unangenehmen Dinge – soweit möglich – zuerst am Morgen erledigt werden, dann kommen die angenehmeren.

Natürlich muss man bei dieser Art von Selbstbelohnung genauso vorgehen wie bei Belohnungen allgemein, d. h., man muss die Abstände zwischen den Belohnungen vergrößern (sonst wird man vom vielen Rotwein alkoholkrank, oder der Bücherschrank quillt über von Bildbänden), man variiert die Art der kleinen Belohnungen (auf keinen Fall große Belohnungen, denn die führen schnell zur Habituation). Dies tut man, bis diejenigen Dinge, die man zuvor vor sich hergeschoben hat, zu Routineangelegenheiten werden. Eine der interessantesten Selbsterfahrungen ist die Tatsache, dass einem Dinge, vor denen man sich gegraut hat (zum Beispiel Gutachten zu schreiben), flott von der Hand gehen, nachdem man sie einmal angepackt hat.

Das Grundprinzip besteht darin, emotionale Schwierigkeiten durch Automatisierung und Routinisierung zu beheben. Zu Beginn muss ich mir leuchtende Vorbilder wählen, mir leuchtende Ziele setzen, mir kleine Belohnungen für kleine Fortschritte ausdenken, um dann von diesen Starthilfen immer unabhängiger zu werden. Dies wirkt auch bei den depressiven Phasen, die fast jeder von uns gelegentlich erlebt (ich rede nicht von chronischer Depression, bei der man wochenlang buchstäblich »schwarz sieht« und keinerlei Lebenswillen mehr hat; dies bedarf einer Behandlung durch den Arzt und/oder Psychotherapeuten). Eine sehr gute Medizin gegen Niedergeschlagenheit und Mutlosigkeit ist die tägliche Routine plus kleiner Selbstbelohnungen (sonst macht einen die Routine noch depressiver).

Fazit

Die wichtigste Erkenntnis lautet, dass unsere Bemühungen, uns per Selbstreflexion zu verstehen, an Grenzen stoßen und dass wir selbst nie in die Sphäre unseres Unbewussten eindringen können. Was wir erfahren können, ist das, was unser Vorbewusstsein unserem Bewusstsein als Deutungsmaterial zur Verfügung stellt. Das Vorbewusstsein ist, für uns ebenfalls nicht erfahrbar, seinerseits teils in der Hand des Unbewussten, teils hat es eine bestimmte Autonomie. Wie das aber geschieht, davon haben wir leider noch zu wenig Kenntnis.

Man kann sich durchaus ändern, wenn man sich selbst als Führenden und Geführten ansieht, d. h. diejenigen Prinzipien anwendet, die für die Veränderungsmaßnahmen gegenüber anderen Menschen wirksam sind, nämlich sich selbst zu motivieren. Man sollte dabei in seinen Ansprüchen bescheiden und mit sich geduldig und zugleich in Hinblick auf das Erreichen der

Ziele auf lange Sicht *unbeugsam* sein. Man kann es lernen, seine Impulse und seine Ungeduld zu zügeln, Durststrecken zu überstehen, sich selbst zurückzunehmen, selbstgenügsam zu werden, aber auch mehr Ehrgeiz, mehr Ordnung, mehr Pünktlichkeit zu entwickeln. Allerdings funktioniert all das nur, wenn die eigene Persönlichkeitsstruktur dies unterstützt. Die haben wir leider nicht in der Hand!

KAPITEL 15

Führung und Persönlichkeit

In den vorangegangenen Kapiteln wurden die wichtigsten psychologischen und neurobiologischen Merkmale von Persönlichkeit, Motivation und Veränderung betrachtet. In diesem Kapitel soll nun ein genauerer Blick auf das Thema Persönlichkeit im Kontext von Führung geworfen werden. Die 2018 erschienene, aufsehenerregende Gallup-Studie (»Gallup Engagement Index«) beschäftigte sich mit einem zentralen Punkt wirksamer Führung, nämlich dem Verhältnis von Führungskräften und Arbeitnehmern. Die Studie erbrachte ein ernüchterndes Ergebnis: Nur jeder fünfte Arbeitnehmer (genauer 22 %) gab an, die bei der Arbeit erlebte Führung motiviere ihn dazu, hervorragende Arbeit zu leisten. Nur 14 % der Mitarbeiter berichteten über einen kontinuierlichen Austausch mit dem Vorgesetzten, und weniger als die Hälfte davon meinte, diese Gespräche würden helfen, ihre Arbeit besser zu machen. Dies bedeutet: Die Führungsleistung wird insgesamt als mangelhaft wahrgenommen.

Dies kann verschiedene Gründe haben. Zum einen ist es denkbar, dass viele Führungskräfte ihren Führungsaufgaben unabsichtlich nicht nachkommen. Zum anderen könnte jedoch auch die Passung zwischen Führungspersönlichkeit und Führungsposition nicht optimal sein und somit die Führungsleistung beeinträchtigen. Verwunderlich ist, dass Führungskräfte ein ganz anderes Eigenbild von ihrer Leistung haben. So ist sich nach der Gallup-Studie ein Großteil der Führungskräfte ihrer Defizite nicht bewusst und beschreibt sich als guten Vorgesetzten. Demnach liegt eine deutliche Diskrepanz zwischen den Erwartungen von Mitarbeitern an Führungskräfte und deren Vorstellungen über ihre eigene Leistung vor.

Doch was wünschen sich die Mitarbeiter laut der Gallup-Studie eigentlich? An erster Stelle wünschen sie sich eine hervorragende Führungskraft, die es versteht, eine emotionale und vertrauensvolle Bindung zwischen Mitarbeitern und Unternehmen herzustellen. Zweitens wollen sie diejenige Tätigkeit ausüben, die ihnen gut liegt. Wichtig ist den Mitarbeitern natürlich das Wissen um einen sicheren Arbeitsplatz. Vor allem steht jedoch eine herausfordernde, abwechslungsreiche und als sinnvoll empfundene Tätigkeit im Mittelpunkt. Dabei ist es die Aufgabe einer Führungskraft, die individuellen Leistungspotenziale der Mitarbeiter freizusetzen und zur Entwicklung des Einzelnen beizutragen.

Die Diskrepanz zwischen den Wünschen der Mitarbeiter und der tatsächlichen Führung durch die Führungskräfte spiegelt sich laut der Gallup-Studie auch in der Bindung zum Arbeitgeber wider: Lediglich 15 % identifizieren sich voll mit ihrem Unternehmen und sind hochmotiviert. Weitere 71 % sind nur mäßig emotional mit dem Arbeitgeber verbunden und 14 % stehen diesem sogar eher ablehnend gegenüber.

Doch woran liegt es, dass wir in der Praxis mit derart schlechten Ergebnissen konfrontiert werden? Der Großteil der Führungskräfte hat nach eigenen Angaben mehrfach Schulungskurse für Führungskräfte besucht. Wie den Ergebnissen der Gallup-Studie zu entnehmen ist, bewirkt dies jedoch keine merkliche Verbesserung. Dies wirft die Frage auf, ob Führung beispielsweise durch den Besuch eines Kurses über Kommunikation oder Konfliktmanagement verändert werden kann oder ob nicht eher die Rolle des Menschen, seine Aufgaben sowie seine individuelle Persönlichkeit in den Mittelpunkt der Überlegungen gerückt werden sollten.

Die unmittelbare Einflussnahme der Führungskraft auf die Mitarbeiter, beispielsweise in Form einer Steigerung von Motivation, von Identifikation mit dem Unternehmen oder der vermehrten Übertragung von Verantwortung, stellt den Bereich der sogenannten personalen Führung dar (vgl. Schirmer und Woydt, 2016). Das Verhalten einer Führungskraft beeinflusst nicht nur das Verhältnis zu einzelnen Mitarbeitern, sondern auch die jeweilige Teamkultur. Dies kann in einigen Fällen sogar dazu führen, dass einzelne Personen durch ihre Persönlichkeit ganze Unternehmen prägen.

Umso erstaunlicher ist es dann, dass Persönlichkeit bei der Auswahl von Führungskräften bisher wenig Beachtung findet. Trotz einiger Diskussionen dazu fehlen in der Praxis oft nachhaltige, wissenschaftlich fundierte Konzepte und Lösungsansätze. Diese bereitzustellen wird jedoch umso dringender, da aufgrund der sich beschleunigenden Entwicklung hin zu agileren Arbeitsformen die Rolle der Führungskraft bei der Interaktion mit den Mitarbeitern zunehmend wichtiger wird. Einhergehend damit gewinnt auch das Wissen um das sichere Erkennen von Führungspersönlichkeit und deren zielgerichtete Entwicklung in der Zukunft an Bedeutung.

Zu beachten ist hierbei, dass die konkreten Eigenschaften eines Menschen entscheidenden Einfluss auf dessen Wirksamkeit in Führungssituationen haben. Je nachdem, ob eine Person, wie in Kapitel 3 beschrieben, eher dem Typ des Dynamikers oder dem des Stabilen zuzuordnen ist, wird diese den jeweiligen Anforderungen besser oder weniger gut gerecht. Um diese Zusammenhänge verstehen zu können, wollen wir in diesem Kapitel zunächst auf die Rolle und die Aufgaben einer Führungskraft eingehen. Das Wahrnehmen der Führungsrolle und die Erfüllung der Führungsaufgaben sind wesentliche Voraussetzungen für ein gutes Führungsergebnis. Des Weiteren bestimmen Rolle und Aufgaben der Führungskraft, wie eine gute Passung von Persönlichkeit und Stelle aussehen kann. Deshalb sollen im vorliegenden Kapitel außerdem die Kompetenzen und Persönlichkeitsmerkmale von Führungskräften behandelt werden.

Die Rolle der Führungskraft

Führungskräfte nehmen eine bestimmte Position im sozialen System ein. Diese ist mit konkreten Aufgaben belegt und wird vor allem durch externe Anforderungen an diese Rolle bestimmt, die je nach Position variieren können. Für Führungskräfte ist es wichtig, sich dieser Anforderungen bewusst zu sein, da die eigene Interpretation der Rolle nicht unbedingt den Vorstellungen anderer für das Unternehmen wichtiger Personen, den sogenannten Stakeholdern, entsprechen muss. Eine Diskrepanz zwischen Eigen- und Fremdsicht in Hinblick auf die eigene Führungsrolle kann zu großen Konflikten führen.

Hierbei ist es wichtig, dass sich Personen, die für Führungsaufgaben vorgesehen sind, den sich dadurch verändernden Bedingungen anpassen und dass sie ihre neue Rolle erstnehmen. Ein Mitarbeiter, der auf eine Führungsposition befördert wird, sollte beispielsweise nicht wie zuvor als gewöhnliches Teammitglied agieren. Dies könnte nämlich dazu führen, dass weder die Führungskraft noch die Mitarbeiter ein klares Rollenverständnis entwickeln und die daraus resultierende Unsicherheit in einer Verantwortungsdiffusion mündet. Wirksame Führung würde somit verhindert. Die in dem eben beschriebenen Fall neu ernannte Führungskraft hat andere Aufgaben zu erfüllen als bisher. Diese neue Rolle muss sie sich bewusst machen und sie akzeptieren, um wirksam agieren zu können.

Aber das allein genügt nicht. Um die Rolle auszufüllen, bedarf es außerdem einer Passung von Persönlichkeit und Stelle. Erfahrungen, Kompetenzen und Persönlichkeitsmerkmale sind hier von Bedeutung.

Nehmen wir zum Beispiel eine Führungsposition im Vertrieb. Hier wird in der Regel eine Person benötigt, die sich durch *dynamische* Eigenschaften auszeichnet. Die Person sollte sicher auftreten und kommunikativ, energetisch, kreativ und offen sein. Ein eher *stabiler* Persönlichkeitstyp, der durch Eigenschaften wie Gewissenhaftigkeit und strukturiertes Vorgehen ausgezeichnet ist, würde in einer solchen Position vielleicht die falschen Schwerpunkte und Impulse setzen. Die Persönlichkeit hat also eine große Bedeutung für die Rolle als Führungskraft.

Die Aufgaben einer Führungskraft

Wie eingangs erwähnt, sind viele Mitarbeiter mit der Führungsleistung ihrer Vorgesetzten unzufrieden. Immer wieder wird beschrieben, dass Führungskräfte wichtigen Aufgaben, wie zum Beispiel aktuelle Entwicklungen zu kommunizieren oder strategische Ziele und eine gemeinsame Vision zu vermitteln, nicht oder nur ungenügend nachkommen. Dies ist vermutlich darauf zurückzuführen, dass vielen Führungskräften genaue Kenntnisse über ihre eigentlichen Aufgaben fehlen. Ein Grund hierfür könnte die insgesamt unzureichende Führungskräfteausbildung in Deutschland sein (vgl. Development Dimensions International, 2013; Gurdjian et al., 2014). Während beispielsweise ein Pilot sehr umfassend ausgebildet wird und sein erlerntes Wissen vielfach erproben muss, bevor er selbst ein Passagierflugzeug steuern darf, ist bei uns die Vorbereitung von Führungskräften auf ihre Aufgaben völlig unzureichend – es gibt keine professionelle Ausbildung in diesem Bereich. Stattdessen werden Führungskräfte oft aus Fachpositionen heraus zur Führungskraft ernannt. Die ursprüngliche Ausbildung hatte dann meist einen ganz anderen Schwerpunkt. Zudem sind die ersten Grundlagenschulungen, wenn sie denn stattfinden, häufig nicht ausreichend, um Führungskräfte für ihre komplexen Aufgaben zu befähigen. Der Aufbau notwendiger Kompetenzen ist deswegen umso wichtiger.

Als weiteres Problem kommt hinzu, dass bei der Führung Schwerpunkte oftmals falsch gesetzt werden, etwa, wenn sich Führungskräfte in die Rolle des Fachexperten flüchten und dann wesentlichen Führungsaufgaben nicht mehr nachkommen. Dies ist zum Beispiel der Fall, wenn eine Führungskraft, die eine Abteilung zur Konstruktion von Bauteilen im Bereich Motorenentwicklung leitet, sich mehr um technische Detaillösungen kümmert als um Management und Führung.

Das gewissenhafte Wahrnehmen von Führungsaufgaben ist jedoch von größter Bedeutung für das Unternehmen, da es Vorbildfunktion hat und zu ergebnisorientiertem Output führt, Vertrauen und Motivation unter Mitarbeitern schafft und letztendlich den unternehmerischen Erfolg sichert (vgl. Lorenz, 2012). Möglicherweise glaubt das Unternehmen, es genüge, Führung in der öffentlichen Wahrnehmung allein durch Charisma auszustrahlen. Um Mitarbeiter zu motivieren und anzuleiten und effektive Ergebnisse zu erzielen, ist jedoch bedeutend mehr Führungsarbeit als »Ausstrahlung« notwendig.

Die Aufgaben einer Führungskraft lassen sich grob in zwei Bereiche untergliedern, nämlich in die grundsätzlichen Aufgaben und die Aufgaben, die sich aus den spezifischen Anforderungen einer Stelle ergeben. Bei den grundsätzlichen Aufgaben einer Führungskraft wird zwischen *operativen Fachaufgaben, Managementaufgaben* und reinen *Führungsaufgaben* unterschieden (Lorenz, 2012; Scheuplein, 1967). Bei den reinen Führungsaufgaben gibt es weiterhin die Untergliederung in Aufgaben der *Mitarbeiter-, Team- und Unternehmensführung*. In Abbildung 15 ist eine Auswahl von Aufgaben einer Führungskraft in den oben erwähnten Kategorien dargestellt.

Zu den operativen Fachaufgaben gehören unter anderem die Budgetplanung, das Controlling der Finanzen und das Umsetzen von Projekten. Zu den Managementaufgaben zählen Analyse, Planung und Entscheidung, Organisation und Steuerung sowie Erzeugung von Wachstum und Wertbeitrag.

Die eigentlichen Führungsaufgaben untergliedern sich, wie bereits erwähnt, ebenfalls in verschiedene Unterbereiche. Füh-

Operative Fachaufgaben		
➢ Fachaufgaben im eigenen Bereich ➢ Budgetplanung im eigenen Bereich ➢ Controllingaufgaben	➢ operative Projekte umsetzen ➢ Troubleshooting/Probleme lösen	

Managementaufgaben		
Analysieren, planen, entscheiden	Organisieren, steuern	Wertschöpfung erzeugen intern/extern
➢ Wettbewerbs- und Marktanalyse ➢ Vision/Strategie des Bereichs festlegen ➢ Ziele ableiten ➢ Entscheidungen treffen	➢ Selbstmanagement ➢ Prozessmanagement ➢ Koordination ➢ operatives Change-Management	➢ Kostenmanagement ➢ Lieferantenmanagement ➢ Qualitätsmanagement ➢ Innovationsmanagement ➢ Umsätze generieren

Führungsaufgaben		
Mitarbeiterführung	Teamführung	Unternehmensführung
➢ für Ziele sorgen ➢ richtig delegieren ➢ Vorbild sein ➢ Mitarbeitergespräche führen ➢ Mitarbeiter entwickeln	➢ für Teamziele sorgen ➢ Schaffung einer Teamkultur ➢ Konflikte erkennen, managen ➢ informieren, kommunizieren ➢ Moderation von Workshops	➢ Vision/Mission des Unternehmens ➢ strategische Ziele entwickeln ➢ Repräsentation ➢ Gestaltung der Unternehmenskultur ➢ strategisches Change-Management

Abbildung 15: Übersicht über eine Auswahl von Führungsaufgaben.

rungskräfte sind sich dieser klaren Trennung aber oftmals nicht bewusst, was dazu führt, dass sie von einem Schwerpunkt zum anderen springen. Bei der Mitarbeiterführung liegt der Fokus auf dem richtigen Delegieren von Aufgaben, dem Übertragen von Verantwortung, der Unterstützung und Förderung der Mitarbeiter bei ihrer Potenzialentfaltung usw. Dies wird in der Praxis jedoch oft nicht ausreichend umgesetzt, was sich in der Gallup-Studie an der hohen Unzufriedenheit der Mitarbeiter zeigt. Wichtig ist hier, dass auf die individuelle Persönlichkeit der einzelnen Mitarbeiter eingegangen wird. Bei der Teamführung geht es beispielsweise um die Schaffung einer Teamkultur, das Management der Aufgabenverteilung, das Lösen von Konflikten usw.

Im Bereich der Unternehmensführung weitet sich das Aufgabenspektrum sozusagen auf alle Ebenen eines Unternehmens aus. Hier geht es um die Vision des Unternehmens im Ganzen, seine strategische Ausrichtung und die gesamte Organisationsentwicklung.

Das spezifische Aufgabenportfolio einer Führungskraft wird dabei durch Rahmenfaktoren wie die Branche und Größe des Unternehmens, die Führungsstrategie und die interne Aufgabenverteilung geprägt. Weiterhin ergeben sich die Aufgaben aus der fachlichen Ausrichtung der Position: Beispielsweise benötigt eine Führungskraft im Bereich Buchhaltung und Finanzen andere Kompetenzen und Persönlichkeitsmerkmale als eine Führungskraft im Bereich Marketing und Vertrieb.

Was macht eine gute Führungskraft aus?

Eine Führungskraft muss also zum einen bestimmte Kompetenzen und zum anderen besondere Persönlichkeitsmerkmale besitzen, um ihre Funktion gut zu erfüllen. Auf diese beiden Aspekte wollen wir im Folgenden genauer eingehen.

Die Kompetenzen einer Führungskraft

Eine Kompetenz ist die Kombination von bereits vorhandenen Fähigkeiten und erlernbaren Fertigkeiten zum Erfüllen einer spezifischen Aufgabe. Hierzu bedarf es eines selbstbestimmten Handelns in den jeweiligen Kompetenzbereichen, das durch die Persönlichkeit, die Erfahrung und das Können und Wissen der handelnden Person bedingt ist. Die Persönlichkeitseigenschaften einer Führungskraft schaffen hierbei die Basis für menschliche Verhaltensweisen und beeinflussen gleichzeitig die Entwicklungsmöglichkeit der individuellen Kompetenzbereiche (Staudt und Kriegesmann, 1999). An dieser Stelle ist es hilfreich, den Unterschied zwischen Fähigkeit und Fertigkeit zu erläutern, da sie umgangssprachlich häufig synonym verwendet werden.

Eine *Fertigkeit* bezeichnet einen erlernten oder angeeigneten Anteil des Verhaltens. Dabei sind neben Übung, Erfahrung, Motivation und Wille bestimmte Fähigkeiten notwendig. Fertigkeiten können im Gegensatz zu Fähigkeiten (schneller) verändert werden. Für das Aneignen von Fertigkeiten sind Sozialisation sowie Motivation einer Person von Bedeutung, da ohne einen Leistungswillen keine Verbesserung einer Fertigkeit eintreten kann. Eine Fertigkeit im Bereich der Kommunikation wäre beispielsweise eine Technik zur Gesprächsführung.

Eine *Fähigkeit* hingegen, etwa Team- oder Kommunikationsfähigkeit, ist eine Persönlichkeitseigenschaft, die Leistung erst ermöglicht. Ihre Ausprägung ist somit durch die individuelle Persönlichkeit bedingt und bildet eine zeitstabile Disposition des Leistungsbereichs (Neyer und Asendorpf, 2018). Wie in Kapitel 3 und 8 beschrieben, bildet sich die Persönlichkeit sehr früh heraus und stabilisiert sich im Erwachsenenalter. Ein hoher Ausprägungsgrad einer Fähigkeit kann in bestimmten Führungssituationen die Ergebnisse begünstigen. Eine Führungskraft mit hoher Kommunikationsfähigkeit kann mit vergleichbar geringerem Aufwand Mitarbeitergespräche erfolgreicher durchführen als eine Person mit geringerer Kommunikationsfähigkeit. Dasselbe gilt für die Fähigkeit, sich in das Denken und die Gefühle anderer Menschen hineinzufinden, d. h. eine »Theory of Mind« und Empathie zu besitzen.

Im Folgenden wollen wir nun die für den Führungserfolg notwendigen Kompetenzen kennenlernen.

Eine Führungskraft benötigt zum einen *Fachkompetenz*. Diese setzt sich aus fachbezogenem Wissen und praktischem Können zusammen. Das Erfahrungswissen einer Pilotin oder die SAP-Anwendungskenntnisse eines Büroangestellten sind Beispiele für solche Fachkompetenzen. Sie sind die Basis für einen Erfolg in Führungspositionen und zwar insbesondere dann, wenn die fachliche Leistung eng mit dem Führungserfolg verknüpft ist. Je höher jedoch eine Führungskraft in der Hierarchie einer Organisation steht, umso weniger relevant sind Fachkompetenzen. Die Aufgaben der Führungskraft verschieben sich dann immer mehr von der operativen Arbeit in Richtung Management und strategische Bereiche der Unternehmensführung.

Für den Führungserfolg sind deshalb ebenfalls ausgeprägte *Methodenkompetenzen* relevant. Die Methodenkompetenzen umfassen Kombinationen aus Fähigkeiten und Fertigkeiten, um ein geplantes Ziel möglichst schnell und effizient zu erreichen. Als Beispiele können Projekt- und Prozessmanagementkompetenz, Zeit- und Selbstmanagementkompetenz, aber auch Techniken zur Informationsbeschaffung und -strukturierung sowie anwendungsbezogene Hilfsmittel wie Gesprächsführungs- und Präsentationstechniken genannt werden.

Methodenkompetenzen können unterstützend sowohl zur Nutzung der Fachkompetenzen als auch der Sozial- und Führungskompetenzen eingesetzt werden. Soll beispielsweise die Führungskraft ein neues Produkt vorstellen, dann vermittelt sie hierzu das Fachwissen über das Produkt mithilfe einer Powerpoint-Präsentation (Methode). Die methodische Anwendung von »Lernkartei-Karten« kann zum Beispiel beim Erlernen von neuen Anwendungsschritten in SAP genutzt werden, während aktives Zuhören als Technik bei Interaktionen von Vorteil ist.

Von größter Bedeutung für den Führungserfolg sind die *Sozial- und Führungskompetenzen*. Diese sind zentral für die soziale Interaktion und umfassen Kompetenzen, die das richtige Maß an Durchsetzung eigener Interessen versus Anpassung an die Interessen anderer begünstigen. Dazu zählen zum Beispiel Verhandlungskompetenz, Motivationskompetenz, Teamführungskompetenz, Konfliktmanagementkompetenz oder Kommunikationskompetenz (vgl. Kanning, 2009; Neyer und Asendorpf, 2018). Methodenkompetenzen können hierbei dazu dienen, die Sozial- und Führungskompetenzen zu erweitern: Eine Gruppe

Fachkompetenzen	Methodenkompetenzen	Sozial- und Führungskompetenzen	Persönlichkeitsmerkmale
▸ allgemeine Fachkenntnisse ▸ EDV-Kenntnisse ▸ Internet-Kompetenz ▸ etc. ▸ Fertigkeiten und Kenntnisse im eigenen Fachgebiet ▸ Erfahrung in berufstypischen Aufgaben	▸ Prozessmanagementkompetenz ▸ Strategische Planungskompetenz ▸ Problemlösungskompetenz ▸ Entscheidungskompetenz ▸ etc.	▸ Motivationskompetenz ▸ Gesprächsführungskompetenz ▸ Konfliktmanagementkompetenz ▸ Aufgabendelegationskompetenz ▸ etc.	▸ Stress-Resilienz ▸ Frustrationstoleranz ▸ Konfliktvermögen ▸ Durchsetzungskraft ▸ Empathie ▸ Grundmotivation ▸ Selbstkontrolle ▸ etc.

Abbildung 16: Übersicht ausgewählter Kompetenzen.

zu moderieren oder sie für eine Vision zu begeistern, lässt sich leichter erreichen, wenn man in Rhetorik geschult ist oder Kommunikationstechniken beherrscht.

Wir können also an dieser Stelle festhalten: In Interaktionen wirken Fachkompetenzen, Methodenkompetenzen aber auch die Sozial- und Führungskompetenzen zusammen auf das Verhalten der Führungskraft ein und sind somit ein bedeutender Faktor für den Führungserfolg.

Der Ausbau der Kompetenzen ist von der Ausprägung der Persönlichkeitsmerkmale abhängig, weshalb wir uns im Folgenden damit befassen wollen.

Die Persönlichkeitsmerkmale erfolgreicher Führungskräfte

Die Basis für die Kompetenzen, den Wissensaufbau sowie den damit einhergehenden Führungserfolg bilden die interindividuell unterschiedlichen Ausprägungen der Persönlichkeitseigenschaften. Hierbei kann man unterscheiden zwischen für Führungskräfte zentralen Persönlichkeitsmerkmalen einerseits und stellenbezogenen Persönlichkeitsmerkmalen andererseits. Die Persönlichkeitsmerkmale sind keine direkten Kompetenzen, sondern bedingen deren Ausprägungen, können jedoch auch durch den Ausbau von Kompetenzen beeinflusst werden.

Zentrale Persönlichkeitsmerkmale wirksamer Führung

Zu den zentralen Persönlichkeitsmerkmalen wirksamer Führung werden Stressresilienz, Frustrationstoleranz, Konfliktvermögen, Durchsetzungskraft, Empathie sowie eine hohe Grundmotivation gezählt. Eine ausgeprägte Selbstkontrolle und Selbstreflexion sowie ein Veränderungswille gehören ebenso dazu. Die Ausprägung dieser Merkmale steht im engen Zusammenhang mit den sechs psychoneuralen Grundsystemen einer Person, die das *Stressverarbeitungssystem*, das *Selbstberuhigungssystem*, das *Impulshemmungssystem*, das *Bewertungs- und Motivationssystem*, *Bindungssystem* sowie das *Realitäts- und Risikowahrnehmungssystem* umfassen (s. hierzu auch Kapitel 3).

Die Systeme sind eng miteinander verknüpft und im Zusammenwirken an der Ausprägung von Persönlichkeitseigenschaften und Fähigkeiten beteiligt. Das Stressverarbeitungssystem und das Selbstberuhigungssystem spielen hierbei die wichtigste Rolle, da sie die Ausbildung der anderen Systeme beeinflussen. Eine günstige Entwicklung dieser beiden Systeme ist die wichtigste Voraussetzung für die Entwicklung einer in sich ruhenden Persönlichkeit. Die Stressresilienz und Frustrationstoleranz sowie die Konfliktfähigkeit und Durchsetzungsfähigkeit sind erheblich von der Ausprägung des Stressverarbeitungs- und des Selbstberuhigungssystems abhängig. Die Konfliktfähigkeit und Durchsetzungsfähigkeit werden hierbei noch stark von dem Bindungssystem sowie der Realitäts- und Risikowahrnehmung beeinflusst. Weiterhin determiniert das Bindungssystem maßgeblich die Empathiefähigkeit, die Beziehungsfähigkeit, das Maß an Vertrauen, das man anderen Personen entgegenbringt, sowie die Motivationsfähigkeit. Es wirkt sich somit entscheidend auf das Führungsverhalten aus. Die Frustrationstoleranz wird dabei auch von der Impulskontrolle sowie dem Belohnungs- und Motivationssystem beeinflusst. Diese beiden Systeme bedingen unter anderem die Grundmotivation und Lernbereitschaft bzw. die Neugierde einer Person und sind in Verbindung mit dem Stressverarbeitungssystem an der Veränderungsbereitschaft und dem Gestaltungswillen beteiligt. Die Fähigkeit zur kritischen Selbstreflexion sowie das Abschätzen von Konsequenzen sind besonders von der Risiko- und Realitätswahrnehmung abhängig. Das System Impulskontrolle wiederum bedingt vor allem die Fähigkeit zur Selbstkontrolle. Die Ausprägungen der psychoneuralen Grundsysteme und deren Zusammenspiel beeinflussen somit maßgeblich die Persönlichkeitsmerkmale und damit auch den Führungsstil einer Führungskraft.

Eine hohe Ausprägung in den genannten zentralen Persönlichkeitsmerkmalen erweist sich in vielen Führungssituationen wie beispielsweise bei Konflikten oder Veränderungsprojekten als wichtig und vorteilhaft. Sie sollten deshalb bei der Auswahl und Weiterentwicklung von Führungskräften im Fokus stehen. Da es aber aufgrund der Vielfältigkeit von Branchen und Bereichen in Unternehmen ganz verschiedenartig ausgeprägte Aufgabenstellungen gibt, ist es ebenfalls wichtig, *stellenbezogene* Anforderungen zu beachten.

Stellenbezogene Persönlichkeitsmerkmale wirksamer Führung
Jede Führungsposition bringt neben klassischen Situationen wie Konflikten, Veränderungsprojekten usw. individuelle Stellenanforderungen mit sich. In der einen Führungsposition geht es beispielsweise darum, einen kreativen Bereich in einem Start-up zu leiten, in einer anderen steht vielleicht im Mittelpunkt, Struktur und Qualität im Produktionsprozess sicherzustellen. Zudem ist je nach Aufbau einer Organisation und Verteilung der Führungspositionen zumeist eine unterschiedliche Aufgabenverteilung anzutreffen. Es gibt demzufolge viele Kombinationsmöglichkeiten für die Aufgabenausprägung einer Führungsstelle. Für jede dieser unterschiedlichen Führungspositionen bedarf es daher jeweils unterschiedlicher Ausprägungen von Fähigkeiten. Neben den genannten zentralen Persönlichkeitsmerkmalen für wirksame Führung sind demnach Persönlichkeitseigenschaften

bezogen auf spezifische Aufgabenportfolios für die Passung von Stelle und Persönlichkeit relevant.

Ein Abteilungsleiter in der Buchhaltung muss sich mit einer anderen Situation als ein Teamleiter im Marketing zurechtfinden. In der Buchhaltung, in der Genauigkeit, strukturiertes Arbeiten und ein gewisses Maß an Perfektionismus wichtig sind und Veränderungen eher selten vorkommen, sollte ein Abteilungsleiter stärkere Ausprägungen in den Eigenschaften Gewissenhaftigkeit, Struktur, Gründlichkeit und Zuverlässigkeit besitzen. Persönlichkeitsmerkmale wie Offenheit, Anpassungsfähigkeit, Phantasie und Kreativität hingegen passen besser zu einem Teamleiter im Marketing, da sich Marktanforderungen hier ständig wandeln und es somit kontinuierlich Bedarf an neuen Ideen gibt. Diese Beispiele bestätigen das in Kapitel 3 entworfene Bild der Polarität zwischen dem dynamischen und dem stabilen Persönlichkeitstyp. Die Bedeutung bestimmter Eigenschaften für eine spezifische Stelle wird durch Studienergebnisse zum »Bochumer Inventar zur berufsbezogenen Persönlichkeitsbeschreibung« (vgl. Lüdemann und Lüdemann, 2007) unterstrichen. Demzufolge bedingen die Ausprägungen auf den Skalen, die besonders für die berufliche Tätigkeit von Bedeutung sind, den Berufserfolg – anstelle einer überdurchschnittlichen Ausprägung der Skalen aller Fähigkeiten. Trotz dieser Erkenntnisse findet in der Praxis bei der Auswahl von Führungskräften der Aspekt der stellenbezogenen Persönlichkeitseigenschaften bisher selten systematische Berücksichtigung.

Passung von Persönlichkeit und Stelle – das »Kontext-Theorem«

In der Praxis wird häufig die Frage gestellt: Wie sieht denn nun die perfekte Führungskraft aus? Die fast unüberschaubare Menge an Literatur weist unzählige Meinungen hierzu auf, die vom »dominanten Macher« bis zum überwiegend emotional agierenden »Vorgesetzten als Coach« reichen. In den meisten Fällen wird jedoch versucht, einen idealen Führungstyp zu beschreiben.

Wie in den vorherigen Kapiteln dargestellt, ist aber klar, dass es erstens Persönlichkeitsmerkmale gibt, die ganz generell wirksame Führung befördern, wie zum Beispiel Belastbarkeit, Empathie und Durchsetzungsfähigkeit. Zweitens stellen auch der Kontext der Stellenanforderung und somit die stellenbezogenen Persönlichkeitsmerkmale einen wichtigen Faktor für erfolgreiche Führung dar. Sind bei einer Führungsstelle, beispielsweise dem Leiter Marketing und Vertrieb, neben den fachlichen und methodischen Anforderungen bestimmte Merkmale aus dem dynamischen Bereich wie Kreativität und Mut zur Veränderung gefragt, dann wäre es für eine wirksame Führung an dieser Stelle kontraproduktiv, eine Führungskraft zu installieren, die über hohe Ausprägungen aus dem stabilen Persönlichkeitsbereich wie beispielsweise Gewissenhaftigkeit, Strukturiertheit usw. verfügt (Edwards, 1991; Kristof-Brown et al., 2005).

Zu der primären Anforderung einer Stelle (strukturiertes oder eher kreatives Arbeiten), kommt noch ein weiterer Faktor hinzu, der für die Umsetzung der Führungsaufgaben einer Stelle wichtig ist. Je mehr die genannten zentralen Persönlichkeitseigenschaften einer Führungskraft bei einer Stelle gefordert sind, desto leichter fällt es der mit diesen Eigenschaften ausgestatteten Person, die Stellenanforderungen ohne großen psychischen Aufwand zu erfüllen und langfristige Erfolge zu erzielen. Dies wiederum führt durch entsprechende Selbstbestätigung zu nachhaltiger Motivation, die ihrerseits die Grundlage für langfristig erfolgreiche Führungsleistung ist (vgl. Kristof-Brown et al., 2005). Die Passung der Persönlichkeitsmerkmale mit der jeweiligen Stelle ist also nicht nur in Hinblick auf die Qualität der Aufgabenerfüllung wichtig, sondern auch für das Erreichen einer langfristigen Top-Performance aufgrund einer starken intrinsischen Motivation. Personen, denen die für eine Stelle notwendigen Eigenschaften wie Kreativität oder hohe Veränderungsaffinität fehlen, müssen hingegen sehr viel psychische Energie aufwenden, um den Mangel zu kompensieren oder gegen andere Merkmalsausprägungen anzuarbeiten. Diese Aspekte zeigen sich beispielsweise darin, dass Führungskräfte in dem einen Führungsjob scheitern, in einem anderen jedoch herausragende Ergebnisse erzielen, je nachdem, wie stark die Passung zwischen Persönlichkeit und Position ist.

Die Frage, ob es *die eine* perfekte Führungskraft gibt, kann also mit einem klaren »Nein« beantwortet werden. Was eine perfekte Führungskraft ausmacht, ist kontextabhängig!

Die Persönlichkeitstypologien

In vielen Unternehmen werden das Führen von Mitarbeitern anhand von Persönlichkeitsmerkmalen sowie die Passung von Stelle und Persönlichkeit nicht oder nicht genügend beachtet. Vielmehr richten sich bei der Besetzung einer Stelle Entscheidungen oft nur nach den Fachkompetenzen des Bewerbers – oder nach dem Bauchgefühl. Wichtige Gesichtspunkte werden im letzteren Fall nicht systematisch, sondern rein intuitiv über individuelle Erfahrungen der Personalverantwortlichen gesammelt. Dem Erfolg einer Organisation wird dies kaum dienlich sein. Vielversprechender ist da ein persönlichkeitszentrierter Ansatz. Dazu müsste man zunächst das Thema »Passung von Persönlichkeit und Stelle« mit seinen methodischen Erfordernissen implementieren. Zwar wenden einige Unternehmen solche Ansätze bereits an, in der breiten Masse wird ihr Potenzial aber noch nicht ausgeschöpft.

Entschließt man sich in einem Unternehmen, bei der Auswahl und Führung von Mitarbeitern das Thema der Persönlichkeit ins Zentrum zu stellen, sollte man vor allem darauf achten, dass Führungskräfte und Personalbereiche Wissen in diesem komplexen Themengebiet aufbauen. Bei den bisher für diesen Zweck am Markt befindlichen Theorien, Konzepten und Testverfahren ist jedoch Vorsicht geboten, denn nicht alle Verfahren sind wissenschaftlich so fundiert, wie es notwendig wäre. Dies wurde bereits in Kapitel 2 und 3 diskutiert. Auch sind die Testergebnisse von den Mitarbeitern der Personalabteilungen oft nicht nachverfolgbar, was den internen Kompetenzaufbau behindert.

Um diesen zu ermöglichen, sollten Personaler und Führungskräfte detailliertes Wissen darüber erlangen, was Persönlichkeit ausmacht, wie sie über unbewusste Motive und bewusste Ziele gesteuert wird und welche Möglichkeiten Führungskräfte haben, mithilfe dieses Wissens auf das Verhalten von Mitarbeitern Einfluss zu nehmen. Ein wesentliches Element hierbei ist die in Kapitel 3 beschriebene Persönlichkeitstypologie. Sie ermöglicht eine individuellere Stellenbesetzung und Mitarbeiterführung und verbessert die Nutzung intrinsischer Motivation von Mitarbeitern und Führungskräften.

**Persönlichkeitsdiagnostik – die Auswahl
der richtigen Führungskraft**

In Unternehmen kommt es häufig vor, dass der beste *Fachexperte* einer Abteilung zur Führungskraft befördert wird. Gute Leistung in einem speziellen Bereich bedeutet jedoch nicht zwangsläufig, dass man auch gute Führungsleistung erbringt. Oftmals werden beim Besetzen einer Führungsposition notwendige Eigenschaften dieser Stelle übersehen und man entscheidet sich intuitiv für jemanden, der mit einer Beförderung »an der Reihe ist«. Ähnlich geht man bei der Auswahl von externen Bewerbern vor. Bei der Suche nach Führungskräften wird oft Ausschau nach einer Person gehalten, die jegliche Situation stets perfekt meistert, was sich dann in langen Wunschlisten der Stellenanzeigen widerspiegelt. Eine solche Person gibt es in der Realität aber gar nicht!

Die von uns aufgrund persönlichkeitspsychologischer und neurowissenschaftlicher Erkenntnisse entwickelte Typologie mit den Grundpolen »dynamisch« und »stabil« kann bei der Auswahl von Bewerbern hinsichtlich der Passung von Persönlichkeit und Stelle von Vorteil sein. Darüber hinaus gibt es Ansätze, die im Auswahlprozess die Persönlichkeitstypologien und damit verbundene Eigenschaften ausführlicher berücksichtigen und somit eine verlässlichere Bewerberauswahl ermöglichen (s. Kapitel 13).

Der von uns empfohlene Prozess zur Auswahl von Führungskräften gliedert sich in vier Phasen: In *Phase 1* sollte anhand einer Vorlage zunächst eine Arbeits- und Anforderungsanalyse für die in Frage kommende Stelle erfolgen. Als Erstes werden die notwendigen Fach- und Methodenkompetenzen sowie die Sozial- und Führungskompetenzen definiert. Daraufhin bestimmt man die zentralen Persönlichkeitsmerkmale. Hieran anschließend werden diejenigen stellenbezogenen Persönlichkeitsmerkmale anhand der von uns vorgestellten Typologien ausgewählt, die für die Position am wichtigsten sind. Daraus ergibt sich dann ein klares Kandidatenprofil.

In *Phase 2* erfolgt die erste Vorprüfung der Eignung. Zuerst wird hier anhand der Bewerbungsunterlagen bzw. anhand bisher erbrachter Leistungen von internen Kandidaten eine erste Vorselektion vorgenommen, beispielsweise anhand des Kriteriums, ob eine Person die für die Position notwendigen Fachkompetenzen besitzt oder nicht erwünschte Verhaltensweisen zeigt.

Nach erfolgreichem Bestehen der Vorauswahl folgt in *Phase 3* ein halbstrukturiertes Interview. Hierbei liegt der Fokus auf der genaueren Prüfung der Passung von Persönlichkeit und Stelle. Es soll festgestellt werden, inwiefern der Kandidat die vorher definierten Anforderungen, besonders bezüglich der relevanten Persönlichkeitsmerkmale, erfüllt. Das Gespräch wird von einem Interviewer durchgeführt und von einem Beobachter begleitet (für weitere Details zum Thema s. das Kapitel 13). Der Interviewer bezieht sich mithilfe expliziter Fragen auf bestimmte Merkmale der Persönlichkeitsstruktur, während der Beobachter auf Auffälligkeiten in Verhalten, Stimme, Mimik und Gestik des Kandidaten achtet und diese mitsamt seinen Interpretationen aufschreibt. Hierbei verwendet er einen spezifisch aufgebauten Beurteilungsbogen. Die Beurteilungen erfolgen in Bezug zu der Vergleichsgruppe, also beispielsweise zu der Ausprägungsstärke des Merkmals Verantwortungsbewusstsein bei den Leitern anderer Abteilungen, etwa dem Controlling.

In der abschließenden *Phase 4* wird dann die Auswahlentscheidung vorbereitet. Hierbei werden die Erkenntnisse aus dem Interview mit den Anforderungen der Stelle abgeglichen. Der

Interviewer und der Beobachter beraten sich bezüglich der notierten Beobachtungen und Interpretationen und ordnen den Kandidaten hinsichtlich seiner Merkmalausprägungen ein. Ziel des Entscheidungsprozesses ist es, die Person zu ermitteln, die am besten auf die Stelle passt.

Mit dieser Vorgehensweise soll die bestmögliche Passung von Persönlichkeit und Stelle angestrebt werden. Eine bessere Passung führt zu einem größeren Führungserfolg, der unter anderem durch eine höhere Mitarbeiterzufriedenheit gekennzeichnet ist, also genau jene Faktoren, die in der Gallup-Studie Optimierungspotenziale aufweisen. Der Fokus bei der Führungskräfteauswahl sollte demnach entsprechend der jeweiligen Anforderungen die Persönlichkeit des Kandidaten berücksichtigen.

KAPITEL 16

Change-Management und Persönlichkeit

Vor dem Hintergrund einer globalisierten, digitalisierten, schnelllebigen Arbeitswelt kann es sich heute kaum ein Unternehmen mehr leisten, das Thema Wandel/Change zu ignorieren. Dennoch stellen viele Mitarbeiter, Führungskräfte und Change-Manager fest, dass begonnene Veränderungsprojekte nicht so gelingen wie gewünscht. Etwa ein Viertel der Change-Projekte hat eine Erfolgsquote von 75–100 % (vgl. Mutaree, 2016), die restlichen Projekte verlaufen weniger erfolgreich oder scheitern. Damit erreichen etwa drei Viertel der Veränderungsprojekte nicht die Qualität, die Unternehmen für ihre eigenen Produkte erwarten. Zwar versucht man in der Praxis, Veränderungsvorhaben bestmöglich umzusetzen, doch die Lücke zwischen Wollen und Können ist unübersehbar. Dies ist hauptsächlich durch organisationale und methodische Defizite begründet. All das wirkt sich nachhaltig auf Vertrauen, Motivation, aber auch auf die Zukunftsfähigkeit innerhalb der Organisationen aus.

In einer Change-Management-Studie bekräftigte das Beratungsunternehmen Capgemini (2015), dass es *das eine* richtige Schema zur Umsetzung von Change-Projekten nicht gibt, denn viele Unternehmen und Beratungsorganisationen entwickeln ihre eigenen Konzepte und Produkte. Es besteht also eine große Vielfalt, weshalb es schwerfällt, eine einheitliche Definition zu finden. Drei Aspekte sind, unterschiedlich stark ausgeprägt, in einer Reihe von Konzepten zu finden, und zwar 1. ein langfristiger und ganzheitlicher Ansatz, 2. die Einbindung aller Betroffenen und 3. die Befähigung zur Selbsthilfe (vgl. Doppler und Lauterburg, 2014). Die Ausgestaltung dieser Aspekte ist sehr individuell. War es früher üblich, allein organisationale Strukturen und Prozesse zu etablieren, anzupassen oder zu verändern, soll heute auch der Mensch eine bedeutende Rolle bei der Umsetzung von Change-Projekten spielen. In diesem Zusammenhang wird meist entweder die individuelle Ebene oder die organisationale Ebene betrachtet. Will man jedoch beide Ebenen vollständig in grundlegenden strukturellen Change-Management-Ansätzen erfassen, ist es wichtig, diesen eine neurowissenschaftlich-psychologische Perspektive hinzuzufügen. Das Ergebnis ist die Kombination aus operativem Change-Management und sogenanntem »People-Change«. Hinter dem Begriff des »People-Change« steht ein Prozess, der zum Ziel hat, durch Wissensaufbau, Reflexionsprozesse und eine konkrete Maßnahmenplanung eine tiefergehende und langfristige Verhaltensänderung bei Führungskräften und Mitarbeitern zu erreichen und somit ein Scheitern von Change-Projekten zu verhindern.

Warum Change-Projekte scheitern

Nach dem Ende wenig erfolgreicher Projekte stellt sich die Frage, welches die Ursachen des Misslingens oder Scheiterns waren und was man in Zukunft verbessern kann. Diese Ursachen sind zunächst auf mehreren Ebenen zu untersuchen und aus verschiedenen Perspektiven zu betrachten. Zahlreiche Faktoren können das Scheitern begünstigen. Bei manchen von ihnen sind die Auswirkungen direkt merkbar, bei anderen hingegen nicht. Daher wirken diese meist unbewusst. Politisch oder wirtschaftlich motivierte Entscheidungen oder strukturelle Veränderungen im Unternehmen etwa können große, spürbare

Auswirkungen haben. Zu den weniger bemerkbaren Faktoren zählen Widerstände. Oft fehlt das Bewusstsein für die Probleme, die aufgrund der komplexen Situation anfangs unentdeckt bleiben. Widerstände werden vernachlässigt, und mit der Zeit entwickeln sie sich zu den wichtigsten Faktoren des Scheiterns (vgl. Lauer, 2014; Doppler und Lauterburg, 2014; Kotter, 2018). Deshalb ist es die Aufgabe eines *ganzheitlichen* Change-Managements, alle relevanten Faktoren zu erfassen und zu berücksichtigen. Dabei sollen sämtliche Aspekte der Veränderung betrachtet werden. Hierzu zählen die Ursachen des Wandels sowie die internen Hürden bis hin zu passiven und aktiven Widerständen. Diese äußern sich nonverbal etwa durch Aufregung oder Lustlosigkeit bzw. verbal durch Widerspruch oder aktives Ausweichen. Derartige Widerstände gilt es zu analysieren, zu erfassen und im Change-Projekt zu berücksichtigen (Abbildung 17).

Hürden, Hemmnisse und Widerstände

Bei einem Wandel beziehen die handelnden bzw. betroffenen Personen die Auswirkungen der Veränderungen häufig nicht auf sich selbst, sondern suchen sie bei anderen Personen oder in anderen Zusammenhängen. Den Wandel nicht zu beachten ist dabei bereits eine Form des Widerstands. Widerstände können als Ablehnung oder sogar als »Ignorieren« notwendiger Maßnahmen und Entscheidungen im Zuge des Wandels angesehen werden (vgl. Doppler und Lauterburg, 2014; Lauer, 2014). Greift niemand die Widerstände auf, können Situationen eskalieren und Krisensituationen entstehen. Eine Krise beginnt mit einer latenten Krisenphase, steigert sich zur akuten Krisenphase und endet mit der nachkritischen Phase (Lauer, 2014). Werden ineffektive Maßnahmen ergriffen, lassen sich in der latenten Kri-

	Verbal	Nonverbal
Aktiv	**Widerspruch** • Gegenargumentation • Vorwurf • Drohung • Polemik • Sturer Formalismus	**Aufregung** • Unruhe • Streit • Intrigen • Gerüchte • Cliquenbildung
Passiv	**Ausweichen** • Schweigen • Bagatellisieren • Blödeln • Ins Lächerliche ziehen • Unwichtiges debattieren	**Lustlosigkeit** • Unaufmerksamkeit • Müdigkeit • Fernbleiben • Innere Emigration • Krankheit

Abbildung 17: Change-Widerstände nach Doppler und Lauterburg (2014).

senphase einige der Probleme noch bewältigen. Da jedoch weitere notwendige Maßnahmen nicht umgesetzt werden und die Betroffenen immer mehr Widerstand leisten, tritt die nächste Krisenphase ein. In dieser akuten Krise nimmt der Handlungsspielraum für Veränderungen aufgrund von Zeitmangel und Krisendruck immer weiter ab. In der nachkritischen Phase werden alle Bemühungen meist auf eine Stabilisierung hingelenkt, so dass sich eine Art Gleichgewichtszustand einstellt. Dies bringt vermeintliche Beruhigung und Sicherheit. Weitere notwendige Maßnahmen werden vermieden, was die Situation für das Unternehmen verschlechtern kann. Damit das Change-Management die Widerstände rechtzeitig und vollständig aufgreifen kann, sollte es die konkreten, aus dem Wandel resultierenden und zu Widerständen führenden Faktoren aufmerksam analysieren. Diese werden in wirtschaftliche Faktoren, die Komplexität von Strukturen, kollektive Faktoren und individuelle Faktoren unterteilt (vgl. Lauer, 2014 und Abbildung 18).

Wirtschaftliche Faktoren sowie die *Komplexität von Strukturen* können Mitarbeiter und Führungskräfte überfordern. Veränderun-

1. Wirtschaftliche Faktoren	
2. Komplexität von Strukturen	➡ WIDERSTÄNDE
3. Kollektive Faktoren	
4. Individuelle Faktoren	

Abbildung 18: Vier Widerstand fördernde Faktoren nach Lauer (2014).

gen bedeuten beispielsweise Kosten und Investitionen, damit einhergehend auch finanzielle Lasten und einen Umstrukturierungsdruck auf organisationaler Ebene. Hat ein Unternehmen nicht die notwendigen Mittel, oder sind die Prioritäten anders gesetzt, so fehlt für Change-Vorhaben Kapital. Zusätzlich kann es passieren, dass bereits getätigte Investitionen durch die Veränderungen ihren Sinn und Wert verlieren, so dass anfangs eher Zurückhaltung geübt wird, anstatt proaktiv voranzugehen. Die Entscheidung liegt dann bei der oberen Managementebene. Gleichzeitig müssen sich Unternehmen mit einer gewissen Unvorhersagbarkeit in komplexen Situationen abfinden. Vernetztheit, Dynamik und Intransparenz werden zu ungeahnten und belastenden Einflussfaktoren, indem Entscheidungen ohne große Sicherheit zu treffen sind.

Die *kollektiven Faktoren* wirken auf organisationaler Ebene veränderungshemmend. Sie werden bei formalen Strukturen der Organisation und der Unternehmenskultur wirksam. Change-Prozesse werden erschwert, wenn Extrema innerhalb der Organisation und der Kultur vorherrschen. Das bedeutet, dass eine sehr formalisierte Organisationsstruktur und eine sehr starke Unternehmenskultur den Wandel hemmen können. Ein stark bürokratisch organisiertes Unternehmen wird in der Krise nicht in der Lage sein, Maßnahmen schnell umzusetzen. Ein stark durch Normen und Werte verbundenes Team wird keine Maßnahmen zulassen, die das Team schwächen könnten (vgl. Lauer, 2014).

Zu den *individuellen Faktoren* zählt Lauer (2014) die *kognitive Dissonanz*. Diese beschreibt das Vermeiden bzw. die Abwehr von Informationen, die das innere Erleben in Aufruhr versetzen. Das Wissen um eine anfängliche Krise und der Zwang, auf sie zu reagieren, können die letzten Monate harter Arbeit und die vielen Bemühungen zunichte machen, da es weniger Energie beansprucht, alte Vorgehensweisen beizubehalten und Gewohntes zu tun. Das ist auch oft der Grund für das erwähnte Ignorieren des Wandels. Die Widerstände werden dabei so massiv, dass eine Reaktion unausweichlich wird, doch ist das Change-Management von Unternehmen auf solche Aspekte meist nicht vorbereitet (vgl. Lauer, 2014). Basierend auf diesen individuellen Faktoren ist die Einbindung eines People-Change in das klassische Change-Management notwendig.

Ein weiterer individueller Faktor ist das in Kapitel 10 erwähnte *Satisficing-Verhalten*. Dessen Grundlage bildet die Irrationalität bzw. die Emotionalität menschlichen Handelns. Dieses Verhalten ist besonders für Situationen relevant, in denen Entscheidungen getroffen werden müssen. Während von Führungskräften rein rationale Entscheidungen gefordert werden, zeigen die in diesem Buch präsentierten neurobiologischen Erkenntnisse, dass die Emotionalität eine sehr große Rolle bei Entscheidungen spielt. Der Kern des Satisficing-Verhaltens ist das Beschränken auf wenige Entscheidungskriterien, die oberflächliche Überprüfung nur weniger Alternativen und die Suche nach sofortigen Lösungen, die zur Stabilität führen und somit beruhigend wirken. Jedoch sollte beachtet werden, dass dieses Verhalten nicht unbedingt zur Optimierung oder Verbesserung der Situation beiträgt. Der zu Beginn beschriebene Krisen- und Handlungsdruck drängt auf schnelle Maßnahmen und Lösungen. Dies erzeugt bei Führungskräften Stress, der schnell gemindert werden soll. Somit reagieren Führungskräfte nicht auf Grundlage einer Entscheidung für die richtigen Maßnahmen, sondern streben nach Stabilität und Ruhe und damit nach Stressminderung. Wesentlicher Grund dafür ist das Aversions- und Appetenzverhalten. Dies folgt dem früher genannten Prinzip, wonach Menschen dazu neigen, Lustvolles und Positives zu erleben und Negatives zu mindern, abzulehnen, zu vermeiden oder zu verdrängen.

Konkret führen die oben aufgeführten Faktoren dazu, dass Betroffene die Ziele, Hintergründe und Motive von Maßnahmen nicht immer ganz verstehen, oder dass diese mit vorhandenen unbewussten Motiven nicht vereinbar sind. Diese tiefliegenden Motive spielen neben den rationalen Argumenten für eine Veränderung eine wesentliche Rolle (vgl. Kapitel 12). Selbst wenn Betroffene die Dringlichkeit von Veränderungen akzeptieren und auch den Führungskräften vertrauen, kann es passieren, dass sie ihr Verhalten nicht danach ausrichten und es entsprechend verändern (vgl. Doppler und Lauterburg, 2014).

Spätestens dann, wenn sich Unternehmen in der Krise befinden und die Einsicht einkehrt, dass notwendige Maßnahmen nicht aus eigener Kraft umzusetzen sind, werden Beratungsunternehmen engagiert, um die Planung und Umsetzung in kürzester Zeit voranzutreiben, das Management zu unterstützen und oftmals auch an dessen Stelle Entscheidungen zu treffen. Dann werden die Beratungsunternehmen gerne für das Scheitern von Change-Vorhaben verantwortlich gemacht, und man sieht über hausgemachte Widerstände hinweg (vgl. Doppler und Lauterburg, 2015). Der Glaube, das Richtige zu tun, sich auf seiner Erfahrung ausruhen und notfalls auf neue Projekte ausweichen zu können, verbaut den Weg, die Probleme aktiv anzugehen. Wenn sich die Situation nicht bessert, wird auf härtere Methoden zurückgegriffen, oder die Verantwortlichen ziehen sich aus ihrer Verantwortung zurück. Doch gerade das Wissen um die eigentlichen Widerstände, ergänzend zu der Einsicht in die Ursachen des Wandels und die widerstandsbegünstigenden Faktoren, kann für den Change-Prozess zielführend sein. Dabei unterscheiden wir zwischen drei Widerstandsarten, die für die Krisenphasen wesentlich sind (Abbildung 19).

Die erste Form des Widerstandes ist das *Ablehnen des zunächst Fremden*. Dieses Problem ist besonders aus der Vorurteilsforschung bekannt; im Falle des Change-Managements beziehen sich die Vorurteile auf Entscheidungen und Veränderungen, aber auch auf Berater, die den Change-Prozess unterstützen wollen. Eine Skepsis gegenüber neuen Ansätzen und die daraus entstehende Unzufriedenheit ist die Abwehr einer aus der Veränderung resultierenden Notwendigkeit, sich an die neue Situation anzupassen. Besonders dann, wenn die Veränderung mit persönlichen Motiven nicht vereinbar ist, wird aus unbewussten Prozessen heraus passiver wie aktiver Widerstand geleistet. Eine plötzlich geforderte Transparenz der Arbeitsprozesse führt beispielsweise zu der Angst, bloßgestellt zu werden, die Führungsposition oder gleich den Job zu verlieren, was das Bedürfnis nach Anerkennung, Macht und Sicherheit angreift. Ein Unbehagen macht sich breit, und die betroffene Person setzt auf Flucht, d. h., sie zieht sich zurück und begleitet den Prozess nur noch

Abbildung 19: Drei Widerstandsarten nach Lauer (2014).

passiv, oder sie schaltet auf Angriff und Verteidigung, stellt sich also aktiv gegen die neuen Maßnahmen (vgl. Lauer, 2014).

Die zweite Form des Widerstandes ist das Phänomen der *Reaktanz*. Dabei handelt es ich um die Reaktion auf Freiheitseinschränkungen. Wenn *vor* dem Change-Prozess Mitarbeitern und Führungskräften Freiheiten gewährt wurden, die man ihnen dann aber aufgrund des Change-Prozesses plötzlich verwehrt (also ein Belohnungsentzug; vgl. Kapitel 12), so regt sich dagegen Widerstand, entweder mit dem Ziel, die Freiheit wiederherzustellen oder einen Ersatz für sie zu finden. Ist dies nicht möglich, kann es dazu kommen, dass gegen das Verbot gehandelt wird (vgl. Lauer, 2014).

Die dritte Form des Widerstandes resultiert aus *Missverständnissen* in der Kommunikation. Probleme im Austausch oder Verständnis können gravierende Folgen für den Change-Prozess haben. Kommunikationsfehler führen zur Verhärtung von Widerständen und verkomplizieren die Situation. Es entsteht eine Intransparenz, die zu Misstrauen führt. Wir haben dies in Kapitel 12 diskutiert.

Im Rahmen der genannten Widerstandsarten äußert sich aktiver Widerstand verbal oder nonverbal und auch durch Aufregung. Die entsprechende Person argumentiert gegen die Maßnahmen, macht Vorwürfe oder droht sogar, weicht aber zugleich bestimmten Diskussionen oder Personen aus. Gerüchte kommen in Umlauf. Die Unternehmenskultur ist dann von einem Change-Konflikt betroffen. Während für den Change-Prozess positiv eingestellte Multiplikatoren notwendig sind, welche die Change-Maßnahmen aktiv vorantreiben, entstehen somit negativ eingestellte Multiplikatoren, die den Wandel passiv behindern. Multiplikatoren sind Führungskräfte oder Mitarbeiter, die sich aktiv für den Change-Prozess im Unternehmen einsetzen und damit weitere Mitarbeiter ins Boot holen. Beim passiven Widerstand tritt oft eine gewisse Lustlosigkeit ein. Mitarbeiter und Führungskräfte wollen plötzlich nicht mehr kommunizieren. Geistiges Distanzieren wie physisches Fernbleiben vom Arbeitsplatz können die Konsequenzen sein (vgl. Doppler und Lauterburg, 2014).

Change-Entscheidungen anders treffen

Veränderungsprozesse verlangen Führungskräften viel ab. Es müssen Entscheidungen getroffen werden, oft ohne genau zu wissen, welche die richtige Entscheidung ist (vgl. Kapitel 10). Aufgrund der hohen Belastung in der Krisensituation tendieren viele Manager dazu, das Symptom eines Problems, aber nicht das Problem selbst zu bekämpfen, wie das Satisficing-Verhalten zeigt. Die Analyse von Ursachen und Widerständen bietet bereits eine wichtige Grundlage zum Entscheiden in schwierigen Situationen. Diese Aspekte sind nun in die Entscheidungsfindung einzubinden, und eine konkrete Change-Vision muss entwickelt werden. Diese strategische Grundlage dient nachfolgenden Führungsebenen dann als Orientierung.

Neben einem systematischen Change-Management-Prozess, wie er weiter unten noch beschrieben wird, gilt es dabei auch einige Faktoren zu berücksichtigen, die in den vorhergehenden Kapiteln diskutiert wurden. Rationalität und Vernunft gelten oftmals als die wichtigsten Entscheidungsgrundlagen, von denen sich Führungskräfte leiten lassen sollen. Oft wird behauptet, wer rational entscheide, erbringe die besten Leistungen. Der Emotionalität hingegen wird in Entscheidungsprozessen kein Platz eingeräumt. Wer auf emotionaler Grundlage Entscheidungen trifft, zeigt demnach Schwäche und macht sich angreifbar – so zumindest die Annahmen und Äußerungen in einigen Führungsetagen. In den meisten Fällen können jedoch rein rationale Entscheidungen gar nicht getroffen werden (vgl. Doppler und Lauterburg, 2014). Verstand und Rationalität werden bei Entscheidungsprozessen zwar herangezogen, doch letztendlich bilden unbewusste emotionale Abläufe den Hauptanteil einer Entscheidung. Es liegt uns allerdings viel daran, unsere unbewussten motivationalen Grundbedürfnisse zu befriedigen. Sie sind Bestandteil unseres emotionalen Gedächtnisses und haben viel größere Verarbeitungskapazitäten als unser sequenziell voranschreitendes Arbeitsgedächtnis, das der Träger unseres rationalen Denkens ist.

Im Change-Management müssen wir bestimmte Faktoren beachten, wenn wir Entscheidungen treffen. Wie in Kapitel 10 dargelegt, gibt es unterschiedliche Arten von Entscheidungen. Manchmal wird von rationalen Entscheidungen gesprochen, manchmal von Bauchentscheidungen und manchmal von intuitiven Entscheidungen. Jedoch muss hier klarer differenziert werden. Für Führungskräfte sind vier Arten von Entscheidungen relevant (Abbildung 20).

Bei diesen vier Entscheidungsarten wird zwischen eher rationalen und eher emotionalen sowie eher bewussten und eher unbewussten Entscheidungsabläufen unterschieden. Diese Unterscheidung ist wichtig, um zu verstehen, wann welche Art von Entscheidung sinnvoll ist. Die Auswahl einer Entscheidungsart hängt immer von der Situation ab, in der eine Entscheidung zu treffen ist. Der Change-Prozess ist sehr vielfältig, denn einige Entscheidungen sind weitreichend, andere kurzfristig, weshalb der Einsatz aller Entscheidungsarten im Prozessverlauf notwendig werden kann.

Die in Abbildung 20 aufgeführten Entscheidungsarten 1

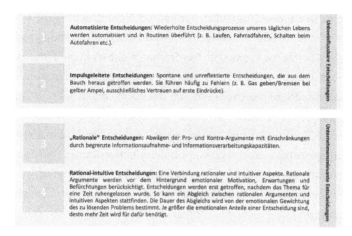

Abbildung 20: *Übersicht der Entscheidungsarten im Kontext von Führung und Change-Management.*

und 2 sind im Sinne eines strategischen Vorgehens bei Entscheidungen nicht gut steuerbar. Entsteht z.B. in bestimmten Situationen ein hoher Zeitdruck – und das ist im Change-Prozess häufig der Fall –, so wird auf impulsgesteuerte Entscheidungen (»Bauchentscheidungen«) zurückgegriffen. Dies bedeutet, dass Entscheidungen schnell, ohne langes Nachdenken und auf affektiver Grundlage getroffen werden. Problematisch an Bauchentscheidungen ist, dass sie häufig falsch sind. Es muss sehr schnell entschieden werden, oft anhand einer sehr eingeschränkten und schemenhaften Wahrnehmung der Situation. Zu Beginn der akuten Krise können solche Entscheidungen verhängnisvoll sein, da man notwendige Maßnahmen nicht einleiten kann.

Automatisierte Entscheidungen gelten als Entscheidungen des täglichen Lebens, denn sie fallen ohne großes Nachdenken. Es wird höchstens festgelegt, *wann*, jedoch nicht, *wie* etwa eine Bewegung ausgeführt werden soll. Voraussetzung für automatisierte Entscheidungen ist, dass einem eine Handlung vertraut ist; sie muss eingeübt werden und sollte nicht zu komplex sein. Hingegen werden Entscheidungen in neuen, ungewohnten Situationen oftmals mit viel Nachdenken getroffen. Wird eine Verhaltensweise zum Lösen desselben Problems mehrfach wiederholt und als positiv bewertet, so setzt der Automatisierungsprozess ein. Interessant für den Change-Kontext ist, dass automatisierte Entscheidungen im Kontext von Expertentscheidungen gesehen werden können. Experten entscheiden aufgrund ihres schnell abrufbaren Wissens. Bedenklich dabei ist aber, dass beim Einsatz falscher Experten womöglich die falschen Probleme angegangen werden. Bei Experten ohne breite Wissens- und Erfahrungsgrundlage kann es vorkommen, dass sie das Problem nicht erkennen oder es schlichtweg nicht lösen können. Somit ist eine sorgfältige Auswahl von Entscheidern, Change-Managern und Beratern im Change-Prozess von großer Bedeutung. Auch ist es oft falsch, noch mehr Experten zu Rate zu ziehen, worauf bereits Gigerenzer (2000) hingewiesen hat.

Emotionale Entscheidungen ohne Zeitdruck sind im Vergleich zu automatisierten Entscheidungen nur dann besser geeignet, wenn man sie »reifen« lässt. Beim Vorstellungsgespräch zum Beispiel oder einer Personalentscheidung täuscht der erste Eindruck, denn dieser wird von Sympathie und Antipathie geleitet. Besser ist ein Ruhenlassen und Aufschieben der Entscheidung, eventuell verbunden mit einem zweiten Gespräch.

Soll eine Entscheidung auf Grundlage des rationalen Nachdenkens getroffen werden, so generiert unser Gehirn Handlungsalternativen samt Vorstellungen von ihren Konsequenzen. Reflektierte Entscheidungen haben jedoch zwei große Nachteile.

Sie kosten zum einen viel Zeit und Nerven und sind zum anderen für die Bewältigung komplexer Situationen und Probleme ungeeignet, da unsere Reflexionskraft generell beschränkt ist. Veränderungsmanagement ist jedoch ein sehr komplexes Unterfangen. Zum Entscheiden in solchen Situationen muss das Wissen um den Zusammenhang zwischen der rational-bewussten und der emotional-unbewussten Ebene zur Entscheidungsfindung stärker einbezogen werden, denn letztere Ebene umfasst unsere gesamte Erfahrung über positive und negative Konsequenzen und die Antwort auf die Frage, ob das gesetzte Ziel mit den unbewussten Grundmotiven vereinbar ist (Abbildung 21).

Bei komplexen Situationen, wie einer Krise oder einem Change-Prozess, sollte man somit auf die in Abbildung 20 aufgeführte Entscheidungsart 4, die kombiniert rational-intuitive Entscheidung, zurückgreifen. Es handelt sich dabei, wie in Kapitel 10 beschrieben, um die aufgeschobene intuitive Entscheidung. Hier gilt das Prinzip der Komplexitätsreduktion, die der entscheidende Faktor beim Treffen großer Entscheidungen ist.

Die aufgeschobene intuitive Entscheidung verläuft in zwei Phasen. Die erste Phase besteht in der rational-reflektierten Betrachtung der Alternativen. In der zweiten Phase lässt man das Thema mindestens für einige Stunden, oft für ein bis zwei Tage ruhen. In der dritten Phase wird dann relativ spontan entschieden und anschließend gehandelt. Trotz des Veränderungsdrucks ist es wichtig, diesen Zeitraum zu gewähren, so dass die bewusst generierten Alternativen weitestgehend mit dem emotionalen Gedächtnis abgeglichen werden können. Es ist also kein Widerspruch, das rationale Abwägen verschiedener Alternativen in den Prozess mit einzubeziehen. Diese Alternativen können dann zur eigenen Beratung dienen. Es ist insgesamt also wichtig, komplexe Change-Entscheidungen nicht überstürzt zu treffen.

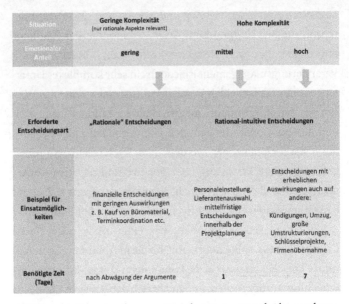

Abbildung 21: Zusammenhang von Komplexität einer Entscheidung und zugehöriger Entscheidungsart.

Für eine sinnvolle Entscheidungsstrategie müssen also grundlegende Modelle wie zum Beispiel das Rational-Choice-Modell im wirtschaftlichen Kontext neu betrachtet werden, da sie sich hauptsächlich auf das ökonomisch-rationale Abwägen beziehen. Aufgrund der zahlreichen Stresssituationen, die in komplexen Change-Projekten zu erwarten sind, sind die Funktionen des Verstandes jedoch eingeschränkt und müssen im Kontext der vorbewusst vorliegenden Vorerfahrung betrachtet werden (vgl. Kapitel 10).

Umgang mit Widerständen

Um Widerstände in Change-Management-Projekten bestmöglich in die Kommunikationsstrategie einbinden zu können, sollte man die Grundbedürfnisse der Menschen berücksichtigen. Denn Widerstände bei Veränderungen entstehen nicht selten dadurch, dass man – überwiegend unbewusst – gegen Änderungen von Routinen und die Bedrohung von persönlichen Motiven ankämpft. Betrachtet man die grundlegenden Bedürfnisse, die mit den Motiven gleichzusetzen sind, dann werden mehrere Bedrohungen deutlich, auf die sowohl Mitarbeiter als auch Führungskräfte mit Widerstand reagieren können. Laut Operationalisierter Psychodynamischer Diagnostik (OPD 2, 2017), einem Diagnosesystem für psychoanalytisch und tiefenpsychologisch arbeitende Psychotherapeuten, sind diese Grundbedürfnisse das Bedürfnis nach:

1. Bindung, Geborgenheit und sozialem Kontakt,
2. Anerkennung und Bestätigung,
3. Sicherheit,
4. Selbstverwirklichung,
5. Selbstbestätigung,
6. Eigenständigkeit und Autonomie,
7. Vorwärtskommen,
8. Einfluss und Kontrolle über andere,
9. Status, Macht und Größe.

Die genannten Bedürfnisse sind bei jedem Menschen unterschiedlich stark ausgeprägt. Das in Kapitel 3 beschriebene Vier-Ebenen-Modell der Persönlichkeit sowie das Modell der sechs psychoneuralen Grundsysteme liefern dabei wichtige

Erkenntnisse. Im Kontext dieses Persönlichkeitsmodells können hieraus zudem Persönlichkeitstypologien abgeleitet werden. Die Ausprägung der jeweiligen Bedürfnisse und somit der Motivstruktur führt in der Tendenz zu einem bestimmten Persönlichkeitstyp. Jeder Mitarbeiter hat unterschiedliche Bedürfnisse und Motive, die jedoch nicht bewusst wahrgenommen werden, obwohl sie das tägliche Handeln bestimmen. Dies erschwert die Arbeit mit Widerständen in Change-Management-Projekten. Ein Mitarbeiter, von einer Führungskraft danach befragt, warum er Widerstand leistet, wird diese Frage nicht erschöpfend beantworten können. Er wird vielleicht erklären, die anstehenden Maßnahmen würden ein Unwohlsein bei ihm erzeugen, oder er bringt alternative, rational generierte Erklärungen vor, die jedoch das eigentliche Problem kaschieren. An diesem Punkt setzt das Modell des People-Change an, das diese Aspekte zu berücksichtigen versucht (s. weiter unten).

Ein in Veränderungsvorhaben auftretender Konflikt entsteht primär zwischen äußeren Bedingungen und der daraus resultierenden Bedrohung überwiegend unbewusster Motive. Bezogen auf die oben aufgeführten Grundmotive können folgende Szenarien zu Widerständen führen und den Wunsch nach Stabilität aufkommen lassen:

1. Die lang aufgebaute Teamkultur ist in Gefahr auseinanderzufallen.
2. Hart erarbeitete Leistungen und Errungenschaften drohen verlorenzugehen.
3. Der Arbeitsplatz ist nicht mehr sicher.
4. Freiheiten werden zunehmend eingeschränkt.
5. Erfolge sind kaum noch in Sicht.
6. Vormals offene Prozesse werden plötzlich reglementiert.

7. Karriere und Aufstiegschancen scheinen mehr und mehr verbaut.
8. Der Druck wächst, und alles scheint außer Kontrolle zu geraten.
9. Verantwortliche verlieren an Macht und Mitarbeiter ihre Position im Team.

Die Bedrohung in Form dieser Szenarien führt zu Verlustangst, und der Mensch reagiert stresshaft mit Flucht, Kampf oder Verteidigung. Dabei ist festzuhalten, dass diese Szenarien stark variieren und bei jedem Menschen je nach Persönlichkeit zu unterschiedlichen Reaktionen führen können. Die Ausprägung der Motive, das subjektive Empfinden der Bedrohung sowie die individuellen Zusammenhänge sind für die eigentliche Reaktion entscheidend.

Aus dieser Erkenntnis folgt, dass eine Veränderung nur planvoll mit *emotional gerichteten Botschaften* erfolgen kann, etwa indem Bedürfnisse befriedigt werden oder die Verantwortlichen durch ihr Handeln Angst auf Seiten der Mitarbeiter vermindern und beruhigend auf sie einwirken. Ziel ist entweder die Erhaltung des Status quo oder eine langfristige Verbesserung der Situation. Bei der Herstellung des Status quo treten jedoch die schon genannten Probleme auf: Es wird zu schnell und ohne sorgfältige Analyse entschieden und die umgesetzten Maßnahmen haben wenig Sinn. Der Erhalt des Status quo mag vorübergehend Ruhe bringen, jedoch werden die notwendigen zukunftssichernden Maßnahmen nicht eingeleitet und das Unternehmen steuert auf die nächste Krise zu.

Für einen erfolgreichen Umgang mit Widerständen müssen Führungskräfte *frühzeitig* in das Verhältnis zu den Mitarbeitern investieren und versuchen, deren Bedürfnisse bestmöglich zu erkennen. Je intensiver dies geschieht, desto eher kann man Widerstände abschätzen und mit ihnen umgehen. Wenn bei größeren Veränderungsvorhaben nicht die Möglichkeit besteht, auf jeden einzelnen Mitarbeiter einzugehen, müssen die oben erwähnten Grundbedürfnisse in der Change-Kommunikation verarbeitet werden, um die Motive aller betroffenen Personen anzusprechen und zu berücksichtigen.

In Change-Prozessen sind radikale Entscheidungen manchmal unumgänglich. Wichtig dabei ist, dass sich Führungskräfte nicht aus der Verantwortung ziehen, sobald sie eine Entscheidung getroffen haben. Falls beispielsweise Entlassungen unvermeidbar sind, tragen Führungskräfte immer noch Verantwortung für die betroffenen Mitarbeiter. Entlassungen können jeden treffen; es gibt aber kein fataleres Signal an die verbleibenden Mitarbeiter, als ihnen zu bedeuten, man könnte sie im Stich lassen, sobald es schwierig wird.

Oftmals werden strenge Maßnahmen umgesetzt, sobald sich Widerstand regt. Man versucht, ihn zu brechen, verstärkt ihn dadurch aber eher noch. Aus dem Gefühl der Bedrohung wird dann eine reale Bedrohung für das innere Erleben. Aktives Zuhören und der Raum für das Beklagen möglicher Verluste ist essenziell für das Verarbeiten von Angst (vgl. Lohmer und Möller, 2014). Ziel ist es, den Aufruhr und den Widerstand zur Motivation zu nutzen. Das bedeutet konkret, Widerstand leistenden Mitarbeitern zu ermöglichen, ihre Angst und ihren Frust für die Erarbeitung von Änderungsvorschlägen zu nutzen. Im besten Fall entsteht ein transparenter Dialog, in dem ausgehandelt werden kann, was möglich ist und was nicht. Es kann außerdem geschehen, dass die Passung von Persönlichkeit und neu geplanten Stellen verloren geht. Kennt man dann die Persönlichkeit des Widerstand leistenden Mitarbeiters, so kann schnell eine passende Lösung gefunden werden. Ergänzend könnte man überprüfen, ob ein Motiv-Ziel-Konflikt besteht. Ziele werden durch Denken rational generiert, während die handlungsleitenden Motive meist unbewusst sind. Stimmt ein Ziel mit den Motiven nicht überein, so ist die Person mit ihrer Situation unzufrieden.

Im schlimmsten Fall tritt bei Veränderungsvorhaben Widerstand in Form einer Blockade oder sogar einer Sabotage der Projekte ein. Wenn die Positionen stark verhärtet sind, hilft nur noch die Mediation. Ist die Sabotage nicht mehr zu stoppen oder abzuwenden, muss die Führung eingreifen, um die Ziele des Unternehmens und das Wohl der restlichen Mitarbeiter zu schützen. Erstes Ziel muss immer sein, solche Verhärtung von Konflikten durch Transparenz und Kommunikation zeitnah zu reflektieren und rechtzeitig zu intervenieren. Eine nachhaltige Change-Management-Strategie reduziert solche Situationen idealerweise.

Aktuelle Praxis und ihre Probleme

Die aktuelle Praxis im Bereich des Change-Managements wird aus zwei Richtungen beeinflusst, nämlich zum einen von einer gruppendynamisch/systemischen Prozessbegleitung, zum anderen von einem betriebswirtschaftlichen Ansatz. Der Ursprung des Change-Managements und die darauf aufbauenden Theorien sind dementsprechend in den Anfängen dieser zwei Disziplinen zu suchen, nämlich der Sozialpsychologie und der Soziologie einerseits und den Wirtschaftswissenschaften andererseits. Die jeweiligen Change-Management-Konzepte haben dabei unterschiedliche Schwerpunkte. Das bedeutet, dass meist eine Mischung aus sozialpsychologisch-soziologischen und betriebswirtschaftlichen Konzepten zum Einsatz kommt, wobei der Schwerpunkt dann auf dem einen oder anderen Themenbereich liegt.

Modelle und Vorgehensweisen

Der Ursprung der Change-Management-Forschung wird im Drei-Phasen-Modell von Kurt Lewin aus dem Jahre 1952 gesehen. Lewin unterteilte erfolgreiche Veränderungen in Organisationen oder anderen gesellschaftlichen Gruppen in die Phasen: 1. Auftauen (»unfreezing«), 2. Bewegen (»changing«) und 3. Einfrieren (»refreezing«). In diesen drei Phasen wirken permanent zwei gegensätzliche Kraftfelder, nämlich die Beharrungskräfte (»restraining forces«) und die Veränderungskräfte (»driving forces«). Um einen Wandel erfolgreich umzusetzen und Widerstände abzubauen, sollten die Beharrungskräfte verringert und die Veränderungskräfte ausgebaut werden (vgl. Antons, 2018).

Diese elementaren und eindimensionalen Annahmen Lewins wurden 1996 von John P. Kotter zum Acht-Stufen-Modell weiterentwickelt, das den Ablauf eines Change-Prozesses beschreibt (Abbildung 22).

Das Modell bezieht sich auf die Beziehungen zwischen Organisationen und Umwelt, kann aber Rückschritte nicht erklären. Zudem wird für eine operative Umsetzung von Change-Management-Projekten ein strukturiertes Vorgehensmodell benötigt. Diesen Schwachpunkt versucht Wilfried Krüger (2014) mithilfe eigener Erhebungen zu korrigieren. Dazu identifiziert er fünf Phasen der Veränderung, die Intitialisierung, die Konzipierung, die Mobilisierung sowie die Umsetzung und die Verstetigung (Abbildung 23).

Krügers Modell bietet somit Ansätze für eine phasenorien-

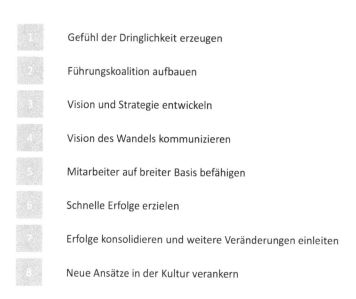

Abbildung 22: Acht-Stufen-Modell nach Kotter (2018).

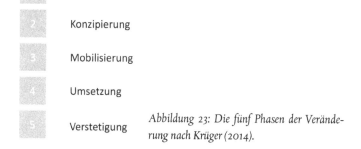

Abbildung 23: Die fünf Phasen der Veränderung nach Krüger (2014).

tierte Umsetzungsplanung und lässt Umgestaltungsmaßnahmen und flexible Anpassungen zu.

Peter Senge (1990) sowie Chris Argyris und Donald Schön (2018) haben zudem den Begriff der *lernenden Organisation* geprägt. Dieses Modell setzt auf einen kontinuierlichen Entwicklungsprozess von Unternehmen und Organisationen; es stehen Lernen und Wissen im Mittelpunkt. Ziel ist es, einen dauerhaften, evolutionären Lernprozess zu etablieren, um auf Umweltbedingungen stets adäquat reagieren zu können. Hierbei sind für Senge vor allem kontinuierliches Streben nach Erweiterung, Entwicklung und Reflexion essenziell. Weiterhin sind eine gemeinsame Vision, Lernen im Team und Denken in Systemen wichtig. Argyris und Schön (2018) beleuchten darüber hinaus das organisationale Lernen aus mehreren Blickwinkeln und vereinen die praktische mit der theoretischen Sicht. So bieten sie nicht nur ein theoretisches Modell, sondern auch praktische Erkenntnisse und Handlungsvorschläge an.

Das Modell der Komplexität dynamischer Systeme fasst Unternehmen als soziale Systeme auf, in denen die Mitglieder als zentraler Bestandteil des inneren Aufbaus verstanden werden. Der soziologischen Systemtheorie zufolge (vgl. Luhmann und Baecker, 1984) bestehen strukturelle Elemente aus Kommunikationsprozessen. Dies bedeutet nach Meinung der Vertreter dieses Ansatzes für das Change-Management, dass Diagnosen und Interventionen nicht beim Denken und Fühlen einzelner Personen ansetzen dürfen, sondern bei ihren Handlungen. Dieses Modell geht davon aus, dass unterschiedliche Machtverhältnisse und Ansichten Spannungen verursachen, die dafür sorgen, dass Veränderungen spontan und ungeplant auftreten. Daraus ergibt sich, dass Unternehmen sich in einem dynamischen System befinden, das durch Rückkopplungsprozesse und Instabilität geprägt ist (vgl. Lauer, 2014).

Das Top-down- und das Bottom-up-Modell beziehen sich auf unterschiedliche Bewegungsrichtungen in den Dimensionen »Informations- und Wissensaustausch« und »Entscheidungsanbahnung«. Veränderungsprozesse können durch Vorgaben des Managements top-down initiiert oder durch die unterste Hierarchieebene bottom-up angeregt werden. Grundsätzlich gilt, dass so viel Top-down wie nötig und so viel Bottom-up wie möglich zum Einsatz kommen sollte. Hierbei ist eine kontinuierliche Reflexion besonders wichtig – im Optimalfall kommen Vorschläge aus beiden Richtungen, die in einem interaktiven Diskurs integriert werden.

Es wird aber deutlich, dass neben rein strukturell-funktionalen Aspekten, wie sie bei Luhmann vorherrschen, die emotionale Seite von Veränderungsprozessen keinesfalls vernachlässigt werden darf. Auch hierzu gibt es Modelle, die davon ausgehen, dass das Verhalten der Individuen auf die Organisation übertragbar ist. Richard K. Streich (2013) teilt die Emotionen in sieben Phasen ein: Schock, Ablehnung, rationale Einsicht, emotionale Akzeptanz, Ausprobieren, Erkenntnis und Integration. In jeder dieser Phasen spielt die wahrgenommene Kompetenz der Mitarbeiter eine große Rolle. Die erste Phase ist der *Schock*. Mitarbeiter sind vom Change überfordert und empfinden neben Unverständnis vor allem Angst. In dieser Phase sinkt auch die Produktivität, da gewohnte Verhaltensweisen nicht mehr oder nur verändert angewendet werden können. In der *Ablehnung* mobilisieren sich die Mitarbeiter, um gemeinsam gegen den Change vorzugehen. Auch hier steht die Angst vor der Veränderung im Vordergrund. Jetzt ist es wichtig zu zeigen, dass die geplante Veränderung notwendig ist, um zur nächsten Phase, diejenige der Einsicht, zu gelangen. Diese *rationale Akzeptanz* der Veränderung bedeutet jedoch nicht zwangsläufig die Bereitschaft, sich auch persönlich zu verändern. Diesen Wendepunkt beschreibt die *emotionale Akzeptanz*. Hier werden alte Wege verlassen, und die innere Ablehnung der Veränderung verschwindet. Die nächste Phase steht im Zeichen des *Ausprobierens* und der Neugierde. Hier kann es durchaus zu Fehlern bei der Umsetzung kommen. Nach diesem Lernprozess setzt die *Erkenntnis* ein und eine erste positive Bewertung des Change-Prozesses findet statt. Die letzte Phase beschreibt die *Integration* der Veränderung in den Arbeitsalltag. Um den Change anzunehmen, müssen die Mitarbeiter begreifen, dass dieser notwendig ist. Das kann nur passieren, wenn sie ihre eigenen Kompetenzen als unzulänglich einstufen. Diese Erkenntnis benötigt Zeit. Am Ende des Prozesses werden die Kompetenzen dann höher eingestuft als vor Einführung der Veränderung. Streichs Modell gibt Change-Managern, Führungskräften und Mitarbeitern eine Orientierung, mit welchen Verhaltensweisen wann zu rechnen ist.

Klaus Doppler und Thomas Lauterburg (2014) gehen in ihren Ausführungen ebenfalls auf die Rolle der Emotionen in Veränderungsprozessen ein. Ihr Fokus liegt dabei allgemein auf dem Umgang mit Emotionen im Change-Prozess. Neben der Tendenz des Managements, Emotionen zu ignorieren und damit Fehler zuzulassen, werden die Funktionen der Emotionen von der Blockade bis hin zur Energiequelle erörtert. Das Zulassen von Emotionen und ihre Beobachtung kann viel zum Erkennen von Widerständen und ihren Ursachen beitragen. So kann verbaler oder nonverbaler, passiver oder aktiver Widerstand direkt anhand der Verhaltensweisen der Mitarbeiter erahnt werden. Auf diese Widerstände einzugehen bedeutet, Einfühlungsvermögen zu zeigen und somit das Zusammenleben im Unternehmen zu fördern und gleichzeitig mit den Widerständen und nicht gegen sie zu agieren. Emotionen sind Teil jeder Unternehmensstruktur: Von einem klassisch organisierten Unternehmen bis hin zu agiler Projektarbeit werden die Strukturen unter den Führungskräften und Mitarbeitern untereinander nicht nur auf rational-kognitiver, sondern auch auf emotionaler Ebene ausgehandelt (vgl. Doppler und Lauterburg, 2014).

Im Change-Prozess kann durch das Eingehen auf die Emotionen unter den Beteiligten ein passender Einstieg in den Managementprozess gelingen. Doppler und Lauterburg (2014, S. 115 ff.) beschreiben sechs »Schlüsselfaktoren erfolgreichen Vorgehens«, die zielführend sein sollen. Dies sind:

I) Energie erwecken und Vertrauen schaffen.
II) In Prozessen statt Strukturen denken.
III) Das Unternehmen auf das Umfeld ausrichten.
IV) Vernetzen durch Kommunikation.
V) Von außen nach innen organisieren.
VI) Das Lernen sicherstellen.

Durch die Integration von rationaler Zielsetzung und emotionalem Einfühlungsvermögen kann der Change-Manager einen transparenten Informationsstand und ein Problembewusstsein schaffen sowie Glaubwürdigkeit erzeugen, die gemeinsam zu Energie und Engagement im Prozess führen. Bei diesen Faktoren ist jedoch nicht ganz klar, wie der Change-Prozess genau aussieht. Doppler und Lauterburg (2014, S. 187 ff.) ergänzen die Schlüsselfaktoren um die »Charta des Managements von Veränderungen«. Sie definieren acht Grundsätze, die den Change-Prozessablauf strukturieren und den Transfer von Vorhaben in die Praxis sicherstellen sollen. Folgende Grundsätze sind dafür relevant:

1. Zielorientiertes Management.
2. Keine Maßnahme ohne Diagnose.
3. Ganzheitliches Denken.
4. Beteiligung der Betroffenen.
5. Hilfe zur Selbsthilfe.
6. Prozessorientierte Steuerung.

7. Lebendige Kommunikation.
8. Sorgfältige Auswahl der Schlüsselpersonen.

In der Praxis existieren zudem vielfältige Lösungen für die Gestaltung von Change-Projekten. Der allgemeine Fokus liegt bei den meisten jedoch auf der *organisationalen* Veränderung. Selbstverständlich werden Wichtigkeit und Bedeutung des »People-Change«, also der Veränderung auf der individuellen und menschlichen Ebene, erkannt, dennoch ist die Integration des oben aufgeführten Wissens eher gering.

Das Konzept des »People-Change« und sein Fokus

Das Konzept des »People-Change« sollte als Ergänzung zu bestehenden Change-Management-Modellen verstanden werden. Es zielt auf eine Begleitung der Menschen im Unternehmen ab, welche die Veränderungen mittragen sollen oder von dem Wandel direkt wie indirekt betroffen sind. Das Konzept berücksichtigt die von Doppler und Lauterburg (2014) genannten drei Aspekte, nämlich 1. ein langfristiger und ganzheitlicher Ansatz, 2. die Einbindung aller Betroffenen und 3. die Befähigung zur Selbsthilfe in folgender Hinsicht:

Zum einen ist es das Ziel, eine *langfristige* Veränderungsstrategie in einem Unternehmen zu etablieren. Das bedeutet, dass durch Grundkenntnisse sowohl von operativen Strukturen als auch von Themen der Persönlichkeitsforschung ein Bewusstsein für Veränderung auf organisationaler und auf individueller Ebene geschaffen wird. Dabei soll die Notwendigkeit erkannt werden, in zukünftigen Change-Situationen schneller und strukturierter Veränderungen anzugehen. Auch zielt das Konzept auf die konkrete Arbeit mit Führungskräften und Mitarbeitern ab. Zwei Prozesse verlaufen dabei parallel: Auf der einen Seite werden Absprachen getroffen und strukturelle Veränderungen geplant und eingeleitet. Auf der anderen Seite steht die Arbeit mit Führungskräften und Mitarbeitern im Mittelpunkt. Zuerst findet ein Top-down-Prozess über das Einbinden und Befähigen von Führungskräften statt. Im Rahmen dieses Konzeptes sind Change-Multiplikatoren im Team von Bedeutung, weil sie den Wandel ins Unternehmen tragen und Mitarbeiter für die Veränderung begeistern. Fehlerkultur, Empowerment und Motivation durch richtige Belohnung werden zu Grundpfeilern der Führung. Darauf baut dann ein Bottom-up-Prozess auf. Die Mitarbeiter lernen, den Change aktiv mitzugestalten, und bringen sich ein. Mitarbeiter, die sich nur passiv im Change-Prozess verhalten oder Widerstand gegen die Veränderung leisten, werden im People-Change ebenfalls detailliert berücksichtigt. Der langfristige und ganzheitliche Ansatz wird somit durch das Einbeziehen der organisationalen und individuellen Ebene und der Top-down- und Bottom-up-Prozesse sowie einer langfristigen Entwicklungsstrategie sichergestellt. Gleichzeitig werden alle Beteiligten in den Prozess einbezogen.

Generell kann nach dem People-Change-Konzept die Energie aus negativen Elementen wie Ängsten, Widerständen und Konflikten im positiven Sinne als Ausgangsbasis für das anstehende Change-Vorhaben umgelenkt werden. Dabei muss mithilfe richtiger Führung, also durch erfahrene Führungskräfte (vgl. Kapitel 15) sowie durch interne oder externe Berater, eine Handlungsstrategie erarbeitet und umgesetzt werden. Dies ist besonders wichtig für eine optimale Change-Kommunikation. Dabei geht es darum, allen Beteiligten in drei Schritten zur Selbständigkeit und Verantwortungsübernahme zu verhelfen, also um die sogenannte Hilfe zur Selbsthilfe. Diese drei Schritte umfassen: 1. den Wissensaufbau, 2. die Selbstreflexion und 3. die Maßnahmenplanung sowie ihre Umsetzung. Sie sind Zwischenziele des Projektverlaufs und sollen langfristig als Strategie im organisationalen Rahmen sowie in der Unternehmenskultur verankert, verinnerlicht und ständig erweitert werden.

Der top-down orientierte People-Change baut auf dem in Kapitel 3 dargestellten Persönlichkeitsmodell auf und bezieht das dort dargestellte Vier-Ebenen-Modell der Persönlichkeit, die sechs neuralen Grundsysteme, die Motivation, Entscheidungsstrategien, die Veränderbarkeit sowie die Einsicht und das Verstehen mit ein. Die Vermittlung dieser Grundlagen ist der Ausgangspunkt des Konzepts im Change-Prozess. Die Persönlichkeit wird im Rahmen der Persönlichkeitstypologien betrachtet. Die Inhalte zu Veränderbarkeit werden in eine Motivations- und Belohnungsstrategie überführt. Die Entscheidungsarten werden in den Change-Kontext gesetzt, Informationen zu Einsicht und Verstehen bei der Kommunikation der Veränderung berücksichtigt. Dieser Ansatz unterstützt das Erkennen von Vorteilen des Wandels und hilft dabei, Multiplikatoren zu gewinnen und eine Koalition zu etablieren, welche die Veränderung umsetzt. Die Orientierung an der Entscheidungsstrategie bietet den Beteiligten einen Rückhalt in schwierigen und komplexen Veränderungssituationen. Mit dem Beobachten von Handlungen, dem Erkennen von Widerständen und dem richtigen Umgang mit ihnen sowie mit einer angemessenen Kommunikation werden die wichtigsten Faktoren des Scheiterns aufgegriffen und bewältigt. Um den People-Change umzusetzen, ist Folgendes entscheidend: die Durchführung der Persönlichkeitsdiagnostik, das Ansprechen der Motive der Beteiligten, das richtige Entscheiden sowie das Verstehen von rationalen und emotionalen sowie von bewussten und unbewussten Anteilen des

People-Change	
Persönlichkeit	Auf Grundlage der Persönlichkeitsdiagnostik können Key-Player in Hinsicht auf die Persönlichkeitstypologien gezielt ausgewählt und eingesetzt und an Führungskräfte und Teams angepasste Strategien können umgesetzt werden.
Veränderung	Mithilfe einer Motivations- und Belohnungsstrategie werden die Motive der Betroffenen angesprochen und damit die gezielte Veränderung im Sinne des Change-Projektes eingeleitet.
Einsicht	Um die Motive und Bedürfnisse der Betroffenen anzusprechen, muss mit den Widerständen und ihren Ursachen gearbeitet werden. Sobald die Widerstände überwunden sind, kommt die Einsicht.
Verstehen	Diejenigen, die früh Einsicht zeigen, werden entweder in die Führungskoalition eingebunden oder als Multiplikatoren eingesetzt. Das Ziel ist, das Verstehen auf kognitiver und emotionaler Ebene bei allen Mitarbeitern zu bewirken, sie zu befähigen und in den Prozess einzubinden.
Entscheiden	Eine Entscheidungsstrategie gibt eine sichere Grundlage in schwierigen Situationen. Schwierige und komplexe Entscheidungen können mit der richtigen Strategie besser getroffen werden.

Abbildung 24: Kategorien des People-Change.

Handelns und der Kommunikation. Diese Aspekte können als die zentralen inhaltlichen Kategorien des People-Change betrachtet werden (Abbildung 24).

Im Kontext des operativen Prozesses kann der Einsatz der einzelnen Kategorien, sei es die Persönlichkeitsdiagnostik oder das Etablieren einer Entscheidungsstrategie, nach Bedarf eingesetzt werden. Die Einteilung des People-Change in Kategorien ermöglicht den flexiblen Einsatz von Schulungen, die den operativen Prozess auf individueller Ebene ergänzen, das Umdenken auf allen Ebenen fördern und zur notwendigen Verhaltensänderung beitragen können.

Integration des People-Change in das Change-Management

Im Rahmen eines ganzheitlichen Change-Managements unter Einbeziehung des People-Change sprechen wir in Anlehnung an Krüger (2014) bei Veränderungsprojekten von vier Phasen.

In Phase 1, der *Initialisierungsphase*, wird die Change-Idee entwickelt und strategisch bewertet. Es werden eine Ist-Analyse vorgenommen und der Sollzustand in der Zukunft beschrieben. Dann wird eine erste Version der *Change-Vision* (Change-Vision 1.0) entwickelt, welche als Basis für die erste Stakeholdereinbindung dient. Diese Change-Vision 1.0 ist noch nicht final, da sie mit den relevanten Stakeholdern weiterentwickelt werden soll.

In Phase 2, der *Konzeptionsphase*, werden alle notwendigen Vorbereitungsmaßnahmen für ein erfolgreiches Veränderungsvorhaben initiiert. Hierzu gehört beispielsweise die Projektplanung, die Befähigung des Change-Management-Kernteams sowie die strukturierte Integration des People-Change-Konzeptes.

In Phase 3, der *Mobilisierungs- und Umsetzungsphase*, wird das Veränderungsprojekt umgesetzt. Die Stakeholder werden eingebunden. Es wird Raum für den Austausch geschaffen und eine Auseinandersetzung mit Widerständen findet statt. In dieser Phase wird auf Basis der Change-Vision 1.0 die Change-Vision 2.0 entwickelt, die dann als Leitfaden für das Veränderungsprojekt dient. Zudem werden wichtige Teilprojekte zur Erreichung des Sollzustandes und die Befähigung der Mitarbeiter umgesetzt.

In Phase 4, der *Verstetigungsphase*, wird der Veränderungserfolg evaluiert und gefestigt. Es werden Maßnahmen initiiert, um die Veränderungen zu verankern und gegebenenfalls weitere Veränderungen vorzubereiten.

In diesen vier Phasen wird das People-Change-Konzept in das klassische Change-Management integriert. Das Change-Management wird durch eine systematische Anwendung der in diesem Buch beschriebenen Aspekte von Persönlichkeit, Motivation, Entscheidung und Verhalten erweitert, um neben der *organisationalen* Umsetzung des Change-Vorhabens auch die *individuelle* Umsetzung der Veränderungen bestmöglich zu unterstützen. In Anlehnung an den oben beschriebenen Change-Management-Ablauf werden in den folgenden Abschnitten jeweils die Elemente des People-Change-Konzeptes in den zugehörigen Phasen aufgezeigt.

I. Initialisierungsphase
– Entwicklung und Beschreibung der Veränderungsidee
In der Initialisierungsphase entsteht aufgrund verschiedener Auslöser die Grundidee für ein Veränderungsvorhaben. Diese Grundidee wird zunächst von der Geschäftsführung und gegebenenfalls von weiteren Veränderungsinitiatoren strukturiert aufgenommen und weiterentwickelt. Zu diesem Zweck werden erste Key-Stakeholder involviert. Schon in dieser frühen Phase werden die oben erwähnten People-Change-Aspekte relevant. In Form einer Stakeholderanalyse, die in Checklistenform die relevanten Aspekte etwa von Veränderungsängsten beinhaltet, wird eine individuelle Nutzenargumentation beispielsweise hinsichtlich der Ziele und tieferliegenden Motive oder der Persönlichkeit der obersten Key-Stakeholder vorgenommen. Ziel ist dabei, bereits die erste Kommunikation der Change-Idee gut vorzubereiten und auf die möglichen Veränderungshemmnisse der obersten Stakeholder auszurichten. Je besser dieser Start gelingt, desto größer ist die Chance, die Key-Stakeholder für das Change-Vorhaben zu gewinnen, sie als Multiplikatoren zu integrieren und somit insgesamt einen reibungsloseren Verlauf des Change-Projekts zu ermöglichen.

Um bei möglichst vielen Beteiligten eine dauerhafte Verhaltensanpassung zu bewirken, sollten alle für das Veränderungsvorhaben zentralen Personen (Topmanagement, Change-Manager, Projekt-Kernteam usw.) in den zentralen Bestandteilen des People-Change befähigt sein. Zu diesem Zweck müssen die in diesem Buch aufgeführten Aspekte der Persönlichkeitsforschung im Rahmen einer Qualifizierung dem Projektteam und der Leitung vermittelt werden. Zudem sind im Anschluss daran alle weiteren vom Change betroffenen Führungskräfte in diesen Themen zu schulen, um in ihren Teams die Aspekte des People-Change im Sinne des Veränderungsvorhabens skalieren zu können. Von der Veränderung begeisterte Mitarbeiter können später ebenfalls als Multiplikatoren befähigt werden, was die Wirksamkeit im Veränderungsvorhaben weiter erhöhen würde.

– Ist-Analyse und Definition des Sollzustands
Nachdem in der Initialisierungsphase die Entscheidung zur Weiterverfolgung des Themas abschließend getroffen wurde und ein Kernteam die Verantwortung für die operative Umsetzung übernommen hat, beginnt eine detailliertere Analysephase. Was sind die genauen Probleme, die zu der Veränderungsidee geführt haben? Welchen Einfluss haben hierbei organisatorische und kulturelle Aspekte? Ist eine Kulturanalyse vorzunehmen? Welche Stakeholder sind für die beschriebene Change-Idee relevant? Eine detaillierte Analyse dieser Aspekte ist wichtig, um eine Abschätzung des Aufwandes und der zu ergreifenden Maßnahmen vorzunehmen.

Im nächsten Schritt wird der genaue Sollzustand in der Zukunft beschrieben. Wie soll es konkret mit dem identifizierten Thema weitergehen? Was sind die genauen Anforderungen? Was soll erreicht werden? Wenn die Ist-Analyse und die Beschreibung des Sollzustandes vorliegen, kann nach Abgleich von Ist- und Sollzustand der konkrete Änderungsbedarf formuliert werden. Dabei muss man auch genau umreißen, welche Verhaltensänderungen von den handelnden Personen in der Organisation erwartet werden, um das Veränderungsvorhaben zu unterstützen. Dieser Aspekt ist wichtig, da hieraus die Komplexität und der Aufwand für den später notwendigen People-Change ermittelt werden. Gegebenenfalls muss sich auch die Kultur des Unternehmens verändern. An dieser Stelle ist im Sinne des People-Change zu berücksichtigen, dass eine Veränderung auf Knopfdruck nicht funktioniert. Die oben beschriebenen Widerstände und auch die ausgeprägten Routinen sind schwer aufzubrechen. Die für das Change-Management Verantwortlichen müssen an dieser Stelle die für das People-Change relevanten Änderungsbedarfe konkret ausformulieren und die dazu notwendigen Unterstützungsmaßnahmen definieren. Hierzu sollten alle relevanten Aspekte eines notwendigen People-Change in die Analyse einbezogen werden. Die Ergebnisse dieser Ist-Analyse müssen im Rahmen der Entscheidungsvorbereitung für ein Veränderungsvorhaben strukturiert erfasst und der Geschäftsführung oder dem Auftraggeber zugänglich sein, damit die Komplexität der Veränderung abschätzbar ist.

– Formulierung der Change-Vision
In dieser dritten Phase werden die Erkenntnisse aus der Analysephase in die Formulierung einer ersten Change-Vision integriert. Diese Change-Vision 1.0 ist das Grundelement für die darauffolgende Change-Kommunikation. Hierbei wird auch die *Change-Story* entwickelt. In dieser werden sehr viele Aspekte des oben erwähnten People-Change eingearbeitet. Die Formulierung der Change-Story muss wichtige Entscheidungsaspekte berücksichtigen, welche aus neurowissenschaftlicher Sicht zu beurteilen sind. Dazu gehört die Frage, ob die Veränderung für das Individuum vorteilhaft ist, ob am Ende ein höherer Nutzen ent-

steht als vorher, ob das Ziel realistisch, die Veränderung in einer angemessenen Zeit realisierbar ist usw.

Da in der Belegschaft alle Persönlichkeitstypologien mit ihren jeweils unterschiedlichen Motivstrukturen vertreten sind, müssen in der Argumentation für die Veränderung natürlich die verschiedenen Grundbedürfnisse der Menschen wie zum Beispiel Sicherheit, Selbstverwirklichung, Selbständigkeit und Status angesprochen werden.

Nach Erstellung der Change-Vision 1.0 wird die nächste Stakeholderebene identifiziert. Hierbei handelt es sich um das weitere Topmanagement und wichtige Stakeholder wie beispielsweise Betriebsratsvorsitzende. Bei dieser überschaubaren Personengruppe wird zunächst ebenfalls eine Stakeholderanalyse unter Berücksichtigung von People-Change-Aspekten vorgenommen. Es geht dabei um die Fragen: In welchen Bereichen sind die handelnden Personen tätig, und wie wirkt sich die Veränderung auf deren Bereich aus? Um welche Persönlichkeiten handelt es sich? Welches sind wichtige Grundmotive ihres Handelns, und wie können diese Aspekte in die Change-Kommunikation einbezogen werden? Welche Kommunikationsmaßnahmen wären für die Zielgruppe am besten geeignet?

Im nächsten Schritt wird dann diese Stakeholderebene involviert, um die wichtigsten Entscheider als Multiplikatoren der Veränderung zu gewinnen. Dabei werden die Change-Vision 1.0 sowie die Change-Story mit den Stakeholdern diskutiert und weiter konkretisiert. Die Change-Vision 1.0 soll es an dieser Stelle ermöglichen, die nächsten Stakeholder zu Beteiligten zu machen und deren Erfahrung, Ideen und Motive zu berücksichtigen. Die Change-Vision 1.0 wird dabei gemeinsam zur Change-Vision 2.0 weiterentwickelt. An dieser Stelle beginnt die Operationalisierung der Vision in verschiedenen Teilschritten.

Zunächst werden passend zu der Change-Vision 2.0 die strategischen Ziele für die Veränderung formuliert, welche dann als Basis für das weitere Herunterbrechen des Vorhabens in operative Ziele dienen.

Für den Start einer guten Kommunikationskaskade müssen die Betroffenen, auch solche auf oberer Ebene, zu Beteiligten gemacht werden. Dieser Schritt soll diese wichtige Stakeholdergruppe im Sinne des People-Change von der Veränderungsnotwendigkeit überzeugen und sie als Multiplikator gewinnen.

In der Praxis wird dieser Schritt leider oft nicht vollzogen. Geschäftsführung und Projektleitung erachten ihn häufig nicht für notwendig. So heißt es dort manchmal: »Das Management wird schließlich gut bezahlt und hat sich der Veränderung anzupassen, sie umzusetzen und vor allem als Vorbild voranzugehen.« Doch auch bei den handelnden Personen des oberen Managements greifen die bereits beschriebenen Mechanismen des Widerstands gegen die Veränderung und äußern sich in Form von Sicherheitsstreben oder Angst vor Statusverlust. Zudem haben auch die Mitglieder der oberen Führungsebenen ihre Routinen ausgebildet, die es zu durchbrechen gilt. Geschieht dies in dieser Phase nicht, so kommt es zum ersten Bruch in dem aufeinander aufbauenden Change-Kommunikationsprozess. Ist das Topmanagement nicht intensiv genug in das Veränderungsprojekt eingebunden und vermittelt es beispielsweise in Bereichsrunden den nachgeordneten Führungskräften und Mitarbeitern das Gefühl, selbst nicht allzu viel von dem Change-Vorhaben zu halten, dann werden die Kommunikationsmaßnahmen mit dieser Stakeholdergruppe ins Leere laufen. Der ohnehin schon herausfordernde Wandel wird unnötig erschwert.

Nach Abschluss dieser ersten Schritte in der Initialisierungsphase wird der offizielle Projektauftrag an ein operatives Projektteam erteilt, das zum Beispiel die oben erwähnten Stakeholder integriert. An dieser Stelle werden die Projektleitung, der Steuerungsprozess usw. festgelegt. In der nun folgenden Konzeptionierungsphase wird das Projekt dann detailliert ausgeplant.

II. Konzeptionsphase
– Detailplanung
In der Konzeptionsphase wird nur die Komplexität des Veränderungsprojektes in einer detaillierten Projektplanung abgebildet. Im Rahmen eines Kick-Off-Meetings werden die ersten Planungsschritte durchgeführt. Das Projekt-Kernteam führt diese Planung dann weiter. Dazu gehören die Termin- und Meilensteinplanung, das Risikomanagement und die Ressourcenplanung. Da es bei Veränderungsprojekten nicht ausreicht, nur die Projektmanagementaspekte zu berücksichtigen, wird an dieser Stelle ebenso die People-Change-Planung für den Gesamt-Rollout umgesetzt. Hierbei identifiziert man alle weiteren relevanten Stakeholder im Unternehmen und berücksichtigt den Kommunikationsplan. Auch werden Multiplikatoren ausfindig gemacht, welche die Change-Idee unterstützen können. Diese werden in ein Multiplikatoren-Team zusammengefasst, das die Führungskoalition in der vorgesehenen Kommunikationskaskade ergänzt.

In der Planungsphase wird zudem auf Basis der Change-Vision 2.0 eine detaillierte Change-Story erstellt, die alle oben aufgeführte Grundbedürfnisse anspricht, um die verschiedenen Persönlichkeitstypologien von der Veränderung zu überzeugen. Basierend auf der Stakeholderanalyse wird dann ein Kommunikationsplan entwickelt. Dieser Plan legt fest, welche Maßnahmen notwendig sind, um die betroffenen Personen bestmöglich zu informieren, mit ihnen zu kommunizieren und sie einzubinden. Die Change-Story 2.0 wird dann in allen Kommunikations-, Dialog- und Befähigungsmaßnahmen als Kommunikationsbasis verwendet, um ein einheitliches Bild zu erzeugen.

III. Mobilisierungs- und Umsetzungsphase
– Informieren und Kommunizieren
Nach der Detailplanung beginnt die operative Phase des Informierens und Kommunizierens über alle Unternehmensbereiche hinweg. Am Anfang zeigt man hierzu die Veränderungsnotwendigkeit auf. Analog zur Einbindung der Key-Stakeholder ist auch hier das Ziel, die Betroffenen zu Beteiligten zu machen und damit Transparenz und Vertrauen zu schaffen. Im ersten Schritt wird eine Führungskoalition für das Veränderungsvorhaben aufgebaut. Dabei werden die Change-Vision 2.0 und das gesamte Veränderungskonzept vorgestellt. Wichtig ist hierbei, dass die vorher berücksichtigten Aspekte aus dem People-Change in der Nutzenargumentation für jede Stakeholdergruppe gesondert kommuniziert werden, mit dem Ziel, die Veränderungsängste zu reduzieren und den individuellen Nutzen der Veränderung deutlich zu machen.

Zu dem Zweck wird in dieser Phase das Multiplikatorenteam unterstützend eingesetzt, um die Steigerung der Veränderungsbereitschaft durch eine von Mitarbeitern getragene Institution zu verstärken. In dem Multiplikatorenteam befinden sich solche Mitarbeiter, die der Veränderung positiv gegenüberstehen, die Ängste der anderen Mitarbeiter mit Empathie aufnehmen und dabei offen und proaktiv vorangehen.

– Einbindung und Reflexion
Durch Information und Kommunikation erfolgt der erste Austausch im Veränderungsprojekt. Nun folgt eine intensivere Phase des Austausches. Es geht darum, die Stakeholder nachhaltig einzubinden, um die Veränderungsgründe detaillierter zu kommunizieren und zu diskutieren und die Veränderung gemeinsam positiv zu gestalten. Hierzu werden Diskussions- und Mitgestaltungsforen etabliert, um den Raum für den notwendigen Austausch zu schaffen. Dabei muss man sich auch mit bestehenden Widerständen auseinandersetzen, um sie in dieser Phase abzuschwächen. Andernfalls besteht die Gefahr, dass diese Widerstände verstärkt werden oder sogar neue entstehen. Ziel dieser Phase ist es, die Wandlungsbereitschaft insgesamt zu erhöhen. Bei diesen Maßnahmen wird ebenfalls das Multiplikatorenteam einbezogen.

Ein weiterer Aspekt in dieser Phase ist die Durchführung von Maßnahmen zur Reflexion. Eine intensive Beschäftigung mit der eigenen Situation im Kontext der Veränderungsthemen ist der nächste wichtige Schritt. Dies ist erforderlich, damit alle Mitarbeiter die notwendigen Veränderungen auch auf sich beziehen und die eigene Rolle und Aufgabe bei der Veränderung erkennen. Diese Reflexion kann in Form von Workshops wie auch unterstützend durch Selbstmanagement-Tools umgesetzt werden.

IV. Verstetigungsphase
– Handeln und Vertiefen
Nach der intensiven Phase der Einbindung und Reflexion werden der aktive Austausch und die Weiterentwicklung des Veränderungsvorhabens durch kontinuierliche Dialog- und Diskussionsforen weiter intensiviert. All diese Maßnahmen bauen im Rahmen des Kommunikationsplanes aufeinander auf. Die An-

wendung der in der People-Change-Planung definierten Themen muss kontinuierlich fortgeführt werden, da sich Menschen nicht nach einmaligem Appell verändern (vgl. Kapitel 12). In der jetzigen Phase des Veränderungsvorhabens wird durch das Kernteam ebenfalls regelmäßig ein Status zum Veränderungsprojekt kommuniziert. Dazu gehört das Aufzeigen von bisherigen Aktivitäten, von Ergebnissen der Arbeitsgruppen und von ersten Erfolgen auf dem Weg zur Veränderung. Wichtig ist es, nach der ersten Dialogphase den Austausch weiter zu vertiefen. Vor allem gilt es nach der Mobilisierung die Proaktivität der Beteiligten durch weitere Maßnahmen zu erhöhen bzw. aufrechtzuerhalten.

Ein weiterer wichtiger Aspekt zum Erreichen des gewünschten Sollzustandes ist die Befähigung der Mitarbeiter und Führungskräfte, um die Anforderungen der erwünschten Sollsituation erfüllen zu können. Für die zukünftige, veränderte Situation sind gegebenenfalls neues Wissen bzw. neue Kompetenzen notwendig. Daher sollte man im Rahmen des Change-Vorhabens die entsprechenden Qualifizierungsmaßnahmen planen und gemeinsam, zum Beispiel mit der Personalabteilung, umsetzen. Zudem gehen die Veränderungsprojekte oft mit einem Kulturwandel einher. Dieser wird ebenfalls durch Workshops zum Thema Kultur begleitet. Idealerweise wird hierbei die gesamte Organisation im Sinne der Befähigung zur Transformation mit eingebunden.

Um den Sollzustand der Veränderung zu erreichen, ist es oft notwendig, Prozesse anzupassen oder weiterzuentwickeln. Außerdem bietet dies den Mitarbeitern die Möglichkeit, intensiv an der Gestaltung der Veränderung teilzuhaben. Solche Aufgaben sind daher als Teilprojekte des Change-Vorhabens unter Einbindung von Führungskräften und Mitarbeitern umzusetzen.

Zur Vertiefung der Change-relevanten Themen ist eine Evaluation der bisherigen Aktivitäten sinnvoll. Auf dieser Grundlage kann das organisationale Lernen stattfinden. Der gesamte Prozess wird von allen Beteiligten rekapituliert. Mithilfe einer Evaluation können positive und negative Aspekte konkret benannt werden. Die positiven Aspekte werden dann als Best Practice kommuniziert, die negativen Aspekte können als zukünftige Workshop-Themen Berücksichtigung finden. Zentrale Ziele der Vertiefung sind, die Ergebnisse des Wandels zu verankern und die Wandlungsbereitschaft wie die Wandlungsfähigkeiten zu sichern.

Abschlussbemerkung

Oftmals werden Change-Management und Organisationsentwicklung getrennt voneinander betrachtet. Doppler und Lauterburg (2014) sehen beispielsweise die Organisationsentwicklung als einen langfristigen Prozess, während das Change-Management zur kurzfristigen Transformation beitragen soll. Das Change-Management ist jedoch eine anspruchsvolle Aufgabe innerhalb der Organisationsentwicklung, denn durch die steigende Komplexität und Veränderungsgeschwindigkeit im Rahmen der digitalen Transformation muss das Change-Management in Zukunft zudem als Konzept auf strategischer *und* operativer Ebene implementiert werden. Dies bedeutet, dass auf oberer Managementebene eine langfristige Change-Planung vorgenommen und das Thema Change-Management in die Führungskräfteentwicklung integriert werden. Außerdem sind in der Organisation die Rahmenbedingungen zu schaffen, um Veränderungsprojekte mit einer einheitlichen Methodik umzusetzen. Auf operativer Ebene müssen die Aufgaben im Change-

Management-Prozess eindeutig definiert sein. Schließlich ist es wichtig, dass die Führungskräfte für die Ausführung der Aufgaben befähigt sind.

Entscheidend für den Erfolg des Change-Prozesses ist demnach ein *ganzheitliches* Change-Management-Konzept, das die Elemente des aufgeführten People-Change integriert und nachhaltige Verhaltensänderungen bei den handelnden Personen erzeugt.

KAPITEL 17

Zusammenfassung und abschließende Bemerkungen

In diesem Buch ging es um einen nüchternen Blick auf die Möglichkeiten und die Grenzen der Veränderbarkeit des Menschen. Dies geschah aus Sicht der empirisch-experimentellen Psychologie und der Hirnforschung, die hierbei Hand in Hand gehen. Wir haben gesehen, dass weder eine pessimistische Haltung, oft kombiniert mit einem veralteten Gen-Determinismus, noch ein Erziehungs- und Veränderungsoptimismus, der von einer lebenslangen gleichmäßigen Veränderbarkeit des Menschen auch in seinen tieferen Persönlichkeitsmerkmalen ausgeht, wissenschaftlich vertretbar sind. Diese Haltungen finden auch in der beruflichen Erfahrung keine Bestätigung.

Wissenschaftliche Erkenntnisse und praktischer Realismus sagen uns: Menschen wandeln sich ihr Leben lang, aber die hierbei auftretenden Veränderungen können in Art und Ausmaß sehr unterschiedlich ausfallen. Das ist von einer ganzen Reihe von Faktoren bestimmt. Hierzu gehören erstens die beteiligten Gene, die freilich im Bereich von Psyche und Persönlichkeit in ihrer großen Zahl meist unspezifisch wirken. Zweitens sind es die epigenetischen Kontrollfaktoren, die sehr viel spezifischer arbeiten und zudem teilweise durch vor- und nachgeburtliche Umwelteinflüsse verändert werden können. Drittens sind es vorgeburtliche hormonale Einflüsse des Körpers und Gehirns der werdenden Mutter auf das Gehirn des ungeborenen Kindes, besonders was starker Stress und Traumatisierung betrifft. Viertens handelt es sich um nachgeburtlich-frühkindliche Einflussfaktoren, meist der Eltern, und schließlich fünftens um Faktoren, die in der späteren Kindheit, Jugend und im Erwachsenenalter auftreten. Diese Faktoren fördern oder hemmen sich auf komplexe Weise gegenseitig und nehmen teils gleichzeitig und teils nacheinander Einfluss auf die Entwicklung der Persönlichkeit.

Der zweite und dritte Faktor, nämlich die vorgeburtlichen epigenetischen und hormonalen Einflüsse, sind besonders wichtig, denn sie bestimmen denjenigen Grundbestandteil der Persönlichkeit, mit dem wir auf die Welt kommen – auch Temperament genannt. Dieses Temperament ist »angeboren« im Sinne von »bei Geburt vorhanden«, aber wir haben gesehen, dass beide Faktoren ihrerseits Einflüssen der Umwelt ausgesetzt sind. Sie legen den Rahmen fest, in dem die frühkindlichen Umwelteinflüsse auf das Neugeborene und das Kind einwirken können. Später wirkende Faktoren etwa im Alter des Kindergartens, der Schule und der weiteren Ausbildung und Berufserfahrung fügen sich wiederum in den Rahmen des Temperaments ein und haben hierauf eine geringere verändernde Wirkung.

Persönlichkeitspsychologen und Neurobiologen sind sich darin einig, dass die Entwicklung der Persönlichkeit eines Menschen überwiegend ein *selbst-stabilisierender Prozess* ist. Zu Beginn überwiegt die Variabilität aufgrund der vielfältigen Einwirkungen der vier erstgenannten Hauptfaktoren, später – etwa ab dem Alter von 12 bis 14 Jahren – tritt eine zunehmende Konsolidierung ein, die auch durch die Pubertät nur vorübergehend gestört wird. Schließlich bildet sich eine Persönlichkeit aus, die sich nur noch in Grenzen von innen heraus ändert oder von außen ändern lässt. Wie Jens Asendorpf es treffend sagte: Jugendliche und Erwachsene suchen sich eher diejenige Umwelt, die zu ihrer Persönlichkeit passt, als dass sie sich in weiterem Maße einer bestimmten Umwelt anpassen. Wie die groß angelegten Untersuchungen des »Sozio-Ökonomischen Panels – SOEP« zeigen, werden die meisten Menschen erstaunlicherweise selbst durch schwerwiegende Lebensereignisse (von Erkrankungen und Abbauprozessen abgesehen) nur vorübergehend stärker verändert.

Freilich bedeutet das große Ausmaß der Selbststabilisierung der eigenen Persönlichkeit nicht ein ebenso großes Ausmaß an willentlicher Selbstveränderung. Zwar werden überall Rezepte dafür angeboten, aber hier ist ebenfalls Realismus geboten in dem Sinne, dass wir uns nur in sehr begrenztem Maße selbst willentlich ändern können. Hierfür gibt es zwei Hauptgründe: Erstens haben wir Menschen nur eine geringe Einsicht darin, was uns tatsächlich antreibt (s. unten), und zweitens ist zu dem Zeitpunkt, an dem wir als spätere Jugendliche und als Erwachsene endlich über klare Zielsetzungen verfügen, in unserer Persönlichkeit schon zu viel gelaufen, als dass wir uns als große Weichensteller in eigener Sache betätigen könnten. Diese Erkenntnis mag schmerzhaft oder für unser Selbstbild gar beleidigend sein, aber die Lebensweisheit und die Wissenschaft sagen uns, dass man für größere Veränderungen in aller Regel Hilfe und Anstoß von außen benötigt.

Wir tun gut daran, bei allem gegenwärtigen »Veränderungshype« von diesen Erkenntnissen auszugehen: Sobald Menschen als Jugendliche und junge Erwachsene in das Berufsleben eintreten, besitzen sie bereits eine bestimmte Grundpersönlichkeit. In welchem Maße Veränderungen dann noch möglich sind, hängt von zwei Faktoren ab. Der erste Faktor ist das von der individuellen Persönlichkeit bestimmte *Ausmaß der Veränderbarkeit*. Wir haben gehört, dass die verschiedenen grundlegenden Persönlichkeitsmerkmale generell unterschiedlich stabil sind. So zeigt *Intelligenz* ganz allgemein die höchste zeitliche Stabilität, was bedeutet, dass man im späten Jugend- und Erwachsenenalter daran kaum mehr etwas längerfristig ändern kann (kurzfristige Steigerungen sind in bescheidenem Ausmaß allerdings möglich). Intelligenz wird gefolgt von den beiden Merkmalen Dynamik (Extraversion) und Stabilität (Neurotizismus), anhand derer man die Persönlichkeit von Menschen am deutlichsten typologisieren kann. Dynamische Menschen sind definitionsgemäß von ihrer Persönlichkeit her veränderungsbereiter als stabile, und manchmal schlägt ihre Veränderungsbereitschaft in Veränderungsgier (»novelty seeking«) um, während stabile Menschen gegenüber Veränderungen vorsichtig eingestellt sind, was sich zu einem ängstlichen oder dogmatischen Anklammern an bestehende Verhältnisse entwickeln kann. Diese Typologisierung betrifft aber nur die »Grundlinie« der Persönlichkeit, denn meist ist ein begrenztes Maß an Situationsabhängigkeit vorhanden, d. h., Menschen lernen es, in bestimmten Situationen flexibler oder starrer zu reagieren.

Der zweite Faktor besteht darin, dass wir bei dem Versuch, Menschen zu ändern, auch die richtigen Maßnahmen verwenden müssen. Wir haben gehört, dass Anordnung und Befehl sowie der Appell an die Einsicht in der Regel nur geringe Effekte zeigen; auch der Aufruf zur Solidarität ist meist nur vorübergehend wirksam. Langfristig wirksam sind hingegen diejenigen Maßnahmen, die sich an der Persönlichkeit des Menschen orientieren. Dies erfordert, dass wir wissen, wie man die individuelle Persönlichkeit eines Menschen in ihren Hauptmerkmalen erkennen kann. Erst dann können wir realistischerweise versuchen, Menschen in den bestehenden Grenzen unter bestehenden Bedingungen zu verändern.

Um das Erfassen der Persönlichkeit und damit seiner grundlegenden Veränderungsfähigkeit und -bereitschaft wissenschaftlich zu begründen, haben wir uns ausführlich mit den psychologischen und neurobiologischen Aspekten des Aufbaus und der Entwicklung der Persönlichkeit befasst. Es zeigt sich, dass sich Psyche und Persönlichkeit auf vier sehr unterschiedlichen, aber eng miteinander verbundenen Ebenen entwickeln, nämlich der unteren limbischen Ebene, auf der die lebenserhaltenden Systeme, aber auch unser Temperament angesiedelt sind, mit dem wir auf die Welt kommen; der mittleren limbischen Ebene, die durch die »erste Sozialisation« im Rahmen der frühkindlichen Bindungserfahrung charakterisiert ist; der oberen limbischen Ebene, auf der sich die »sekundäre Sozialisation« im Kindergarten, in der Schule, in der akademischen oder beruflichen Ausbildung und allgemein in der Gesellschaft vollzieht, die uns befähigen soll, unsere privaten Interessen mit denen der anderen Gesellschaftsmitglieder in Einklang zu bringen; und viertens der sprachlich-kognitiven Ebene, die uns in die Lage versetzt, detaillierte Kommunikation einschließlich der Selbstdarstellung und der Rechtfertigung des eigenen Handels vor den anderen zu betreiben.

Untere, mittlere und obere limbische Ebene entstehen nacheinander, und auf ihnen haben Veränderungsmaßnahmen einen abnehmenden Einfluss auf unsere Persönlichkeit und unser Verhalten: Je später sie erfolgen, desto weniger wirksam sind sie in der Regel. Das Grundmerkmal der Selbststabilisierung der Persönlichkeit ist hierbei der entscheidende Faktor. Die vierte, sprachlich-kommunikative Ebene zeichnet sich durch die Besonderheit aus, dass sie für sich genommen *keinerlei* direkten Einfluss auf Persönlichkeit und Verhalten hat, sondern immer nur in Verbindung und im Einklang mit den Geschehnissen auf den drei limbischen Ebenen. Eigentlich weiß das jeder von uns: Worte allein bewegen nichts, sie müssen Emotionen und Motive dessen ansprechen, den wir ändern wollen. Das ist bei von Bewusstsein geleiteten Geschehnissen auf der oberen limbischen Ebene nicht schwer, aber, wie gehört, nur von relativ geringer Wirkung. Stärkere Veränderungen erreichen wir dabei nur, wenn wir auch zu den unbewussten Motiven vordringen. Das ist möglich, wie im vorliegenden Buch gezeigt, aber dazu müssen wir diese unbewussten Motive hinreichend kennen. Damit kommen wir zu einer zentralen Frage jeglicher Persönlichkeitsdiagnostik, sei es im Zusammenhang mit Personalauswahl und -führung, Coaching oder Psychotherapie.

Lange Zeit ist die akademische Psychologie diesem Problem ausgewichen, indem sie die Existenz oder zumindest die Verhaltenswirksamkeit des Unbewussten leugnete, oder indem sie wie der amerikanische Behaviorismus die Unterscheidung von Unbewusstem und Bewusstem für irrelevant erachtete. Dies war teilweise eine Reaktion auf die aus neurowissenschaftlicher Sicht korrekte Vorstellung Sigmund Freuds, dass das Unbewusste uns stärker lenkt als das Bewusste. Gleichzeitig entwickelte Freud die psychoanalytische Methode, die klassischerweise auf der Annahme beruht, es gebe sichere Wege, um das »Unbewusste bewusst zu machen«, etwa Traumdeutung, das analytische Gespräch oder Übertragung und Gegenübertragung. Das hat sich aber aufgrund neurowissenschaftlicher Erkenntnisse ebenso wie psychotherapeutischer Praxis als Irrtum erwiesen.

Das Unbewusste (gleichgültig ob als primäres oder sekundäres Unbewusstes) kann nicht bewusst gemacht, d. h. in Bilder und Worte gefasst werden, da es kein »bewusstseinsfähiges Format« besitzt. Wir können immer nur indirekte und generell unzuverlässige Kenntnisse über dasjenige erlangen, was Menschen unbewusst antreibt, und von denen sie selbst auch *nichts direkt wissen*! Indirekte Kenntnisse können wir durch das Erfassen von Inhalten der paraverbalen und der nonverbalen Kommunikation erlangen, also über die Art, wie ein Mensch uns etwas sprachlich mitteilt, was er nicht sagt, über seine Mimik, Gestik, Stimmführung, Körperhaltung und sein Verhalten. Diese so gewonnenen Erkenntnisse benötigen Training und sind nur *in der Summe* relativ verlässlich, obgleich immer hypothetisch – man kann nicht Gedanken oder Gefühle lesen, auch wenn das in populär gehaltenen Büchern behauptet wird. Auch viele Coaching-Richtungen sind in dieser Hinsicht leider überoptimistisch.

Für die Persönlichkeitsdiagnostik, aber auch für den alltäglichen Umgang mit Menschen bedeutet dies: Was ein Mensch uns mitteilt, ist – selbst wenn es nicht glatt gelogen ist – immer nur eine Mitteilung über die *subjektive* Selbst- und Weltsicht, in die momentane Empfindungen, Erinnerungen, Erfahrungen, Erwartungen und Vermutungen eingehen, besonders dahingehend, was wohl der Gesprächspartner hören will bzw. was für einen selbst vorteilhaft ist. Niemals ist es eine verlässliche Wiedergabe der gesamten Persönlichkeit, denn das Unbewusste, aber auch das aktuell Vorbewusste (d. h. die gerade nicht bewussten Inhalte des Langzeitgedächtnisses) sind der Auskunft gebenden Person nicht zugänglich. Die Inhalte des Langzeitgedächtnisses werden ständig »je nach Bedarf« umgeschrieben, und Erinnerungen können keine objektiven Berichte liefern!

Wir verstehen deshalb, warum alle persönlichkeitsdiagnostischen Methoden, die auf Selbstauskunft beruhen – gleichgültig ob durch Ankreuzen am Bildschirm oder durch Beantwortung von Fragen –, höchst unzuverlässige Informationen liefern, selbst wenn die Betroffenen sich anstrengen, möglichst ehrlich zu sein. Menschen kennen sich selbst viel weniger, als ein geschulter Diagnostiker (und manchmal auch ein Partner oder Freund!) das tut. Natürlich ist es wichtig, was jemand uns bzw. dem Befragenden erzählt, aber weniger dem Inhalt nach, sondern nach der Art, wie er es sagt und welche nonverbalen Signale er aussendet (s. oben). Damit scheiden die meisten gängigen Diagnoseverfahren einschließlich der beliebten Assessment-Center aus, aber auch das im Buch ausführlicher behandelte »Big-Five«-Diagnoseverfahren wird von Experten in seiner Aussagekraft kritisch gesehen.

Es geht also um ein Verfahren, das sich erstens an den für die Beurteilung einer Person relevanten Persönlichkeitsmerkmalen orientiert und das zweitens in der Lage ist, das Vor- und Unbewusste des Befragten hinreichend zu erfassen – wenngleich dies niemals wirklich verlässlich sein kann. Grundlegend ist dabei das Erkunden der tiefliegenden Motive einschließlich der Belohnungserwartungen, die zusammen das eigentliche Ziel unserer Bemühungen vorgeben, nämlich eine hinreichend gute Passung von Person und Position und der dafür erforderlichen Persönlichkeitsmerkmale. Ist eine solche Passung nicht vorhanden oder kann nicht erreicht werden, dann ist eine erfolgreiche Arbeit nicht zu erwarten, gleichgültig ob als Führungskraft oder als Mitarbeiter.

Haben wir eine solche diagnostische Vorarbeit geleistet, so geht es im zweiten Schritt darum, Veränderungen richtig vorzubereiten und durchzuführen. Im Change-Management läuft in deutschen (und sicherlich auch ausländischen) Unternehmen besonders viel schief. Tiefergreifende Veränderungen werden oft zu spät bei allen Betroffenen angekündigt, es wird meist nur fachlich, aber kaum psychologisch-kommunikativ geschultes Personal eingesetzt, Widerstände werden oft nicht ernst genommen, Führungskräfte scheinen sich selbst nicht genügend einzubringen, von einer das gesamte Personal adressierenden Change-Story ganz zu schweigen. Unweigerlich wird dies dann zu einem langen und tiefen »Tal der Tränen«, das Enttäuschung, Stillstand, Rückschläge und nicht selten ein »Alles auf Null zurück!« beinhaltet – mit Millionenschäden.

Beim Change-Management treffen wir auf die grundlegenden Eigentümlichkeiten menschlichen Verhaltens neuen Dingen gegenüber. Diese lassen sich in drei Grundsätze fassen: Hören ist nicht automatisch Verstehen; Verstehen ist nicht automatisch Akzeptieren; Akzeptieren ist nicht automatisch Tun. Damit ist Folgendes gemeint: Wenn jemand eine Aufforderung zu Veränderungen hört, so heißt das nicht zwangsläufig, dass er die Argumente zugunsten der Veränderungen auch akzeptiert, selbst wenn sie aus Sicht derer, die auffordern, als »glasklar« und »alternativlos« sind. Oft wird das allgemeine Ziel bejaht, aber es wird in seinen Konsequenzen für den Einzelnen selbst nicht gesehen (»Ich kann ja wohl nicht gemeint sein!«). Hier liegt die erste wichtige Hürde gegen Veränderungen. Akzeptieren heißt, die Neuerungen mit den eigenen *bewussten* Zielen als vereinbar anzusehen (»Ich bin gemeint – ich muss was tun!«). Dies stellt die zweite Hürde dar; hier treten offene und verbalisierte Widerstände zutage. Der Schritt zum Handeln muss indes die größte Hürde überwinden, denn hier geht es darum, dass die *unbewussten* Motive zustimmen und die Handlungsentscheidung absegnen. Erfolgt dies nicht, so treten Mutlosigkeit, Untätigkeit, schnelles Erlahmen der Kräfte, Erkrankungen, Kündigungen auf, von Sabotage ganz abgesehen. Grundlage dieser dritten Hürde ist eine ungenügende Antwort auf die bohrende unbewusste Frage bei jedem Betroffenen: »Was habe ich unterm Strich denn von den Veränderungen?«

Neben der sorgfältigen Vorbereitung durch Profis kommt hierbei dem deutlichen Engagement und dem Vorbild der Führungskräfte eine entscheidende Bedeutung zu. Wie wir dargestellt haben, werden die Führungskräfte neben ihrer fachlichen Qualifikation zu wenig auf ihre eigentlichen Führungsaufgaben vorbereitet, in deren Zentrum die individuelle Persönlichkeit der Mitarbeiter stehen muss. Die Erfordernisse der Führungstätigkeit sind schnell aufgezählt:

Fachliche Kompetenz, Vertrauenswürdigkeit, Feinfühligkeit; Wertschätzung für die Mitarbeiter; Kenntnisse in den psychologischen und neurobiologischen Grundlagen von Persönlichkeit und Motivation; die Fähigkeit zu Selbstreflexion und Selbstkritik; Training im Umgang mit Begabungs- und Leistungsunterschieden und in Kommunikations- und Feedback-Kultur. Die Führungskraft kann und soll kein Psychotherapeut sein, aber die genannten Fähigkeiten müssen nachdrücklich vermittelt werden, sonst dauert die in der bekannten Gallup-Studie offenbarte Misere der Führungskultur in deutschen Unternehmen an!

Der Sturm der Neuerungen, der gegenwärtig in Form des agilen Arbeitens, der Digitalisierung und Globalisierung usw. unsere Unternehmen erfasst, führt überall bei den Betroffenen zu den beiden drängenden Fragen »Können wir diese Neuerungen leisten?« und »Wollen wir sie denn eigentlich?«. Unsere Antwort auf diese Frage lautet, dass es auf eine flexible (»adaptive«) Mischung zwischen klassischer und agiler Arbeit hinauslaufen muss, und zwar unter Berücksichtigung des jeweiligen Aufgabenfeldes (z. B. Controlling vs. Marketing) und der Personen, die dafür zur Verfügung stehen.

So sehr sich unsere Gesellschaft und unsere Unternehmen verändern müssen oder wollen, folgende Grundvoraussetzungen gelten nach wie vor: Ein ausreichendes Maß an persönlicher direkter und wertschätzender Beziehung zwischen Führungskraft und Mitarbeiter sowie zwischen den Mitarbeitern (Kooperation, Teamarbeit); eine ausreichende Vorbereitung und Einstimmung auf Veränderungen; eine qualifizierte Rückmeldung einschließlich positiver Kritik; kompetente, vertrauenswürdige und feinfühlige Führungskräfte; Raum für intrinsische Belohnung (Selbstverwirklichung, Gelingen, Leistung, Wertorientierung) und ein subjektiv befriedigendes Gleichgewicht zwischen Eigenverantwortung und verteilter Verantwortlichkeit müssen vorhanden sein. Damit ist auch die Grundlage für den langfristigen wirtschaftlichen Erfolg eines Unternehmens umrissen.

Literatur

Ainsworth, M. D. S. (1964): Pattern of Attachment behavior shown by the infant in interaction with his mother. *Merrill-Palmer Quarterly 10*: 51–58.

Allport, G. W. und H. S. Odbert (1936): Trait-names: A psycholexical study. *Psychological Monographs 47* (1).

Anand, K. J. S. und F. M. Scalzo (2000): Can adverse neonatal experiences alter brain development and subsequent behavior? *Biology of the Neonate 77*: 69–82.

Anderson, S. W., A. Bechara, H. Damasio, D. Tranel und A. R. Damasio (1999): Impairment of social and moral behavior related to early damage in human prefrontal cortex. *Nature Neuroscience 2*: 1032–1037.

Antons, K. und M. Stützle-Hebel (2015): *Feldkräfte im Hier und Jetzt–Antworten von Lewins Feldtheorie auf aktuelle Fragestellungen in Führung, Beratung und Therapie.* Heidelberg: Karl Auer Verlag.

Arbeitskreis OPD (Hrsg.) (2017): *Operationalisierte Psychodynamische Diagnostik – Das Manual für Diagnostik und Therapieplanung.* Bern: Hans Huber.

Argyris, C. und D. A. Schön (2018): *Die lernende Organisation.* Stuttgart: Schäffer Poeschel

Asendorpf, J. B. und S. Wilpers (1998): Personality effects on social relationships. *Journal of Personality and Social Psychology 74*; 1531–1544.

Ashby, F. G., B. O. Turner und C. Horvitz (2010): Cortical and basal ganglia contributions to habit learning and automaticity. *Trends in Cognitive Sciences 14*, 208–215.

Atkinson, J. W. (1964): *An introduction to motivation.* Princeton, NJ: Van Nostrand.

Baddeley, A. D. (1986): *Working memory.* Oxford: Clarendon Press.

Baddeley, A. D. (2000): The episodic buffer: A new component for working memory? *Trends in Neurosciences 4*: 417–423.

Bandura, A. (1997): *Self-efficacy: The exercise of control.* New York: Freeman.

Bechara, A., D. Tranel, H. Damasio, R. Adolphs, C. Rockland und A. R. Damasio (1995): Double dissociation of conditioning and declarative knowledge relative to the amygdala and hippocampus in humans. *Science 269*: 1115–1118.

Bechara, A., H. Damasio, D. Tranel und A. R. Damasio (1997): Deciding advantageously before knowing the advantageous strategy. *Science* 275: 1293–1295.

Becker, G. S. (1999): *Der ökonomische Ansatz zur Erklärung menschlichen Verhaltens*. Tübingen: J. C. B. Mohr (Paul Siebeck).

Beier, K. T., E. E. Steinberg, K. E. DeLoach, S. Xie, K. Miyamichi, L. Schwarz, X. J. Gao, E. J. Kremer, R. C. Malenka und L. Luo (2015): Circuit architecture of VTA dopamine neurons revealed by systematic input-output mapping. *Cell* 162: 622–634.

Berridge, K. C. und M. L. Kringelbach (2015): Pleasure systems in the brain. *Neuron* 86: 646–664.

Birbaumer, N. und R. F. Schmidt (2018): *Biologische Psychologie*. Heidelberg u.a.: Springer.

Blatny M., K. Millova, M. Jellinek und T. Osecka (2015): Personality predictors of successful development: Toddler temperament and adolescent personality traits predict well-being and career stability in middle adulthood. *PLoS ONE 10(4):e0126032*.

Bocchio, M., S. Nabavi und M. Capogna (2017): Synaptic Plasticity, engrams, and network oscillations in amygdala circuits for storage and retrieval of emotional memories. *Neuron* 94: 731–743.

Bonin, H. und M. Heßler (2019): *Aufbruch oder Abbruch? Trends und Perspektiven der Arbeitsgesellschaft*. Roman Herzog Institut–Die Zukunft der Arbeit. München.

Bouchard, T. J. Jr. und M. McGue (1981): Familial studies of intelligence: A review. *Science* 212: 1055–1059.

Bowlby, J. (1975): *Bindung. Eine Analyse der Mutter-Kind-Beziehung*. München: Kindler.

Brandmaier A. M., N. Ram, G. G. Wagner und D. Gerstorf (2017): Terminal decline in well-being: the role of multi-indicator constellations of physical health and psychosocial correlates. *SOEP papers* on Multidisciplinary Panel Data Research 912: 1–54.

Brickman, P. und D. T. Campbell (1971): Hedonic relativism and planning the good society. In: M. H. Apple (Hrsg.), *Adaptation level theory: A symposium*. New York: Academic Press, S. 287–302.

Bromm, B. und J. H. Wolf (2017): *Von der Freiheit, Schmerz zu spüren*. Berlin-Boston: Walter de Gruyter.

Büchel, C. und R. J. Dolan (2000): Classical fear conditioning in functional neuroimaging. *Curr Opin Neurobiol*. 10: 219–223.

Buss, A. H. (1989): Temperaments and personality traits. In: Kohnstamm, G. A., Bates, J. E. und M. K. Rothbarth (Hrsg.), *Temperament in Childhood*. Chichester: Wiley, 49–58.

Buss, A. H. (1991): The EAS theory of temperament. In: Strelau, J. und A. Angleitner (Hrsg.), *Explorations in Temperament*. New York: Plenum Press, 43–60.

Buss, A. H. und R. Plomin (1984): *Temperament: Early developing personality traits*. London: Lawrence Erlbaum.

Buzsáki, G. und E. W. Schomburg (2015): What does gamma coherence tell us about inter-regional neural communication? *Nat Neurosci*. 18: 484–489.

Capgemini (2015): *Change Management Studie 2015.*Verfügbar unter: https://www.capgemini.com/consulting-de/wp-content/uploads/sites/32/2017/08/change-management-studie-2015_5.pdf [16. 03. 2019].

Carter, C. S. (2014): Oxytocin pathways and the evolution of human behavior. *Annual Review of Psychology* 65: 1–23.

Cattell, R. B. (1963): Theory of fluid and crystallized intelligence: A critical experiment. *Journal of Educational Psychology* 54: 1–22.

Chowdhury, N., S. Kevorkian, S. E. Hawn, A. B. Amstadter, D. Dick, K. S. Kendler und E. C. Berenz (2018): Associations between personality and distress tolerance among trauma-exposed young adults. *Pers Individ Dif*. 120: 166–170.

Christophel, T. B., P. C. Klink, B. Spitzer, P. R. Roelfsema und J. D. Haynes (2017): The distributed nature of working memory. *Trends Cogn Sci*. 21: 111–124.

Cleare, A. J. und A. J. Bond (1995): The effect of tryptophan depletion and enhancement on subjective and behavioural aggression in normal male subjects. *Psychopharmacology* 118: 72–81.

Cloninger, C. R. (1987): A systematic method for clinical description and classification of personality variants. *Arch Gen Psychiatry* 44: 573–588.

Cloninger, C. R. (2000): Biology of personality dimensions. *Current Opinions in Psychiatry* 13: 611–616.

Clore, C. L. und A. Ortony (2000): Cognitive neuroscience of emotion. In: D. R. Lane, L. Nadel, G. L. Ahern, J. Allen und A. W. Kaszniak (Hrsg.), *Cognitive Neuroscience of Emotion*. New York, Oxford: Oxford University Press, 24–61.

Corr, P. T., C. G. DeYoung und N. McNaughton (2013): Motivation and personality: A neuropsychological perspective. *Social and Personality Psychology Compass 7/3:* 158–175.

Costa, P. T. und R. R. McCrae (1989): *The NEO-PI/NEO-FFl manual supplement.* Odessa FL: Psychological Assessment Resources.

Creutzfeldt, O. D. (1983): *Cortex Cerebri. Leistung, strukturelle und funktionelle Organisation der Hirnrinde.* Berlin, Heidelberg, New York: Springer.

Damasio, A. R. (1994): *Descartes' Irrtum. Fühlen, Denken und das menschliche Gehirn.* München: List.

Damasio, A. R. (2000): *Ich fühle, also bin ich.* München: List.

Daw, N. D., S. Kakade und P. Dayan (2002): Opponent interactions between serotonin and dopamine. *Neural Netw.* 15: 603–616.

de Jong, J. W., S. A. Afjei, D. I. Pollak, J. R. Peck, C. Liu, C. K. Kim, L. Tian, K. und S. Lammel (2019): A neural circuit mechanism for encoding aversive stimuli in the mesolimbic dopamine system. *Neuron* 101: 133–151.

Decety, J. und K. J. Michalska (2010): Neurodevelopmental changes in the circuits underlying empathy and sympathy from childhood to adulthood. *Dev Sci.* 13: 886–899.

Deci, E. L. und R. M. Ryan (1985): *Intrinsic motivation and self-determination in human behavior.* New York: Plenum.

Dehaene, S. (2014): *Consciousness and the Brain: Deciphering How the Brain Codes Our Thoughts.* New York: Viking Penguin.

Depue, R. A. (1995): Neurobiological factors in personality and depression. *European Journal of Personality* 9: 413–439.

Depue R. A. und P. F. Collins (1999): Neurobiology of the structure of personality: dopamine, facilitation of incentive motivation, and extraversion. *Behavioral and Brain Sciences* 22: 491–517.

Development Dimensions International (DDI) (2013): Be Better Than Average: A study on the state of frontline leadership. Abgerufen von http://www.ddiworld.com/ddi/media/trend-research/bebetterthan average_tr_ddi.pdf

DeYoung, C. G. (2013): The neuromodulator of exploration: A unifying theory of the role of dopamine in personality. *Frontiers in Human Neuroscience* 7: 762–788.

DeYoung, C. G. und J. R. Gray (2009): Personality Neuroscience: Explaining individual differences in affect, behavior, and cognition. In: P. J. Corr und G. Matthews (Hrsg.), *Cambridge Handbook of Personality Psychology.* New York: Cambridge University Press, 323–346.

DeYoung, C. G., B. E. Carey, R. F. Krueger und S. R. Ross (2016): Ten aspects of the Big Five in the Personality Inventory for DSM–5. *Personality Disorders: Theory, Research, and Treatment 7*: 113–123.

Di Domenico, S. I. und R. M. Ryan (2017): The emerging neuroscience of intrinsic motivation: a new frontier in self-determination research. *Frontiers in Human Neurosci. 11*, doi: 10,3389/fnhum.2017.00145.

Diener, E., R. E. Lucas und C. N. Scollon (2006): Beyond the hedonic treadmill. *American Psychologist 61*: 305–314.

Dijksterhuis, A. (2010): *Das kluge Unbewusste. Denken mit Gefühl und Intuition.* Stuttgart: Klett-Cotta.

Dijksterhuis, A., M. W. Bos, L. F. Nordgren und R. B. van Baaren (2006): On making the right choice: The deliberation-without-attention effect. *Science 311*: 1005–1007.

Doppler, K. und C. Lauterburg (2014): *Change Management – den Unternehmenswandel gestalten.* Frankfurt: Campus.

Dörner, D. (1989): *Die Logik des Misslingens.* Reinbek: Rowohlt.

Duncan J., R. J. Seitz, J. Kolodny, D. Bor, H. Herzog, A. Ahmed, F. N. Newell und H. Emslie (2000): A neural basis for general intelligence. *Science 289*: 457–460.

Eccles, J. C. (1994): *Wie das Selbst sein Gehirn steuert.* München: Piper.

Edwards, J. R. (1991): Person-job fit: A conceptual integration, literature review, and methodological critique. In: C. L. Cooper und I. T. Robertson (Hrsg.), *International review of industrial and organisational psychology 6*: 283–357.

Eisenberger, N. (2012): The pain of social disconnection: examining the shared neural underpinnings of physical and social pain. *Nat Rev Neurosci. 13*: 421–434.

Eisenberger, N. I., M. D. Lieberman und K. D. Williams (2003): Does Rejection Hurt? An fMRI Study of Social Exclusion. *Science 302*: 290–292.

Ekman, P. (1999): Basic emotions. In: T. Dagleish und M. J. Power (Hrsg.), *Handbook of Cognition and Emotion.* Chichester u.a.: Wiley, S. 45–60.

Ekman, P. (2007): *Gefühle lesen. Wie Sie Emotionen erkennen und richtig interpretieren.* München: Spektrum-Elsevier.

Eliot, L. (2001): *Was geht da drinnen vor? Die Gehirnentwicklung in den ersten fünf Lebensjahren.* Berlin: Berlin-Verlag.

Engel, A. K. und W. Singer (2001): Temporal binding and the neural correlates of sensory awareness. *Trends Cogn. Sci. 5*: 16–25.

Esser, H. (1999): *Soziologie. Spezielle Grundlagen, Bd. 1: Situationslogik und Handeln.* Frankfurt am Main, New York: Campus.

Fiorillo, C. D., P. N. Tobler und W. Schultz (2003): Discrete coding of reward probability and uncertainty by dopamine neurons. *Science* 299: 1898–1902.

Fischer, A. G. und M. Ullsperger (2017): An update on the role of serotonin and its interplay with dopamine reward. *Frontiers in Human Neurosci.* 11, doi: 10.3389/fnhum.2017.00484

Fletcher, J. und S. Schurer (2017): Origins of Adulthood Personality: The Role of Adverse Childhood Experiences. *The B.E. Journal of Economic Analysis and Policy* 17: 1–22.

Fodor, J. (1983): *The Modularity of Mind*. Cambridge, MA: MIT Press.

Friederici, A. D. (2017): Evolution of the neural language network. *Psychon. Bull. Rev.* 24: 41–47.

Frydman, C. und C. F. Camerer (2016): The psychology and neuroscience of financial decision making. *Trends in Cognitive Sciences* 20: 661–675.

Gallup GmbH (2018): *Gallup Engagement Index*. Aufgerufen von: https://www.gallup.de/183104/engagement-index-deutschland.aspx

Gazzaley, A. und A. C. Nobre (2012): Top-down modulation: bridging selective attention and working memory. *Trends in Cognitive Sciences* 16: 129–135.

Gigerenzer, G. (2000): *Adaptive Thinking. Rationality in the Real World*. New York, Oxford: Oxford University Press.

Gigerenzer, G. (2002): *Das Einmaleins der Skepsis. Über den richtigen Umgang mit Zahlen und Risiken*. Berlin: Berlin Verlag.

Gigerenzer, G., P. M. Todd und ABC Research Group (1999): *Simple Heuristics That Make Us Smart*. Oxford: Oxford University Press.

Gollwitzer, P. M. (1987): Suchen, Finden und Festigen der eigenen Identität: Unteilbare Zielintentionen. In: H. Heckhausen, P. M. Gollwitzer und F. E. Weinert (Hrsg.), *Jenseits des Rubikon. Der Wille in den Humanwissenschaften*. Berlin u.a.: Springer, 176–189.

Grabner, R. H., E. Stern und A. C. Neubauer (2003): When intelligence loses its impact: Neural efficiency during reasoning in a familiar area. *International Journal of Psychophysiology* 49: 89–98.

Grawe, K. (2004): *Neuropsychotherapie*. Göttingen: Hogrefe.

Gray, J. A. (1990): Brain systems that mediate both emotion and cognition. *Cognition and Emotion* 4: 269–288.

Gunnar, M. R. und M. van Dulmen (2007): Behavior problems in post-institutionalized internationally-adopted children. *Development & Psychopathology* 19: 129–148.

Gurdjian, P., T. Halbeisen und K. Lane (2014): Why leadership-development programs fail. *McKinsey Quarterly, 1.*

Haier, R. J., B. V. Siegel, A. MacLachlan, E. Soderling, S. Lottenberg und M. S. Buchsbaum (1992): Regional glucose metabolic changes after learning a complex visuospatial/motor task: A positron emission tomographic study. *Brain Research* 570: 134–143.

Hasselmo, M. E. und M. Sarter (2011): Modes and models of forebrain cholinergic neuromodulation of cognition. *Neuropsychopharmacology* 36: 52–73.

Haworth, C. M. A., M. A. Wright … und R. Plomin (2009): A twin study of the genetics of high cognitive ability selected from 11,000 twin pairs in six studies from four countries. *Behav Genet.* 39: 359–370.

Haynes, J. D. und G. Rees (2006): Decoding mental states from brain activity in humans. *Nature Reviews Neuroscience* 7: 523–534.

Haynes, J. D., K. Sakai, G. Rees, S. Gilbert, C. Frith und R. E. Passingham (2007): Reading hidden intentions in the human brain. *Curr Biol.* 17: 323–328.

Headey, B. (2006): Subjective well-being: Revisions to dynamic equilibrium theory using national panel data and panel regression methods. *Social Indicators Research 79:* 369–403.

Headey, B. und G. G. Wagner (2018): Alternative Values-Based ›Recipes‹ for Life Satisfaction: German results with an Australian replication. *SOEP papers on Multidisciplinary Panel Data Research 982:* 1–57.

Hebb, D. O. (1949): *The Organization of Behavior. A Neuropsychological Theory.* New York: Wiley.

Heckhausen, H. (1987): Perspektiven einer Psychologie des Wollens. In: H. Heckhausen, P. M. Gollwitzer und F. E. Weinert (Hrsg.), *Jenseits des Rubikon. Der Wille in den Humanwissenschaften.* Berlin u.a.: Springer, S. 121–142.

Heckhausen, J. und H. Heckhausen (2018): *Motivation und Handeln.* Berlin, Heidelberg: Springer.

Herrnstein, R. und C. Murray (1994): *The Bell Curve – Intelligence and Class Structure in America.* New York: Freepress.

Holly, E. N. und K. A. Miczek (2016): Ventral tegmental area dopamine revisited: effects of acute and repeated stress. *Psychopharmacology (Berl)* 233: 163–186.

Hossiep, R. und M. Paschen (2003): *Bochumer Inventar zur berufsbezogenen Persönlichkeitsbeschreibung.* Göttingen: Hogrefe.

Hüther, G. und U. Hauser (2012): *Jedes Kind ist hochbegabt: Die angeborenen Talente unserer Kinder und was wir aus ihnen machen.* München: Knaus.

Hsu, M., M. Bhatt, R. Adolphs, D. Tranel und C. F. Camerer (2005): Neural systems responding to degrees of uncertainty in human decision-making. *Science 310:* 1680–1683.

Human, L. J., K. R. Thorson und W. B. Mendes (2016): Interactive effects between extraversion and oxytocin administration: Implications for positive social processes. *Social Psychology and Personality Science 7*: 735–744.

Ikeda, S. H. Takeuchi ... und R. Kawashima (2017): A comprehensive analysis of the correlations between resting-state oscillations in multiple-frequency bands and big five traits. *Frontiers in Human Neuroscience,* doi: 10.3389/fnhum.2017.00321

Jerison, H. J. (1973): *Evolution of the Brain and Intelligence.* New York: Academic Press.

Joëls, M., G. Fernandez und B. Roozendaal (2011): Stress and emotional memory: a matter of timing. *Trends Cogn Sci. 15:* 280–288.

Kahle, W. (1976): *Taschenatlas der Anatomie für Studium und Praxis. Band 3. Nervensystem und Sinnesorgane.* Stuttgart: Georg Thieme.

Kahneman, D. S. (2012): *Schnelles Denken, langsames Denken.* München: Siedler.

Kandel, E. R., J. H. Schwartz und T. M. Jessell (1996): *Neurowissenschaften.* Heidelberg: Spektrum Akademischer Verlag.

Kanning, U. W. (2009): *Diagnostik sozialer Kompetenzen. Kompendien Psychologische Diagnostik.* 2. Aufl. Göttingen: Hogrefe.

Kerns, J. G., J. D. Cohen, A. W. MacDonald III, R. Y. Cho, V. A. Stenger und C. S. Carter (2004): Anterior cingulate conflict monitoring and adjustments in control. *Science 303:* 1023–1026.

Kobi, J. (2016): *Neue Prämissen in Führung und HR-Management. Mehr Leistung durch Sicherheit und Verbundenheit.* Wiesbaden: Springer.

Kolb, B. und I. Q. Wishaw (1996): *Neuropsychologie.* 2. Aufl. Heidelberg, Berlin: Spektrum Akademischer Verlag.

Kornhuber, H. H. und L. Deecke (1965): Hirnpotentialänderungen bei Willkürbewegungen und passiven Bewegungen des Menschen: Bereitschaftspotential und reafferente Potentiale. *Pflügers Archiv für Gesamte Physiologie 284:* 1–17.

Kotter, J. P. (2018): *Leading Change.* München: Vahlen.

Krauledat, M., G. Dornhege ... und K. R. Mueller (2004): Improving speed and accuracy of brain-computer interfaces using readiness potential features. *IEEE*, doi: 10.1109/IEMBS. 2004.1404253

Kristof-Brown, A. L., R. D. Zimmerman und E. C. Johnson (2005): Consequences of individuals' fit at work. A meta-analysis of person-job, person-organization, person-group, and person-supervisor fit. *Personnel Psychology 58*: 281–342.

Krüger, W. (2014): *Excellence in Change*. Wiesbaden: Springer/Gabler.

Kuhl, J. (2001): *Motivation und Persönlichkeit: Interaktionen psychicher Systeme*. Göttingen: Hogrefe.

Lauer, T. (2014): *Change Management – Grundlagen und Erfolgsfaktoren*. Berlin: Springer/Gabler.

Lavin, C., E. Melis, E. Mikulan, C. Gelormini, D. Huepe und A. Ibañez (2013): The anterior cingulate cortex: an integrative hub for human socially-driven interactions. *Front. Neurosci. 7*: 1–4.

LeDoux, J. E. (1998): *Das Netz der Gefühle. Wie Emotionen entstehen*. München: Hanser.

Lengfeld, H. und J. Ordemann (2016): Die Angst der Mittelschicht vor dem sozialen Abstieg revisited. Eine Längsschnittanalyse 1984–2014. *SOEP papers on Multidisciplinary Panel Data Research 862*: 1–30.

Libet, B., C. A. Gleason, E. W. Wright und D. K. Pearl (1983): Time of conscious intention to act in relation to onset of cerebral activity (readiness-potential). *Brain 106*: 623–642.

Loftus, E. F. und J. E. Pickrell (1995): The formation of false memories. *Psychiatric Annals 25*: 720–725.

Logothetis, N. K., J. Pauls, M. Augath, T. Trinath und A. Oeltermann (2001): Neurophysiological investigation of the basis of the fMRI signal. *Nature 412*: 150–157.

Lohmer, M. und H. Möller (2014): *Psychoanalyse in Organisationen: Einführung in die psychodynamische Organisationsberatung*. Stuttgart: Kohlhammer.

Lorenz, A. (2009): *Die Führungsaufgabe: Ein Navigationskonzept für Führungskräfte*. Wiesbaden: Springer/Gabler.

Lück, M., D. Strüber und G. Roth (2005): *Psychobiologische Grundlagen aggressiven und gewalttätigen Verhaltens*. Oldenburg: BIS.

Lüdemann, C. und H. Lüdemann (2007): *Leistungstests souverän meistern*. Heidelberg: Redline Wirtschaft.

Luhmann, N. und D. Baecker (2004): *Einführung in die Systemtheorie*. Heidelberg: Carl-Auer-Systeme.

Lyubomirsky, S. und K. Layous (2013): How do simple positive activities increase well-being? *Current Directions in Psychological Science* 22: 57–62.

Main, M. und J. Solomon (1986): Discovery of an insecure-disorganized/disoriented attachment pattern. In: T. B. Brazelton und M. W. Yogman (Hrsg.), *Affective development in infancy*. Westport, CT: Ablex Publishing, 95–124.

Meyer-Lindenberg, A., G. Domes, P. Kirsch und M. Heinrichs (2011): Oxytocin and vasopressin in the human brain: social neuropeptides for translational medicine. *Nat Rev Neurosci*. 12: 524–5c38.

Mischel, W. (2009): From Personality and Assessment (1968) to Personality Science, 2009. *Journal of Research in Personality 43*, 282–290.

Mizumori, S. J. Y. und P. M. Baker (2017): The lateral habenula and adaptive behaviors. *Trends Neurosci*. 40: 481–493.

Moffitt, T. E. und A. Caspi (2001): Childhood predictors differentiate lifecourse persistent and adolescence-limited antisocial pathways among males and females. *Developmental Psychopathology 13*: 355–375.

Mueller, S., J. Wagner, G. G. Wagner, N. Ram und D. Gerstorf (2017): How far reaches the power of personality? Personality predictors of terminal decline in well-being. *SOEP papers on Multidisciplinary Panel Data Research 944*: 1–56.

Mutaree (2016): *Change-Fitness-Studie*. Verfügbar unter: https://www.mutaree.com/downloads/Change-Fitness-Studie%202016%20Management%20Summary.pdf [03. 04. 2019].

Myers, D. (2014): *Psychologie*. Berlin, Heidelberg: Springer.

Neubauer, A. C., H. H. Freudenthaler und G. Pfurtscheller (1995): Intelligence and spatiotemporal patterns of event-related desynchronization (ERD). *Intelligence 20*: 249–266.

Neubauer, A. C. und E. Stern (2007): *Lernen macht intelligent – Warum Begabung gefördert werden muss*. München: DVA.

Neyer, F. J. und J. Asendorpf (2018): *Psychologie der Persönlichkeit*. Berlin, Heidelberg: Springer.

Nieuwenhuys, R., J. Voogt und Chr. van Huijzen (1978 ff.): *Das Zentralnervensystem des Menschen*. Berlin, Heidelberg u. a.: Springer.

Öhman, A. (1999): Distinguishing unconscious from conscious emotional processes: methodological considerations and theoretical implications. In: T. Dagleish und M. J. Power (Hrsg.), *Handbook of Cognition and Emotion*. Chichester u. a.: Wiley, 321–352.

Ostendorf, F. und A. Angleitner (2004): *NEO-PI-R – NEO Persönlichkeitsinventar nach Costa und McCrae–Revidierte Fassung (PSYNDEX Tests Review)*. Göttingen: Hogrefe.

Panksepp, J. (1998): *Affective Neuroscience. The Foundations of Human and Animal Emotions*. New York: Oxford University Press.

Panksepp, J., R. D. Lane und M. Solms (2017): Reconciling cognitive and affective neuroscience perspectives on the brain basis of emotional experience. *Neuroscience and Biobehavioral Reviews* 76: 187–215.

Pastor-Bernier A., C. Plott und W. Schultz (2017): Monkeys choose as if maximizing utility compatible with basic principles of revealed preference theory. *Proceedings of the National Academy of Sciences* 114: 1–10.

Pauen, M. (1999): *Das Rätsel des Bewusstseins. Eine Erklärungsstrategie*. Paderborn: Mentis.

Pauen, M. und G. Roth (2008): *Freiheit, Schuld und Verantwortung. Grundzüge einer naturalistischen Theorie der Willensfreiheit*. Frankfurt am Main: Suhrkamp.

Paulhus, D. L. und C. L. Martin (1988): Functional flexibility: A new conception of interpersonal flexibility. *Journal of Personality and Social Psychology* 55: 88–101.

Pearce, J. M. (1997): *Animal Learning and Cognition: An Introduction*. Hove: Psychology Press.

Pessoa, L. (2017): A Network Model of the Emotional Brain. *Trends in Cognitive Sciences* 21: 357–371.

Pessoa, L. und R. Adolphs (2010): Emotion processing and the amygdala: from ›low road‹ to ›many roads‹ of evaluating biological significance. *Nature Reviews Neuroscience* 11: 773–782.

Picot, A., H. Dietl, E. Franck, M. Fiedler und S. Royer, S. (2012): *Organisation – Theorie und Praxis aus ökonomischer Sicht*. Stuttgart: Schäffer-Poeschel.

Plomin, R. (2016): *Behavioral Genetics*. 7. Aufl. New York: Worth Publishers.

Popper, K. und J. Eccles (1982): *Das Ich und sein Gehirn*. München: Piper.

Portella, M. J., C. J. Harmer, J. Flint, P. Cowen und G. M. Goodwin (2005): Enhanced early morning salivary cortisol in neuroticism. *Am J Psychiatry* 162: 807–809.

Power, R. A. und M. Pluess (2015): Heritability estimates of the Big Five personality traits based on common genetic variants. *Translational Psychiatry* 5:e604. doi: 10.1038/tp.2015.96.

Puca, R. M. und T. A. Langens (2005): Motivation. In: J. Müsseler und

W. Prinz (Hrsg.), *Allgemeine Psychologie*. Heidelberg, Berlin: Spektrum, 225–269.

Rainville, P., G. H. Duncan, D. D. Price, B. Carrier und M. C. Bushnell (1997): Pain affect encoded in human anterior cingulate but not somatosensory cortex. *Science* 277: 968–971.

Ray, S. und J. H. Maunsell (2015): Do gamma oscillations play a role in cerebral cortex? *Trends Cogn Sci.* 19: 78–85.

Ray, R. D. und D. H. Zald (2012): Anatomical insights into the interaction of emotion and cognition in the prefrontal cortex. *Neuroscience and Biobehavioral Reviews* 36: 479–501.

Rescorla, R. A. und R. A. Wagner (1972): A theory of Pavlovian conditioning: Variations in the effectiveness of reinforcement and nonreinforcement. In: A. H. Black und W. F. Prokasy (Hrsg.), *Classical conditioning II: Current research and theory*. New York: Appleton-Century-Crofts, 64–99.

Rimfeld, K., Y. Kovas, P. S. Dale und R. Plomin (2016): True grit and genetics: Predicting academic achievement from personality. *J Pers Soc Psychol.* 111: 780–789.

Rolls, E. T. (1999): *The Brain and Emotion*. New York, Oxford: Oxford University Press.

Rost, D. H. (2008): Multiple Intelligenzen, multiple Irritationen. *Zeitschrift für Pädagogische Psychologie* 22: 97–112.

Rost, D. H. (2013): *Handbuch Intelligenz*. Weinheim: Beltz.

Roth, G. (2003): *Fühlen, Denken, Handeln. Wie das Gehirn unser Handeln bestimmt*. Frankfurt am Main: Suhrkamp.

Roth, G. (2013): *The long evolution of brains and minds*. Dordecht: Springer.

Roth, G. (2015): Convergent evolution of complex brains and high intelligence. *Philos. Trans. R. Soc. Lond. B Biol. Sci.* 370, 20150049. doi: 10.1098/rstb.2015.0049

Roth, G. und U. Dicke (2005): Evolution of the brain and intelligence. *Trends in Cognitive Sciences* 9: 250–257.

Roth, G. und U. Dicke (2017): Evolution of cognitive brains: mammals. In: Watanabe, S., Hofman, M. A., Shimizu, T. (Hrsg.), *Evolution of the Brain, Cognition, and Emotion in Vertebrates*. Heidelberg: Springer, 125–146.

Roth, G. und A. Ryba (2016): *Coaching, Beratung und Gehirn. Neurobiologische Grundlagen wirksamer Veränderungskonzepte*. Stuttgart: Klett-Cotta.

Roth, G. und N. Strüber (2018): *Wie das Gehirn die Seele macht*. Stuttgart: Klett-Cotta.

Rothbart, M. K. und J. E. Bates (2006): Temperament. In: W. Damon, R. Lerner und N. Eisenberg (Hrsg.), *Handbook of Child Psychology. Vol 3: Social, Emotional, and Personality Development*. New York: Wiley, S. 99–166.

Ryba, A. (2018): *Die Rolle unbewusster und vorbewusst-intuitiver Prozesse im Coaching*. Göttingen: Vandenhoeck und Ruprecht.

Sarrazin, T. (2010): *Deutschland schafft sich ab. Wie wir unser Land aufs Spiel setzen*. München: DVA.

Scherer, K. R. (1999): Appraisal theory. In: T. Dagleish und M. J. Power (Hrsg.), *Handbook of Cognition and Emotion*. Chichester u.a.: Wiley, 637–663.

Scheuplein, H. (1967): *Die Aufgaben unternehmerischer Führungskräfte und ihre Förderung*. Köln und Opladen: Westdeutscher Verlag.

Schirmer, U. und S. Woydt (2016): *Mitarbeiterführung*. 3. Aufl. Berlin u.a.: Springer.

Schneider B. und M. Koenigs (2017): Human lesion studies of ventromedial prefrontal cortex. *Neuropsychologia 107*: 84–93.

Seligman, M. (2012): *Flourish. Wie Menschen aufblühen: Die Positive Psychologie des gelingenden Lebens*. München: Kösel.

Selten, R. (2001): What is bounded rationality? In: Gigerenzer G. und R. Selten (Hrsg.), *Bounded Rationality. The Adaptive Toolbox*. Dahlem Workshop Reports. Cambridge (Mass.), London: The MIT Press, 13–36.

Simon H. (1993): *Homo rationalis. Die Vernunft im menschlichen Leben*. Frankfurt, New York: Campus.

Skinner, B. F. (1953): *Science and Human Behavior*. New York: MacMillan. Dt. (1973) *Wissenschaft und menschliches Verhalten*. München: Kindler.

Spitzer, M. (2012): *Digitale Demenz. Wie wir uns und unsere Kinder um den Verstand bringen*. München: Droemer.

Statista (2019): *Führende internationale Managementberatungen in Deutschland* in den Jahren 2015 bis 2017 nach weltweitem Beratungsumsatz (in Milliarden Euro)*. Verfügbar unter https://de.statista.com/statistik/daten/studie/157384/umfrage/top-10-unternehmensberatungen-in-deutschland-nach-umsatz/ [21. 03. 2019].

Staudt, E. und B. Kriegesmann (1999): Weiterbildung: Ein Mythos zerbricht. In: Arbeitsgemeinschaft QUEM (Hrsg.), *Kompetenzentwicklung '99*. Münster: Waxmann, 17–59.

Stauffer, W. R., A. Lak, A. Yang, M. Borel, O. Paulsen, E. S. Boyden und

W. Schultz (2016): Dopamine neuron-specific optogenetic stimulation in rhesus macaques. *Cell 166*: 1564–1571.

Steenhaut, P., G. Rossi, I. Demeyer und R. De Raedt (2018): How is personality related to well-being in older and younger adults? The role of psychological flexibility. *International Psychogeriatrics*, doi.org/10.1017/S1041610218001904

Stemmler, G., D. Hagemann, M. Amelang und F. M. Spinath (2016): *Differenzielle Psychologie und Persönlichkeitsforschung* (8. Aufl.). Stuttgart, Berlin, Köln: Kohlhammer.

Stern, E. und A. Neubauer (2013): *Intelligenz. Große Unterschiede und ihre Folgen*. München: DVA.

Streich, R. K. (2013): *Fit for Leadership*. Wiesbaden: Springer Gabler.

Strüber, N. (2016): *Die erste Bindung. Wie Eltern die Entwicklung des kindlichen Gehirns prägen*. Stuttgart: Klett-Cotta.

Singer, T., B. Seymour, J. O'Doherty, H. Kaube, R. J. Dolan und C. D. Frith (2004): Empathy for pain involves the affective but not sensory components of pain. *Science 303*: 1157–1162.

Singer, T., H. D. Critchley und K. Preuschoff (2009): A common role of insula in feelings, empathy and uncertainty. *Trends in Cognitive Sciences 13*: 334–340.

Thomas, A. und S. Chess (1980): *Temperament und Entwicklung*. Stuttgart: Enke.

Toschi, N., R. Riccelli, I. Indovina, A. Terracciano und L. Passamonti (2018): Functional connectome of the five-factor nodel of personality. *Personality Neuroscience 1*, /doi.org/10.1017/pen.2017.2

Tucker-Drob, E. M., D. A. Briley, L. E. Engelhardt, F. D. Mann und K. P. Harden (2016): Genetically-mediated associations between measures of childhood character and academic achievement. *Journal of Personality and Social Psychology 111*: 790–815.

Valentino, R. J. und E. van Bockstaele (2008): Convergent regulation of locus coeruleus activity as an adaptive response to stress. *European J. Pharmacology 583*: 194–203.

Vahs, D. (2015): *Organisation–Ein Lehr- und Managementbuch*. Stuttgart: Schäffer-Poeschel.

Vohs, K. D., N. L. Mead und M. R. Goode (2006): The psychological consequences of money. *Science 314*: 1154–1156.

Wang, S., M. Zhou, T. Chen, X. Yang, G. Chen, M. Wang und Q. Gong (2017): Grit and the brain: spontaneous activity of the dorsomedial prefrontal cortex mediates the relationship between the trait grit and academic performance. *Soc Cogn Affect Neurosci.* 12: 452–460.

Wenzel, J. M. und J. F. Cheer (2018): Endocannabinoid regulation of reward and reinforcement through interaction with dopamine and endogenous opioid signaling. *Neuropsychopharmacology,* doi:10.1038/npp.2017.126

Weiner, B. (1994): *Motivationspsychologie.* 3. Aufl. Weinheim: Beltz.

Winston, J. S., B. A. Strange, J. O. Doherty und R. J. Dolan (2002): Automatic and intentional brain responses during evaluation of trustworthiness of faces. *Nature Neuroscience* 5: 277–283.

Personenregister

Ainsworth, M. 83
Aristoteles 106f.
Asendorpf, J. 75, 80, 292, 321, 427
Atkinson, J. W. 210

Bandura, A. 212
Becker, G. S. 182
Berger, H. 152
Bowlby, J. 83
Brickman, P. 288f.
Buss, A. H. 79

Caspi, A. 283
Chess, S. 78f.
Costa, P. 70, 73

Damasio, A. R. 160, 177, 203ff.
Dijksterhuis, A. 259
Dörner, D. 194, 197, 258

Eccles, J. C. 231
Eibl-Eibesfeldt, I. 274
Ekman, P. 161f., 319
Epikur 109
Esser, H. 179, 182f.
Eysenck, H. J. 70, 74

Fodor, J. 273
Freud, S. 82, 91, 110, 138, 145, 156, 158, 326, 346, 431

Galenos 68
Gardner, H. 113
Gigerenzer, G. 189ff.
Goethe, J. W. 265f., 338
Goleman, D. 114
Gollwitzer, P. M. 225, 229
Grabner, R. H. 134
Grawe, K. 212
Gray, J. A. 74, 95

Haynes, J. D. 148, 150
Headey, B. 291
Heckhausen, H. 225, 229, 277
Hull, C. 270
Hume, D. 337, 339

Kahneman, D. 72, 181
Kant, I. 108

Lashley, K. S. 273
LeDoux, K. S. 169f.
Libet, B. 242ff.
Lorenz, K. 274

McCrae, R. R. 70, 73
Moffit, A. 283

Neubauer, A. C. 134
Neyer, F. J. 321

Öhmann, A. 164

Panksepp, J. 162
Pawlow, I. 267, 269, 271
Platon 106f., 265
Plomin, R. 79, 123

Rost, D. 322
Rothbart, M. 79
Roth, H. 275f.

Schultz, W. 215, 219
Selten, R. 183
Simon, H. 180f., 191
Skinner, B. F. 270ff.
Sokrates 338

Spitzer, M. 121
Spitz, R. 82f.
Stern, E. 134

Thomas, A. 78f.
Thorndike, E. 268
Tinbergen, N. 274
Tolman, E. C. 273

Watson, J. B. 269
Weber, M. 179
Weiner, B. 210
Wickler, W. 274

Sachregister

Acetylcholin 43, 49
Adrenalin 39, 175, 254
Adult Attachment Interview (AAI) 85
Affekt, Affekte 32, 40ff., 146, 160f., 163f., 168f., 182, 340
Affektoptimierung 208
Aktivierungsmuster, epigenetisches 126
Aktualbewusstsein 146
Altruismus 292f.
Amnesie, infantile 157
Amygdala 36, 38, 41ff., 90, 143ff., 148, 155, 168f., 171f., 176, 202, 213f., 230, 238f., 241, 281, 325, 328, 341, 344
Annäherungssystem (behavioral approach system, BAS) 74
Anschluss, Anschluss-Motiv 208
Arbeit 4.0 14
Arbeiten, agiles 14, 365
Arbeitsgedächtnis 32f., 36, 57f., 133f., 143, 157ff, 201, 229, 231, 258, 261, 263, 295f., 342, 394
Areal, prä-supplementärmotorisches (prä-SMA) 149, 231, 341
Assessment-Center 321, 334, 433
Aufmerksamkeit 32, 35, 43, 61, 96, 134, 140f., 146, 148, 150, 174f., 183, 185, 201, 223f.

Basalganglien 46, 90, 230, 232ff., 239, 241, 244f., 249, 315, 325, 327

Bauchentscheidungen 198, 248, 250–257, 259, 262, 394f.
Begabung, Hochbegabung 116ff., 125
Begabungsprofil 117
Beharrungsvermögen 180, 314
Behaviorismus 266f., 269, 271f., 274, 431
Belastungstoleranz 76, 92, 103
Belohnung 36f., 94f., 208, 216f., 270ff., 307f., 310f.
– intrinsische 211, 311, 313f., 436
– materielle 311ff.
– soziale 311, 313
Belohnungsentzug 217, 308ff., 356, 392
Belohnungserwartung 20, 44, 94, 172, 215ff., 307, 310, 330, 335, 433
Belohnungserwartungssystem 103, 330
Belohnungsstoffe 50
Belohnungssystem 43, 103, 330, 375
Bereichs-Intelligenz 133
Bereitschaftspotenzial 242ff.
Bestrafung. Siehe Strafe
Bewältigungsstrategie 92, 290, 330
Bewusstsein 19, 113, 138, 140–148, 152ff., 178, 193, 229, 232f., 239, 241, 246, 248f., 269, 304, 344f., 361, 386, 410, 431
– Funktionen 147
Big Five (Persönlichkeitsmerkmale) 70ff., 74, 77, 96, 103

Bindungsforschung 83
Bindungstypen 83 ff.
BOLD-Effekt 63 f.
Bounded Rationality 180, 182 f.
Broca-Areal, Broca-Sprachzentrum 33, 35, 342
Brücke (Pons) 26, 39

Cerebellum (Kleinhirn) 26 f., 232
Change-Management 384, 386 f., 389, 391, 394 f., 403, 413 f., 424, 433
Coping. *Siehe* Bewältigungsstrategie
Corpus striatum. *Siehe* Striatum
Cortex 19, 27 ff., 32 ff., 36, 39, 48 f., 54 f., 61, 64, 134, 136, 139 f., 144, 148 f., 152 f., 169 f., 228 f., 232, 234 f., 239 ff., 260, 296, 326, 341 f., 344 f.
– insulärer 29, 34, 36 f., 41, 58, 90 f., 174, 214, 218, 341
– motorischer 30 f., 230 f., 234, 342
– orbitofrontaler (OFC) 30 f., 34, 38, 54, 58, 90 f., 173, 203 ff., 218, 238 f., 341 f.
– präfrontaler (PFC) 30 f., 33 ff., 37, 46, 54, 90 f., 133, 155, 173, 201, 203, 205, 218, 229 f., 234, 239 f., 254, 341 f.
– prämotorischer 30, 230, 234, 342
– vorderer/anteriorer cingulärer (ACC) 31, 35, 38, 90, 148, 155, 174, 218, 341

Delmenhorster Gewaltstudie 285
Dendriten 47 ff., 52, 64
Determiniertheit. *Siehe* Determinismus
Determinismus 77, 426
Dopamin 43, 49, 56, 94, 135, 209, 219 f., 236 f., 346
Dopaminmangel 237
Dualismus 151
Dunedin-Studie 283 ff.
Dynamiker 98 f., 101 f., 104 f., 298, 315, 329, 333, 335, 365

Ebene
– kognitiv-sprachliche 91
– mittlere limbische 90, 212, 281, 354, 430
– obere limbische 90, 212, 218, 281, 305, 316, 325, 430
– untere limbische 89 f., 212 f., 280, 430
– vegetativ-affektive. *Siehe* untere limbische Ebene
Einsicht 109 f., 202, 282, 303, 305, 354 f., 407, 412, 429
Elektroenzephalographie (EEG) 60, 62, 141, 147, 151
Emotion, Emotionen, Emotionalität 20, 32, 41, 93, 95, 106 ff., 110, 114, 146, 174, 176 f., 183, 203, 214, 240, 345, 389, 407 ff., 430
Empathie 91 f., 94, 114, 174, 330 f., 372, 374, 378, 421
Endocannabinoide 43, 175
Endorphin, Endorphine 175, 214
Entscheiden, unbewusstes 199 f.
Entscheidungen
– affektive 21, 250 f.

- aufgeschobene intuitive 21, 248, 257, 259, 261ff., 397
- automatisierte 21, 248f., 251, 262, 395f.
- emotionale 21, 248, 251, 255, 257, 396
- impulsgeleitete 395
- rationale 21, 248, 257f., 389, 394f.
- rational-intuitive 395

Entscheidungsheuristiken 189
Entschlossenheit (grit) 76
Epigenetik, epigenetische Faktoren 77, 98, 127, 219, 286, 426
ereigniskorreliertes Potenzial (EKP) 61, 140f.
Erfahrungsgedächtnis, unbewusstes 238
Erweckungs- und Erleuchtungserlebnisse 353, 357
Erziehungsoptimismus 274
Extraversion 71, 74f., 77, 88, 93ff., 99, 103f., 209, 280, 291, 429

Fachaufgaben, operative 369
Formation, retikuläre 39
Frontalcortex 29, 53
Führung 363f., 374–378, 395
Führungsaufgaben 366, 368f.
Führungskräfte
- Auswahl 376f., 381, 383
- Kompetenzen 371f.
- Rolle 365ff.
- zentrale Persönlichkeitsmerkmale 374, 376

Führungsleistung 363, 367, 379, 381

Gallup Engagement Index 15, 363
Gedächtnis
- deklaratives 33, 168, 260
- emotionales 168, 257
- prozedurales 44, 58, 294

Gedächtnisbildung 17, 43, 46, 57f., 294
Gefühl. *Siehe* Emotionen
Gehirnentwicklung, Gehirnwachstum 52, 54
Gehirn, menschliches 25
Gen-Umwelt-Interaktion 126
Gestik 35, 73, 91, 158, 160, 327, 332, 335, 382, 432
Gewissenhaftigkeit 70f., 74f., 77, 88, 95f., 103f., 137, 367, 377f.
Glaubwürdigkeit 300, 352, 409
Globus pallidus 36, 42, 44, 171f., 176, 213ff., 232, 234f.
Glutamat 64
Grit (Entschlossenheit) 76
Großhirnrinde. *Siehe* Cortex
Grundsysteme, psychoneurale 89, 92, 97, 375f., 400, 412

Habenula, laterale 43, 45, 90, 172, 213, 215, 217
Handlungsgedächtnis 233, 249
Heuristiken 192, 221, 247, 263
Hintergrundbewusstsein 146
Hinterhauptslappen. *Siehe* Okzipitalkortex
Hippocampus 36ff., 42f., 58, 139, 143, 148, 155, 157, 168, 174, 176, 230, 238
Hirndurchblutung 62, 64
Hirnstamm 26, 34, 39f., 139, 141
Hypophyse 40, 44

Hypothalamus 36, 38, 40ff., 44, 90, 143f., 172, 175, 202, 213

Ich-Vorstellungen 339
Ich-Zustände 340f.
Impulsivität 74f., 93, 95, 103
Informationsverarbeitung 32, 47f., 134, 136, 170, 234, 260, 263, 273
Intelligenz 18f., 112ff., 125ff., 135ff., 274, 276, 279, 295, 346, 428
– allgemeine 115f., 120, 132f., 137
– emotionale 114
– Erblichkeit 123ff.
– fluide 115f., 295
– kristalline 115f.
– neurobiologische Grundlagen 137
– Normalverteilung 118ff.
– soziale 114
– Trainierbarkeit von 131
Intelligenzquotient (IQ) 119f., 136
Intuition 20, 259

Kernspintomographie, funktionelle 60, 63ff., 87, 147, 149
Kleinhirn 26ff., 46, 58, 232f., 327
Kognitivismus 274
Kommunikationssignale, nichtverbale 157
Konditionierung
– emotionale 42, 90, 167, 169, 254, 281, 325
– instrumentelle 267–272
– klassische 165, 167, 267, 269ff.
– negative 271, 309
– operante. *Siehe* Konditionierung, instrumentelle
– positive. *Siehe* Belohnung

Konflikte 144, 212, 328, 333, 346, 366, 370, 376, 403, 411
Kongruenz von Motiven und Zielen 211f.
Kontext-Theorem 379
Kontrolle, emotionale 92, 95, 330
Kopfentscheidungen 206
Körpersprache 319
Kriminalität 283, 287

Lebensläufe 287
Lebenszufriedenheit 14, 21, 290ff.
Leistungsmotiv 210
Lernen am Erfolg. *Siehe* Konditionierung, instrumentelle
Lernen, prozedurales. *Siehe* Gedächtnis, prozedurales
limbisches System 17f., 39, 45f., 140, 237ff., 245, 260
Locus coeruleus 38, 40
Lohhausen 197f.

Magnetenzephalographie (MEG) 60, 62, 65
Managementaufgaben 369
materialistisches Lebenskonzept 292
Medulla oblongata 26ff., 39, 45, 51, 139
MEG. *Siehe* Magnetenzephalographie
mesolimbisches System 37, 41, 43, 45, 90, 169ff., 230, 238f., 241, 325, 328, 344
Methodenkompetenz 24, 372ff., 381
Mimik 35, 73, 91, 158, 160f., 203, 319, 327, 332, 335, 382, 432

Mitarbeiter 15f., 22, 131, 207, 247, 300, 303ff., 307, 313, 315, 332f., 335, 349, 358, 363ff., 370, 384, 387, 392, 399ff., 407f., 411, 414, 416, 421ff., 433, 435

Motivation 90, 92, 94, 121, 132, 137, 166, 171f., 177, 207, 211, 217f., 308, 310, 330, 333, 335, 351, 363, 365, 368, 371, 379f., 384, 402, 411f., 414, 435

Motivationssystem 97, 375

Motiv, Motive 20, 203, 207–213, 299, 307, 314, 330, 345, 355, 380, 400, 403, 415, 418, 430, 433

Mutter-Kind-Beziehung 82f., 287

Neocortex. *Siehe* Cortex

Nervenzellen, Neurone 27, 44, 47ff., 52, 54f., 57, 60f., 64, 136, 152, 232, 237

Neurohormone 40, 47, 50, 56, 60

Neurone. *Siehe* Nervenzellen

Neuro-Ökonomie 171

Neurotizismus 70f., 74f., 77, 92f., 95f., 103f., 209, 280, 290f., 429

Neurotransmitter 43, 47, 60, 96, 135, 175

Noradrenalin 39, 49, 51, 95, 254

Nucleus accumbens 36, 38, 42ff., 90, 143f., 148, 170ff., 176, 202, 213ff., 217ff., 344

Nucleus subthalamicus 36, 232, 234

Offenheit 70, 74f., 77, 80, 96, 99, 103f., 112, 137, 377

Okzipitalcortex 28f., 32f., 148

Operationalisierte Psychodynamische Diagnostik (OPD) 332, 399

Opioide, endogene 43, 94, 97, 101, 214f., 219f., 315

Oxytocin 56, 94, 97, 175

Pallidum. *Siehe* Globus pallidus

Panikverhalten 41, 99, 162f., 175, 202, 220, 254

Parietalcortex 28ff., 133, 135, 148, 218, 231, 240, 342

Parkinson'sche Erkrankung 223, 233, 237, 245

Passung von Persönlichkeit und Position/Stelle 366f., 377f., 380ff., 402, 433

Persönlichkeitsdiagnostik 104, 320, 381, 412f., 431f.

Persönlichkeitsmerkmale 69, 75f., 80, 88, 103, 117, 125, 137, 279f., 283, 288, 306, 366f., 370, 374, 376ff., 382, 428, 433

– Stabilität der 279
– stellenbezogene 376

Persönlichkeitspsychologie, psychometrische 69

Persönlichkeitstypologie, Persönlichkeitstypologien 18, 75, 104, 379ff., 400, 412, 418, 420

Persönlichkeitsveränderungen 352, 354f.

Pheromone 42

Plastizität 52, 74f., 103, 280
– synaptische 55

Positronen-Emissions-Tomographie 62ff.

Positronen-Emissions-Tomographie (PET) 60, 62

Potenzial, ereigniskorreliertes. *Siehe* ereigniskorreliertes Potenzial (EKP)
Problemlösen, intuitives 261
psychische Traumatisierung 167
Psychodiagnostik 23
Psychologie, kognitive 273
Psychopathen, Psychopathie 100, 187, 206, 282

Raphe-Kerne 38, 40, 175
Rational-Choice-Theorie 178f., 183, 247
Rationalität 20, 181f., 393
– begrenzte 180. *Siehe* Bounded Rationality
Realitätssinn 92, 95, 97, 330f., 335
Reflexlehre, Reflexologie 266f., 271
Risikoeinschätzung, Risikowahrnehmung, Risikoabschätzung 95ff., 99, 101f., 330f., 335, 375
Rubikon-Modell 21, 225, 227ff.
Ruhenetzwerk, resting state network 37

Satisficing 181, 191, 389, 393
Scheitellappen. *Siehe* Parietalcortex
Schläfenlappen. *Siehe* Temporalcortex
Schwerkriminalität. *Siehe* Kriminalität
Selbstauskunft 23, 72, 319f., 322, 334, 432
Selbstbelohnung 351, 360
Selbstberuhigung 92f., 97, 100ff., 104, 330, 348, 375

Selbsterkenntnis, Selbsterkennen, Selbsterforschung 23, 338f., 343, 349
Selbstkontrolle 76, 93, 335, 374, 376
Selbstmotivation 207, 351, 357f.
Selbstreflexion 147, 361, 374f., 412, 435
Selbstregulation 79
Selbsttäuschung 334, 338, 346f., 349, 355
Selbstveränderung 351, 355, 357, 428
Selbstverursachung 221
Selbstwirksamkeit 91, 211f., 313, 330
Sensationsgier 75f., 95, 102
septale Region. *Siehe* Septum
Septum 43, 213, 328
Serotonin 40, 49, 56, 93, 95, 97, 101f., 175, 209, 219, 286
soziale Gerüche. *Siehe* Pheromone
Sozio-ökonomisches Panel (SOEP) 288, 428
Sprache 18, 32f., 46, 136, 178, 296, 353
– Entwicklung der 81
Stabiler (Persönlichkeitseigenschaft) 98, 101, 104, 299, 315, 335, 377
Stabilität der Persönlichkeitseigenschaften 279, 282
Stimmführung 35, 73, 91, 319, 327, 335, 432
Stirnlappen. *Siehe* Cortex, präfrontaler
Stoiker, Stoa 107ff.
Strafandrohung 271
Strafe 36f., 308f.

Stressverarbeitung. *Siehe* Bewältigungsstrategie, Belastungstoleranz
Striatum 44, 143, 232, 234–237, 239
Substantia nigra 36, 42, 232, 234 ff., 239
Substanz P 175, 214
Synapsentod 53
Synapse, Synapsen 28, 40, 48 ff., 52 ff., 64, 136, 152
Synchronisation, corticale 153
Systeme, psychoneurale 329 f., 335
System, limisches. *Siehe* limbisches System

Tanaland 194, 196 f., 206
Temperament 68, 76 ff., 86, 89, 97, 127, 254, 280, 285, 427, 430
Temporalcortex 28 ff., 32, 36, 39, 133, 148 f., 342
Temporallappen-Epilepsie 353
Thalamus 36, 38, 44, 46, 139, 142, 148, 169, 230, 235, 241
Theorie rationalen Handelns 178
transkranielle Magnetstimulation (TMS) 60, 65, 152
Transmitter, Neurotransmitter 39, 48 ff., 56 f., 64
Traumatisierung, psychische 281

Unbewusste, das, Unbewusstes 19, 110, 138, 143, 145, 156, 326, 344, 431 f.
Unbewusstes
– primäres 139, 156, 158, 431
– sekundäres 139, 156, 158, 431

Unsicherheit 101, 181, 184, 208, 216 f., 219, 366
Unternehmensführung 369

ventrales tegmentales Areal (VTA) 38, 42, 90, 171 f., 213
Veränderung 11, 16, 49, 51, 54, 57, 65, 67, 79, 99 f., 195, 204, 269, 279, 281 f., 298, 300, 314, 317, 351, 355, 358, 363, 378, 386, 390 f., 401, 404 f., 407, 410, 412, 416–423
Veränderungsscheue 299
Veränderungssüchtige 13, 98, 100, 102, 299, 335
Verhalten, gewalttätiges 283 ff.
verlängertes Mark. *Siehe* Medulla oblongata
Vermeidungs- bzw. Hemmungssystem (behavioral inhibition system, BIS) 74
Vernunft 53, 106 ff., 110, 178, 182, 203, 205, 227, 393
Verstand 19, 106 ff., 110, 177 f., 182, 198, 202 f., 205 f., 247, 257 ff., 262 f., 346, 394
Verstärkungslernen. *Siehe* Konditionierung, instrumentelle
Verstehen 110, 114, 133, 412, 434
Verträglichkeit 70 f., 74 f., 77, 88, 95, 99, 103 f.
Vertrauenswürdigkeit 435
Vier-Ebenen-Modell der Persönlichkeit 89 f., 280, 324, 399, 412
Voraussagefehler (prediction error) 215
Vorbewusste, das, Vorbewusstsein 157, 262
Vorbewusstes, tiefes 155, 326

Vorderhirn, basales 38, 43, 49
Vorgesetzter 303 ff., 322 f., 350, 352, 355, 358, 363

Wernicke-Areal, Wernicke-Sprachzentrum 30, 32 f., 35, 342
Wille 145, 222, 224, 226, 231 f., 240, 242, 245, 269, 352, 356, 371
Willensfreiheit 231, 242
Willenshandlung, Willkürhandlung 221 f., 225, 227 ff., 234, 242, 244

Zeitdruck 21, 200, 248, 250, 252, 255, 257, 261 f., 395 f.

zentrales Höhlengrau 90, 162, 172, 202, 213
Ziele 20, 35, 76, 100, 178 f., 181, 184, 197, 210 f., 213, 218 ff., 226, 299, 307, 314, 331, 335, 359, 361 f., 367, 380, 403, 415, 419, 424
– extrinsische 211
– intrinsische 211
Zufall 227, 260, 350
Zufriedenheit 21, 161, 174, 200, 219, 287 f., 290, 333
Zweckrationalität 179
Zwillingsforschung, Zwillingsstudien 77, 123 f.

Die Autoren

Gerhard Roth, Jahrgang 1942, studierte Philosophie, Germanistik und Musikwissenschaft in Münster und Rom und promovierte in Philosophie. Anschließend studierte er Biologie in Münster und Berkeley (Kalifornien) und promovierte in Zoologie. Seit 1976 ist er Professor für Verhaltensphysiologie am Institut für Hirnforschung der Universität Bremen. Von 1997 bis 2008 war er Gründungsrektor des Hanse-Wissenschaftskollegs in Delmenhorst und von 2003 bis 2011 Präsident der Studienstiftung des deutschen Volkes. Er ist Direktor des Roth-Instituts Bremen. Er hat rund 220 Artikel im Bereich der Neurobiologie und Neurophilosophie geschrieben sowie 14 Bücher, darunter bei Klett-Cotta »Bildung braucht Persönlichkeit« (2010) und zusammen mit Nicole Strüber »Wie das Gehirn die Seele macht« (erstmals 2014). Er ist Träger des Bundesverdienstkreuzes 1. Klasse und des Niedersächsischen Verdienstordens.

Sebastian Herbst, Jahrgang 1976, studierte Betriebswirtschaftslehre an der Hochschule Bremen. Anschließend arbeitete er in verschiedenen Unternehmen im Bereich Projekt- und Prozessmanagement sowie im Personalwesen. 2008 wurde er in der Orbitak AG Leiter des Bereiches Personal und Organisation und 2019 in den Vorstand berufen. Zusammen mit Gerhard Roth ist er Geschäftsführer des Roth-Instituts. Zudem arbeitet er als Berater und Business-Coach für mittelständischen Unternehmen und internationale Konzerne. An der Hochschule Bremen ist er Dozent im Bereich Betriebswirtschaftslehre und lehrt zu den Themen Organisation und Führung.